Le Projet Alpha

Du même auteur

La Légende des Drakel, tome 1 : « L'Enfant du hors-monde », Magnard, coll. Tipik Litté, Paris, 2004

La Légende des Drakel, tome 2 : « Les Cigognes noires », Magnard, coll. Tipik Litté, Paris, 2005

Yvan Lallemand

Le Projet Alpha

Ouvrage publié avec le concours de Jack Chaboud

PLON
JEUNESSE

ISBN : 978-2-259-20718-8

www.plon.fr

Prologue

La femme attendait dans le couloir en faisant les cent pas, tête baissée.

Elle n'était guère séduisante. La cinquantaine bedonnante, habillée avec un manque total de recherche, elle était mal coiffée et traînait à bout de bras un sac aux couleurs criardes.

Elle s'arrêta un instant et leva la tête vers la porte qui lui faisait face comme pour tenter de deviner ce qui se tramait de l'autre côté. La lumière du plafond éclaira alors un visage sans grâce, orné au coin de la lèvre supérieure d'un grain de beauté.

Après quelques secondes d'immobilité, la femme fit demi-tour et entreprit d'arpenter le couloir dans le sens opposé. Elle n'avait fait que quelques pas quand elle entendit la porte s'ouvrir derrière elle. Elle se retourna aussitôt.

Une seconde femme se tenait à présent dans l'embrasure. Brune, cheveux courts, sensiblement du même âge que la première, elle était aussi grande, élancée et séduisante que l'autre était petite, boulotte et disgracieuse.

« Alors ? » demanda cette dernière.

La grande femme brune sourit.

« Astrid, nous avons gagné !

— Ça... ça veut dire que... ?

— Ça n'a pas été facile. Il y a encore eu des résistances de dernière minute, mais la direction a finalement accepté.

L'Organisation donne son feu vert pour la dernière phase du Projet Alpha. »

Le visage de la femme nommée Astrid s'éclaira d'un large sourire qui fit remonter son grain de beauté jusqu'à toucher l'aile du nez.

« Irène... c'est... c'est formidable ! Vous verrez, ça va marcher. »

La grande femme brune posa sa main sur l'épaule de sa collègue.

« Bien sûr que ça va marcher. Il le faut. »

Son visage était devenu grave.

« Allez, maintenant. Bon voyage. Et ramenez-nous les meilleurs. »

Recrutement

1

Yunhua

« Souffre Maintenant. Ou Souffre Plus Tard. »

La devise inscrite sur le fronton de l'école d'acrobatie était claire. Dans cette province de l'est de la Chine où quatre-vingts pour cent de la population vivait – mal, très mal – des trop maigres ressources de l'agriculture, le cirque restait le seul espoir de la jeunesse... à condition d'en payer le prix : une vie d'efforts, de souffrance et de sacrifices pour échapper à une vie de misère.

En poussant la porte de l'école, la jeune Yunhua savait déjà tout cela. L'ambiance à l'intérieur du gymnase la surprit malgré tout.

Le hall d'entraînement était immense, mais le parfum moite de la sueur emplissait tout l'espace. Les élèves étaient partout, une vraie ruche, du sol au plafond. Il y avait ceux qui volaient entre les trapèzes ou zigzaguaient sur leurs monocycles, ceux qui en portaient d'autres sur leurs épaules ou jonglaient avec des balles, des massues ou des chapeaux, ceux qui rebondissaient d'un saut périlleux à l'autre, ceux qui glissaient sur un fil. Tous, à un moment ou un autre, finissaient par chuter, lâcher, perdre l'équilibre. Ils se remettaient aussitôt au travail, sans une plainte, s'accordant à peine le temps d'essuyer d'un revers de manche les perles de sueur qui ornaient leur front.

Yunhua fit quelques pas à l'intérieur de la salle et s'arrêta. Une telle diversité de talents regroupés en un seul endroit ! Toute cette technique accumulée année après année par ces gens affluait en elle comme une lame de fond. Elle vacilla, dut fermer les yeux. Un instant, elle craignit de ne pas supporter un tel afflux de connaissances. Mais sa crainte était vaine. Quand elle les rouvrit, son visage irradiait la confiance, son allure la détermination. Elle reprit son chemin. Si elle l'avait voulu, elle aurait pu, à présent, avancer en marchant sur les mains comme cette fille qu'elle apercevait au fond de la salle, ou utiliser un de ces monocycles qui tournoyaient autour d'elle.

Elle alla jusqu'au centre de la salle. Là se trouvait, assis sur un tabouret, un vieil homme, la seule personne du lieu à ne pas participer à une quelconque acrobatie. Il n'était pas pour autant immobile. Profitant de son siège tournant, il pivotait sans cesse de droite et de gauche, observant alternativement chaque numéro en préparation, lançant par instants un ordre, comme un bref aboiement, avant de reprendre son activité de girouette.

« Monsieur Sou ? »

L'homme, surpris, se retourna. Il toisa d'un regard peu amène cette fille qui le dérangeait dans son travail.

« Qui es-tu ? Qu'est-ce que tu fais ici ?

— Je m'appelle Yunhua, je veux faire partie de votre école. »

Le vieil homme sourit. Ils voulaient tous faire partie de son école.

« Tu es trop vieille. Ici on doit commencer avant dix ans, et je suis sûr que tu en as largement plus de douze, n'essaie pas de me faire croire le contraire.

— J'en ai treize, bientôt quatorze, mais je ne suis pas une débutante, je sais déjà faire beaucoup de choses.

— Et quoi donc ? »

Yunhua jeta un coup d'œil autour d'elle.

« Presque tout. Demandez-moi, vous verrez. »

M. Sou hésita. Ce n'était pas la première fois qu'il rencontrait un de ces petits prétentieux qui croyaient tout connaître du cirque sous prétexte qu'ils jonglaient maladroitement avec trois pommes ou tenaient en équilibre quelques secondes sur les mains. Mais cette fille l'impressionnait. Par son assurance autant que par sa beauté. Malgré ses habits grossiers et son jeune âge, il n'était pas difficile de voir que, le temps aidant, on aurait bientôt affaire à une femme superbe. Dans le monde du spectacle, ce n'était pas un atout négligeable.

« Montre-moi », dit-il simplement.

La fille n'hésita qu'une seconde, juste le temps de choisir son atelier. Le plus proche était celui des funambules. Elle en gravit l'échelle souplement, après avoir enlevé ses chaussures. Sans attendre, elle s'engagea sur le fil tendu. Une pirouette arrière en roulant sur l'échine, un saut périlleux à la réception parfaite : déjà les yeux de M. Sou ne la quittaient plus. Elle rejoignit la plate-forme opposée et décrocha un monocycle dont la jante, dépourvue de chambre à air, s'emboîtait sur le filin d'acier. Elle arriva au milieu du parcours sans le moindre signe de déséquilibre.

« Massues », dit-elle en tendant le bras.

M. Sou fit un geste à un de ses élèves : trois massues s'envolèrent vers la nouvelle funambule. L'instant d'après, elles virevoltaient au-dessus de sa tête, tout en suivant les mouvements du monocycle qui ondulait d'une plate-forme à l'autre.

L'homme était impressionné. Funambule, monocycliste, jongleuse : cette fille maîtrisait plus de techniques que la plupart de ses élèves.

« Pas mal, dit-il quand elle eut repris contact avec le sol. Tu sais déjà quelques petites choses, ça peut compenser ton âge. Mais avant de prendre une décision, il faut que je voie tes parents. »

Le visage de Yunhua se figea. Elle arrivait au point critique. Elle n'avait pas de parents, elle ne les avait même jamais connus et personne ne paierait le prix de ses études à M. Sou. Avant d'avouer cela, il fallait qu'elle trouve le moyen de lui prouver qu'il devait la prendre malgré tout.

Elle s'apprêtait à répondre par un beau mensonge préparé de longue date quand un bruit l'interrompit. Plusieurs véhicules venaient de s'arrêter devant l'école.

« Des soldats ! » cria l'un des trapézistes qui, de son poste, apercevait la rue par les fenêtres ouvertes.

Un brusque silence s'abattit sur la salle. L'arrivée de l'armée n'était jamais une bonne nouvelle dans ce pays. Même quand on pensait n'avoir rien à se reprocher, la vue des uniformes provoquait l'angoisse. Il était si facile de déplaire au pouvoir en place.

Quelques secondes plus tard, la porte principale s'ouvrit et une demi-douzaine de soldats pénétrèrent dans la salle. Ils encadraient un homme en civil. Au ton de sa voix et au fait qu'il parlait le mandarin – la langue officielle –, tout le monde devina qu'il s'agissait d'un représentant du gouvernement. La plupart des élèves n'avaient guère été à l'école et ne parlaient que le dialecte local. Les paroles de l'homme leur étaient incompréhensibles. Pour Yunhua, les choses étaient différentes ; dès l'instant où l'inconnu était entré, elle avait su parler le mandarin.

Et elle avait compris qu'on recherchait une jeune fille d'une quinzaine d'années habillée d'un ensemble de toile et aux longs cheveux coiffés en tresse.

Ces soldats étaient à sa recherche. Quelle qu'en soit la raison, ça ne pouvait rien signifier de bon pour elle.

Tandis que M. Sou se levait pour accueillir les nouveaux arrivants, Yunhua se glissa discrètement entre les différents ateliers et se dirigea vers une porte de secours située au fond du gymnase. Elle donnait sur une petite ruelle.

Dehors, la jeune fille comprit qu'elle n'était pas au bout de ses peines. De là où elle était, elle apercevait la rue principale, pleine de véhicules militaires dégorgeant des dizaines de soldats. Aucune chance de filer par là.

Soudain, une voix dans son dos la fit sursauter.

« Bonjour, Yunhua ! C'est toi qu'ils veulent, tu sais. »

La jeune fille pirouetta et se retrouva face à une femme, une Européenne d'une cinquantaine d'années qui la regardait calmement. Yunhua ne connaissait rien à l'Europe, ni aux Européens, mais il n'était nul besoin d'avoir voyagé pour constater que l'inconnue était particulièrement peu attrayante. Trop grosse, les cheveux filasse mal regroupés dans un chignon incertain, des poches sous les yeux et un énorme grain de beauté poilu ornant sa lèvre supérieure ; elle aurait plutôt fait rire la jeune fille, dans des circonstances moins dramatiques.

Elle avait pourtant une certaine allure. Peut-être à cause de son maintien, très droit, très fier, et aussi de son regard dont la vivacité contrastait avec le peu de grâce du visage.

Mais la jeune fille avait pour l'instant d'autres problèmes.

« Que me voulez-vous ? » demanda-t-elle.

La femme secoua la tête.

« Je ne comprends pas le chinois. Parle-moi en français. »

Yunhua ne saisit pas immédiatement le sens de ces paroles. Puis elle se rendit compte que la femme parlait une langue qu'elle n'avait encore jamais entendue, mais qu'elle comprenait... bien sûr. C'était donc cela le français.

Elle se concentra un instant et reprit en se forçant à utiliser le même langage que son interlocutrice :

« Qu'est-ce que vous me voulez ? Pourquoi me cherchent-ils ?

— A cause de ton don, bien sûr. Tu vois de quoi je parle ?

— Et vous ?

— Pour la même chose. J'aimerais que tu viennes avec moi.

— Et qu'est-ce que j'y gagne ? »

La femme sourit. Les voix des soldats qui grouillaient dans la rue voisine commençaient à se rapprocher. La réponse allait de soi, et l'Européenne savait que Yunhua avait déjà choisi.

2

Leïla

En arrivant en vue du poste de contrôle, Leïla eut un instant d'hésitation. Pas longtemps. Elle était bien décidée à ne pas rebrousser chemin. Si elle le faisait, elle retomberait sûrement sur ce groupe de barbus qu'elle venait de croiser. A treize ans passés, elle était considérée comme une femme et, pour ces gens, une femme palestinienne devait vivre cachée et ne pas se promener seule dans la rue habillée d'une simple robe de toile ne couvrant ni bras ni chevilles. Au regard mauvais que certains lui avaient lancé, elle avait compris qu'il était préférable de ne pas repasser devant eux.

Elle n'appréciait pas plus les militaires israéliens du poste de contrôle qui l'obligeaient à demander l'autorisation pour circuler dans son propre pays, mais eux n'étaient pas armés de couteaux aux lames effilées.

Ils avaient un équipement autrement plus perfectionné.

Pour la jeune Palestinienne, c'était plus facile.

Elle avança jusqu'au barrage. Ils étaient trois, au moins. Un premier planté devant la barrière, mitraillette en bandoulière ; un deuxième dans une cabine provisoire en plastique, placée légèrement en retrait, préposé à la radio, mais tout aussi armé ; enfin un troisième - ou plus - dans le char qui obstruait la moitié de la route par laquelle la jeune fille était décidée à passer. Dès qu'il la vit approcher, le soldat posté à l'extérieur saisit son arme à deux mains. La tourelle du char réagit aussi. Pivotant soudain, elle dirigea son canon dans sa direction.

Leïla sourit. Le militaire à l'intérieur de l'engin devait être bien nerveux ou s'ennuyer ferme pour perdre son temps à pointer une arme de cette puissance vers une silhouette aussi peu menaçante que la sienne. Et puis, là où elle était placée, il ne pouvait guère faire feu sur elle sans risquer de blesser ses collègues.

Après tout, elle s'en moquait. S'il avait envie de s'amuser avec son gros joujou, c'était son affaire. Pour Leïla, il n'était déjà plus une menace.

« Halte ! cria le garde de la barrière. Interdiction de passer ! »

L'homme l'avait interpellée en hébreu, une langue que la jeune fille comprenait, mais maîtrisait mal.

« Je dois aller à l'hôpital », dit-elle tout en continuant à avancer.

Cette fois, la mitraillette se retrouva dirigée droit sur elle. Leïla s'arrêta. Il s'agissait d'une pure manœuvre tactique, la crainte n'était pour rien dans son attitude. Même s'il l'ignorait, l'Israélien la menaçait maintenant avec une arme enrayée qui ne redeviendrait fonctionnelle que lorsque la jeune fille l'aurait décidé.

Même désarmé, l'homme restait largement de taille à l'empêcher de passer.

« Il faut que j'aille à l'hôpital me faire soigner », répéta Leïla dans son hébreu approximatif.

Tout en parlant, elle avait passé sa main sur son ventre avec une grimace de douleur, comme si une appendicite ou une péritonite s'y développait.

Le militaire ne parut pas convaincu.

« Qu'est-ce que tu as de si grave pour avoir besoin d'aller à l'hôpital ? Et puis d'abord, où sont tes parents ? »

Leïla pointa son doigt dans la direction où elle voulait se rendre, vers le sommet de la côte où menait la route de terre battue.

« Ils sont déjà là-bas. On a été séparés.

— Si je comprends bien, c'est toi qui dois te faire soigner, mais ce sont tes parents qui t'attendent à l'hôpital ? »

Le soldat se tourna vers son collègue enfermé dans sa cabine. Par la fenêtre entrouverte, celui-ci avait tout entendu.

« T'entends ça, Yossi ? »

Il se retourna vers Leïla.

« Tu te fous de moi ou quoi ? »

La jeune fille ne répondit pas, son regard se durcit. Elle savait ce qui lui restait à faire. Les yeux mi-clos, elle se concentra.

Dans la cabine, la radio se mit aussitôt à grésiller. Le deuxième soldat décrocha.

La communication était abominablement mauvaise, les premières phrases à peine compréhensibles.

« Allô... sssccchhhrrrrr... poste... contrôle ?

— Oui ?

— Sssccchhhrrrrr... Il y a... sssccchhhrrrrr... jeune fille ?

— Quoi ? Oui, il y a une jeune fille.

— Sssccchhhrrrrr... jeune fille... sssccchhhrrrrr... Devant poste... contrôle ?

— Affirmatif.

— ... Sssccchhhrrrrr... malade... sssccchhhrrrrr... va hôpital... sssccchhhrrrrr... urgent.

— Elle va à l'hôpital ? J'entends mal. C'est ça ?

— Sssccchhhrrrrr... Affirmatif... Elle... sssccchhhrrrrr... hôpital... sssccchhhrrrrr... Urgent ! sssccchhhrrrrr... Laisser passer.

— Il faut la laisser passer ? Vous êtes sûrs ? Confirmez.

— Affirmatif ! Laisser passer... sssccchhhrrrrr... fille... sssccchhhrrrrr... malade... sssccchhhrrrrr... pas dangereuse... sssccchhhrrrrr... Ordre. »

Le soldat hésita. C'était bien la première fois que sa hiérarchie le contactait pour lui intimer l'ordre de laisser passer un Palestinien. Les consignes allaient généralement dans le sens inverse. Et puis la voix avait quelque chose d'étrange. Malgré la piètre qualité de la communication, il lui avait semblé déceler un accent arabe. Il devait s'agir, sans doute d'un compatriote d'origine yéménite. Tous les Israéliens n'étaient pas des sabras comme lui, né en Israël et parlant l'hébreu depuis l'enfance, mais il ne se souvenait pas d'avoir déjà entendu cette voix. Par acquit de conscience, il vérifia sa radio. Pas de problème, il s'agissait bien d'une fréquence sécurisée sur laquelle ne pouvait émettre que Tsahal, l'armée israélienne. Pas de piratage possible.

Le militaire se pencha par la fenêtre de sa cabine et interpella son collègue :

« Avi ! C'est bon ! Tu peux la laisser passer. »

Devant l'air incrédule de l'autre, il répéta :

« Ordre de la hiérarchie, ils viennent de m'appeler. Elle peut passer. »

La mitraillette et la barrière se relevèrent presque simultanément. Leïla s'engagea sur la route poussiéreuse sans même attendre que le garde lui fasse signe d'avancer. Comme elle s'éloignait, elle entendit dans son dos la tourelle du char pivoter. Un coup d'œil par-dessus son épaule lui confirma que le canon continuait de la suivre, pointé sur elle comme un index impoli. Son sentiment pour le tankiste invisible passa de l'exaspération à la colère.

Elle se retourna d'un bloc.

Le canon semblait la regarder de son gros orifice noir et stupide. Le visage de la jeune fille se crispa, quelques soubresauts nerveux agitèrent sa paupière droite... et la tourelle du char devint folle. Ce ne fut d'abord qu'un léger tremblement, puis, très vite, les mouvements s'amplifièrent, saccadés et désordonnés. Une fois à gauche, une fois à droite. Une fois lent, une fois rapide. Une fois court, une fois ample. Des vociférations s'élevèrent de l'intérieur du tank. Les deux autres soldats se mirent à crier à leur tour, interpellant leur collègue et rentrant la tête dans les épaules, aussi instinctivement qu'inutilement, quand la gueule du canon se retrouvait pointée dans leur direction.

Le tout ne dura que quelques secondes. Quelques secondes de panique et d'incompréhension pour les militaires, de jubilation pour Leïla.

Et puis tout s'arrêta.

La jeune fille tourna le dos à l'engin, redevenu subitement sage et obéissant, et reprit son chemin sans attendre. Elle regrettait déjà son coup de colère. Elle avait pourtant joué finement en prenant le contrôle de la radio pour persuader les Israéliens de la laisser passer, elle n'aurait pas dû leur donner une raison de se méfier en s'amusant avec leur char. Ils n'avaient bien sûr rien compris à ce qui se passait, mais l'incident pouvait être suffisant pour les faire changer d'avis et la prendre en chasse. Elle devait se hâter et mettre la plus grande distance possible entre elle et eux, au plus vite.

C'est en arrivant au sommet de la côte qu'elle les aperçut.

Sur le coup, elle se demanda si elle n'était pas victime d'un mirage, d'une hallucination. Qu'est-ce qu'une vieille Israélienne – car elle n'avait pas le type arabe – pouvait faire là, accompagnée d'une adolescente, une Asiatique, qui plus est ? En plus, la femme avait une telle allure ! Une vraie caricature. Une silhouette de tonneau, vêtue d'un pantalon bleu marine à la taille distendue par son ventre et duquel débordait une chemise grisâtre sous une veste trop petite.

Au même moment, Leïla entendit s'élever derrière elle les voix des militaires israéliens. Au ton, on comprenait qu'ils n'étaient pas contents. Le moteur du char se mit en marche, le bruit caractéristique des chenilles raclant le sol se fit entendre. Il se dirigeait vers elle.

La femme dit quelque chose à sa compagne asiatique dans une langue que Leïla ne saisit pas, mais qu'elle avait déjà entendue, du français peut-être. La jeune fille s'adressa à elle en arabe :

« Les militaires ont compris que tu les avais trompés. Ils arrivent pour te reprendre. Tu devrais venir avec nous, cette femme te protégera. »

Leïla ne répondit pas immédiatement, trop surprise d'entendre une étrangère parler l'arabe aussi clairement et sans accent, ou plutôt avec l'accent palestinien.

« Et pourquoi je devrais venir avec vous ? » finit-elle par dire, méfiante.

L'Asiatique traduisit à la femme qui lâcha une phrase sèche dans sa langue en pointant son doigt dans la direction d'où l'on entendait à présent arriver le char israélien.

Avant même que la phrase n'ait été traduite en arabe, Leïla avait pris sa décision.

3

Nakiméra

La faim. La faim taraudait le ventre de Nakiméra. Il lui semblait sentir, grouillant dans ses entrailles, une armée de petits êtres en quête de nourriture et qui, irrités de ne rien trouver dans son abdomen, la martyrisaient en martelant ses viscères de leurs innombrables petits talons colériques.

Pourtant, dans ce marché de Kampala, la nourriture était partout. Des bananes, bien sûr, aliment de base dans cette partie de l'Afrique, mais aussi sorgho, millet rouge, pois d'Angola, manioc, patates douces, ignames. Il y avait même une boucherie arborant en devanture des demi-carcasses de mouton et de chèvre autour desquelles commençaient à virevolter quelques mouches.

Mais ici, comme sur tous les marchés du monde, on n'offrait pas, on vendait. Et Nakiméra n'avait pas sur elle le premier shilling ougandais pour acheter quoi que ce soit. Dans les quartiers les plus pauvres de la capitale, la solidarité entre déshérités fonctionnait suffisamment pour que la jeune fille puisse espérer partager de temps à autre le maigre repas d'une famille ou d'un groupe d'ouvriers mais, sur ce marché, personne ne la connaissait. Et les commerçants n'avaient pas les moyens de prendre à leur charge la misère du pays. Pas plus celle des Ougandais sans travail que celle des réfugiés arrivant chaque jour des pays voisins, chassés de chez eux par les guerres civiles.

Tout cela ne consolait guère la petite Nakiméra. Elle avait faim, et cette sensation seule occupait la totalité de son esprit. Elle passait et repassait devant les étals, le regard gourmand, dans l'espoir qu'un vendeur finirait par remarquer son manège et, dans un accès de pitié, lui tendrait quelque chose à grignoter. Mais rien ne se produisait.

Après une demi-heure d'attente inutile, la jeune fille se résigna à chercher ailleurs sa subsistance. Elle remonta la rue en direction du centre-ville. Quelques centaines de mètres plus loin, elle passa devant un petit restaurant à la terrasse duquel trois militaires prenaient leur repas du matin. Elle reconnut immédiatement l'odeur de l'*akatogo*, ce plat composé de bananes et de haricots bouillis et salés, enrichi de beurre fondu et aromatisé de poivre et d'oignons. Elle s'arrêta, hésita un instant, mais la tentation était trop forte.

Elle n'aimait pas utiliser son don pour obtenir quelque chose. C'était comme du vol et, dans un pays où régnait la pauvreté, ça devenait presque un crime. Mais les trois hommes avaient sans doute un peu plus d'argent que la moyenne et, au vu des nombreuses canettes de bière qui occupaient leur table, Nakiméra jugea qu'ils le dépensaient mal.

Et puis, elle avait si faim.

Elle s'approcha de la table, timidement. Avant qu'elle ait fait trois pas, l'un des hommes l'avait repérée et, s'adressant à ses collègues, lança une remarque dont Nakiméra ne comprit pas parfaitement le sens, mais qui provoqua chez les deux autres un rire gras et désagréable.

L'adolescente n'osa pas continuer. Elle connaissait ce genre d'attitude chez les hommes, surtout lorsqu'ils avaient un peu trop bu. Elle savait qu'à presque quatorze ans elle était déjà dotée d'une beauté qui n'était pas qu'un avantage, surtout face à des adultes plus imbibés d'alcool que de valeurs morales. Mais il était trop tard pour reculer. L'un des hommes – celui qui avait fait la plaisanterie – s'était levé pour venir à sa rencontre.

« Alors, petite, dit-il, qu'est-ce qui t'amène ? Je parie que tu as faim. Tu veux venir t'asseoir à notre table ? »

Malgré son ton jovial et son grand sourire, l'homme lui faisait peur. Dès qu'il s'était penché vers elle, elle avait senti son haleine au lourd parfum de bière.

Alors, elle sourit à son tour.

Immédiatement, l'attitude du militaire changea. Les traits de son visage s'adoucirent, son air devint plus grave et, quand il reprit la parole, ce fut d'une voix hésitante d'où sourdait la compassion.

« Euh..., c'est vrai que t'as l'air d'avoir vraiment faim, dis donc. On va pas te laisser comme ça. »

Il fouilla dans sa poche et en retira un billet qu'il tendit à la jeune fille.

« Allez, va à l'intérieur te payer un repas, t'en as besoin. »

Nakiméra tendit la main vers l'argent. Elle hésita. La faim la poussait à tendre le bras pour saisir le billet, mais sa mauvaise conscience la retenait encore. Au même instant, l'un des deux compères restés assis à la table se leva.

« Qu'est-ce qui te prend ? » lança-t-il d'un ton hargneux à son collègue.

Il attrapa Nakiméra par le bras.

« Y a pas de raison qu'on te paie un repas gratis. Si tu veux manger, il va falloir y mettre du tien et être gentille avec nous. Tu vois ce que je veux dire ? »

L'adolescente, apeurée, rentra la tête dans les épaules tout en se tortillant comme si l'homme la chatouillait. Mais celui-ci ne voulait pas la lâcher. Au contraire, sa prise se fit plus ferme sur le bras de la jeune fille. Celle-ci, alors, eut une réaction étrange.

Un petit rire s'échappa de sa gorge.

Le son avait été bref, à peine audible, pourtant l'homme sursauta, lâcha sa victime et se raidit comme si la gamine était devenue électrique. L'instant d'après, lui et son acolyte se retrouvaient pliés en deux, pris soudain d'une crise de hoquet qui se transforma rapidement en quelque chose ressemblant à un fou rire incontrôlable et apparemment douloureux.

Nakiméra se dégagea, jetant aux deux hommes un regard désolé. Elle n'avait pas voulu cela. Elle voulait simplement manger. Elle recula, effrayée par ce qu'elle venait de faire. Hélas, sans s'en rendre compte, elle se rapprocha de la table où le troisième militaire attendait toujours. A son passage, il tendit la jambe, faisant trébucher la jeune fille qui s'étala par terre de tout son long.

L'homme fut aussitôt debout, l'air mauvais.

« Qu'est-ce que tu leur as fait, sorcière ? Ne me regarde pas et n'essaie pas de me toucher surtout, j'ai bien vu ton petit manège. Alors, réponds : qu'est-ce que tu leur as fait à mes copains ? Tu leur as jeté un sort, c'est ça ? »

Il sortit son pistolet de son étui. Nakiméra prit peur. Les yeux de l'homme, déjà rouges d'alcool, brillaient à présent de colère, et son arme tremblait au bout de son poing.

La jeune fille rampa en arrière puis se recroquevilla au sol, cachant sa tête dans ses bras. Son agresseur, sûr de lui, s'approcha. Ses deux collègues, ayant retrouvé leur contrôle, commirent la même erreur.

« Alors, qu'est-ce que tu racontes, sorcière ? » dit l'homme en s'accroupissant et en enfonçant le canon de son arme dans les côtes de sa victime.

Pour toute réponse, un petit son indistinct s'échappa de dessous les bras repliés de Nakiméra. Aucun des trois hommes ne réalisa immédiatement de quoi il s'agissait.

Quand ils comprirent, il était trop tard.

Le rire de la jeune Ougandaise s'insinua en eux comme un poison. En quelques secondes, leurs corps furent pris d'incoercibles tremblements, leurs visages se crispèrent tandis que leurs gorges, malgré elles, émettaient des éclats de rire aussi stridents que dépourvus de joie.

Nakiméra se releva, continuant de faire entendre son propre rire. Les trois hommes à présent se tenaient la gorge, fléchissaient les genoux, suffoquant, prêts à s'écrouler.

« Nakiméra ! »

L'appel de son nom fit se retourner la jeune Africaine et arrêta son rire.

Une femme lui faisait face, une Blanche, pas très jeune, pas très belle et pas souriante du tout, mais dont l'attitude n'avait rien de menaçant. Sans savoir pourquoi, elle se sentit soulagée de cette apparition.

A côté de la femme, se tenaient deux jeunes filles ayant sans doute le même âge que Nakiméra ou à peu près. L'une d'elles était blanche, avec des cheveux noirs et une peau mate. L'autre était une Asiatique. Ce fut elle qui prit la parole.

« Bonjour, Nakiméra, nous sommes venues pour te demander de nous rejoindre. »

La jeune Ougandaise ne répondit pas, trop surprise d'entendre une étrangère parler aussi parfaitement le luganda, sa langue maternelle. Devant son hésitation, la femme européenne prononça quelques phrases à l'intention de la jeune Asiatique dans un langage incompréhensible pour Nakiméra. La traduction en luganda suivit aussitôt :

« Cette dame voudrait que tu viennes avec nous. Elle dit que, quand ces trois hommes auront repris leurs esprits, ils risquent de te faire du mal. »

Nakiméra se retourna et vit les trois militaires, effondrés au sol, qui tentaient péniblement de se relever.

Elle réalisa aussi que la foule s'était agglutinée et aperçut autour d'elle des regards de surprise, des regards de peur, des regards de haine. Le mot « sorcière » s'échappait par instants du murmure collectif.

Elle tourna les yeux vers l'Européenne et hocha la tête en signe d'acceptation.

4

Charo

La nuit commençait à tomber sur la petite ville colombienne. Charo hâtait le pas. Elle n'aimait pas traîner dans les rues à cette heure, surtout dans ce quartier. Il s'y passait toujours quantité de choses auxquelles il valait mieux ne pas être mêlé.

Un bruit de moteur arrivant dans son dos la poussa à accélérer encore l'allure. Elle obliqua à droite ; ce fut une erreur. Le véhicule suivit le même itinéraire et, pis encore, freina pour s'arrêter à quelques mètres d'elle. La jeune Colombienne se plaqua dans l'encadrement d'une porte dans l'espoir, l'obscurité aidant, de se rendre invisible aux yeux des nouveaux arrivants. Au même instant, un second véhicule apparut à l'autre extrémité de la ruelle et vint se garer en face du premier. Pendant quelques instants, rien ne se passa, et Charo reprit l'espoir de voir les deux véhicules poursuivre leur chemin. Mais les portes s'ouvrirent et trois hommes descendirent de chacune des voitures. A leur allure et aux pistolets que certains tenaient dans leur poing, Charo comprit que ce qu'elle craignait le plus était en train d'arriver.

Deux des hommes – les chefs des deux groupes probablement – se rencontrèrent au milieu de la rue. L'un d'eux portait une mallette à la main. Après quelques paroles à voix basse, il présenta l'objet à son vis-à-vis, à plat sur son avant-bras. Il ouvrit le couvercle. L'autre jeta un coup d'œil et hocha la tête d'un air satisfait. De là où elle était, Charo ne pouvait entendre ce que les deux hommes murmuraient. En revanche, elle avait très bien vu le contenu la mallette : de l'argent, beaucoup d'argent.

Les deux chefs se dirigèrent alors vers la première voiture. Une pression de la main et le coffre s'ouvrit. A l'intérieur, des armes d'un calibre impressionnant reposaient, bien alignées les unes à côté des autres.

Charo se renfonça encore un peu plus dans sa cachette de fortune et adressa une prière muette à la Sainte Vierge pour qu'elle la protège.

Mais les dieux et les saints ne sont pas toujours à l'écoute de ceux qui croient en eux.

« Hé ! cria l'un des hommes en pointant un doigt vers l'adolescente. Regardez ! »

Il se précipita vers Charo qui, paralysée de peur, n'essaya même pas de s'enfuir. Sans ménagement, il la ramena auprès du groupe en la tirant par le bras.

« Allons bon, qu'est-ce que c'est que ça ? demanda l'un des chefs, un grand avec une moustache.

— J'sais pas, répondit l'autre, petit et chauve. Ça m'a pas l'air bien dangereux en tout cas. »

Charo n'osait même pas regarder les hommes. Elle ne voulait pas voir leurs visages. Elle ne voulait rien savoir. Le grand à la moustache se pencha vers elle.

« Alors, qu'est-ce que tu fais dans la rue à cette heure-ci, toi ?

— Je... rien... je rentrais chez moi, c'est tout. »

L'homme hocha la tête.

« OK. On va te laisser partir. Mais t'as rien vu, c'est compris ? Allez, répète : "J'ai rien vu, monsieur." »

Le chef de bande s'attendait à une réponse rapide. A sa grande surprise, il vit le visage de l'adolescente se crisper, sa bouche s'entrouvrir et ses lèvres se contorsionner en une mimique grotesque pour n'aboutir qu'à un hoquet ridicule.

« Eh bien, qu'est-ce que tu fais ? Tu veux m'énerver ou quoi ? Tu dis que t'as rien vu, qu'il ne s'est rien passé et même que t'étais pas là et j'te laisse déguerpir. C'est pas compliqué. Alors ? »

Le visage de Charo exprima un désespoir profond. Elle jeta à l'homme un regard de détresse. Il attendait d'elle, sans le savoir, une prouesse dont elle était incapable. Une nouvelle fois, ses lèvres s'agitèrent, une nouvelle fois aucun son n'en sortit.

Le moustachu se tourna vers le chauve.

« J'sais pas ce qu'elle a, mais elle m'a l'air bizarre. On prend pas de risques, d'accord ? »

L'une de ses mains mima la forme d'un pistolet. Le bruit d'une sirène de police empêcha l'autre chef de donner sa réponse. En un clin d'œil toutes les armes disparurent sous les vestes et la mallette pleine de billets dans le coffre d'une des voitures. Quand le véhicule de police arriva, les six hommes discutaient tranquillement comme des amis de longue date.

Un petit policier rondouillard à la moustache grisonnante sortit de la voiture et referma la portière en la repoussant avec son ventre.

« Alors ! Qu'est-ce qui se passe ici ? Une réunion de famille ? »

Aucun des hommes ne trouva utile de répondre à la plaisanterie. Le policier reconnut soudain le petit chauve.

« Eh ! Mais c'est mon ami Ricardo ! Alors, Ricardo, qu'est-ce que tu magouilles encore ? »

L'interpellé se contenta de se tortiller un peu en regardant ses chaussures et en marmonnant quelques paroles incompréhensibles.

« Bon, je vois, toujours aussi peu coopératif. Mais dis donc, qu'est-ce que c'est que cette gamine ? T'enrôles des ados dans ta bande maintenant, Ricardo ? »

Charo crut qu'elle allait s'évanouir. Son dernier espoir de s'éclipser de manière discrète venait de s'envoler. Le policier s'approcha d'elle.

« Toi non plus, je suppose que tu n'as rien à me dire. Tu n'as rien vu d'anormal, bien sûr ? »

Tous les regards se braquèrent sur la jeune fille. Les hommes souriaient, goguenards. La question du policier était de pure forme. Ici, les témoins étaient toujours muets comme des tombes, au propre ou au figuré.

« Alors ? » insista le gros policier devant le silence de l'adolescente.

Le regard de Charo se fit implorant. Elle avait du mal à respirer. Elle porta la main à sa gorge, mais c'était inutile. Elle savait que ce n'était pas par ce geste dérisoire qu'elle s'empêcherait de prononcer les paroles qui allaient signer son arrêt de mort.

« Si, j'ai vu quelque chose », finit-elle par lâcher dans un souffle.

Les sourires des six truands disparurent tous en même temps. Le policier la regarda, surpris, presque effaré.

« C... comment ça, t'as vu quelque chose ? »

Charo baissa la tête comme une condamnée attendant son exécution. A présent, il était trop tard, elle ne pouvait plus échapper à sa malédiction. Elle cessa de résister à son irrépressible instinct.

« Il... il y a des armes dans le coffre de la voiture. Là », dit-elle en pointant son doigt vers le véhicule du grand moustachu.

Aussitôt les six hommes s'esclaffèrent :

« Elle est folle ! » « Ne l'écoutez pas, brigadier, elle dit n'importe quoi ! » « Mais qu'est-ce qui lui prend à cette gamine ? »

Charo les regarda gesticuler et lever les bras au ciel. Pour elle, toutes ces bouches ne faisaient que s'agiter dans le silence. Ils mentaient.

L'homme en uniforme se pencha vers l'enfant.

« Allons, qu'est-ce que tu racontes ! De quoi parles-tu ?

— Des armes que les autres voulaient leur acheter. L'argent est dans l'autre voiture, dans une mallette. »

Le policier se redressa, l'air gêné. Autour de lui, sans prononcer un mot, les six hommes avaient formé un cercle menaçant. Ce fut le petit chauve qui rompit le silence :

« Brigadier, je pense que cette histoire ridicule peut sûrement s'arranger. »

Le policier sourit, soulagé.

« Bien sûr, Ricardo », dit-il en sortant un gros mouchoir de sa poche pour s'en tapoter le front.

Sur un geste du truand, le brigadier et lui s'écartèrent un peu du groupe. Ils échangèrent en murmurant quelques paroles d'un air entendu, puis le dénommé Ricardo sortit de la poche intérieure de sa veste une liasse de billets qu'il glissa rapidement dans la main du policier. Celui-ci la fit disparaître aussitôt dans son uniforme et, sans plus d'explications, se dirigea vers sa voiture. Juste avant d'ouvrir la portière, il s'adressa au chauve et au moustachu :

« Et la petite ? Vous la laissez tranquille, hein ? Pas de blagues, d'accord ? »

A chacune des trois remarques, les deux chefs répondirent avec un grand sourire et d'amples gestes rassurants.

Charo avait entendu distinctement chaque question. Elle ne perçut aucune des réponses.

Au moment où la voiture de police démarra, elle bouscula l'homme le plus proche, le repoussant contre ses complices, et fila à toute vitesse. L'effet de surprise lui permit d'atteindre l'extrémité de la rue sans encombre. Elle obliqua à gauche, une première fois, puis une deuxième.

Elle comprit qu'elle venait de s'engager dans une impasse en même temps qu'elle entendit crier dans son dos la voix d'un de ses poursuivants.

« Pas la peine de courir, elle peut plus nous échapper, c'est un cul-de-sac par-là. »

Charo se rua jusqu'au mur aveugle qui obstruait la rue, regardant frénétiquement autour d'elle dans l'espoir qu'une ruelle adjacente lui laisserait encore une possibilité de s'échapper.

Rien.

Les truands se rapprochaient, lentement. Ils n'avaient aucune raison de se presser maintenant. Le grincement d'une porte lui fit tourner la tête.

« Charo, par ici ! »

La peur la projeta vers cette chance inespérée. Avant qu'elle ait pu réaliser ce qu'elle faisait, elle se retrouva dans la cage d'escalier d'un petit immeuble. La porte se referma derrière elle.

Dans la faible lueur d'un mauvais éclairage, elle distingua quatre silhouettes. Un quatuor étrange. Une vieille femme - était-elle si âgée d'ailleurs ou était-ce sa laideur qui la vieillissait ? - et trois adolescentes, comme elle. Sauf que l'une était noire, la deuxième asiatique et que la troisième, malgré ses cheveux noirs et son teint mat, n'avait pas l'air d'une Colombienne.

L'Asiatique s'adressa à elle en espagnol :

« Il faut que tu viennes avec nous, Charo. Si tu le fais, cette dame te promet que tu seras en sécurité. »

Charo hésita.

« Qu'elle me le dise elle-même, si c'est la vérité.

— Elle ne parle pas l'espagnol. C'est moi qui dois traduire ce qu'elle dit.

— Demande-lui seulement de prononcer les mots : JE NE TE VEUX AUCUN MAL. »

La jeune Asiatique eut l'air surprise. Elle se retourna pourtant sans discuter vers la femme laide. Elle lui dit d'abord quelques mots dans une langue que Charo reconnut comme du français puis, sur un signe d'accord de l'adulte, elle prononça plusieurs fois la phrase dictée par la Colombienne, en espagnol.

Dehors, les cris des six truands, furieux d'avoir perdu leur proie, se rapprochaient. Charo eut soudain peur qu'ils ne devinent où elle s'était cachée. Et s'ils décidaient de fouiller chaque maison pour la retrouver ? Elle aurait sans doute mieux fait d'accepter la proposition de l'étrangère sans discuter. Après tout, qu'avait-elle à perdre ?

La femme mit fin à ses hésitations. Se plaçant devant elle, elle la fixa droit dans les yeux et articula :

« JE NE TE VEUX AUCUN MAL. »

La voix était hésitante, un peu rauque et pas très agréable, l'accent à mourir de rire, mais les mots avaient résonné clairement aux oreilles de Charo.

Elle n'avait plus aucune raison de refuser l'offre qui lui était faite.

5

Liliana

Irina, la préposée à l'accueil, ouvrit de grands yeux. Le groupe qui venait de pénétrer dans l'entrée de l'orphelinat de Ploiesti n'était pas du genre que l'on rencontrait souvent dans un tel endroit. On l'aurait plutôt attendu sur un site touristique. Et encore, les touristes qui venaient visiter la Roumanie le faisaient généralement en groupes d'une même nationalité, alors que là...

Une Noire, une Jaune, une Arabe et une quatrième adolescente qu'Irina classa dans la catégorie « Méditerranéenne », faute de pouvoir être plus précise.

Plus une adulte – la cinquantaine – qui pouvait être roumaine, européenne en tout cas, et dont l'absence totale de grâce contrastait de manière presque comique avec la beauté du quatuor qu'elle accompagnait.

Avant même de savoir la raison de leur venue, la préposée à l'accueil était déjà sur la défensive.

« Je vous préviens, dit-elle en s'adressant à l'adulte, si c'est pour m'amener des nouveaux pensionnaires, il n'en est pas question. Ici, c'est un orphelinat pour enfants en bas âge, pas pour ados. On ne prend personne au-dessus de dix ans. »

La femme la regarda sans broncher. Visiblement, elle n'avait rien compris à ce que venait de lui dire la fonctionnaire. Elle se tourna vers la jeune Asiatique et l'interrogea du regard. La jeune fille se mit à lui parler en français. Irina ne parlait pas cette langue mais, comme beaucoup de Roumains, elle la comprenait suffisamment pour saisir qu'on était en train de traduire ses propos. Elle fut surprise qu'une Japonaise - pour Irina, tous les Asiatiques étaient des touristes japonais - connaisse le roumain et puisse le traduire aussi rapidement en français.

Après quelques échanges avec son accompagnatrice, la jeune traductrice se tourna vers la préposée.

« Cette dame, dit-elle dans un roumain parfait, vient pour chercher Liliana, une jeune fille que l'on vous a amenée ce matin.

— Ah, celle-là. Oui, bien sûr. C'est une exception, vous savez. D'habitude, on n'accepte pas les adolescentes, mais là, comme la police l'a découverte dans la rue, il fallait bien trouver une solution en attendant de la placer dans un foyer pour les gosses de son âge.

— Eh bien, justement, la famille de cette jeune fille travaille à l'ambassade de France à Bucarest, et nous sommes chargées de la ramener à ses parents. »

Irina regarda le groupe avec méfiance.

« Et on vous a envoyées, vous, quatre gamines et une seule adulte, pour récupérer cette enfant ? Et ses parents ne sont même pas là ? Vous avez au moins un ordre officiel prouvant que je peux vous la confier ? »

L'Asiatique se tourna vers l'adulte et lui traduisit à nouveau les propos de l'employée La femme eut une petite moue irritée, murmura quelques mots en français et, sur un signe de sa part, la traductrice s'éloigna. Elle passa d'abord devant l'Africaine à qui elle glissa une phrase dans le creux de l'oreille, puis alla rejoindre sa copine arabe, comme pour discuter entre adolescentes de choses qui ne concernaient pas les adultes. La Française se mit alors à fouiller dans son sac, sans doute à la recherche du fameux document officiel.

Dans le même temps, la jeune Noire s'approcha du guichet de l'accueil et, s'accoudant à celui-ci, sourit à la préposée. Celle-ci fut d'abord surprise de cette brusque marque de sympathie que rien ne justifiait. Puis, très rapidement, elle se dit que la jeune fille avait vraiment un sourire magnifique et qu'elle avait rarement vu un visage aussi épanoui, respirant à ce point la candeur et l'honnêteté. Elle se sentit un peu honteuse de ne pas avoir fait entièrement confiance à ce groupe qui comptait en son sein une personne aussi merveilleuse et elle fut soudain certaine que la femme allait trouver rapidement le papier nécessaire pour qu'elles puissent repartir avec la petite Liliana.

A cet instant, le téléphone sonna à côté d'elle. Irina décrocha.

« Allô, orphelinat de Ploiesti ? »

La préposée éloigna le combiné de son oreille. Il y avait tellement de parasites sur la ligne que cela lui faisait presque mal aux oreilles.

« Oui, répondit-elle. Que désirez-vous ?

— Ici, l'ambassade de France à Bucarest (la voix avait effectivement un accent bizarre). On vous a amené ce matin une jeune fille du nom de Liliana qui a été retrouvée seule dans la rue. Il s'agit en fait de la fille d'un des employés roumains de l'ambassade. Vous allez recevoir la visite d'une dame, Mme Sappa, une Française. Elle vient chercher la petite Liliana. »

La responsable de l'accueil était à la fois soulagée et inquiète. Elle n'était pas mécontente de se débarrasser de la jeune Liliana, mais...

« Mais personne ne m'a envoyé d'ordre écrit » objecta-t-elle.

A l'autre bout de la pièce, Yunhua souffla quelques mots à l'oreille de Leïla. Une seconde plus tard, la même phrase résonna dans le combiné du téléphone.

« L'ordre écrit va vous être envoyé par fax, ne vous inquiétez pas. »

Au même instant, la Française vint poser sur le comptoir sa carte d'identité. Irina y jeta un bref coup d'œil. La carte était en français, mais on pouvait y lire clairement le nom de sa propriétaire : « Astrid Sappa. »

Irina hésitait encore. C'est alors que son regard croisa une nouvelle fois celui de l'Africaine. Le sourire de la jeune fille lui ôta son dernier doute.

« C'est bon, dit-elle en raccrochant le combiné. Vous pouvez y aller. Elle est dans la salle de jeux, au fond du couloir à droite. Mais je vous préviens, elle est sourde et muette, pas facile de communiquer avec elle. »

La Française, après s'être fait traduire les paroles de la préposée, eut un petit geste rassurant de la tête pour indiquer qu'elle arriverait à se débrouiller. Accompagnée des quatre filles, elle se dirigea vers le fond du couloir.

En fait de salle de jeux, il s'agissait d'une grande pièce meublée en tout et pour tout de tables circulaires et de chaises. A cette heure de la journée, elle était vide car les enfants étaient tous en cours. Seule une table, au fond, était occupée par une jeune fille de treize ou quatorze ans, aux longs cheveux blonds.

Occupée était d'ailleurs le mot juste. La table était recouverte de dizaines de feuilles de papier dont peu étaient encore blanches. Toutes les autres étaient dessinées et représentaient visiblement la journée de la jeune Liliana. Sur certaines, on la reconnaissait fort bien, errant dans les rues ou entrant dans l'orphelinat encadrée de deux policiers. Sur une autre, on voyait la préposée à l'accueil, derrière son comptoir, répondant à un coup de téléphone. Tous les dessins étaient d'un réalisme saisissant.

Quand le groupe s'approcha d'elle, la jeune dessinatrice leva les yeux sans dire un mot. Elle leur sourit comme à de vieilles connaissances.

« Bonjour, dit Mme Sappa (à côté d'elle Yunhua traduisait en langage des signes), je ne pense pas qu'il soit nécessaire que je me présente, ni que je t'explique pourquoi nous sommes ici. Je vois que tu es déjà au courant de tout ça. »

Sans attendre de réponse, la femme étendit le bras pour prendre le dernier dessin sur lequel travaillait l'adolescente.

On y voyait quatre jeunes filles – Yunhua, Nakiméra, Leïla et Charo – entrant dans la salle de jeux de l'orphelinat et encadrant une Astrid Sappa plus vraie que nature. En voyant son image sur le papier, celle-ci eut une petite grimace désabusée.

« Alors, poursuivit-elle, si tu sais déjà tout, quelle est ta réponse ? »

Liliana attrapa l'une des dernières feuilles vierges encore disponibles, saisit un crayon et, replongeant soudain dans son univers artistique, se mit à dessiner fébrilement. Quand elle tendit la feuille à ses visiteuses, quelques minutes plus tard, la question avait sa réponse.

Le dessin les représentait, sortant de l'orphelinat. Mais elles n'étaient plus cinq. Une jeune fille aux longs cheveux blonds les accompagnait.

1998

Chapitre 1

Mai 1998

Nakiméra fut la première à se réveiller. Il lui fallut un peu de temps pour reprendre ses esprits.

Elle était dans une voiture. Une grosse voiture, avec trois rangées de sièges. Elle se trouvait sur celle du milieu. A l'avant, elle reconnut la silhouette trapue d'Astrid Sappa. Celle-ci conduisait à une allure que la jeune fille jugea un peu rapide. La route était sinueuse.

Le paysage n'avait rien de commun avec ce qu'elle avait l'habitude de voir en Afrique. La chaussée était parfaitement goudronnée, sans aucun nid-de-poule, et la voiture semblait y glisser comme un bateau sur une mer d'huile. La route montait en zigzaguant dans un paysage de montagne. De chaque côté, dans des prés recouverts d'une herbe grasse, paissaient des vaches à l'allure et à la robe inconnues de la jeune Africaine.

Elle jeta un coup d'œil autour d'elle ; les quatre autres filles étaient là aussi, encore endormies.

Où allaient-elles ?

Un mouvement sur sa gauche lui fit tourner la tête. La Roumaine se réveillait à son tour. Comment s'appelait-elle déjà ? Ah oui, Liliana.

Nakiméra admira les longs cheveux blonds fins et raides qui tombaient comme une cascade sur ses épaules. Elle aurait adoré avoir ce genre de coiffure au lieu de sa tignasse crépue. Elle ignorait que, tout en s'étirant sur son siège, à peine réveillée, Liliana se délectait encore de son rêve tout chaud où ses cheveux bouclaient en tous sens et où ses yeux avaient la couleur de l'ébène. Elle sourit à Nakiméra, mais celle-ci hésita à lui rendre son sourire. Elle savait ce qui allait se passer si elle le faisait. La jeune Roumaine la trouverait immédiatement sympathique et même plus encore ; elle se sentirait soudain détendue, heureuse sans trop savoir pourquoi, et leurs relations ne tarderaient pas à devenir celles d'amies de longue date. Mais le lendemain, ou même simplement dans quelques heures, Liliana aurait tout oublié de cette chaleureuse amitié.

Nakiméra ne voulait pas de ce genre de relations artificielles sans autre fondement que le don qu'elle portait en elle. Elle se contenta d'un petit bonjour de la main en espérant que sa blonde camarade ne le prendrait pas mal.

Liliana avait déjà autre chose en tête. Palpant ses poches avec frénésie, elle en sortit rapidement un petit carnet et un reste de crayon qu'elle saisit avec l'avidité d'un fumeur sevré ayant découvert un mégot utilisable. Sans attendre, le calepin sur les genoux, elle se mit à griffonner. La pointe de son crayon courait à la surface du papier, dans tous les sens. Liliana ne lui accordait aucun répit. Nakiméra, fascinée, regardait ce ballet, admirant la dextérité avec laquelle la Roumaine faisait apparaître sur la feuille un paysage aux détails d'une précision photographique.

« Qu'est-ce qu'elle fait ? »

La voix surprit Nakiméra. Toute à la contemplation du talent de la dessinatrice, elle n'avait pas remarqué que la « Chinoise » (elle avait oublié son nom) s'était réveillée à son tour. Elle fut encore une fois étonnée que la jeune fille puisse s'adresser à elle en luganda sans avoir à chercher ses mots et sans le moindre accent.

« Je sais pas trop, répondit-elle, elle a commencé à faire ça dès qu'elle s'est réveillée, mais je... »

Yunhua n'attendit pas la fin de la phrase. D'une tape sur l'épaule que Nakiméra trouva sans gêne, elle attira l'attention de Liliana et commença à faire virevolter ses mains en un enchaînement de signes que l'Ougandaise ne pouvait comprendre, mais dont le but ne faisait guère de doute. Liliana tendit son dessin à Yunhua tout en lui répondant dans le même langage sans paroles.

« Elle dit que c'est l'endroit où on se rend », traduisit la jeune Chinoise en tendant à son tour le calepin à sa compagne de route.

Sur la feuille, une voiture ressemblant en tout point à celle dans laquelle elles voyageaient arrivait par un petit chemin devant une maison. Entourée d'arbres, la bâtisse semblait construite en bois. Un genre totalement inconnu de Nakiméra.

Yunhua lança quelques phrases en français à l'intention de Mme Sappa. Le regard de la conductrice se refléta un instant dans le rétroviseur. Sa réponse fut brève, mais sembla satisfaire la jeune Chinoise.

« On arrive dans un quart d'heure », dit-elle à Nakiméra dans sa langue.

Aussitôt, par signes, elle transmit l'information à Liliana et, comme Charo et Leïla se réveillaient à leur tour, elle en profita pour faire la traduction en espagnol à sa gauche et en arabe à sa droite.

Nakiméra ne put s'empêcher d'admirer l'aisance avec laquelle la jeune fille s'acquittait de cette tâche, passant d'une langue à l'autre sans hésitation, sans effort, sa voix s'adaptant en une fraction de seconde aux particularités d'un langage pour les abandonner tout aussi rapidement au profit d'un autre.

« Comment tu fais ça ? demanda-t-elle au cours d'une pause de la traductrice. Comment tu fais pour tout comprendre, comme ça, sans réfléchir, et pour parler toutes ces langues, sans te tromper et sans accent ? Parce que tu n'as pas d'accent, n'est-ce pas ? Pas en luganda en tout cas. »

La Chinoise la regarda en souriant.

« Et toi, comment tu as fait pour te débarrasser de ces trois bonshommes, juste avant qu'on vienne te chercher ?

— Je sais pas, c'est un don. Je le fais, c'est tout.

— Eh bien moi, c'est pareil. Je suis la meilleure élève de la classe, de toutes les classes même. Le professeur entre dans la pièce et, avant qu'il ait pu dire un mot, j'en sais autant que lui. Si c'est un prof de gym, je deviens une grande athlète, si c'est un prof de math, je connais tous les théorèmes et toutes les démonstrations, si c'est une personne qui parle le... le comment, déjà ?

— Le luganda.

— Si la personne parle le luganda, l'espagnol, l'arabe, le français ou le langage des signes, alors je les parle aussi. C'est un don. Comme les petits dessins de notre amie qui nous indiquent où nous allons, ou ton rire si particulier qui te permet d'amadouer les enquiquineurs ou de les tenir à distance. On a toutes les cinq une petite particularité de ce genre et je pense que c'est pour ça que nous sommes ici.

— Et ça ne t'inquiète pas un peu de ne pas savoir pourquoi on est là ?

— Bof, il en faut plus pour me flanquer la trouille. »

Sur son siège, Charo se redressa soudain et regarda Yunhua avec une mimique mi-sourire, mi-grimace.

« Qu'est-ce qu'il y a ? demanda celle-ci en espagnol et sur un ton agressif. Pourquoi tu fais cette tête ? »

La Colombienne secoua la tête.

« Ça me fait toujours cet effet quand les gens mentent. J'y peux rien, c'est comme ça.

— Ah, et comment tu peux savoir si je mens ou pas, tu parles sa langue, maintenant ? dit Yunhua en désignant Nakiméra.

— Non, mais je sais quand quelqu'un ment, c'est tout.

— C'est ça, ton don à toi ?

— Ouais, si on veut. Pour moi, c'est pas un don. C'est plutôt une malédiction.

— Et quand est-ce que j'aurais menti ?

— A ta dernière phrase.

— Celle où j'ai dit que... ? »

Yunhua regarda sa voisine droit dans les yeux. Elle comprit qu'elle avait intérêt à se taire.

« Tu me fais rire avec tes histoires de mensonges », ironisa-t-elle en tournant la tête.

Charo se pencha à son oreille et, baissant la voix, comme si quelqu'un d'autre pouvait comprendre sa langue, elle murmura :

« Je n'ai encore rien entendu de ce que tu viens de dire. Mais tu sais, il n'y a pas que les mensonges parlés que je repère. Pour les autres, tu es peut-être une grande fille sûre d'elle qui les regarde de haut et qui frime, mais moi, je vois une gamine qui a peur. Quand tu parles plus fort pour faire la fière, j'entends ta voix qui tremble et, bientôt, tu pleureras dans mes oreilles, même si tu ris dans celles des autres. »

Yunhua n'eut pas le temps de répondre. Leïla et Nakiméra, ensemble, poussèrent un cri.

Au détour d'un virage venait d'apparaître un tableau qui ne leur était pas étranger. Toutes avaient eu le temps de voir le dessin de Liliana, toutes à présent apercevaient, au détail près et grandeur nature, la même demeure dans le même paysage.

Quatre paires d'yeux stupéfaits se tournèrent vers la jeune Roumaine, mais celle-ci, de nouveau penchée sur son calepin, n'y prêta aucune attention. Yunhua se pencha pardessus son épaule et contempla le nouveau dessin en train d'apparaître sur la feuille. En se rasseyant, elle glissa dans l'oreille de Leïla :

« Je crois bien qu'on va partager la même chambre. »

La voiture s'arrêta. Sans un mot, la conductrice sortit et, d'un signe, invita ses cinq passagères à en faire autant. Quand toutes furent dehors, la femme tendit le bras vers la maison à la manière d'un guide désignant un monument historique.

« Le Chalet ! » dit-elle.

Cette fois, nulle n'eut besoin de la traduction de Yunhua pour comprendre.

Ni pour sentir que, pour chacune d'elles, une nouvelle vie commençait.

Chapitre 2

Le lendemain de leur arrivée au Chalet, chacune des filles reçut une note écrite dans sa langue maternelle.

Bienvenue,

Vous venez d'arriver au « Chalet » [le mot était écrit en français dans toutes les notes]. *A partir de maintenant, vous n'avez plus à vous inquiéter de votre subsistance ; la nourriture, l'habillement, le logement et tout ce dont vous aurez besoin au quotidien vous seront fournis.*

Il va de soi que tous ces avantages n'iront pas sans contreparties.

Tout d'abord, il va vous être dispensé un enseignement intensif que vous serez priées de suivre avec le plus grand sérieux. J'insiste sur ce point : AUCUN COURS NE SERA FACULTATIF. *Les différents professeurs vous seront présentés en temps utile. Pour l'instant, nous commencerons par l'apprentissage des langues. Le français, que je vous enseignerai moi-même, et qui sera notre langage de tous les jours. A cela s'ajoutera, dans quelque temps, le langage des signes nécessaire pour la communication avec Liliana. De son côté, Liliana, dès qu'elle maîtrisera suffisamment le français écrit, recevra des cours spéciaux pour apprendre à lire sur les lèvres. Je vous demande de faire un effort pour que la communication orale ne soit rapidement plus un problème entre nous. Pour cela, Yunhua ne sera plus autorisée à jouer systématiquement le rôle de traductrice et devra utiliser exclusivement le français. De cette façon, en quelques mois, nous devrions pouvoir nous comprendre sans trop de problèmes.*

Une deuxième règle d'or devra être suivie à la lettre : AUCUNE SORTIE DU CHALET N'EST AUTORISÉE. *Vous avez sans doute déjà compris que chacune d'entre vous possède une particularité remarquable. Ces « dons » tout à fait exceptionnels, s'ils étaient affichés à l'extérieur, provoqueraient immanquablement la curiosité de la population et finiraient par nous attirer des ennuis. Si vous avez le moindre doute sur la question, pensez aux circonstances dans lesquelles nous nous sommes rencontrées. Cela devrait suffire à vous convaincre que la discrétion est notre meilleure garantie d'une vie paisible. De toute façon, comme je l'ai mentionné plus haut, l'enseignement que vous allez recevoir sera intensif et ne vous laissera que peu de temps pour les loisirs, donc pour les sorties. N'ayez cependant aucune crainte, vous ne serez pas cloîtrées au Chalet indéfiniment, mais les sorties à l'extérieur ne viendront que dans quelque temps et* SOUS MON CONTRÔLE.

Vous remarquerez que ces recommandations ne sont assorties d'aucune menace de punition en cas de désobéissance. Cela serait inutile. Vous êtes toutes les cinq des filles jeunes, mais très intelligentes et matures. Je suis certaine que vous comprendrez très vite, si ce n'est déjà fait, que la vie qui vous attend dans cette demeure ne sera en rien comparable à ce que vous avez connu jusque-là et que les efforts qui vous seront demandés seront un bien faible prix à payer en regard des avantages que vous obtiendrez.

Encore une fois, bienvenue au Chalet.

Astrid Sappa

Chapitre 3

Août 1998

Liliana dessinait. Assise sur son lit, dans la chambre qu'elle partageait depuis bientôt trois mois avec Charo et Nakiméra, elle achevait d'user sa mine de crayon quotidienne. Elle devait faire attention ; quand celle-ci serait achevée, elle n'aurait plus rien pour continuer. Leur hôte lui avait fait comprendre, peu après son arrivée, qu'elle n'aurait le droit chaque jour qu'à un nombre limité de feuilles et à un seul crayon dont la mine ne serait taillée qu'une fois, le matin, et devrait durer jusqu'au soir. Le but était de lui apprendre à contrôler son besoin compulsif de représenter, à tout instant, l'avenir sur toute surface dessinable.

Liliana était une fille obéissante et raisonnable. Elle avait bien compris que cette exigence était destinée à lui rendre, à terme, l'existence plus facile, en l'aidant à surmonter une manie qui consumait l'essentiel de son temps et transformait un don en obsession.

Elle avait donc accepté de se soumettre à ce qui était pour elle plus qu'un régime, un véritable sevrage.

Et le traitement commençait à porter ses fruits. Mais c'était dur, si dur. Dans la journée, les cours l'aidaient à surmonter ses pulsions. Le soir...

Liliana grimaça. Son crayon n'écrivait plus. Même en le tenant parfaitement vertical par rapport à la feuille, impossible d'en obtenir quoi que ce soit. La jeune fille gratta nerveusement l'extrémité de l'objet, du bout des ongles, pour en dégager péniblement une pointe encore apte à produire quelques traits. Par cette manœuvre, elle réussit à achever son dessin à l'instant même où Charo entrait dans la pièce.

La jeune Colombienne referma derrière elle et, par curiosité, jeta un coup d'œil à la feuille que sa compagne de chambrée venait de poser à côté d'elle, sur le lit. Elle se reconnut, pénétrant dans la chambre, tenant encore la poignée de la porte à la main. L'image n'aurait pas été plus fidèle si Liliana avait eu un Polaroïd.

Les capacités de la jeune Roumaine la stupéfiaient, autant par leur précision que par leur apparente inutilité. Quel intérêt pouvait-il y avoir à dessiner les événements les plus anodins, même avec un tel réalisme, même en les anticipant de quelques secondes ou de quelques minutes ? A bien y réfléchir, son propre don n'était guère plus utile. Etre incapable de dire ou d'entendre un mensonge ne lui avait jamais apporté que des ennuis et elle se demandait encore pourquoi l'énigmatique Mme Sappa s'était volontairement encombrée de deux recrues comme elles. Pas par altruisme, cette femme n'était pas du genre à se consacrer bénévolement au bien-être de ses semblables.

Alors pourquoi ? Pour les étudier peut-être.

Elle fut tirée de ses pensées par Liliana. Celle-ci agitait les mains pour lui demander quelque chose. Charo, qui n'étudiait le langage des signes que depuis peu, avait encore du mal à la comprendre. Malgré tout, en combinant la communication gestuelle et les quelques mots de français que Liliana pouvait lire sur les lèvres, Charo finit par comprendre que sa camarade voulait simplement savoir pourquoi elle n'était pas restée au salon du rez-de-chaussée à regarder la télévision avec les autres.

La réponse de la Colombienne fut brève :

« El-les re-gar-dent un fil-m », articula-t-elle en détachant bien les syllabes.

Liliana n'avait pas besoin d'autres explications. Elle savait que Charo ne pouvait regarder une fiction très longtemps ; les acteurs ne disaient pas la vérité, ils ne mentaient pas vraiment non plus. Pour la jeune fille, il en résultait une cacophonie, un mélange de sons incompréhensibles et de crachotements, comme si le poste était mal réglé ou la réception mauvaise. Elle avait bien essayé une ou deux fois de suivre, en coupant le son, le déroulement d'intrigues simplistes pour lesquelles la compréhension des dialogues n'était pas indispensable. Mais les autres n'étaient pas toujours d'accord, surtout Yunhua qui comprenait parfaitement les films en français et préférait avoir le son.

En pensant à la jeune Chinoise, Charo sentit son humeur s'assombrir. Elle s'entendait très bien avec Liliana et Nakiméra, même si la communication était encore un peu difficile. Elle ne voyait, non plus, aucun inconvénient à devenir amie avec Leïla.

Mais il y avait Yunhua.

Depuis leur première altercation, dans la voiture, en arrivant au « Chalet », les relations entre les deux jeunes filles ne s'étaient pas améliorées. Il y avait entre elles une compétition permanente où les sentiments de chacune oscillaient entre la jalousie, la crainte et l'admiration pour les dons de l'autre et sa personnalité. Au final, c'était surtout l'agressivité et l'incompréhension qui prédominaient dans leurs rapports.

Pourtant, de caractère, elles étaient sans doute les plus proches. Indépendantes et volontaires, elles avaient aussi en commun une méfiance évidente, et ce depuis le premier jour, vis-à-vis de leur « protectrice » dont les intentions demeuraient plus qu'obscures.

Leur hôtesse ne faisait d'ailleurs pas grand-chose pour calmer leurs inquiétudes. Chaque question destinée à savoir pourquoi on les avait regroupées toutes les cinq dans cet endroit, ou pour obtenir des renseignements sur leur avenir à plus ou moins long terme, recevait invariablement la même réponse :

« Vous apprendrez tout cela en temps utile. »

Point à la ligne.

« On vous demanderait comment on fait les enfants, on aurait plus d'explications ! s'était un jour exclamée Yunhua, ... juste avant d'ajouter, à voix basse et en espagnol : Quoique je me demande si elle sait vraiment comment on fait. »

C'était l'une des rares fois où les deux filles s'étaient senties unies par un semblant de complicité. Pour le reste...

L'arrivée de Nakiméra la sortit de ses pensées. Le visage de la jeune Africaine était fermé. La « séance télé » n'avait pas dû être passionnante.

Anticipant les questions qui se lisaient sur le visage des deux autres, Nakiméra lâcha un mot, un seul :

« Leïla. »

Le ton était tel qu'on aurait cru l'entendre prononcer un gros mot.

En guise d'explication complémentaire, l'Africaine fit la mimique de cligner fortement les yeux plusieurs fois. Il était inutile d'en dire davantage, tout le monde avait compris. Leïla s'était encore laissée aller à son petit jeu favori. Grâce à son influence sur les machines, la jeune Palestinienne pouvait se transformer à volonté en « télécommande humaine » et, sur un simple clignement d'yeux, passer d'une chaîne à l'autre à la vitesse qu'elle désirait. Et quand le programme ne lui plaisait pas...

Charo avait remarqué que Leïla ne se permettait ce genre de comportement qu'en présence de Yunhua et à la condition que celle-ci soit d'accord. Cela avait encore alimenté son sentiment d'animosité à l'égard de la Chinoise. A ce rythme, la salle de télévision ne serait bientôt plus fréquentée que par deux des cinq pensionnaires.

Devant l'air sombre de ses deux amies, Liliana sortit de sous son lit un coffret de jeux d'échecs et le proposa aux deux autres avec un mouvement de menton interrogatif. Charo et Nakiméra échangèrent un regard hésitant, puis se décidèrent à rejoindre la jeune Roumaine. Elles s'installèrent par terre, en tailleur, à côté du lit. Liliana, ouvrit le coffret et choisit deux pions, un noir et un blanc. Elle mit ensuite les mains dans son dos, puis, une fois les pions camouflés au creux de ses poings, les tendit vers Nakiméra. Celle-ci tapa légèrement la main droite : pion noir. Nakiméra commencerait donc avec les noirs. La Roumaine ramena une seconde fois ses mains derrière elle. Cette fois, ce fut à Charo de choisir. Main gauche : vide. La Colombienne ferait donc le « mort » au premier tour. Car c'était la règle, leur règle, chacune jouait un tour dans un camp, blanc ou noir, ou faisait le mort. En tournant à chaque coup, tout le monde jouait contre tout le monde et jamais pour les mêmes. Elles avaient décidé de ce mode de jeu dans les premières semaines de leur vie commune en comprenant, qu'entre elles trois, les parties d'échecs risquaient de s'éterniser sans vainqueurs, aucune ne connaissant autre chose que le déplacement réglementaire des pièces.

On avait donc changé les règles en créant les « échecs tournant » ou chacun jouait alternativement pour un camp ou l'autre. Les parties n'étaient pas moins longues mais, au moins, on rigolait bien.

Et puis on avait ajouté une petite variante.

D'abord, le rôle du Roi et de la Reine était inversé. C'était la Dame qu'il fallait mettre « mat ».

Ensuite, la Reine blanche avait une petite particularité. Comme le jeu était de grande qualité, chaque figurine était représentée avec réalisme, en particulier le visage.

Sur celui de la Reine blanche, les trois jeunes filles, d'un commun accord, avaient dessiné au feutre noir un gros grain de beauté sombre sur le coin de la bouche. Et Charo, qui trouvait que ce n'était pas encore suffisant, y avait ajouté un peu plus tard quelques brins de tissu arrachés à la moquette de leur chambre qu'elle avait soigneusement fait tenir avec un point de colle.

Le but avoué de chaque partie était de mettre l'effigie de Mme Sappa « échec et mat ».

Chapitre 4

Extrait du journal d'Astrid Sappa

Je suis frès fière de mon équipe. Mais elle a des faiblesses.

Yunhua, par exemple. Ces derniers mois, j'ai compris que son don n'était pas qu'un avantage.

Quel que soit le cours auquel elle assistait, le scénario était toujours le même : le professeur était à peine entré dans la salle qu'il n'y avait déjà plus rien qu'elle ignorât de la matière qu'il allait enseigner. Impossible alors pour elle de saisir ce qu'elle devait retenir, et encore moins de se forger une méthode d'apprentissage. Tout était évident. Mais une fois l'enseignant reparti, les connaissances acquises disparaissaient avec lui. Plus rien.

Pendant un temps, elle a refusé d'admettre le problème. Il a fallu qu'un soir, je m'absente du Chalet pour qu'elle commence à comprendre. Ce soir-là, elle s'est retrouvée avec les autres dans la salle de télévision (leur distraction principale, mais il va falloir que je leur trouve autre chose) et, pour la première fois... elle n'a rien compris. La seule personne francophone – moi – étant absente, impossible pour elle de saisir quoi que ce soit aux dialogues, ou presque. Oh, bien sûr, la présence de ses camarades qui, elles, commencent à maîtriser un peu le français, lui a permis de capter quelques bribes de phrases. Mais Yunhua n'est pas habituée à faire un effort. Alors que les quatre autres savent compléter leurs lacunes linguistiques par l'observation, l'imagination et la déduction, Yunhua ne connaît que l'aisance et l'insouciance. Elle a quitté la salle sans un mot.

Ça a été la première faille dans son inébranlable confiance en elle.

Quand j'ai appris l'incident (Charo, qui avait deviné ce qui était arrivé, s'est fait un plaisir de m'en faire le compte rendu), j'ai compris l'avantage que je pouvais en tirer. Je lui ai proposé de mettre en place un système de téléenseignement qui lui permettrait de suivre des cours sans la présence physique d'un professeur. Elle a tout de suite accepté.

Mon plus gros problème a été de faire accepter le coût de l'installation par les services comptables de l'Organisation mais, ça, c'est une autre histoire.

Ce qui me gêne plus à présent, ce sont ses relations avec Charo. Il a dû se passer quelque chose au début de leur cohabitation à quoi je n'ai pas prêté attention et qui a créé entre elles une tension qui ne se dissipe pas, bien au contraire.

Cela dit, il n'y a pas besoin de connaître tous les détails pour deviner le nœud du problème. Yunhua fait preuve d'arrogance, certes, mais c'est avant tout une carapace pour dissimuler ses craintes. Elle n'est, après tout, qu'une adolescente qui, malgré son don exceptionnel, a peur. Peur de se retrouver de nouveau à la rue, peur d'être rejetée, peur d'être haïe par ceux qui ne la comprendront pas et la jalouseront, comme tous les surdoués. Elle s'est fabriqué un personnage hautain, distant, qui la protège, croit-elle, de l'attention malsaine des autres. Dans cette coquille, elle se sent à l'abri. Ou plutôt, elle se sentait à l'abri, jusqu'à ce qu'une petite Colombienne, qui renifle le mensonge comme un chien de chasse le gibier, vienne lui montrer que, même là, derrière son apparente assurance, quelqu'un pouvait la débusquer à tout instant.

Réciproquement, Charo a d'autant plus de mal à supporter les grands airs de Yunhua qu'elle ressent comme une injustice la différence entre leurs dons réciproques. Celui de Yunhua lui semble une porte ouverte sur tous les possibles alors qu'elle traîne le sien comme un boulet.

Il va falloir que je prête plus d'attention à ce problème, il pourrait provoquer à long terme une scission entre les cinq. Déjà, la répartition par chambre a créé deux groupes. Il ne faudrait pas qu'ils deviennent deux clans opposés dont Yunhua et Charo seraient les leaders. Ce serait une catastrophe. J'ai besoin pour l'avenir d'une équipe unie.

D'ici quelque temps, il faudra adapter le programme pour renforcer sa cohésion.

Chapitre 5

Mai à octobre 1998

Au cours des six mois qui suivirent l'arrivée des filles, la vie dans le Chalet trouva peu à peu son mode d'organisation. Dans les premiers temps, les cours, qui représentaient l'essentiel de l'activité du groupe, furent exclusivement réservés à l'enseignement du français. Pendant cette période, personne ne vint troubler le tête-à-tête entre les occupantes. Les jeunes filles constatèrent rapidement que leur hôtesse, malgré son style un peu rêche, était une enseignante de qualité. Les cours, quoique intensifs – huit heures par jour minimum –, n'étaient jamais pesants, et toutes firent de rapides progrès. Le cas Liliana aurait pu poser un problème, mais Mme Sappa sut adapter son enseignement de façon à ne pas exclure la jeune sourde du groupe. Utilisant une méthode basée sur l'image et la compréhension intuitive du langage plutôt que sur de longues explications didactiques, elle inculqua rapidement à ses élèves des bases de français suffisantes pour permettre la communication au sein de leur petite communauté. La pratique régulière de la langue dans le cadre des activités quotidiennes fit le reste.

L'organisation et la répartition des tâches posèrent, en revanche, quelques problèmes. Astrid s'y était un peu attendue, elle fut pourtant surprise de la difficulté à faire cohabiter en harmonie cinq personnalités aux tempéraments si différents. Une nouvelle fois, les problèmes vinrent surtout des relations conflictuelles entre Charo et Yunhua.

Le Chalet, comme toute demeure, demandait un entretien minimal et il n'était visiblement pas question d'engager une femme de ménage. Dès les premiers jours, les filles furent donc prévenues qu'elles devaient entretenir leurs chambres et que d'autres tâches domestiques leur seraient progressivement attribuées.

Dans les premiers temps, tout se passa plutôt bien. Les travaux ménagers étant encore essentiellement à la charge de l'hôtesse, il ne restait aux pensionnaires que le soin de ranger leurs chambres, déposer leurs affaires sales dans le bac prévu à cet effet, mettre la table avant chaque repas et la débarrasser ensuite. Pour ce dernier travail, cependant, il fallut déjà régler quelques conflits. Astrid commit en effet l'erreur de le laisser à la discrétion des cinq filles, imaginant qu'une telle tâche, répartie sur dix bras et autant de jambes, représentait une besogne trop légère pour générer des tensions. Elle se trompait. Dès les premiers repas, Charo prit Yunhua à partie, lui reprochant de laisser toute la corvée aux autres. Comme les altercations se déroulaient en espagnol et qu'Astrid devait compter sur l'aide de Yunhua pour la traduction, elle eut d'abord un peu de mal à se faire une idée de la réalité des choses. Elle finit cependant par se rendre compte que, même si la jeune Chinoise n'était pas un bourreau de travail, le problème venait aussi du caractère de Charo qui, systématiquement sur son dos, ne lui pardonnait rien alors qu'elle se montrait bien plus indulgente envers les trois autres.

Il fallut que les deux adversaires soient menacées d'être renvoyées d'où elles venaient pour que la situation s'apaise... un peu.

Heureusement, l'arrivée de nouveaux enseignants dans les jours qui suivirent aida à détendre l'atmosphère. On commença l'enseignement du langage des signes et de la lecture sur les lèvres. Les deux cours étaient donnés par la même personne, une femme d'une quarantaine d'années, atteinte de surdité partielle, mais qui, grâce à un appareillage adapté, pouvait entendre et parlait donc correctement. Elle dispensa son enseignement tour à tour à Liliana, pour la lecture sur les lèvres, ou aux quatre autres filles pour le langage des signes.

Un peu plus tard, leur fut présenté un deuxième professeur, un gros homme chauve, qui leur enseigna les bases fondamentales des mathématiques car, si les cinq gamines savaient toutes lire et écrire dans leurs langues respectives, elles n'avaient guère fréquenté l'école et le reste de leurs connaissances scolaires était pratiquement nul.

La venue de ces nouveaux personnages apporta quelque temps un peu de distraction au Chalet. Malheureusement, les cinq élèves comprirent rapidement que cela n'allait que peu modifier leur vie quotidienne. Une fois le cours terminé, les enseignants repartaient chez eux. Jamais ils ne s'attardaient pour discuter. Au contraire, il apparut clairement à tous que la maîtresse des lieux préférait ne pas voir s'établir avec les gens de l'extérieur – professeurs compris – de relations trop personnelles. L'installation du système de téléenseignement lui permit d'ailleurs de régler le problème. D'abord réservé à Yunhua, il fut vite transformé de façon à pouvoir être utilisé par l'ensemble du groupe.

A partir de ce jour, les différents enseignants ne mirent plus les pieds au Chalet.

L'hiver vint à point pour apporter quelques divertissements.

Chapitre 6

Décembre 1998

« Waouh ! Venez voir, c'est tout blanc ! »

La voix de Nakiméra avait retenti depuis le salon à travers tout le rez-de-chaussée. Quand les quatre autres la rejoignirent après avoir abandonné leur petit déjeuner, elles la trouvèrent le nez collé à la vitre, contemplant le paysage que la neige avait entièrement recouvert pendant la nuit.

Leïla et Charo vinrent aussitôt la rejoindre. Dans leurs régions d'origine, elles non plus n'avaient jamais assisté à un tel phénomène.

« Alors, c'est ça la neige ? demanda la Palestinienne.

— C'est drôle, dit Charo, on a l'impression que tout est plat maintenant. »

Liliana, moins impressionnée, regardait le spectacle, en souriant devant l'émerveillement de ses camarades. Seule Yunhua joua la blasée.

« Bof, il vous en faut peu pour vous impressionner. »

Charo, en soupirant, lança à Nakiméra un regard qui signifiait : « Elle te gonfle aussi, hein ? avec ses grands airs, Mlle Je-sais-tout ? » Même Leïla semblait pour une fois un peu énervée par l'attitude de sa copine.

« Ben quoi ? dit celle-ci, se sentant soudain mise à l'écart. C'est de la neige, quoi ! C'est tout.

— Peut-être que, pour toi, c'est normal, répliqua Nakiméra, mais là d'où je viens, les paysages, c'est comme les gens, ils sont rarement blancs. »

Yunhua allait répliquer quand Liliana s'interposa, agitant frénétiquement les mains avec un grand sourire.

« Doucement, doucement, s'écria Charo. On comprend rien, tu vas trop vite !

— Elle dit... », commença Yunhua.

La Colombienne l'arrêta d'un geste.

« Je sais que, toi, tu as compris, mais si tu fais tout le temps la traduction, on n'apprendra jamais à communiquer avec elle. Alors, laisse-moi essayer de comprendre toute seule, OK ? »

Le visage soudain fermé, Yunhua se recula d'un pas en grommelant quelque chose en chinois. Charo l'ignora et se tourna vers Liliana. En articulant pour que sa camarade puisse lire sur ses lèvres, elle lui dit en français :

« Bon, on recommence, mais un peu plus lentement pour que je "peux" tout comprendre et les autres aussi. »

Dans son coin, Yunhua sourit en entendant la faute de français, mais s'abstint de tout commentaire. Quand les mains de la Roumaine eurent fini de s'agiter, il y eut un instant de silence, puis Charo se tourna tour à tour vers Nakiméra et Leïla.

« Vous avez compris tout ce qu'elle a dit, vous ? »

Leïla fit une petite moue incertaine.

« Elle... elle veut aller dehors... faire quelque chose avec la neige, mais j'ai pas compris... bien... quoi.

— Même chose pour moi », ajouta Nakiméra.

Trois paires d'yeux se tournèrent vers Yunhua.

« Et puis quoi, encore ! Il paraît que je dois vous laisser vous débrouiller. Alors, vous vous débrouillez... sans moi. »

Charo leva les yeux au ciel.

« D'accord, dit-elle en espagnol, j'admets que j'ai été un peu sèche tout à l'heure, mais c'est vrai qu'il faut qu'on apprenne à se passer de toi pour communiquer avec Liliana, sinon on ne saura jamais le faire bien et elle se retrouvera isolée. Alors ? »

Les deux filles se fixèrent droit dans les yeux. Les autres, qui ne comprenaient rien à leur dialogue en espagnol, attendaient, un peu inquiètes.

« Bonhomme, lâcha soudain Yunhua en français, un bonhomme de neige, c'est ça que Liliana veut qu'on aille faire dehors. »

La jeune Roumaine, qui venait de lire sur les lèvres de sa camarade chinoise, battit des mains en sautant sur place et en agitant la tête de bas en haut pour exprimer sa satisfaction d'être enfin comprise.

« Mais comment on peut faire un homme avec de la neige ? s'exclama Leïla. On n'est pas magiciennes !

— Pas grave ! s'écria Charo. On verra ça quand on sera dehors. Allez, on...

— Qu'est-ce que c'est que ce vacarme ? ! »

L'apparition de leur hôtesse stoppa les cinq filles dans leur élan.

« Alors ? J'attends. Qu'est-ce qui se passe ?

— C'est la neige, répondit Charo. On veut aller dehors pour faire un (elle se tourna vers Liliana) un "bonhomme" de neige, c'est ça ? »

La Roumaine approuva de la tête. Mais Astrid Sappa ne paraissait pas du tout d'accord.

« Et les cours, qu'est-ce que vous en faites ? Il n'est pas question d'aller s'amuser pour l'instant. Vous avez déjà deux heures de français avec moi, et ensuite... »

Une volée d'exclamations dépitées l'interrompit. Même Liliana agita les mains en tous sens, bien qu'elle sût qu'Astrid ne comprenait rien à ses signes. Celle-ci resta imperturbable.

« J'ai dit qu'il y avait cours de français et vous étiez prévenues à votre arrivée, aucun cours n'est facult... »

A la surprise générale, Leïla, qui était d'habitude la plus réservée de toutes et, de loin, celle qui avait le plus de difficultés avec le français, l'interrompit :

« A quoi ça sert, français ?

— Euh... à... à...

— A parler ? A communiquer, comme vous dites tout le temps ?

— Euh, oui, c'est ça.

— A quoi ça sert communiquer si on peut rien faire ensemble sauf des cours et encore des cours ? Ça sert à rien alors ! »

Pendant quelques secondes, le silence fut la seule réponse à la question de la Palestinienne. Le visage de Mme Sappa restait dur et froid comme le marbre. Mais, dans son coin, Charo souriait. Il ne lui avait pas échappé que le grain de beauté, au bord de la lèvre de leur tutrice, tremblotait légèrement. Aussi ne fut-elle pas surprise de l'entendre soudain lâcher d'un ton sec :

« Bien, puisque vous y tenez tant. Quartier libre pendant une heure ! Mais pas une minute de plus, c'est bien compris ? Et quand je vous appelle, retour en classe sans discussion ! »

La dernière phrase n'était pas terminée que les cinq jeunes filles s'étaient déjà ruées dans leurs chambres pour se mettre en tenue. Quelques minutes plus tard, cinq paires de bottes et d'après-skis dévalaient l'escalier et se précipitaient au-dehors dans un concert de cris et de gloussements.

Astrid les observa quelque temps par la grande porte-fenêtre du salon qui s'ouvrait sur le jardin, derrière le chalet.

« Des gamines, murmura-t-elle, de vraies gam... »

Sa phrase s'arrêta net. Son visage avait pris soudain un air grave et un peu déconcerté, comme si ce qu'elle venait de dire l'avait surprise elle-même.

Il fallut un long moment avant qu'elle ne se décidât à sortir du salon.

Chapitre 7

Décembre 1998

« Allez ! Un, deux... et trois ! »

D'un même mouvement, Charo, Nakiméra et Leïla hissèrent le « tronc » du bonhomme de neige sur l'énorme boule formant le bas de son corps.

Liliana, qui avait assisté à la « création » sans intervenir, agita les mains : « *Pas mal.*

— Oui, confirma Leïla. Et maintenant : la tête ! »

A l'autre bout du jardin, seule Yunhua, le dos tourné à ses camarades, ne semblait pas concernée par le jeu en cours. Les mains dans les poches, la tête levée vers les cimes des montagnes environnantes, elle paraissait voyager, en pensée, dans un monde connu d'elle seule.

La main de Liliana se posant sur son épaule la fit sursauter et se retourner.

« *Ça va ?* demandèrent les mains de la jeune Roumaine. *Tu ne veux pas venir jouer avec nous ?*

— *Non*, répondit le menton de la Chinoise. *Mais ça va*, ajoutèrent ses doigts, *ne t'en fais pas.*

— *Alors, si ça va, pourquoi as-tu l'air triste ?*

— *Je ne suis pas triste, un peu anxieuse, c'est tout.*

— *A quoi tu penses ?* »

Yunhua se retourna vers les montagnes et les contempla à nouveau.

« *Ça ne t'inquiète pas, toi, qu'on soit enfermées ici ? Tu crois qu'on sortira un jour ?*

— Je ne sais pas, j'espère. On est bien traitées, non ?

— Oui, la nourriture est bonne et les habits sont propres, mais on est des prisonnières, même s'il n'y a pas de barrières ni de gardiens. Quand est-ce que tout ça finira ? Et comment ? Au fait, tu n'as eu aucune vision là-dessus, tes petits dessins ne te disent rien ? »

La Roumaine écarta les bras en signe d'impuissance. Elle ne savait rien.

« *Jusqu'où peux-tu deviner ? Je veux dire, combien de temps à l'avance ?*

— Je ne sais pas. Ça dépend si c'est très important ou pas.

— Je ne sais pas pour toi mais pour moi, s'il s'agit de sortir un peu d'ici, c'est drôlement important.

— Non, j'ai rien "vu".

— Mais tu ne m'as pas répondu. Combien de temps à l'avance tu peux "voir" avec tes dessins ?

— Maintenant que j'ai un peu appris à me contrôler, ça peut être plusieurs jours à l'avance. Mais quelquefois, c'est juste avant. Ça dépend aussi si je me concentre. C'est ce que Mme Sappa voudrait que j'apprenne à faire maintenant.

— Te concentrer ?

— Oui, pour essayer de dessiner des choses dans un but précis, alors que pour l'instant, ça vient au hasard, comme quand j'ai dessiné le prof de mathématiques avant qu'il parvienne au Chalet.

— Ouais, je vois. Moi aussi, elle essaie de m'apprendre à contrôler mon don. J'ai l'impression que maintenant qu'on arrive à peu près à communiquer correctement avec elle et entre nous, elle va commencer à nous enseigner autre chose que le français.

— C'est-à-dire ?

— On n'est pas des élèves normales, tu le sais. Chacune d'entre nous à un don particulier. Je pense que d'ici peu les expériences vont commencer.

— Les expériences ?

— Ben oui, il faut bien qu'on serve à quelque chose. Soit Mamie Sappa veut utiliser nos capacités, soit elle veut les étudier. Dans les deux cas, elle va commencer par vérifier ce qu'on

est vraiment capables de faire. Elle l'a déjà un peu fait avec toi, elle ne va pas s'arrêter là, tu ne crois pas ? »

La question n'appelait pas vraiment de réponse. Liliana n'y répondit pas.

« *En attendant,* poursuivit Yunhua en souriant, *on peut toujours s'amuser un peu.* »

La jeune Chinoise s'accroupit pour préparer une boule de neige puis, se relevant, elle visa calmement Charo qui lui tournait le dos. Le projectile atteignit la Colombienne en pleine nuque.

Une bordée de jurons en espagnol retentit dans l'air froid du jardin. Il fallut quelques secondes à la victime pour comprendre ce qui venait de lui arriver et d'où était venue l'attaque. Aussitôt, une deuxième boule partie en sens inverse et Yunhua n'eut que le temps de protéger sa figure derrière ses bras pliés. Bientôt, les boules de neige se mirent à voler dans tous les sens, au milieu des éclats de rire et des exclamations en toutes langues. Même Liliana, par moments, laissait s'exprimer sa joie par de petits cris inarticulés.

L'ambiance était si surexcitée qu'aucune des filles ne remarqua tout de suite que quelque chose de bizarre était en train de se produire.

Ce fut Leïla qui, la première, comprit. Au moment même où l'air commençait à pénétrer plus difficilement dans ses poumons, elle sut ce qui se passait. Elles étaient là, à lancer des boules de neige qui à chaque instant s'envolaient plus lourdement dans les airs, ratant de plus en plus souvent leur cible, projetées par des bras devenus trop fatigués pour ce simple jeu. Elles étaient là à rire, toutes, toutes les cinq...

Même Nakiméra. Nakiméra qui, prise par le jeu, en oubliait ce que son rire pouvait causer à ses amies.

Leïla tenta de lui faire un signe, mais elle lui tournait le dos, penchée vers le sol pour préparer un nouveau projectile. Autour d'elle, les autres n'avaient pas encore compris et poursuivaient leur bataille de plus en plus gauchement, agitées de soubresauts anormalement violents.

En titubant, la Palestinienne se précipita sur l'Ougandaise et la renversa. Une de ses mains se plaqua aussitôt sur sa bouche, mettant fin au rire qui était en train de les entraîner toutes vers l'épuisement.

Le silence se fit aussitôt.

Dans le jardin recouvert de neige, trois gamines, le souffle court, les genoux flageolants, regardèrent, surprises, leurs amies allongées au sol.

Au bout d'un moment, Leïla se redressa, époussetant la neige collée à ses habits. Elle tendit la main à Nakiméra pour l'aider à se relever à son tour. Devant l'air gêné de sa camarade, elle dit en souriant :

« Tu sais, Naki. On s'amuse bien avec toi. Mais c'est un peu fatigant. »

Chapitre 8

Extrait du journal d'Astrid Sappa

Nakiméra a été bouleversée par l'incident de la bataille de boules de neige. Elle pense avoir mis la vie de ses camarades en péril. J'ai assisté à la scène depuis le Chalet et je suis convaincue qu'elle se trompe. Son rire, s'il crée chez les autres d'étranges réactions, n'est dangereux que s'il est forcé. Au cours de cet incident, il était spontané et je ne pense pas que les filles aient couru d'autre danger que celui d'en sortir un peu plus essoufflées qu'au cours d'un chahut plus ordinaire. Leïla a eu raison d'intervenir et je m'apprêtais moi-même à le faire, car tant qu'on ne connaîtra pas mieux le pouvoir de notre amie africaine, il vaudra mieux éviter de l'expérimenter sur des êtres humains. Cependant, à aucun moment les filles n'ont ressenti autre chose qu'une légère difficulté à respirer. Rien de très différent d'un bon fou rire, en fait.

Mais je comprends son angoisse. Des cinq, elle possède le pouvoir le plus impressionnant. Leïla peut stopper une cohorte de chars, mais sera dépourvue devant un homme seul, armé d'un simple couteau. Yunhua peut rivaliser avec un champion de close-combat, mais demeure impuissante face à une mitraillette ou un pistolet. Et même ensemble, elles ne seraient pas de taille face à une escouade de soldats. Nakiméra pourrait, à elle seule, décimer une armée. Son don est potentiellement un outil de mort. Sa plus grande peur est que cette puissance lui échappe et frappe des innocents.

Son inquiétude est, à mon avis, sans fondement car, d'après ce que j'ai vu, elle maîtrise parfaitement la partie agressive de son pouvoir. Cependant, pour la rassurer, je vais commencer avec elle à essayer de comprendre d'où il vient et comment le contrôler au mieux. Ça ne sera pas chose aisée, car il est multiple et semble agir par des voies étranges. Son sourire, d'abord, charme et hypnotise l'interlocuteur à son corps défendant. S'agit-il d'un phénomène purement visuel ? Fonctionnerait-il de même si Nakiméra n'était pas physiquement présente ? Par l'intermédiaire d'un film par exemple ? Quant à son rire, son mode d'action reste pour moi une énigme. Il suffit de se boucher les oreilles pour y échapper, pourtant Liliana y est aussi sensible que les autres ; que doit-on en conclure ? Sans doute que le problème vient plutôt de Liliana. Il y a de fortes chances pour que sa surdité soit d'origine cérébrale et que son oreille interne soit normale. Si le pouvoir de Nakiméra agit par l'intermédiaire du tympan mais sans passer par les voies nerveuses de l'audition, les choses deviennent plus claires. Encore que... la question reste entière : comment fonctionne-t-il exactement ?

Je pense qu'on arrive là aux limites de ce que je peux espérer comprendre. Il me faudra bien renoncer à l'espoir d'obtenir toutes les réponses.

Chapitre 9

Décembre 1998

La neige et le vent balayaient la pente, s'opposant à l'avancée du groupe. Les cinq filles et leur tutrice, sac au dos, gravissaient péniblement la piste enneigée, délimitée de part et d'autre par le mur épineux des sapins. Il devait être trois heures au soleil – quatre au maximum –, mais plus personne dans la petite troupe ne croyait qu'il existait encore un soleil. Le dôme de plomb qui, depuis le matin, avait remplacé le ciel interdisait à tout rayon de lumière, toute onde de chaleur de rejoindre le sol. Le monde n'était plus qu'une boule de glace recouverte d'une couche de neige molle dans laquelle les jambes s'enfonçaient jusqu'aux genoux, transformant chaque pas en une épreuve. Sous les pulls et les bonnets, les esprits eux-mêmes semblaient près de geler.

Seule Astrid Sappa, en tête du cortège, paraissait trouver la situation à son goût.

« C'est vivifiant, non ? cria-t-elle aux autres par-dessus son épaule. Ça vous change des cours, assises sur une chaise et enfermées entre quatre murs ! »

Elle se retourna. Sa ronde silhouette semblait pour une fois la plus légère de toutes. Dressée, bien droite, face aux cinq filles qui rampaient plus qu'elles ne marchaient en remontant vers elle, elle dégageait une énergie qui concurrençait sans mal la jeunesse de ses élèves.

« Allons, ça traîne ! Vous vouliez des sorties, non ? Eh bien là, vous ne pouvez pas vous plaindre. Mais si vous continuez à ce rythme, on n'arrivera jamais. Et puis, plus vous avancez lentement, plus vos jambes ont le temps de s'enfoncer dans la neige et plus c'est pénible. Alors, du nerf ! Pour l'instant, c'est un peu dur, mais je suis sûre que, quand vous serez de retour au Chalet, vous vous souviendrez de cette promenade... »

Les mots continuaient de s'égrener dans l'air glacé, tandis que les filles, une par une, passaient devant la quinquagénaire, qui adressait à chacune un mot qu'elle croyait d'encouragement.

« Faites-la taire, souffla Yuhnua en arabe à l'oreille de Leïla.

— T'as raison, répondit celle-ci. Le froid, le vent, la neige, je peux encore supporter, mais elle... Liliana ne connaît pas son bonheur d'être sourde. »

A quelques pas devant elles, Nakiméra, comme si elle avait compris de quoi il était question, se retourna et leur sourit avec compréhension. Une bouffée de chaleur et de bien-être envahit aussitôt les deux gamines. L'impression fut de courte durée et retomba aussitôt. Les lèvres de l'Africaine, gercées par le vent glacial, avaient perdu de leur pouvoir bienfaisant.

L'ascension dura encore une bonne demi-heure. Pour les filles, ce fut un siècle. Une éternité de froid, d'efforts et de douleur.

Brusquement, Liliana poussa un cri et s'arrêta. Les autres se retournèrent vers elle, inquiètes. La jeune sourde ne paraissait pas avoir besoin d'aide ; au contraire, elle souriait d'un air extatique. Saisissant l'une de ses moufles entre les dents, elle l'arracha presque rageusement. Sa main, exposée à l'attaque glaciale du vent, rougit aussitôt, mais elle n'y prêta aucune attention. Comme inconsciente de la température, elle se mit à gratter fébrilement la surface neigeuse du bout de son index.

Ses quatre camarades la rejoignirent aussitôt. Quelques mètres en amont, Mme Sappa, elle, n'avait pas bougé. La première surprise passée, elle avait compris ce qui arrivait à son élève. Les autres ne furent pas longues à comprendre aussi. La neige n'était pas une surface idéale pour dessiner, l'index ne valait pas un bon crayon, mais le talent de la Roumaine pouvait s'en contenter.

Quatre visages se tournèrent vers leur tutrice, pleins d'espoir.

« Eh oui ! s'exclama-t-elle. Je voulais vous faire la surprise. Le refuge est juste là, à cent mètres à peine, au sommet de la pente. Encore un petit effort et nous pourrons nous mettre au chaud. »

Le mot « chaud » libéra l'adrénaline dans les veines des cinq filles qui gravirent soudain la piste enneigée avec une ardeur que l'on n'aurait pu imaginer trois minutes plus tôt.

Charo arriva la première. Elle ouvrit la porte d'une bourrade. Les quatre autres déferlèrent sur elle et, se bousculant et trébuchant, elles s'affalèrent toutes ensemble sur le sol dans un brouhaha d'exclamations multilingues et de soupirs de soulagement.

Arrivant sur leurs talons, Astrid s'arrêta sur le seuil, l'air sévère.

« Oh là ! Qu'est-ce que ça veut dire ? D'abord, on parle français, ensuite, si vous croyez que vous allez pouvoir vous allonger et vous reposer, c'est une grave erreur. C'est un refuge de montagne ici, pas un hôtel. Alors, debout et au boulot. Je commande, vous obéissez. »

Quelques soupirs exaspérés firent écho à ces paroles, mais les esprits et les corps étaient trop épuisés pour gaspiller la moindre parcelle d'énergie en vaine opposition. Même Yunhua ne fit aucun commentaire.

Les adolescentes étaient tellement soulagées de ne plus avoir à affronter le froid en se traînant dans la neige que toutes les tâches leur parurent simples, presque anodines. Le travail leur fila entre les doigts et, en une grosse heure, tout fut en place. L'énorme poêle, qui servait à la fois de chauffage central à l'unique pièce du refuge et de cuisinière, fut chargé en bois et allumé. Tout le monde se changea pour mettre les habits à sécher et l'on nettoya ce qui avait besoin de l'être tout en commençant à faire réchauffer la nourriture. Les sacs de couchage furent étalés et la table mise avec la vaisselle fournie par le refuge.

Puis Astrid alluma deux lampes à pétrole. Tout était prêt.

« Et les toilettes ? demanda soudain Nakiméra.

— Dehors, prêt du stock de bois, il y a une pelle. Vous la prenez et vous passez derrière le refuge pour creuser un trou. »

Les filles se regardèrent d'un air effaré.

« Qu'est-ce que vous imaginiez ? On est en montagne, mesdemoiselles, en pleine nature. Pas à la plage ! Et pour celles qui n'auraient pas encore compris, il n'y a pas non plus de douches. Et maintenant, nous allons dîner. Je sais qu'il est un peu tôt par rapport à nos horaires habituels, mais je pense qu'aucune d'entre vous n'y trouvera à redire. »

Sans protester, les cinq filles s'assirent autour de la table et pendant de longues minutes on n'entendit que le bruit des cuillères heurtant le bord des assiettes et celui de la soupe encore brûlante aspirée avec prudence du bout des lèvres. Pour une fois, aucune des filles ne se plaignit de la nature du repas, ni qu'il fût trop chaud ou pas assez salé.

« Alors ? dit Astrid une fois son assiette terminée. Qu'est-ce que vous pensez de notre petite sortie ? J'ai l'impression que vous ne l'appréciez pas à sa juste valeur. »

Yunhua reposa sa cuillère et traduisit la remarque à Liliana, assise en face d'elle, puis elle se tourna vers le bout de la table

« On vous avait demandé une sortie en montagne, pas un stage commando », lâcha-t-elle tout en continuant d'assurer la traduction par signes pour sa vis-à-vis.

Les quatre autres approuvèrent la bouche pleine.

« Et vous vous attendiez à quoi, à cette époque de l'année ? A courir pieds nus sur l'herbe le long d'une petite rivière de montagne ? »

D'un geste énervé, la femme acheva de nettoyer son assiette avec un bout de pain qu'elle ingurgita rageusement.

« Je vais vous dire pourquoi je vous ai amenées ici. Parce que ici vous êtes juste cinq gamines, cinq adolescentes comme les autres. Vos dons ne servent à rien. Personne ne peut apprendre à Yunhua à marcher plus vite dans la neige ou à avoir moins froid. Leïla n'a aucune machine pour faire le trajet à sa place et le rire de Nakiméra ne pourrait que provoquer une avalanche. Quant à Charo... la nature ne ment jamais, ne triche pas. Elle est là, c'est tout, on l'admire quand elle est belle, on l'affronte quand elle est hostile, mais on ne discute pas avec elle. »

Elle s'interrompit pour boire un verre d'eau. Aucune fille n'en profita pour prendre la parole. Il y avait dans le ton de son discours quelque chose qui incitait à l'écouter.

« Liliana a bien deviné la présence du refuge avec quelques minutes d'avance, reprit-elle, mais l'intérêt de sa prédiction était faible. Ici, aucune d'entre vous ne peut se targuer d'avoir un quelconque avantage sur les autres. Votre seule option, c'est le travail d'équipe. D'ailleurs, vous avez sans doute remarqué comme moi que, depuis ce matin, il n'y a eu aucune querelle entre vous et que, quand nous sommes arrivées ici, tout le monde a fait sa part de travail, sans discuter. Aucun problème, aucun conflit. Ça se passe rarement aussi bien quand nous sommes au Chalet. »

Astrid termina son verre d'eau et le reposa sur la table avec un claquement de langue satisfait.

« C'était la leçon du jour. Je veux obtenir de vous que vous agissiez en équipe. Les unes AVEC les autres et non les unes CONTRE les autres. Tout le monde y gagnera, vous verrez. »

Liliana leva la main. Yunhua entreprit aussitôt de traduire ses signes.

« Elle demande : pourquoi doit-on travailler en équipe ? Quel est votre but ?

— C'est vrai, insista Charo. Faire le ménage au Chalet, préparer la nourriture ici : c'est mieux si on travaille ensemble sans se disputer. Mais ce n'est pas que pour ça que vous voulez qu'on travaille ensemble, non ? Il y a autre chose. C'est quoi ? »

Seul le silence répondit à la question des deux jeunes filles. L'air un peu gêné, leur tutrice se redressa sur sa chaise et son visage reprit soudain l'expression dure et fermée qu'elle affichait lorsqu'elle sentait son autorité sur le point d'être contestée.

« Ça, jeunes filles, c'est quelque chose que vous apprendrez plus tard. Ne soyez donc pas si pressées et commencez par suivre mes conseils. Et profitez de l'enseignement qui vous est dispensé, vous ne le regretterez pas, croyez-moi. »

Yunhua leva les yeux au ciel.

« Tu parles d'une réponse ! C'est toujours la même chose. Vous ne nous expliquez rien, mais on doit tout comprendre.

— Et obéir, renchérit Leïla.

— Exact, dit Astrid sur un ton qui mettait fin à toute discussion. Et puisqu'on en parle, j'aimerais que vous débarrassiez la table et fassiez la vaisselle. Ensuite, nous aurons le temps de faire un petit cours de français avant que tout le monde se mette au lit. Je pense que personne n'a envie de veiller très tard ce soir. »

Elle se tourna vers Charo :

« Et toi, je te vois te tortiller sur ta chaise depuis dix bonnes minutes. Alors, tu attrapes le rouleau de papier toilette qui est dans mon sac, tu vas dehors, tu prends la pelle près du stock de bois et tu passes derrière le refuge faire ce que tu as à faire. »

Puis, s'adressant au reste du groupe, elle ajouta :

« Comme il fait noir maintenant, il faudrait que l'une d'entre vous l'accompagne avec une lampe à pétrole. Qui se dévoue ? »

Les filles se regardèrent un instant, peu enthousiastes. A la surprise générale, ce fut Yunhua qui finalement attrapa une des lampes posées sur la table.

« Allez, viens ! dit-elle à Charo. On va travailler en équipe, puisque c'est la mode. »

Chapitre 10

Décembre 1998

Dans la nuit, Nakiméra se réveilla. Il lui fallut quelques secondes avant de comprendre ce qui l'avait tirée de son sommeil. Un bruit. Un bruit léger, irrégulier, comme un grattement. La jeune fille se redressa sur un coude, tentant de localiser l'endroit d'où venaient les crissements.

Derrière elle, la voix de Leïla chuchota :

« Qu'est-ce qui se passe ? Pourquoi tu bouges ?

— Tu n'entends pas ?

— Quoi ?

— Ce bruit. Là-bas, près de la fenêtre. »

Leïla se tut, tendant l'oreille.

« Ah oui. Tu as raison. Qu'est-ce que c'est ?

— Je sais pas. On dirait un animal qui gratte le mur. Une souris peut-être. »

Nakiméra sentit sa camarade se crisper dans son dos. Elle, les souris ne lui faisaient pas peur, elle avait fréquenté plus gros dans son bidonville. Elle tenta de percer l'obscurité mais, malgré un faible rayon de lune qui filtrait à travers l'unique fenêtre du refuge, elle ne put rien distinguer.

Tout à coup, quelqu'un d'autre bougea face à elle, sur l'autre rangée de sacs de couchage. Un grognement : Mme Sappa, elle aussi, venait de se réveiller. Quelques secondes encore, et une lampe à pétrole s'alluma, diffusant sa clarté dans la pièce et réveillant les dernières endormies.

Nakiméra cligna des yeux. Quand elle se fut habituée à la lumière, elle dirigea son regard vers la fenêtre, à l'endroit d'où semblait provenir le grattement. Mais la table et les chaises l'empêchaient de voir quoi que ce soit.

Alors elle se leva. Et elle la vit. Liliana.

Accroupie, un morceau de craie à la main – comment cette fille faisait-elle pour trouver, où qu'elle soit, de quoi gribouiller ? –, elle dessinait sur le mur. Complètement absorbée par sa tâche, elle ne s'était même pas rendu compte que la lumière était réapparue et que tout le monde la regardait.

« *Il y a cinq minutes, elle dessinait dans le noir,* pensa Nakiméra, *comment faisait-elle alors ?* »

Soudain, sur un dernier coup de craie, la dessinatrice s'arrêta. Elle resta un instant face au mur, les yeux dans le vague puis, semblant s'éveiller d'un étrange sommeil, elle tourna la tête vers le groupe qui la contemplait.

Elle agita les mains en quelques signes nerveux avec un petit sourire gêné.

« Elle dit qu'elle n'a pas pu faire autrement, traduisit Yunhua, ça l'a réveillée en pleine nuit. Elle devait le faire. »

Sans un mot, Astrid Sappa se plaça devant le dessin qui ornait à présent le mur et leva la lampe à pétrole pour l'éclairer complètement. Un visage, le visage carré d'un homme aux yeux sombres et à la bouche charnue bordée d'une épaisse moustache, paraissait les observer d'un air sévère.

« On dirait Gengis Khan », murmura Leïla qui regardait beaucoup la télévision.

Astrid baissa sa lampe.

« J'aurais préféré Gengis Khan, dit-elle.

— Vous... vous connaissez cet homme ? » demanda Charo.

La femme hocha la tête.

« Oui, il s'appelle Kamel Sarawi et je ne m'attendais pas à le revoir si tôt.

— Et pourquoi croyez-vous que vous allez le revoir bientôt ?

— A ton avis, pourquoi Liliana a dessiné son portrait ? »

Charo baissa les yeux et fit la grimace. Sa question était idiote.

« Et pourquoi ça vous ennuie de le revoir ? ajouta Yunhua. Vous ne l'aimez pas ?

— Pas vraiment. Mais ce n'est pas ça qui m'embête.

— Alors, c'est quoi ? insista la Chinoise.

— C'est qu'en général, il vient avec de mauvaises nouvelles. »

Elle fit signe aux cinq filles de retourner se coucher.

« Tout le monde au lit, et on tâche de dormir. Demain on se lève tôt. La balade est finie, on rentre au Chalet. »

Chapitre 11

Décembre 1998

Le retour se fit sous le soleil et dans le silence. Astrid Sappa était d'humeur maussade. Les filles ne s'en plaignaient guère, cela leur évitait son intarissable bavardage. Mais les courbatures dues à l'escalade de la veille rendaient la descente encore plus pénible que ne l'avait été la montée.

Bonne dernière de la file, Charo jurait sans discontinuer depuis le début du voyage. A quelques mètres devant elle, Yunhua, à bout de nerfs, se retourna soudain :

« Oh, le détecteur de mensonge, s'écria-t-elle, tu connais autre chose que des grossièretés dans ta langue natale ? Ça devient insupportable ! »

Pour toute réponse, Charo la dépassa en lâchant :

« Toi, l'éponge, ta gueule. »

Pour faire bonne mesure, elle compléta par une bordée de jurons qui réussirent à faire rougir la Chinoise. Aussitôt, celle-ci se rua sur elle et les deux filles roulèrent dans la neige en s'insultant.

Les cris firent se retourner le reste de la troupe. Nakiméra voulut intervenir pour séparer ses deux camarades, mais Astrid l'arrêta d'un geste.

« Non ! Inutile de perdre du temps. Quand elles en auront assez de se conduire comme des idiotes, elles nous suivront. Allez, en route ! »

Après une brève hésitation, les trois filles se décidèrent à suivre leur guide en abandonnant leurs camarades.

« Vous... vous êtes sûre qu'il n'y a pas de danger pour elles ? s'inquiéta Leïla.

— Quel danger ? Le chemin jusqu'au Chalet est des plus simples. Tout ce qu'elles risquent, si elles continuent à se vautrer dans la neige comme ça, c'est de se retrouver avec les habits trempés et d'attraper une bonne crève avant la fin du voyage. Ça leur mettra peut-être un peu de plomb dans la cervelle, mais je ne me fais pas trop d'illusions. »

Leïla approuva en silence. Elle ne comprenait pas tout à fait ce que voulait dire « se vautrer » ou une « bonne crève », ni quel intérêt il y avait à mettre du plomb dans une cervelle, mais le fond du raisonnement était clair et, d'une certaine manière, elle l'approuvait. Yunhua et Charo devaient assumer les conséquences de leur bêtise.

Il ne fallut à la troupe qu'une grosse demi-heure pour rejoindre le Chalet. Les deux retardataires ne réapparurent pas, mais à aucun moment Astrid ne fit mine de les chercher. D'autres soucis, apparemment plus importants que le sort de ses deux turbulentes élèves, semblaient occuper l'intégralité de ses pensées et la poussaient à rentrer au plus vite.

Quand le Chalet fut en vue, la raison de cette étrange attitude apparut clairement aux filles.

Un homme attendait devant la demeure. L'exacte réplique en trois dimensions du portrait nocturne de Liliana

« *Gengis Khan* », se remémora Leïla.

« *C'est à cause de lui que je me suis réveillée cette nuit*, songea Liliana. *Alors notre avenir est entre ses mains.* »

« *Chouette voiture !* » pensa Nakiméra.

L'homme, en effet, était arrivé dans une superbe BMW qui trônait comme un carrosse devant l'entrée du Chalet. En l'apercevant, Astrid Sappa ralentit soudain l'allure, comme pour cacher à l'inconnu son impatience. Son visage se ferma un peu plus encore. Elle se dirigea vers l'homme et s'arrêta devant lui sans un mot.

« Bonjour, Astrid, dit celui-ci en ignorant totalement les trois filles. Je ne pense pas que vous m'attendiez, n'est-ce pas ? »

La femme sourit. Elle repensa au dessin de Liliana.

« Pas vraiment, mentit-elle, en tout cas pas si tôt. Qu'est-ce qui me vaut l'honneur de votre visite ? »

L'homme jeta un regard au trio Liliana-Nakiméra-Leïla comme s'il remarquait seulement leur présence, puis, se tournant à nouveau vers son interlocutrice, il murmura comme un conspirateur :

« Je préférerais que nous allions en parler à l'intérieur.

— Je m'en doutais. Venez. »

Avant d'entrer dans le Chalet, elle se retourna vers ses élèves :

« Les filles ! M. Sarawi et moi allons discuter dans mon bureau. Pendant ce temps-là, vous pouvez rentrer et vous changer.

— On préfère rester encore un peu dehors, répondit Nakiméra. On va attendre les deux autres. »

Astrid hésita, un peu étonnée que ses filles n'aient pas plus envie de rentrer au chaud et prendre une douche, mais elle préféra ne pas insister.

Juste au moment de franchir le seuil de la porte, Kamel Sarawi fut soudain pris d'un doute.

« Hé, les gamines ! cria-t-il en les voyant se diriger vers l'endroit où il avait garé son véhicule. Personne ne touche à ma voiture, c'est compris ? C'est pas un jouet pour les mômes. »

Leïla leva les mains, rassurante, un sourire angélique aux lèvres.

« Promis, dit-elle, on ne touche pas. »

En entendant la manière dont son élève avait insisté sur le verbe « toucher », Astrid faillit intervenir à son tour. Mais elle se ravisa. Après tout, elle n'était pas responsable des véhicules des autres. Le temps d'arriver à son bureau, au premier étage du Chalet, le sort de la BMW avait complètement disparu de ses préoccupations.

« Alors, dit-elle en refermant la porte derrière eux, pouvez-vous me dire ce qui vous amène ? Si vous pouviez être bref, j'apprécierais. J'ai pas mal de travail et peu de temps. »

Bien qu'on ne l'y ait nullement invité, le nouvel arrivant prit le temps de s'asseoir confortablement sur une chaise avant de répondre :

« J'ai besoin de vous. L'Organisation a besoin de vous.

— Comment ça, besoin de moi ? Mais je ne peux pas m'absenter. Qui s'occuperait des filles pendant... »

L'homme la coupa d'un geste de la main.

« Quand je disais que nous avions besoin de vous, reprit-il, je ne parlais pas de vous seule, mais...

— Vous... vous ne voulez pas dire... ?

— Si. Nous avons besoin de vous et de votre équipe. Les cinq. »

Un instant, elle parut ne pas comprendre, puis fit le tour de son bureau, s'assit sur son fauteuil et, s'appuyant des avant-bras sur le sous-main qui ornait la surface du meuble, elle fixa son visiteur droit dans les yeux.

« C'est absurde. On m'avait donné deux ans pour les préparer. Elles ne sont là que depuis huit mois à peine et on veut déjà...

— Un événement imprévu et particulièrement grave nous oblige à modifier nos plans.

— C'est une erreur de...

— Méfiez-vous de ce mot. Beaucoup de gens pensent que la création de cette équipe était de toute façon une erreur. Vous le savez très bien. Refusez cette mission et "on" en conclura que tout ce que vous avez entrepris est inutile. Et "on" renverra ces filles là d'où elles viennent. »

L'homme respecta quelques secondes de silence pour laisser à son interlocutrice le temps de bien apprécier ce qu'il venait de dire, puis il reprit :

« Les choses semblent aller plus vite que ce que nous avions envisagé. Nous ne pensions pas avoir besoin de vous avant l'an 2000, et vous voyez... »

Astrid se rejeta en arrière dans son fauteuil et ferma les yeux. Elle n'avait aucune confiance en cet homme... ni dans l'Organisation en règle générale. Elle avait beau travailler pour eux depuis... – depuis combien de temps déjà ? –, elle ne les aimait pas. Elle aimait son travail, pas ses employeurs. Et c'était assez réciproque. Elle avait toujours été le vilain petit canard, au propre comme au figuré. Si elle n'avait pas été aussi efficace, il y aurait longtemps qu'on l'aurait mise au placard.

Sa dernière proposition – réunir cette équipe – n'avait été acceptée qu'avec réticence, et uniquement parce que les craintes liées à l'arrivée du nouveau millénaire avaient rendu les dirigeants de l'Organisation plus entreprenants. Mais certains devaient déjà regretter leur décision.

Il fallait donc leur montrer qu'ils avaient eu raison.

Elle repoussa son fauteuil et se redressa brusquement, faisant sursauter son vis-à-vis. D'un coup, elle reprenait confiance. Son groupe était sans égal, elle le savait, elle l'avait dit aux membres de l'Organisation et elle allait le leur prouver.

« D'accord, dit-elle, puisqu'il le faut... mais vous me faites prendre un gros risque, vous le savez.

— Nous avons pris un risque dès que nous avons accepté de vous laisser faire venir ces... (il hésita) ces filles. »

Astrid hocha la tête. Il avait raison, elle devait bien le reconnaître. En revanche, elle n'aimait pas la manière dont il venait de prononcer le mot « filles » ; avec cette réticence, comme à contrecœur.

« Maintenant, reprit-elle, il faudrait m'expliquer plus en détail ce que nous sommes censées faire.

— J'ai laissé le dossier dans ma voiture. Vous verrez que le cas est d'importance. »

L'homme se leva à son tour. Sa collègue le devança et lui ouvrit la porte.

Au moment où ils sortaient dans le couloir, « Gengis Khan » fronça les sourcils.

« Qu'est-ce que... C'est un bruit de moteur que j'entends, non ? Pas vous ? »

L'interpellée tendit l'oreille et secoua la tête.

« Non, dit-elle, je n'entends rien. Sûrement le vent dans les branches, ça entraîne souvent des bruits bizarres en montagne. »

Elle remercia intérieurement le ciel que son visiteur n'ait pas le même don que son élève Charo. Mais le bruit avait cessé. Avec un peu de chance, l'homme ne se rendrait compte de rien.

Dehors, les trois filles attendaient devant l'entrée, l'air tellement innocent que leur tutrice sut que tout ce qu'elle avait supposé était vrai. Heureusement, la BMW était là, et en bon état. Kamel Sarawi n'avait rien deviné. Il se dirigea vers sa voiture d'un pas nonchalant. Ce n'est qu'arrivé près du véhicule qu'il se figea soudain, puis se retourna brusquement vers l'entrée du Chalet.

« Mais... mais... elle n'était pas garée comme ça tout à l'heure ! »

Leïla, Nakiméra et Liliana disparurent aussitôt dans la maison.

L'homme se rapprocha encore de sa voiture et posa la main sur le capot.

« Le moteur est chaud. Quelqu'un a... »

Il s'interrompit en voyant le petit sourire de sa collègue. Sortant ses clefs de sa poche, il actionna l'ouverture automatique et se pencha par la porte du passager avant pour récupérer un dossier en carton rouge. Il revint vers l'entrée et le tendit à Astrid d'un geste brusque. Son visage était tendu, son regard dur.

« Vous... vous saviez pour... ? Il désigna son véhicule. Pourquoi ne m'avez-vous pas prévenu ?

— Vous ne m'avez rien demandé.

— C'est laquelle qui peut... ?

— La plus petite. La brune avec un air de crapule.

— Au fait, je n'en ai vu que trois. Où sont les deux autres ?

— Quelque part dans la montagne. Je pense qu'elles ne vont pas tarder.

— Vous les avez laissées seules ?

— J'ai eu un petit problème avec ces deux-là. Elles sont un peu dures. Je les ai laissées se débrouiller seules pour qu'elles comprennent qui est le chef. »

Au-dessus de la grosse moustache, deux yeux noirs la fixèrent.

« Vous m'inquiétez. J'ai l'impression que vous ne les contrôlez pas vraiment. »

Elle haussa les épaules.

« Dans ce cas, ne nous envoyez pas en mission. »

La réponse ne sembla pas plaire à Sarawi. En grognant, il retourna vers son bolide, démarra et repartit dans un crissement de pneus.

La femme le suivit un instant des yeux puis rentra dans le Chalet. Aussitôt, son dossier rouge toujours sous le bras, elle se rendit au premier étage et entra dans la première chambre où les trois filles s'étaient réfugiées.

« Si vous vous permettez la même plaisanterie avec MA voiture, dit-elle sans préambule, ça se passera mal. Compris ? »

Les complices baissèrent la tête. Même Liliana, qui n'avait pas eu le temps de bien lire sur les lèvres de sa tutrice, avait compris de quoi il retournait.

Astrid s'apprêtait à ajouter quelque chose lorsque son regard fut attiré au-dehors. Elle se dirigea vers la fenêtre.

« Ah, les voilà enfin, dit-elle. Elles en ont mis du temps. A mon avis, elles se sont perdues en route. Ça leur fera les pieds. »

Les trois filles s'approchèrent à leur tour. Au loin, au sommet du chemin enneigé qui descendait vers le Chalet, on apercevait les silhouettes de Charo et Yunhua.

« Peut-être, elles ont du plomb dans la cervelle maintenant », commenta Leïla.

Astrid, sceptique, fit la moue. En quittant la pièce, elle ajouta :

« Tout le monde prend une douche et se change. Quand vous serez prêtes toutes les cinq, vous descendrez dans le salon. (Elle montra le dossier rouge.) Je dois d'abord jeter un coup d'œil là-dedans. Je vous rejoindrai ensuite, j'aurai sûrement des choses importantes à vous dire. »

La porte se referma sur elle.

Aussitôt, Liliana se précipita sur son stock de feuilles blanches et entreprit de dessiner... un avion.

Chapitre 12

Extrait du journal d'Astrid Sappa

Ça y est, l'avion a décollé.

Jusqu'au dernier moment, j'ai cru qu'on n'y arriverait pas (ce qui au demeurant ne m'aurait pas déplu, cette mission est une idiotie). Préparer en trois jours un voyage pour les Etats-Unis, en emmenant cinq filles pour lesquelles je n'avais aucun papier officiel, c'était pour le moins délicat. Heureusement, l'Organisation a des réseaux influents qui ont réglé le problème en un temps record.

Reste qu'« ils » me font prendre des risques insensés avec leur précipitation imbécile. Pour satisfaire leurs exigences, me voilà à voyager en compagnie de cinq adolescentes dont je commence tout juste à cerner les capacités, et dont l'une pourrait, s'il lui en prenait l'envie, stopper tous les réacteurs d'une simple pensée.

Oh, bien sûr, je ne soupçonne pas Leïla de vouloir provoquer une catastrophe aérienne dont elle serait d'ailleurs la première victime. Cette enfant n'a rien d'une psychopathe. Mais que sais-je exactement de son don ? Que se passerait-il s'il interférait accidentellement avec l'avion qui nous transporte ?

Avec elle, comme avec les quatre autres, j'en suis encore réduite à des hypothèses basées sur quelques observations. La seule chose dont je sois sûre, c'est que le don de Leïla n'est pas la télékinésie. Je lui ai demandé une fois de faire bouger une petite voiture miniature, un jouet : rien. En revanche, elle peut faire démarrer une BMW et lui demander de l'emmener faire un tour. En fait, elle « apprivoise » les machines et leur fait accomplir ce qu'elle désire. Il suffit que la mécanique soit dotée d'une source autonome d'énergie. Elle semble aussi agir sur des objets purement mécaniques, quoique, dans ce cas, ses possibilités soient plus réduites. Elle peut, par exemple, bloquer une serrure, mais sera incapable d'actionner une clef par sa seule volonté.

Et quoi d'autre ?

Je crois qu'une fois encore, il va me falloir renoncer à démonter le mécanisme exact du pouvoir de cette enfant. Je dois me contenter d'en cerner les possibilités, les limites et les dangers.

Mais pour cela, il faudrait qu'on m'en laisse le temps. Je commence à peine à établir le contact avec le groupe, et voilà qu'« ils » me chamboulent tout mon programme.

Outre les risques liés au pouvoir de chacune, je ne connais toujours pas grand-chose à leur nature. Comment puis-je espérer être un leader efficace dans de telles conditions ? A ce titre, Leïla est encore un bon exemple. Elle est un mélange. Ce n'est pas, et de loin, la plus expansive des cinq. J'ai d'abord pris cela pour de la timidité, et même un manque de personnalité, d'autant plus qu'elle semblait, au début, suivre Yunhua comme un petit chien. En fait, le problème est essentiellement lié au langage. Dans ce domaine, Leïla est la moins douée de tout le groupe. Si elle s'est rapprochée de Yunhua, c'est avant tout pour s'éviter un effort qui la rebute. D'ailleurs, je les surveille du coin de l'œil depuis le début du voyage (elles sont assises de l'autre côté de l'appareil, à quelques rangées de fauteuils derrière moi) et, même si je ne peux rien entendre de ce qu'elles disent, à la manière dont elles papotent, je ne pense pas qu'elles utilisent beaucoup le français. A ce rythme-là, les progrès linguistiques de Leïla vont encore prendre du retard.

Cela dit, j'ai dû réviser mon jugement sur ma petite Palestinienne. Elle est loin d'être une suiveuse sans caractère. Elle l'a montré à plusieurs reprises. En me tenant tête, d'une part (ce qui ne me plaît qu'à moitié, mais on ne peut pas tout avoir), et même en s'opposant à sa grande amie, en particulier lors de ses conflits avec Charo.

Malgré cela, elle reste particulièrement proche de sa copine chinoise et je me demande si leur complicité ne finira pas par m'attirer plus d'ennuis que l'animosité entre Charo et Yunhua.

Nous verrons cela en temps utile. D'ici quelques heures, nous serons à pied d'œuvre. Il est temps que je me replonge dans le dossier concernant notre mission et que j'établisse un plan d'action.

J'ai intérêt à ce qu'il soit bon si je veux garder un peu de contrôle sur toute cette histoire

Chapitre 13

Décembre 1998

« C'est génial ! Vous vous rendez compte, les filles ? On est sorties du Chalet, on est aux Etats-Unis, dans un hôtel de luxe, le repas servi dans la chambre, et en plus, Mamie Sappa est partie pour deux bonnes heures. »

Tout le monde approuva, la bouche pleine, la remarque de Charo. Le terme « hôtel de luxe » était un peu exagéré, mais pour cinq adolescentes n'ayant connu que la rue ou la vie spartiate du Chalet, le luxe était une notion relative. Une chambre immense où la direction de l'hôtel avait accepté d'installer cinq lits, un salon attenant, à peine moins grand, avec une télévision proposant des dizaines de chaînes, deux salles de bains avec douche ET baignoire et surtout... sans rien à faire. Pas de cours, pas de devoirs, pas de corvées. Tout était fourni à la demande par des serveurs. La belle vie, quoi !

Le jour même, en cette fin d'après-midi de décembre, elles étaient arrivées dans cette ville de la côte Est des Etats-Unis dont elles avaient déjà oublié le nom. La nuit commençait à prendre possession des rues. Après s'être installées dans leur chambre, la première chose sur laquelle elles étaient tombées d'accord – dès que leur tutrice se fut éclipsée – avait été de commander un repas sur lequel elles s'étaient précipitées comme une meute affamée.

Le voyage avait été interminable. Parties en pleine nuit du Chalet, elles avaient pris l'avion en début d'après-midi à Paris pour se retrouver, par la magie du décalage horaire, deux heures plus tard à New York, après un vol de près de huit heures. Il leur avait fallu encore deux bonnes heures de route - dans une voiture louée qui les attendait à la sortie de l'aéroport - pour arriver à destination.

Elles auraient dû être éreintées, elles ne s'étaient jamais senties dans une telle forme. L'excitation les dopait comme une double dose d'amphétamines.

Car en vingt-quatre heures, elles avaient découvert le monde. Ou plutôt redécouvert puisque, depuis leur arrivée au Chalet, il aurait aussi bien pu avoir disparu dans un cataclysme.

Le voyage en voiture leur avait d'abord rappelé qu'il existait d'autres paysages que les montagnes qui les cernaient au quotidien. Et elles avaient vu Paris. Bien sûr, le circuit touristique s'était limité au périphérique et aux alentours de l'aéroport, mais cette vie grouillante, cette agitation perpétuelle les avaient sidérées.

Et puis l'avion avait décollé. Le vol avait été une suite d'émerveillements. Même au-dessus de l'immensité uniforme de l'océan, même lorsque l'avion survolait les nuages, elles découvraient toujours, par les hublots, quelque chose qui méritait un commentaire, déclenchait un fou rire, lançait une discussion.

Sans compter les gens. Depuis bientôt huit mois, elles n'avaient connu d'autre compagnie que celles d'une quinquagénaire peu chaleureuse et de quelques professeurs, vite réduits à l'état d'images sur un écran de téléenseignement. D'un seul coup, elles se retrouvaient entourées de dizaines de personnes, hommes, femmes, vieux ou jeunes, grands, petits ou gros, beaux ou laids.

Un jeune homme, à peine plus âgé qu'elles, avait passé une bonne partie du voyage à se retourner vers la rangée de sièges où Liliana, Charo et Nakiméra s'étaient installées côte à côte. Il s'était même levé pour venir leur parler mais, Américain, il ne connaissait que l'anglais et, après quelques tentatives infructueuses pour établir le contact, il était retourné à sa place, déçu et surtout très étonné que trois jeunes filles de son âge puissent ignorer sa langue qu'il avait jusque-là considérée comme un idiome universel.

Les mains de Liliana avaient commenté l'incident ainsi :

« *Donc, c'est simple. Le français, c'est pour parler avec les vieilles moches et l'anglais avec les jeunes mignons. Il faudra demander à changer certains cours quand on reviendra au Chalet.* »

Les deux autres avaient approuvé énergiquement et la demi-heure suivante avait été occupée à deviner laquelle des trois avait attiré l'œil du bel Américain.

Le manque de sommeil avait quand même fini par avoir raison de leur enthousiasme. Yunhua et Leïla n'avaient pas résisté beaucoup plus longtemps. Elles ne s'étaient réveillées qu'à l'approche de New York.

« Comme à la télé », avait murmuré Leïla, émerveillée.

Jamais elles n'auraient cru qu'une telle ville puisse exister « POUR DE VRAI ».

Elles avaient toutes espéré qu'on les emmènerait là, au sein de cet immense jeu de construction grouillant de piétons pressés et de moteurs impatients. Hélas, une fois encore, elles avaient dû se contenter d'une vue du ciel.

A présent, elles étaient dans leur hôtel, regroupées sur deux lits, finissant de grignoter des ailes de poulet et de ronger des épis de maïs. Dans quelques heures, sans doute, la fatigue allait s'abattre sur elles, leur rappelant que le voyage avait été long et qu'elles n'étaient que des adolescentes, mais pour l'instant l'enthousiasme compensait encore le manque de sommeil et tout était cause d'émerveillement ou sujet à plaisanterie.

Seule Yunhua, contrairement à son habitude, se tenait en retrait, participant peu aux conversations et ne souriant qu'avec une sorte de réticence aux blagues de ses camarades. Charo, la plus sensible du groupe, fut la seule à s'en rendre compte, et surtout à comprendre pourquoi.

« *Elle est perdue*, se dit-elle en regardant la jeune Chinoise, *Mamie Sappa est loin, et il n'y a que des Américains dans l'hôtel. Ses connaissances en français ont chuté et elle n'arrive plus à suivre nos conversations. Pourtant, je suis sûre qu'elle peut. Depuis que les cours au Chalet se font par téléenseignement, elle a montré qu'elle était capable d'apprendre. Seulement, elle ne sait pas utiliser ses connaissances, ou plutôt, elle n'ose pas. Pour elle, ou c'est facile ou c'est impossible, il n'y a pas d'intermédiaire.* »

La jeune fille ne put s'empêcher d'éprouver une certaine satisfaction, comme chaque fois qu'apparaissait une faiblesse chez celle qu'elle considérait toujours comme une rivale. Mais la méchanceté n'était pas dans la nature de la Colombienne, et la vue de sa camarade recroquevillée dans son incertitude lui fit rapidement oublier sa rancœur à son égard. D'autant qu'elle avait depuis longtemps compris que la division entre elles n'était pas une option souhaitable.

« *On veut faire de nous une équipe. Je ne sais pas trop pourquoi, mais qu'on obéisse ou qu'on décide de se rebeller, il faudra qu'on soit unies derrière un leader. Et que ça me plaise ou pas, c'est Yunhua qui est le mieux placée pour occuper le poste. Mais pour ça, elle doit garder confiance en elle, et je sais comment l'aider. En plus, ça fera plaisir à Liliana, qui doit en avoir un peu marre de devoir tout lire sur nos lèvres.* »

Prenant prétexte d'entamer une discussion avec la Roumaine, Charo se mit à utiliser le langage gestuel, amenant progressivement les autres filles à en faire autant, jusqu'à abandonner presque entièrement l'utilisation de la parole. Rapidement, comme elle l'avait espéré, Yunhua reprit part à la conversation, retrouvant l'aisance liée à son don. De temps à autre, quelques mots, quelques phrases en français s'inséraient cependant entre les mouvements des mains, chaque langage servant à pallier les lacunes de l'autre. Le mélange devint vite si naturel que même Yunhua l'adopta, oubliant ses hésitations à utiliser le français. Parfois, lorsque, malgré tout, l'une ou l'autre bloquait sur un mot, la Chinoise retrouvait son rôle d'interprète, traduisant en signes ce que ses camarades ne parvenaient à exprimer que dans leurs langues natales.

Gagnant en fluidité, la conversation devint aussi plus sérieuse. On se désintéressa peu à peu des cacahuètes du minibar, des innombrables chaînes de télévision ou du physique du garçon d'étage pour en venir à ce qui les préoccupait toutes.

Nakiméra fut la première à poser clairement la question : « *Qu'est-ce qu'on fait ici ? Pour l'instant on s'amuse bien, mais qu'attend de nous Mme Sappa ?* »

Yunhua, Charo et Leïla sourirent. Depuis déjà quelque temps, elles n'appelaient plus leur tutrice que « Mamie Sappa » ; il n'y avait plus que Nakiméra – et Liliana, un peu – pour employer le mot « madame » en son absence.

Pourtant, si la forme n'était pas celle qu'elles auraient employée, sur le fond, elles étaient parfaitement d'accord avec leur camarade.

« *En tout cas*, dit Charo, *il y a une chose qui est sûre, c'est qu'elle ne nous a pas amenées ici pour son plaisir à elle. Quand elle nous a annoncé qu'on allait partir, elle n'avait pas l'air très contente, et depuis le début du voyage, ça ne s'est pas amélioré.*

— *C'est vrai que c'est déjà pas une rigolote en temps normal*, commenta Yunhua, *mais là...* »

Toutes approuvèrent en riant et, pendant quelques minutes, la discussion reprit un tour plus léger où il fut surtout question du caractère et, encore plus, du physique de « Mamie Sappa ». Toutes les plaisanteries sur son fameux grain de beauté furent passées en revue et quelques nouvelles furent même ajoutées à la collection.

« *Et vous avez vu son sac ?* s'esclaffa Leïla. *Où elle a trouvé un truc pareil ? A l'aéroport, j'ai bien vu que les gars de la sécurité tiquaient dessus. Il faudra peut-être lui dire de le cacher en public.*

— *Surtout pas !* intervint Nakiméra. *Elle n'a visiblement qu'une envie, c'est de retourner s'enfermer avec nous au Chalet. Il ne faut pas lui donner la moindre raison de le faire. Pour moi, tout va bien, tout est parfait. Même son sac.*

— *N'empêche qu'il est horrible. Vous vous souvenez quand on est allées acheter nos robes de soirée ? La tête qu'a fait la vendeuse en la voyant entrer avec ce truc !*

— *C'est vrai, mais elle n'a pas besoin de le savoir. Et puis, ce que la vendeuse a pensé, après tout, on s'en moque. Sac ou pas, on a bien rigolé cette fois-là.* »

Le souvenir de la matinée passée dans la boutique relança l'excitation générale. Soudain, les filles se retrouvèrent en pensée dans les cabines d'essayage. Cinq Ali Baba dans la caverne au trésor.

— De toute façon, ajouta Yunhua, pour en revenir au sac, avec ses goût vestimentaires, elle pourrait aussi bien utiliser un sac-poubelle, ça ne ferait pas une grosse différence et... »

La Chinoise s'interrompit soudain, une expression perplexe sur le visage. Les autres la regardèrent, étonnées. Charo fut la première à comprendre. Yunhua avait énoncé sa dernière phrase sans utiliser le langage des signes, mais en parlant en français, et sans aucune hésitation. Les deux filles tournèrent d'un même mouvement leur visage vers le mur qui séparait leur chambre de celle d'Astrid.

« *Elle est revenue* », dit simplement Yunhua avec ses mains.

Quelques instant plus tard, l'intéressée entra dans la pièce.

« Préparez-vous, dit-elle d'un ton sec, nous allons faire un tour. Et mettez vos nouvelles robes. Je veux que vous soyez élégantes. Je reviens vous chercher dans une demi-heure. »

La porte se referma. Les filles se regardèrent, partagées entre la joie de sortir et l'inquiétude de ne pas savoir où on allait les emmener. Le ton surtout sur lequel leur tutrice s'était adressée à elles - dur, presque agressif - les avait mises mal à l'aise.

Nakiméra finit par rompre le silence :

« Si on doit être élégantes, il faudrait peut-être quand même lui parler du sac. »

Chapitre 14

Décembre 1998

La salle de réception était bondée. Robes de soirée et costumes sur mesure se frôlaient, ne laissant entre eux qu'un espace ténu où des serveurs en smoking blanc réussissaient miraculeusement à faire circuler des coupes de champagne sur des plateaux d'argent, en se glissant avec une souplesse d'anguilles entre les groupes d'invités.

« Que du beau monde, murmura Yunhua en arabe à l'oreille de Leïla.

— On parle français, intervint Astrid. Si tu veux utiliser ton don pour les langues, écoute plutôt ce qui se dit autour de toi en anglais et préviens-moi s'il y a quelque chose d'intéressant. »

Yunhua acquiesça en silence. Sa tutrice remarqua avec satisfaction que, pour une fois, la jeune Chinoise ne cherchait pas à contester son autorité. Au contraire, elle semblait avoir perdu toute volonté d'opposition et, comme ses quatre camarades, restait proche de leur groupe, lançant à droite et à gauche des coups d'œil mi-émerveillés, mi-inquiets.

« Une mère poule avec ses cinq petits poussins », pensa la quinquagénaire.

Malgré elle, cette pensée lui procura une certaine satisfaction. Pour la première fois de sa vie, elle était non seulement chef d'équipe mais aussi responsable de cinq existences, cinq vies à peine entamées, plongées brusquement dans un monde nouveau rempli de merveilles, et également de dangers. Elle n'aurait pas cru trouver autant de plaisir à exercer cette responsabilité.

Les mains de Liliana s'agitant devant ses yeux lui firent soudain reprendre contact avec la réalité.

« Que dit-elle ? » demanda-t-elle à Yunhua.

Ce fut Nakiméra qui répondit à la place de sa camarade.

« Elle voudrait savoir... enfin, nous voudrions savoir si nous pouvons aller du côté du buffet. »

Astrid Sappa se retint de s'esclaffer. Un point commun entre ses deux élèves était leur gourmandise.

« Oui, mais soyez raisonnables, dit-elle en articulant exagérément pour que Liliana puisse lire sur ses lèvres. Ne vous faites pas remarquer en vous goinfrant et souvenez-vous du repas de crêpes, il y a un mois. Essayez de ne pas l'oublier quand vous serez devant les petits-fours et jetez régulièrement un coup d'œil par ici ; Yunhua vous fera signe quand vous devrez nous rejoindre. »

Elle les regarda s'éloigner, un peu inquiète malgré tout, lorsqu'un mouvement de foule accompagné d'un murmure lui fit tourner la tête.

Par la porte principale venait d'entrer un homme flanqué de deux gardes du corps et traînant derrière lui un groupe d'une dizaine de personnes semblant être sa cour personnelle. Il portait avec aisance et distinction sa cinquantaine et dominait de sa haute stature une foule à laquelle il prodiguait généreusement un sourire aussi éclatant qu'artificiel.

« Une bête politique, pensa Astrid, pure race. »

L'entrée de l'homme avait, comme par magie, mis fin à toutes les conversations et orienté tous les regards dans sa direction. En le voyant, Leïla écarquilla les yeux.

« Mais... c'est... ! »

Elle se tourna vers sa tutrice.

« Lui, je le connais, je l'ai déjà vu.

— Je m'en doute, vu le temps que tu passes devant la télévision.

— Et c'est pour lui qu'on est venu ?

— Oui, mais pas pour lui demander un autographe. »

Elle fit un geste à Yunhua.

« J'espère que tu n'as pas perdu le papier que je t'ai donné en arrivant. Déplie-le et dis-moi si tu comprends ce qu'il y a écrit dessus. C'est du russe. Si l'homme qui vient d'entrer est bien celui qu'il prétend être, il parle cette langue, et toi aussi maintenant. »

La jeune Chinoise secoua la tête.

« C'est pas la peine. »

Astrid lui jeta un regard de colère.

« Ah, ma fille, ne recommence pas à jouer les insolentes. Tu m'obéis. Fais ce que je te dis ou...

— Non, la coupa Yunhua, ce n'est pas que je ne veux pas, mais j'ai jeté un coup d'œil sur votre papier en entrant et j'ai compris aussitôt ce qui y était écrit. Il y a d'autres personnes qui parlent russe dans cette pièce, c'est évident.

— Bon, tant pis. Fais signe à Liliana et Nakiméra de nous rejoindre. On va changer de stratégie. »

Yunhua s'exécuta. Ses mains tendues au-dessus des têtes de l'assemblée transmirent le message à ses deux camarades qui, cessant d'engloutir des petits-fours, revinrent en jouant des coudes à travers une foule compacte qui n'avait plus d'yeux que pour le nouvel arrivant.

« Bon, expliqua Astrid à voix basse quand les cinq filles furent regroupées autour d'elle. On va profiter de ce que tout le monde est occupé à admirer cet homme pour s'éclipser. Mais uniquement Leïla, Nakiméra, Yunhua et moi. Charo et Liliana, vous restez ici, je n'ai pas besoin de vous pour l'instant, et moins on sera, moins on se fera repérer. Donc, vous attendez ici en vous faisant discrètes. Ça ne devrait pas poser de problème, tout le monde ne s'intéresse plus qu'au discours que va prononcer la star de la soirée. Nous quatre, on passe par la petite porte latérale. Allez. »

La sortie de la pièce se fit effectivement sans que personne leur accorde le moindre regard. Une fois dans le couloir, elles se dirigèrent vers l'ascenseur.

« Où on va ? demanda Yunhua.

— Au cas où tu ne l'aurais pas remarqué, c'est un hôtel, ici. Nous montons au dernier étage. C'est là que se trouve la chambre de l'homme que vous venez de voir.

— Et ? insista la Chinoise.

— Et nous allons visiter cette chambre. »

Les trois filles se regardèrent.

« Je n'ai pas l'intention d'aller voler quoi que ce soit. Je veux juste vérifier si... je vous expliquerai plus tard. Pour l'instant, contentez-vous de m'obéir et faites-moi confiance. »

La porte de l'ascenseur s'ouvrit. Il était vide. Les quatre s'y engouffrèrent.

« Parfait, dit Astrid dès que la porte se fut refermée. Personne pour nous gêner. Leïla, ces ascenseurs ont une sécurité pour empêcher les personnes étrangères à l'hôtel de monter à certains étages réservés aux VIP. J'aimerais que tu débloques le système et que tu demandes à cet appareil de nous emmener au dernier étage. »

Leïla, les sourcils froncés, jeta à ses deux camarades un regard interrogateur, mais ne bougea pas.

« Allons, je viens de vous dire que ce que nous faisons n'a rien de malhonnête. Quand nous serons rentrées à notre hôtel, vous aurez l'explication de tout ça, mais pour l'instant, je n'ai pas le temps. Si nous traînons, nous risquons de nous faire prendre.

— Si ce que nous faisons est bien, pourquoi avez-vous peur de vous faire prendre ? » demanda Nakiméra.

Astrid soupira.

« Il y a une différence entre illégal et malhonnête. Tu demanderas à Yunhua de te faire la traduction et tu comprendras ce que je veux dire. Bon, Leïla, on y va ? »

La jeune Palestinienne hésita encore une seconde mais, sur un signe d'encouragement de Yunhua, elle finit par obéir et l'ascenseur se mit en marche. Au dernier étage, la porte s'ouvrit sur un couloir désert.

« Parfait, murmura Astrid, ils sont tous dans la salle de réception comme je l'espérais. Suivez-moi. Si on rencontre un des gars de la sécurité de l'hôtel, Leïla bloque immédiatement son talkie-walkie, son portable ou tout autre système de communication pour qu'il ne puisse donner l'alarme et, Nakiméra, tu lui décoches ton plus beau sourire. Je ne pense pas qu'il y aura besoin d'aller plus loin. (Après une pause, elle ajouta :) Mais si vous me voyez me boucher les oreilles, vous en faites autant et Nakiméra s'occupera du reste, avec modération bien sûr.

— Bien sûr, ironisa Yunhua, c'est juste illégal. On ne va pas tuer quelqu'un pour un truc qui n'est même pas malhonnête. »

Sa tutrice fit comme si elle n'avait pas entendu. Elle mena sa petite troupe à travers les couloirs de l'étage, jusqu'à la chambre 705.

« C'est là, dit-elle. La serrure est électronique et fonctionne avec un passe magnétique. Leïla, fais-nous entrer. »

Sur un clignement d'yeux de la jeune Arabe, la porte émit un petit clic et s'entrouvrit. Astrid s'introduisit dans la pièce en faisant signe à ses élèves de la suivre sans traîner. Une fois à l'intérieur, elle referma la porte, visiblement soulagée.

« Bien, jusque-là, c'est parfait. »

La chambre, ou plutôt la suite, était immense. Les trois filles, hypnotisées par tant de luxe, restèrent plantées devant la porte. Astrid les rappela à l'ordre :

« Oh, les gamines, on se bouge. Suivez-moi. »

Elle semblait connaître l'endroit. Elle se dirigea sans hésiter vers une porte donnant sur un bureau. La pièce, quoique petite, était meublée et décorée avec luxe. Mais la femme ne s'attarda pas à admirer le mobilier. Elle se dirigea aussitôt vers le mur de gauche et, déplaçant un tableau, dévoila un petit coffre-fort mural.

« Waouh, s'exclama Yunhua, on voit que vous avait l'habitude des trucs "illégaux-mais-pas-malhonnêtes". Je l'aurais pas trouvé toute seule, celui-là.

— Epargne-moi tes réflexions. Je n'ai absolument pas l'habitude de faire ce genre de choses, j'ai juste de bons informateurs. (Elle se retourna vers Leïla.) Tu peux l'ouvrir ? »

La jeune fille regarda la porte du coffre-fort.

« Appuyez sur la poignée maintenant. »

La porte s'ouvrit comme celle d'un vulgaire placard. Astrid Sappa y plongea les mains jusqu'aux coudes pour en sortir un tas de paperasses qu'elle posa sur le bureau à côté d'elle. Elle les parcourut rapidement et s'arrêta sur un cahier protégé par une couverture de cuir. Elle l'ouvrit et le tendit à Yunhua.

« Tu peux me dire de quoi il s'agit ? »

La jeune fille saisit l'objet, le feuilleta et, secouant la tête, le rendit à Mme Sappa.

« J'y arrive pas, je comprends rien, ou presque. C'est en russe.

— Et alors ? Ça ne devrait pas te poser de problème ! Tout à l'heure...

— Oui, mais tout à l'heure, on était au milieu d'une centaine de personnes dont plusieurs parlaient russe. Vous l'avez dit vous-même, la plupart des gens sont en bas, dans la salle de réception, plusieurs étages en dessous. Il doit y avoir très peu de gens à cet étage pour l'instant, et même aux étages en dessous peut-être. Et personne qui parle russe. Je comprends à peine un mot par-ci par-là.

— Essaie quand même. S'il y a plusieurs individus parlant le russe dans ce bâtiment, même s'ils sont plusieurs étages en dessous, ça peut te suffire. En te concentrant, tu dois pouvoir comprendre au moins une partie de ce qui est écrit là-dedans. »

Yunhua se replongea dans la lecture de l'agenda.

« C'est pas clair, dit-elle après quelques minutes, la personne qui a écrit ça semble raconter sa vie, ses voyages, ses rencontres, les gens qui l'ennuient ou qui l'amusent. Rien de précis. Comme si elle racontait ses mémoires. A chaque chapitre, il y a une date et elles se suivent presque jour après jour.

— Et dis-moi, quelle est la date du dernier paragraphe ?

— Euh, il y a environ trois mois.

— Tu en es sûre ?

— Oui, oui, j'en suis sûre, c'est écrit là, c'est clair, je... »

Soudain, Yunhua blêmit.

« Attendez ! Je... ça y est, j'arrive à comprendre tout ce qui est écrit. Ça veut dire que... »

Astrid ne lui laissa pas le temps de terminer sa phrase. Elle lui arracha le cahier des mains et le remit avec le reste dans le coffre-fort dont elle claqua la porte.

« Vite, dit-elle, on sort d'ici. Nakiméra ! Passe devant, et n'hésite pas à sourire s'il y a quelqu'un dans le couloir. Il ne faut pas qu'on se fasse prendre en sortant. »

La jeune Africaine, un peu interloquée, faillit demander une explication, mais préféra s'abstenir devant l'air inquiet de sa tutrice. Elle repassa dans l'autre pièce et se dirigea vers la porte de sortie qu'elle entrouvrit avec précaution.

« Personne, murmura-t-elle après avoir jeté un coup d'œil, on peut y aller. »

Le petit groupe la suivit en silence. A peine la porte eut-elle claqué derrière elles qu'un couple apparut à l'angle du couloir, en provenance de l'ascenseur. La femme avait la cinquantaine et l'allure classique des clientes qui hantent ces hôtels de luxe. L'homme était plus jeune et arborait l'accoutrement des gardes du corps : costume et cravate sombres, lunettes noires, talkie-walkie à la main et oreillette à droite. Sous sa veste entrebâillée, on apercevait un holster d'où s'échappait la crosse d'un pistolet de gros calibre.

En apercevant le groupe à cet étage, l'homme eut l'air surpris et son attitude se raidit. Aussitôt Astrid se pencha à l'oreille de Leïla. Dans la seconde qui suivit, l'oreillette du garde du corps se mit à grésiller bruyamment, obligeant son propriétaire à l'ôter à la hâte et détournant un instant son attention des filles et de leur accompagnatrice. Quand il releva les yeux, le sourire éclatant de Nakiméra était à moins de deux mètres de lui. Subjugué, il laissa passer les trois jeunes filles et la femme sans s'inquiéter davantage de savoir ce qu'elles faisaient à un étage où elles n'auraient pas dû être.

Le groupe en profita pour rejoindre l'ascenseur.

Dès que la porte se referma et que l'appareil se mit à descendre, Astrid Sappa poussa un soupir.

« Bien joué, les filles, on a réagi à temps.

— La femme qu'on a croisée doit parler russe, n'est-ce pas ? demanda Yunhua.

— Oui, c'est l'épouse de l'homme qui nous intéresse.

— Alors, pour elle, il n'y a pas besoin de faire de test. J'ai sûrement commencé à comprendre le russe quand son ascenseur s'est rapproché de l'étage.

— Je sais, je l'ai compris en même temps que toi. Heureusement, car sinon on se faisait prendre. Pour elle, je n'ai pas de doute. Elle est ce qu'elle prétend être.

— Et l'autre ? demanda Leïla. L'acteur, enfin l'homme politique qui joue dans les films ? Il n'est pas... ? »

L'arrivée au rez-de-chaussée coupa court aux questions de la jeune fille. Sans prendre le temps de répondre, Astrid entraîna ses élèves vers la salle de réception.

« Bon, dit-elle en arrivant à la porte, il vaut mieux qu'on ne traîne pas trop ici ; on récupère Charo et Liliana et on file discrètement. »

Hélas, en entrant dans la pièce, elle comprit instantanément que son désir de discrétion ne serait pas exaucé. L'ambiance paraissait tendue et un attroupement s'était formé non loin de l'invité-vedette qui, maintenu à l'écart par ses gardes du corps, arborait une mine contrariée. N'apercevant aucune des deux filles qu'elle était venue récupérer, Astrid eut un pressentiment et, jouant des coudes sans ménagement, se fraya un passage jusqu'à l'attroupement.

Charo s'y trouvait, à genoux au côté de Liliana qui, allongée sur le sol, s'agitait, comme prise de convulsions. En voyant sa tutrice, la jeune Colombienne se rua vers elle.

« Je ne sais pas ce qui lui arrive, elle était parfaitement normale et puis...

— Allons, allons, calme-toi. »

Astrid s'agenouilla à son tour et tenta de calmer la jeune Roumaine qui, les yeux révulsés, tremblait de tout son corps en poussant de petits gémissements. Un homme en tenue de maître d'hôtel se pencha vers la femme et lui posa une question en anglais d'un ton agressif. Celle-ci interrogea Yunhua du regard.

« Il veut savoir qui vous êtes, ce qui arrive à Liliana et si vous pouvez lui montrer votre carton d'invitation.

— Dis-lui que je suis la tutrice de Liliana, et qu'elle a parfois des crises d'épilepsie, mais que ce n'est pas grave et que nous allons partir immédiatement. Pour le carton d'invitation, dis à Nakiméra de lui expliquer que... qu'on peut s'en passer. »

Laissant ses deux élèves régler le problème du maître d'hôtel, elle se débrouilla avec Charo pour soulever Liliana. La jeune fille, sentant qu'on la redressait, parut reprendre un peu ses esprits et réussit, soutenue par ses amies, à se traîner jusqu'à la sortie.

« Bon, déclara Astrid une fois dans la rue, je vais chercher la voiture. Vous toutes, vous prenez soin de Liliana jusqu'à ce que je revienne et, surtout, vous m'attendez ici sans bouger. »

Elle tourna les talons. Elle venait à peine de disparaître au coin de la rue que Liliana recommença à s'agiter, les yeux écarquillés, les mains gesticulant devant son visage.

« Qu'est-ce qui lui arrive encore ? demanda Leïla.

— On dirait qu'elle veut nous dire quelque chose par signes, répondit Charo. Tu comprends quelque chose, Yunhua ?

— N... non, elle s'agite trop, ça n'a aucun sens. »

Nakiméra intervint alors. Elle saisit les mains de la jeune sourde, les posa contre ses tempes. « Doucement, doucement », murmura-t-elle.

Elle fixa son amie droit dans les yeux et sa bouche esquissa un sourire. Un chant léger, à mi-chemin entre le rire et la mélodie, s'échappa de ses lèvres. Comme sous l'effet d'une caresse, les traits de Liliana se détendirent et ses tremblements commencèrent à s'estomper. Les trois autres filles aussi étaient sous le charme. Toute la rue leur semblait soudain, malgré l'hiver, envahie par la douceur d'un soir d'été.

L'arrivée de leur tutrice, au volant de sa voiture, rompit le charme.

« Allez, les enfants, on monte ! » lança-t-elle sans quitter sa place.

Les quatre filles aidèrent leur camarade encore chancelante à s'installer sur son siège, puis elles s'engouffrèrent à leur tour dans la voiture. Le véhicule démarra aussitôt.

Il ne leur fallut que vingt minutes pour rejoindre leur hôtel. Pendant tout le trajet, les mains de Liliana se tendirent et se détendirent nerveusement tandis qu'elle continuait à pousser de petits gémissements inarticulés. Le retour dans leur chambre ne suffit pas à la calmer. Même une fois allongée sur son lit, rien ne semblait pouvoir apaiser son agitation.

« Attendez ! » s'exclama soudain Charo.

Elle se rua vers la valise de la jeune Roumaine et en retira une liasse de feuilles de dessin. Attrapant un crayon qui traînait sur une table, elle apporta le tout à son amie.

Celle-ci se saisit avidement de l'ensemble et se redressa sur le bord du lit. Aussitôt, le paquet de papiers posé sur ses genoux, elle se mit à dessiner. Le monde autour d'elle cessa d'exister, seules comptaient à présent les images qui hantaient son esprit et qu'elle déversait sur les feuilles.

Une demi-heure durant, elle ne leva pas le nez de sa besogne. Chaque dessin achevé tombait au sol, suivi rapidement par un autre. Chacun était différent du précédent et pourtant tous représentaient la même chose : un monde de chaos, d'une noirceur effrayante, rempli d'êtres brisés, de corps torturés et de visages hurlants. Si le style était moins réaliste que d'habitude, il n'en était que plus évocateur et inquiétant.

« Qu'est-ce... qu'est-ce que ça veut dire, d'après vous ? » demanda Yunhua à sa tutrice.

Celle-ci ne répondit pas. Elle se tourna vers Charo.

« Qu'est-ce qui est arrivé dans la salle de réception pendant qu'on était parties ? »

La jeune fille haussa les épaules.

« R... rien. Nous sommes restées tranquilles comme vous l'aviez demandé. A un moment, le gars - celui que tout le monde regardait - a commencé à faire un discours. C'était en anglais, je ne comprenais rien. On s'est rapprochées un peu. Et... c'est... c'est à ce moment-là que Liliana a commencé à trembler... et elle est tombée par terre. J'ai... j'ai rien compris... il n'y avait pas de raison. J'ai eu très peur. Heureusement, vous êtes arrivées.

— C'est donc quand vous vous êtes approchées de l'invité de la soirée et qu'il a commencé son discours que Liliana a eu son malaise ? C'est ça ?

— Oui, c'est ça. »

Astrid ramassa un nouveau dessin par terre.

« Alors, murmura-t-elle, ça veut dire que, tout compte fait, on a eu raison de nous envoyer ici. Et que nous n'avons pas intérêt à échouer. »

Chapitre 15

Décembre 1998

« L'homme que nous avons vu hier s'appelle Ian Sirman, c'est du moins le nom sous lequel on le connaît le mieux. »

Astrid Sappa fit passer une photo de l'individu à ses élèves. Ses traits étaient tirés. Elle avait passé une nuit blanche. Elle constata avec plaisir que ses protégées, réunies autour d'elle en pyjama, n'avaient pas eu le même problème. A leur âge, le sommeil était un allié qui avait en quelques heures effacé les dommages conjugués du décalage horaire et du stress de la soirée précédente. Même le visage de Liliana avait retrouvé ses couleurs. Les mains de la jeune fille souffraient encore d'un léger tremblement, mais d'ici peu cela aussi serait revenu à la normale.

« Son vrai nom, reprit-elle en désignant la photo, est Ivan Sirmanov. Ses parents sont des immigrés russes qui se sont installés aux Etats-Unis dans les années cinquante, quand le petit Sirmanov n'avait encore qu'une dizaine d'années. Lorsqu'il a décidé de faire du cinéma, après avoir obtenu la nationalité américaine, il a préféré américaniser son nom d'acteur.

— Oui, fit remarquer Leïla quand la photo lui passa entre les mains. Je le reconnais bien. Là, il est plus jeune, comme dans la série télévisée.

— ... où il a joué le rôle de Jess Harper, un grand avocat qui finit par entrer en politique pour faire triompher ses idées de justice. Beaucoup pensent que c'est ce rôle, qu'il a tenu pendant dix ans, qui a fini par le pousser à se lancer dans la politique, pour de vrai cette fois. La soirée d'hier faisait partie de sa campagne pour le poste de sénateur de l'Etat. »

Les filles se regardèrent, le terme de « sénateur » n'évoquait pas grand-chose à leurs oreilles.

« Ce n'est pas grave si vous ne comprenez pas exactement de quoi il s'agit. Tout ce que vous avez besoin de savoir, c'est que le précédent sénateur est mort, il y a environ trois mois, dans l'accident de son avion personnel. Ian Sirman a annoncé sa candidature pour le poste une semaine plus tard. Il faut savoir que c'est un homme extrêmement riche. Il est non seulement un acteur très populaire, mais il est aussi producteur de films, avec autant de succès. Il a, de plus, le soutien financier d'un certain nombre de riches électeurs acquis à ses idées politiques. La soirée d'hier était destinée à récolter des fonds pour sa campagne. Sa popularité et le fait de pouvoir engager des sommes énormes dans des campagnes publicitaires à la télévision font de lui le candidat favori aux prochaines élections. »

Astrid Sappa s'arrêta un instant pour boire une gorgée d'eau.

« Il ne faut pas qu'il réussisse. »

Il y eut un silence, quelques sourcils froncés. Charo fut la première à réagir.

« Pourquoi ? »

L'interpellée s'octroya le temps de finir son verre, puis reprit :

« Il y a plusieurs raisons qui font penser que l'homme qui se fait appeler Sirman n'est pas celui qu'il prétend être et que son élection serait une catastrophe. Je vais vous donner ces raisons dans l'ordre où elles sont apparues, vous comprendrez mieux. La première est l'accident d'avion dans lequel le sénateur précédent a trouvé la mort. Rien n'est prouvé, mais les gens pour qui nous... pour qui je travaille pensent qu'il aurait pu y avoir sabotage. Cela voudrait dire que quelqu'un avait intérêt à rendre le poste de sénateur vacant. C'est vrai d'une certaine manière pour tous les candidats, mais si l'un d'eux est capable d'utiliser de telles méthodes, on peut craindre le pire s'il est élu.

— Et pourquoi ça serait Ian Sirman ? » demanda Leïla d'un ton agressif.

Astrid jeta à sa protégée un regard amusé. Sa réaction était typique. Pour beaucoup, Ian Sirman et Jess Harper, son personnage de juriste intègre et courageux, ne faisaient qu'un. Mettre en doute son honnêteté tenait du blasphème.

« Comme je vous l'ai dit, répondit-elle, ce n'est pas le vrai Ian Sirman que je soupçonne. Certains indices laissent supposer qu'il a été remplacé par un sosie.

— Un sosie ? interrogea Leïla. C'est quoi ? Je ne comprends pas.

— Un sosie, c'est quelqu'un qui ressemble comme un jumeau à quelqu'un d'autre. Un jumeau, tu comprends ce que c'est ? »

Leïla approuva de la tête.

« Bon, tout le monde a compris ? Alors, je continue. Le premier fait troublant est que Sirman se soit soudain lancé en politique alors qu'il n'avait jamais auparavant donné l'impression que cela l'intéressait. Et puis, il y a un détail très suspect... depuis le début de sa campagne, Sirman s'est brusquement refusé à parler le russe, qui est sa langue natale, et ce, quelles que soient les circonstances. L'argument qu'il a mis en avant est qu'il veut représenter l'ensemble des Américains et ne surtout pas être perçu comme le candidat de la communauté russe qui est relativement importante dans cet Etat. Mais, d'après nos renseignements, il refuse même de parler cette langue avec sa femme - qui est d'origine russe elle aussi -, ce qui ne peut guère se justifier.

— C'est sa femme qui vous a demandé d'enquêter sur lui ? » demanda Charo.

Sa tutrice secoua la tête.

« Non, ce sont... d'autres personnes dont nous parlerons un autre jour. La femme de Sirman a sûrement été un peu surprise de cette attitude, mais son mari est un acteur, connu pour être un personnage au comportement fantasque. Elle doit penser qu'il s'agit d'une de ses manies qui lui passera un jour ou l'autre.

— Mais... C'est tout ? intervint Yunhua. On nous a envoyées ici pour faire une enquête sur quelqu'un juste parce qu'il a décidé de faire de la politique et qu'il refuse de parler russe ? »

Astrid Sappa ne répondit pas immédiatement. Elle avait soudain l'air embarrassée.

« Non, bien sûr, finit-elle par dire. C'est... C'est plus compliqué que ça. Mais... mais je ne peux pas tout vous expliquer maintenant. »

Yunhua se leva de son siège.

« Comme d'habitude ! On ne peut rien nous dire ! On a fait des milliers de kilomètres pour venir espionner quelqu'un, pour fouiller sa chambre. On nous dit qu'il est sans doute dangereux, mais tout ce qu'on nous donne comme argument, c'est qu'il a un comportement un peu bizarre. Et il faudrait... »

Astrid l'interrompit en frappant du plat de la main sur l'accoudoir de son fauteuil.

« Assieds-toi et calme-toi, Yunhua ! »

Elle attrapa la pile de dessins réalisés la veille par Liliana lors de sa crise et la jeta devant elle.

« S'il te faut une raison de m'écouter et de m'obéir, en voilà une ! C'est notre avenir qui est représenté sur ces feuilles. Notre avenir à tous si jamais cet homme réussit. Une fois sénateur, il deviendra un candidat potentiel à la présidence des Etats-Unis. Tu imagines ce qui arrivera si un psychopathe accède à la présidence du plus puissant pays du monde ? »

Un long silence suivit la question d'Astrid. Comme elle n'avait aucune réponse à fournir, Yunhua finit par se rasseoir.

« Bon, reprit la quinquagénaire d'un ton plus calme. Depuis hier, nous avons un argument de plus pour penser que celui qui se fait appeler Ian Sirman n'est pas le vrai.

Dans sa chambre, nous avons trouvé un cahier, probablement un cahier appartenant au vrai Sirman, car tout y est écrit en russe. Je pense qu'il devait s'agir de notes et de souvenirs que Sirman commençait à accumuler par écrit pour un projet d'autobiographie. J'ai donné quelques coups de téléphone cette nuit auprès de mes informateurs et l'un d'eux m'a confirmé que Sirman avait effectivement un contrat avec une maison d'édition pour publier ses mémoires. Mais ce qui nous intéresse le plus c'est que, dans ce livre, Sirman notait la date du jour, chaque fois qu'il écrivait. Et la dernière date inscrite remonte à environ trois mois, un peu avant le jour de l'accident qui a coûté la vie à l'ancien sénateur. Je sais que tout cela ne constitue pas une preuve, mais si nous arrivons à prouver que Sirman - enfin celui qui se fait appeler ainsi - ne parle pas russe, alors il n'y aura plus aucun doute. »

Mme Sappa se leva de son fauteuil.

« Pour ce matin, c'est repos. Nous ne repartirons en mission que cet après-midi. Sirman doit se rendre à l'enregistrement d'une émission de télé. Il ira sans sa femme et, d'après mes renseignements, personne de son entourage, à part elle, ne parle russe. Si Yunhua peut s'approcher suffisamment de lui à la sortie de son hôtel, nous serons fixées. J'emmènerai aussi Nakiméra et Leïla. »

Elle se tourna vers Liliana pour que celle-ci puisse lire sans effort sur ses lèvres.

« Il vaut mieux que tu restes ici. Si tu t'approches trop près de cet homme, je crains que tu ne recommences à avoir des problèmes. Charo restera avec toi.

— Ah non ! s'écria la Colombienne. J'en ai marre de rester à l'arrière. Je veux venir.

— Tu feras ce que je te dirai de faire, Charo. Pour cette mission, je n'ai pas besoin de toi. Je préfère que Liliana ne reste pas seule après ce qui lui est arrivé hier et... »

Liliana intervint en agitant les mains.

« Elle dit qu'il n'y a pas de problème, traduisit Yunhua, elle se sent parfaitement bien et elle n'a pas besoin que Charo lui tienne compagnie. »

Astrid eut l'air contrarié. Charo profita de son hésitation pour ajouter :

« Ecoutez. Vous dites que cet homme n'est pas celui qu'il prétend être. C'est donc un menteur. Vous ne croyez pas que je suis le mieux placée pour le prouver ? »

Au regard que lui lança sa tutrice, la jeune fille crut d'abord qu'elle n'avait réussi qu'à l'irriter un peu plus. Mais le visage de la femme se détendit soudain et un semblant de sourire apparut sur ses lèvres, faisant frémir son grain de beauté.

« Bien, finit-elle par articuler, tu viendras avec nous, mais je te conseille de m'obéir au doigt et à l'œil. »

Chapitre 16

Extrait du journal d'Astrid Sappa

Cette mission est, comme je le pensais, précipitée. Comment faire travailler mon équipe sans lui expliquer exactement la raison de notre présence ici et contre quoi nous nous battons ? Et pourtant, je ne peux pas encore leur dévoiler la vérité, ce serait trop risqué. Elles pourraient en déduire... certaines choses. Ce serait une catastrophe. Je préfère attendre.

Alors comment faire ? Les explications que je leur ai données ne les ont pas satisfaites, c'était à prévoir. Mais je ne pouvais aller plus loin sans être obligée ensuite de tout leur dévoiler. A quoi cela aurait-il servi de leur dire que l'accident d'avion dans lequel a péri l'ancien sénateur avait été précédé de phénomènes anormaux ? Que l'on avait détecté, dans la région, l'apparition de nouvelles espèces d'insectes et de rongeurs totalement inconnues des naturalistes ? Et si j'avais ajouté que l'examen anatomique de ces animaux avait révélé qu'ils étaient tous stériles, je ne pense pas qu'elles auraient été plus avancées.

Et pourtant, c'est bien cette découverte des services de surveillance de l'Organisation qui a tout déclenché. L'accident d'avion n'était au départ qu'une des pistes suivies par nos enquêteurs. C'était une coïncidence trop frappante pour qu'ils ne s'y intéressent pas. A cela s'ajoutait le fait que Sirman connaissait à l'époque un regain de popularité énorme lié à la sortie d'un film inspiré de la série-culte où il interprétait le personnage de Jess Harper. On peut même dire que c'est la popularité de Harper qui a explosé, puisque dans le film c'est un autre acteur, plus jeune, qui a repris le rôle. Mais la réédition en cassettes de la série a connu, elle aussi, un succès phénoménal et inattendu, si bien que, pour le public, le personnage de Jess Harper reste associé à l'acteur Ian Sirman. Des fans ont même manifesté sous ses fenêtres au cri de « Jess Harper, président ! ». Beaucoup ont pensé que Sirman avait décidé de se lancer dans la politique à cause de cela. Mais l'Organisation n'a pas exactement la même analyse.

Et je pense qu'elle a raison.

Même s'ils ont eu tort de nous lancer dans cette histoire avant que les filles soient prêtes, le danger que représente le « faux » Sirman nécessitait des mesures d'exception. Les dessins de Liliana ne laissent que peu de doute sur ce qu'il adviendra si nous n'intervenons pas. Je m'en veux, à ce propos, de ne pas avoir prévu la crise qu'elle a subie. Elle est la plus sensible de l'équipe et je la connais maintenant suffisamment pour ne rien ignorer de sa fragilité. Elle est la seule des cinq sur laquelle j'ai vraiment « travaillé ». Quand elle est arrivée au Chalet, son attitude confinait à l'autisme. Si je l'avais laissée poursuivre ainsi, elle se serait repliée petit à petit dans son monde intérieur, projetée en permanence dans un futur plus ou moins proche et plus ou moins certain, ne communiquant plus qu'à travers ses petits dessins. Son « art », si je puis l'appeler ainsi, l'aurait isolée du monde réel jusqu'à ce que le retour devienne impossible.

Le « sevrage » progressif que je lui ai imposé lui a non seulement permis de reprendre contact avec la réalité, mais aussi de canaliser son don. Alors qu'au début elle multipliait les prédictions sans intérêt sur des faits anodins, elle ne dessine plus maintenant que des événements ayant une réelle importance. Elle est capable aussi de se projeter beaucoup plus loin dans le futur. Ses derniers dessins en sont la preuve.

Malgré tout cela, je ne suis pas satisfaite. Il me reste beaucoup à apprendre – et à comprendre – sur elle comme sur les autres. Jusqu'à quel point, par exemple, a-t-elle « besoin » d'extérioriser ses visions par le dessin ? Ne pourrait-elle les exprimer autrement ? Ça nous ferait gagner du temps. Si je l'empêchais totalement de dessiner, cela provoquerait-il une crise comme celle d'hier ou finirait-elle par trouver un autre moyen de communiquer ? Tout cela mériterait d'être éclairci. Cela me permettrait de tirer le meilleur parti du don de cette enfant, et aussi de la protéger contre les dangers qu'il représente pour sa santé mentale.

Un autre point qui m'intrigue est le rapport exact entre ce qu'elle dessine et la réalité du futur qu'elle représente. Quand s'agit-il de prédictions, quand s'agit-il d'hypothèses ? Il me semble que le style est généralement d'autant plus réaliste que l'événement est probable. Si c'est le cas, il nous reste une chance avec Sirman, car les dernières « œuvres » de Liliana étaient dans un genre abstrait et fantastique. L'apocalypse qu'elles représentaient n'est donc pas une certitude.

L'expérience de ce soir sera décisive. Les élections approchent, il nous faut agir avant qu'il soit trop tard.

En profitant du fait que Sirman n'est pas encore sénateur, donc encore abordable.

Chapitre 17

Décembre 1998

16 heures

« Voilà, on y est, vous pouvez descendre. »

Astrid Sappa venait de garer discrètement sa voiture à une cinquantaine de mètres de l'hôtel où Ian Sirman – ou celui qui se faisait passer pour lui – avait réservé une suite le temps de son séjour dans la ville. Elle ne coupa pas le contact. Elle n'avait pas l'intention de s'éterniser.

« Allez vous placer devant le magasin de vêtements, là, à l'angle de la rue. N'hésitez pas à vous extasier sur la vitrine, ça fera plus vrai. Vous resterez le temps qu'il faudra, jusqu'à ce que Sirman sorte. Après, vous savez ce que vous avez à faire.

— On ne pourrait pas rester au chaud ici ? demanda Nakiméra qui sentait déjà l'air glacé de la rue s'infiltrer sous ses vêtements.

— Oui, appuya Leïla, il fait froid.

— Pour pointer votre nez dehors juste au moment où Sirman sortira ? Et vous croyez que personne ne va trouver ça bizarre, peut-être ?

— Mais on ne sait même pas quand il va sortir !

— D'après mes informateurs, dans moins d'une demi-heure. Vous devriez pouvoir survivre à l'extérieur de la voiture pendant trente minutes, non ? Surtout habillées comme vous l'êtes. »

Nakiméra remonta le col de son anorak pendant que Leïla tirait sur ses gants.

« Quand même, insista Nakiméra, si l'émission de télévision ne démarre que ce soir, pourquoi Sirman part maintenant ? C'est pas logique.

— Parce qu'il a d'autres choses à faire en ville ou, tout simplement, pour arriver en avance au studio d'enregistrement et éviter les journalistes qui l'y attendront ce soir. Assez discuté, allez-y maintenant. »

Les portes de la voiture s'ouvrirent. Les quatre filles descendirent sur le trottoir.

« Tu n'as pas oublié la note que je t'ai passée ? » demanda Astrid à Yunhua à l'instant où celle-ci s'extirpait du véhicule.

Sans un mot, la jeune Chinoise enfonça la main dans la poche revolver de son jean et en ressortit un morceau de papier.

« Bien, vérifie que tu ne comprends toujours rien, au cas où y aurait un russophone dans les parages. »

D'un air un peu exaspéré, Yunhua déplia la feuille, parcourut les quelques lignes qui y étaient inscrites - en russe - et secoua la tête.

« Rien, pas un Russe à l'horizon », dit-elle en refermant la porte.

La conductrice hocha la tête, satisfaite, et démarra sans attendre. La voiture disparut au bout de la rue.

« Eh ! Jusqu'où elle va comme ça ? s'inquiéta Nakiméra. Elle nous laisse vraiment seules ? »

Charo fit un geste apaisant d'une main tandis que, de l'autre, elle sortait un téléphone cellulaire de sa poche.

« Ne t'en fais pas, on a ce qu'il faut pour la contacter. »

Rassurée, la jeune Ougandaise se mit à battre la semelle au bord du trottoir, vite rejointe par Leïla, qui souffrait autant qu'elle du temps glacial.

« On était mieux hier, à l'intérieur de l'hôtel », bougonna-t-elle.

Yunhua répliqua quelque chose en arabe, mais Leïla refusa de répondre.

« Parle français, finit-elle par dire, si je parle tout le temps arabe avec toi, je serai la seule à ne pas comprendre le français. »

Yunhua, surprise par le ton de la réponse, s'apprêtait à répliquer quand Charo lui coupa la parole :

« Oh, ça bouge là-bas ! »

Les trois autres filles tournèrent la tête en même temps. Une longue limousine venait de s'arrêter devant l'entrée de l'hôtel.

« Ne regardez pas, souffla Charo, on va se faire repérer. »

Elles firent aussitôt mine de s'intéresser passionnément à la vitrine du magasin. Un observateur attentif aurait pu trouver cela étrange, car la devanture ne proposait que des modèles pour femmes mûres, mais le garde du corps qui sortit en avant-garde par la porte principale avait en tête d'autres dangers potentiels qu'un groupe d'adolescentes. Un coup d'œil circulaire l'ayant convaincu que rien ne menaçait la sécurité de son employeur, il se retourna et fit signe que la voie était libre.

Ian Sirman apparut à son tour sur le pas de la porte.

Le chauffeur de la limousine sortit du véhicule pour ouvrir la portière du passager. Au même moment, sur le trottoir d'en face, une petite brune à l'air malicieux fixait le reflet de la voiture dans la vitrine du magasin de vêtements. Elle cligna des yeux. La porte de la limousine refusa de s'ouvrir.

Nakiméra s'engagea sur la chaussée, suivie de Yunhua. Charo attendit quelques secondes, puis traversa à son tour.

« Qu'est-ce qui se passe ? » demanda Sirman d'un ton impatient en arrivant devant la limousine obstinément close.

Le chauffeur bafouilla une excuse en continuant de s'acharner, sans succès, sur la poignée bloquée.

De l'autre côté de la rue, Leïla demeurait concentrée. La porte du véhicule ne s'ouvrirait que lorsqu'elle l'aurait décidé.

Nakiméra, pendant ce temps, arrivait sur sa cible. En voyant s'approcher la jeune Noire, le garde du corps fronça les sourcils. Le sourire radieux de la gamine lui fit oublier jusqu'au sens du mot « méfiance ». Aussitôt, Yunhua dépassa sa camarade et se dirigea vers Sirman. Celui-ci ayant décidé, face à l'incompétence de son chauffeur, de tenter de régler lui-même le problème de la porte récalcitrante, ne remarqua même pas son approche.

« Monsieur Sirman ! Monsieur Sirman ! s'exclama en anglais une voix enfantine. Un autographe ! »

Surpris, l'homme releva la tête. Face à lui, deux jeunes mains brandissaient une feuille de papier. Il fixa la jeune fille d'un air furieux. Yunhua, elle, tentait de lire la phrase en caractères cyrilliques inscrite au dos de la feuille.

« John ! hurla Sirman à son garde du corps. Qu'est-ce que ça veut dire ? »

Yunhua réagit avant l'interpellé.

« Vous êtes bien Ian Sirman ? » demanda la jeune Chinoise après avoir vérifié d'un coup d'œil par-dessus son épaule que Charo était suffisamment proche pour entendre la réponse.

Nakiméra détourna son sourire du garde du corps et le dirigea vers l'ancien acteur. Le visage de celui-ci se détendit aussitôt. Yunhua en profita pour poser sa question une seconde fois.

« Vous êtes bien Ian Sirman, hein ? Je vous admire tant ! »

L'homme sourit.

« C'est gentil, dit-il.

— Alors, vous êtes vraiment Ian Sirman ? » insista Yunhua.

Le garde du corps posa sa main sur l'épaule de la jeune fille.

« Bon, ça suffit, écartez-vous s'il vous plaît. Nous devons...

— C'est bon, John, le coupa Sirman, ce n'est pas bien grave. Nous ne sommes pas à cinq minutes près. »

Ses yeux hésitaient entre le visage de Yunhua et celui de Nakiméra.

« C'est bien moi, finit-il par répondre, je suis effectivement Ian Sirman. Et je regrette que tu ne sois pas en âge de voter. »

Derrière Yunhua, Charo toussa trois fois et se retourna vers Leïla qui, toujours sur le trottoir d'en face, avait à présent le regard fixé sur elle. Un petit clic et la porte de la limousine céda enfin aux efforts du chauffeur. Le garde du corps se précipita.

« Il faut y aller à présent, monsieur Sirman », dit-il en faisant signe à son patron de s'installer dans le véhicule.

Yunhua n'insista pas pour faire signer son autographe. Elle recula et laissa la voiture s'en aller. Quand celle-ci eut disparu, elle se tourna vers Charo.

« T'as réussi ? » demanda-t-elle.

La Colombienne sorti un petit magnétophone de sa poche.

« Tout est là », dit-elle

De l'autre poche, elle extirpa son cellulaire.

« J'appelle Mamie. On en discutera dans la voiture. »

Quelques secondes plus tard, la voiture d'Astrid s'arrêtait devant l'hôtel. Les quatre filles s'y engouffrèrent aussitôt.

« Alors ? lança la conductrice par-dessus son épaule tout en redémarrant.

— Un instant, répondit Charo en rembobinant la bande de son magnétophone portatif. Voilà. Ecoute bien, Yunhua. »

La bande défila. Le petit haut-parleur se mit à crachoter un mélange de bruits de la rue et de phrases en anglais. La voix de Yunhua, d'abord, interpellant Sirman. Charo fixait l'appareil comme si quelque chose d'extraordinaire s'apprêtait à en sortir.

« Alors ? insista la quinquagénaire avec impatience.

— Chuttt ! » soufflèrent Charo et Yunhua ensemble.

La bande magnétique continua de défiler, jusqu'au bout. Quand le magnétophone ne restitua plus que le ronronnement de la partie vierge, Charo appuya nerveusement sur le bouton « retour », puis, presque aussitôt, de nouveau, sur « lecture ». Les dernières phrases de Sirman résonnèrent.

« C'est là ! » dit Charo en arrêtant la bande pour la rembobiner une nouvelle fois sur une courte longueur. (Elle se tourna vers Yunhua.) Je la passe phrase par phrase et tu me traduis, d'accord ? »

La Chinoise approuva de la tête. Pour une fois les deux filles semblaient en symbiose. La voix de Sirman sortit une première fois du haut-parleur. Charo arrêta la bande.

« Là, traduisit Yunhua, il a dit : *Ce n'est pas grave, John, nous ne sommes pas à cinq minutes près.*

— Bien », approuva Charo.

Elle appuya à nouveau sur le bouton « lecture », puis coupa après quelques secondes. Yunhua reprit :

« *C'est bien moi, je suis effectivement Ian Sirman.* »

Charo remit le magnétophone en marche.

« *Je regrette que tu ne sois pas en âge de voter* », acheva Yunhua.

Les yeux de la Colombienne brillèrent.

« Parfait ! dit-elle. La phrase que je n'arrive pas à entendre, c'est celle où il dit qu'il s'appelle Sirman. »

Elle accrocha le regard de sa tutrice dans le rétroviseur. La femme sourit en dodelinant de la tête d'un air satisfait.

« Et en plus, ajouta Yunhua qui trouvait qu'on l'oubliait un peu, il ne parle pas un mot de russe. »

Chapitre 18

Décembre 1998

17 heures-18 heures

Le retour jusqu'à l'hôtel se fit en silence. Le trajet ne dura qu'une dizaine de minutes, mais il n'en fallut pas plus aux passagères pour se rendre compte qu'Astrid était troublée. Sa conduite était heurtée et, arrivée à leur hôtel, elle s'engagea sur la pente menant au parking à une vitesse qui n'était pas celle recommandée par le panneau situé à l'entrée. Quand, enfin, la voiture se trouva garée à la place qui lui était réservée, un quadruple soupir accompagna l'arrêt du moteur.

La conductrice sortit aussitôt du véhicule, se dirigea d'un pas pressé vers l'ascenseur et, toujours sans un mot, appuya plusieurs fois d'un geste impatient sur le bouton d'appel. Ce n'est qu'arrivée devant sa chambre qu'elle retrouva le don de la parole.

« Bon, vous avez fait du bon travail, mais maintenant j'ai besoin d'un peu de temps pour régler quelques affaires. Vous allez être gentilles et retourner dans votre chambre. Restez-y tranquillement jusqu'à ce que je vienne vous voir. Il est probable que ce ne soit pas avant une bonne heure. »

Sans autre explication, elle ouvrit la porte de sa chambre. Juste avant de pénétrer dans la pièce, elle se retourna.

« Au fait, dit-elle, vous avez le droit de vous commander quelque chose à manger et à boire. Mais n'exagérez pas. »

En refermant la porte, Astrid entendit les exclamations de joie des quatre filles.

Elle hésita un instant devant le combiné du téléphone posé sur la table de chevet, à la tête de son lit. Finalement, elle décrocha et composa un numéro à l'étranger.

La sonnerie ne retentit qu'une fois dans l'écouteur. Même si, à l'autre bout du fil, le soleil s'était depuis longtemps couché, « on » avait attendu son appel – depuis plusieurs heures sans doute – sans s'éloigner de l'appareil.

« Allô ! »

Un seul mot, mais il suffit à Astrid pour identifier son interlocutrice. Une grande femme brune, aux cheveux courts et au maintien aristocratique, apparut dans son esprit : Irène Barsamian, sa supérieure directe dans l'Organisation.

« On avait raison, dit Astrid sans même s'annoncer.

— Alors, c'en est une ?

— Je n'en ai pas la preuve absolue, mais je n'ai plus guère de doutes à présent, surtout compte tenu de ce que vos services ont déjà relevé. En tout cas, ce n'est pas Ian Sirman. »

Elle fit rapidement le récit des événements de la dernière heure.

« Quoi qu'il en soit, conclut-elle, le reste n'est plus de mon ressort. Je demande qu'on me laisse rentrer chez moi avec mes élèves. »

Elle avait prononcé ces dernières paroles sur un ton qu'elle espérait sans réplique, mais elle déchanta aussitôt. La voix d'Irène Barsamian siffla dans l'écouteur :

« Vous plaisantez ? Après ce que votre élève – ... euh... la Russe... ou la Roumaine, je ne sais plus... enfin, celle qui est sourde – a prévu dans le cas où Sirman – le faux, je veux dire – réussirait aux prochaines élections, vous croyez que c'est le moment de tout laisser tomber ?

— Non, bien sûr, mais d'autres équipes seront plus à même de...

— Tss tss tss, Astrid, voyons. Qu'est-ce qui vous prend ? Je vous ai connue autrement plus accrocheuse. Il fut un temps où je devais me fâcher pour que vous acceptiez de laisser à d'autres le soin d'achever une mission qui n'était plus de votre compétence. Et aujourd'hui, vous êtes prête à tourner les talons alors que le poisson est juste ferré. Je ne vous reconnais plus. »

Astrid Sappa s'abstint de toute réponse. « *Il fut un temps,* pensa-t-elle, *où je n'avais qu'à m'occuper de moi, pas d'un groupe de cinq gamines parlant à peine ma langue et qui feraient tourner en bourrique le plus expérimenté des éducateurs de centre pour délinquants juvéniles. Sans compter leurs pouvoirs qui peuvent à tout instant nous faire remarquer ou leur permettre d'échapper à mon contrôle.* »

« Quoi qu'il en soit, reprit la voix depuis l'autre bout du monde, vous restez où vous êtes. Il est hors de question que vous et votre équipe quittiez le lieu des opérations. Je vous veux à pied d'œuvre jusqu'à ce que nous trouvions une manière de neutraliser ce... enfin, vous me comprenez.

— Je vous comprends, mais ça ne change rien au fait que ni moi ni aucune de mes élèves ne sommes d'une quelconque utilité pour...

— Je sais. Mais uniquement si nous décidons d'employer la manière expéditive. Et j'aimerais mieux l'éviter. Un Ian Sirman, vrai ou faux, est trop exposé médiatiquement pour que son élimination soit envisageable, sauf en dernier recours. Pour l'instant, il nous faut chercher autre chose. Une manière de le discréditer auprès de l'opinion, par exemple, sans révéler sa véritable nature, bien entendu.

— Bien entendu. »

En prononçant ces derniers mots, elle avait levé les yeux au ciel. « *Comme s'il y avait besoin de le préciser* », pensa-t-elle, exaspérée.

« Alors, je compte sur vous. Votre équipe a fait un travail remarquable. Ici, tout le monde a été impressionné, même ceux qui étaient initialement le plus opposés au Projet Alpha. N'oubliez pas que je vous ai soutenue depuis le début pour ce projet. A présent, je vous demande simplement de poursuivre la mission que vous avez commencée. Si vous nous aidez à la finaliser avec un maximum de discrétion, vous achèverez de convaincre les sceptiques. Ce ne sera que bénéfice pour vous et votre équipe.

— Et en échange, j'aurai ensuite la paix pendant le temps que j'ai demandé et qui m'avait été promis au départ ?

— Nous verrons. Nous sommes comme vous. Nous avons tout intérêt à ce que vos élèves aient la possibilité de compléter leur formation pour être aussi efficaces que possible et, surtout, parfaitement contrôlables. Ce n'est pas de gaieté de cœur que nous avons décidé de vous envoyer au front de manière aussi précipitée. Il y avait urgence. D'ailleurs, vous vous en êtes rendu compte vous-même. Après cette mission, vous aurez tout le temps nécessaire... à condition qu'aucun autre cas présentant le même caractère de gravité n'apparaisse. Et ça, vous savez comme moi que ce n'est pas prévisible.

— Oui.

— Tout ce que je peux vous promettre, c'est que je ferai en sorte qu'on ne vous contacte que pour les affaires qui le nécessiteront vraiment. Ça devrait grandement limiter la fréquence de vos interventions jusqu'au prochain millénaire. Ça vous va ?

— J'ai le choix ?

— Non.

— Alors ça me va.

— Très bien. Dans ce cas, je vais réunir ma cellule d'urgence et les services pouvant potentiellement intervenir dans la suite des opérations. De votre côté, voyez en quoi votre équipe pourrait faire avancer les choses. Je vous fais confiance. Et n'oubliez pas, nous avons d'autres agents sur place qui peuvent vous être utiles. N'hésitez pas à les contacter. »

Astrid assura qu'elle ferait tout ce qui serait nécessaire, puis raccrocha. Elle resta ensuite plusieurs minutes assise sur le bord de son lit, les yeux dans le vague.

Une série de coups à la porte de sa chambre la sortit de sa torpeur.

« Madame Sappa ? C'est Yunhua. »

Astrid se leva.

« Qu'est-ce qui se passe ? grogna-t-elle en ouvrant la porte.

— Il faudrait que vous veniez voir. C'est Liliana.

— Qu'est-ce qu'elle a ?

— Rien, rien, elle va bien. Mais elle a encore fait un dessin.

— Et pourquoi tu ne me l'apportes pas ?

— Ben, j'peux pas. Elle l'a collé.

— Collé ?

— Oui, avec du scotch, sur la télé. Je crois que ça doit avoir une signification particulière, on a préféré le laisser, vous devriez... »

Sans laisser la jeune Chinoise finir sa phrase, Astrid claqua la porte de sa chambre et se dirigea vers celle des filles. Elle les découvrit calmement assises sur leurs lits, achevant d'engloutir des hamburgers dégoulinant de mayonnaise et des poignées de frites grasses.

« *Ce pays est contagieux*, pensa-t-elle, *il est temps qu'on s'en aille.* »

« Ch'est par là », indiqua Charo, la bouche pleine, en désignant la pièce voisine.

Dans le salon, effectivement, un dessin recouvrait presque entièrement l'écran de la télévision.

« Ça lui a pris, il y a quelques minutes, dit Yunhua. Elle s'est brusquement arrêtée de manger, a pris une feuille et l'a collée sur la télé. Ensuite elle a dessiné... ça. »

Astrid Sappa s'approcha du poste pour mieux voir.

« C'est quoi ? demanda Leïla qui venait de les rejoindre.

— Liliana n'a pas pu nous expliquer, ajouta Yunhua. Elle ne sait pas ce qu'elle a dessiné en fait. »

Sans répondre, leur tutrice décrocha délicatement la feuille en faisant attention de ne pas la déchirer.

A ce moment-là, Nakiméra entra à son tour dans le salon.

« Euh... Liliana a recommencé à dessiner. Et en plus... venez voir, il y a un petit truc bizarre. »

Tout le monde revint dans la chambre où la Roumaine, ayant abandonné hamburger, frites et soda, avait repris son activité de prédilection.

« Qu'est-ce qu'il y a de bizarre ? demanda Yunhua. Elle dessine, comme d'habitude.

— Mais tu ne remarques pas... ? commença Nakiméra.

— Moi si, coupa Astrid. Elle utilise sa main gauche. »

Comme si elle les avait entendues, la jeune sourde s'arrêta soudain. La femme s'approcha et, sur un regard d'encouragement de Liliana, saisit la feuille placée devant elle. Elle contempla un instant le dessin, puis se tourna vers Yunhua.

« Demande-lui pourquoi elle n'utilise pas sa main droite comme d'habitude, s'il te plaît. »

Les mains de la Chinoise traduisirent la question à sa camarade qui répondit en affichant une grimace gênée.

« Elle dit qu'elle ne sait pas très bien. Ça lui a pris comme ça. Elle n'avait pas la même impression que d'habitude, comme si la scène n'allait pas arriver. Comme si ce n'était pas le futur. C'était une sensation inhabituelle, c'est peut-être pour cela qu'elle l'a fait de manière inhabituelle. »

Astrid contempla à nouveau le dessin. Les quatre autres filles se penchèrent par-dessus son épaule pour le voir à leur tour. Il représentait un paysage de campagne, plutôt sombre, au crépuscule sans doute. Une petite route y serpentait, conduisant à ce qui ressemblait à une église, ou une simple chapelle peut-être, en tout cas un édifice religieux de petite taille. Le bâtiment était entouré de champs, bordés, sur la droite du dessin, par une forêt. Au-dessus des premiers arbres planaient, en cercle, de grands oiseaux noirs.

« Yunhua, demande à Liliana si ça ne pourrait pas être une scène du passé plutôt que du futur.

— Du passé ? Mais jamais Liliana ne dess...

— Demande, on verra bien. »

Yunhua s'exécuta de mauvaise grâce. La réponse de sa camarade effaça de son visage son expression sceptique.

« Elle... elle pense que vous avez peut-être raison. Elle dit qu'elle a déjà ressenti ce genre de chose auparavant. C'est possible que ça soit sa manière de faire lorsqu'elle “voit” le passé plutôt que le futur. »

Astrid hocha la tête, les lèvres pincées, en silence.

« Bon, je vais m'occuper de ça, dit-elle en brandissant les deux feuillets. En attendant, trouvez-moi la chaîne sur laquelle passe le "Johnny Harwell's Show", c'est l'émission où va passer Sirman. Et venez me dire à quelle heure ça commence. »

Sans attendre, elle repartit dans sa chambre.

Chapitre 19

Décembre 1998

20 heures

Pour une fois – une des rares fois de sa vie –, Astrid Sappa décida de suivre le conseil d'un de ses supérieurs. Comme Irène Barsamian le lui avait recommandé, elle utilisa les compétences des services locaux de l'Organisation et, grâce au fax mis à sa disposition par l'hôtel, leur communiqua les deux dessins de Liliana, associés à une liste de questions.

Les réponses concernant le premier dessin arrivèrent très rapidement. Comme elle l'avait compris, il s'agissait bien de la représentation de deux plaques militaires. De celles que les soldats américains portent autour de leur cou et qui permettent d'identifier les corps sur les champs de bataille, même lorsqu'il n'y a plus grand-chose à reconnaître. Ses indicateurs lui confirmèrent que, non seulement Ian Sirman – alors connu uniquement sous le nom d'Ivan Sirmanov – avait été envoyé au Vietnam à la fin des années soixante, mais aussi que son numéro matricule correspondait bien à celui du dessin.

Elle nota avec satisfaction que la méthode employée avec son élève Liliana depuis son arrivée au Chalet portait ses fruits. Ses visions devenaient d'une remarquable précision. Restait à savoir en quoi cela pouvait faire avancer leur enquête.

Elle tenta de faire le lien entre ce qu'elle venait d'apprendre et les circonstances dans lesquelles Liliana avait produit son dessin. Le point crucial était de comprendre pourquoi elle l'avait collé sur l'écran de télévision. Il y avait de toute évidence un rapport avec l'émission à laquelle Sirman allait participer, mais lequel ?

Comme en réponse à sa question, trois coups furent frappés à sa porte.

« Madame Sappa ! appela la voix de Charo. L'émission va commencer dans cinq minutes. Vous venez ?

— Oui, j'arrive ! Je dois juste téléphoner ! »

Elle décrocha le combiné, composa le numéro. A l'autre bout du fil, la voix qui répondit avait un fort accent américain, mais le français était tout à fait satisfaisant. Elle se demanda si Irène Barsamian - ou un autre responsable de l'Organisation - avait prévenu la branche locale de son incapacité à apprendre une langue étrangère et de la nécessité d'avoir un interlocuteur francophone. Après tout, ça n'avait aucune importance. Elle n'avait pas à utiliser son anglais incompréhensible, c'est tout ce qui comptait.

« J'ai bien reçu votre fax. Est-ce que vous avez des renseignements pour le second dessin ?

— Non, pour l'instant on cherche toujours. Ça n'est pas facile, vous savez. Nous n'avons que peu...

— Je sais. Si c'était facile, je n'aurais pas besoin de vous. Bon, tant pis, continuez de chercher. En attendant, j'aimerais vous poser une question à propos du premier dessin : les plaques militaires.

— Oui, je vous écoute. »

Elle posa sa question. Il fallut quelques minutes à son interlocuteur pour consulter les notes de son dossier.

« Oui, finit-il par répondre, toujours. Il y tient beaucoup, d'après son entourage. C'est pour lui le symbole de son attachement à ce pays, la justification de sa naturalisation et de l'acquisition de la citoyenneté américaine.

— Bien, parfait.

— Ça va vous aider, vous croyez ?

— Sans doute. Nous le saurons bientôt, je pense. En attendant, continuez de chercher à quoi correspond ce fameux paysage sur le second dessin. Ça pourrait être encore plus important que les plaques. Je compte sur vous. »

Elle raccrocha sans autre commentaire et se rendit dans la chambre des filles.

Cette fois, elles ne mangeaient pas. Les reliefs du repas étaient regroupés sur la table roulante du service d'étage. Les cinq adolescentes, elles, s'étaient agglutinées autour du poste de télévision, dans le salon.

« Ça a commencé ? demanda Astrid en entrant dans la pièce.

— Non, c'est la publicité, répondit Yunhua, y a que ça sur les chaînes américaines, on dirait. »

Nakiméra se leva de sa place.

« Vous voulez vous asseoir ? »

Mme Sappa eut une seconde d'hésitation. Son visage, d'abord étonné, afficha un discret sourire qui fit frémir le grain de beauté de sa lèvre. La proposition de son élève l'avait prise au dépourvu. Les relations qu'elle avait avec le groupe étaient d'habitude placées sous le signe de l'autorité, voire de l'affrontement. Cette marque spontanée de politesse la surprenait agréablement. Elle la touchait, même, et plus profondément que sa réaction ne le laissait paraître, mais cela, elle n'était pas prête à l'avouer, ni aux autres, ni à elle-même.

« M... merci », bredouilla-t-elle en s'asseyant sur le canapé entre Charo et Yunhua.

Nakiméra s'installa en tailleur à même le sol, à côté de Liliana et Leïla.

« Bon, maintenant, il va falloir du silence. Nous n'avons rien pour enregistrer l'émission et il est trop tard pour s'équiper. Il va donc falloir que Yunhua nous fasse la traduction au fur et à mesure. Tu n'auras pas de problèmes, Yunhua ? »

La jeune Chinoise secoua la tête.

« Aucun, il doit y avoir plein de monde dans les chambres à l'étage et la plupart sont sans doute anglophones. Je comprends tout ce qui se dit à la télé. J'espère seulement qu'ils ne parleront pas trop vite pendant l'émission. C'est ça qui peut rendre les choses compliquées.

— Ce n'est pas grave non plus si tu ne traduis pas absolument tout. Tâche de ne pas rater ce qui concerne vraiment la vie privée de Sirman, et surtout son passé. »

Elle expliqua alors l'importance du premier dessin de Liliana. Yunhua traduisit au fur et à mesure en langage des signes pour sa camarade roumaine.

« Si une question est posée sur le passé militaire de Sirman, il faut absolument que tu nous traduises tout avec le maximum de précision, et toi (elle se tourna vers Charo), tu secoues la tête de droite à gauche si tu n'entends rien et de haut en bas si tu entends. Comme ça tu n'auras pas à parler en même temps que Yunhua, OK ? »

En souriant, la Colombienne secoua la tête de haut en bas.

« Parfait. Attention, je crois que ça commence. »

Effectivement, le générique du « Johnny Harwell's Show » démarrait sur l'écran. Au vu des images saccadées défilant sur une musique insipide, on devinait aisément la suite. Un spectacle bavard où un invité en mal de notoriété servirait une heure durant de faire-valoir à un « présentateur star », plus star que présentateur, assis derrière un bureau d'où il viderait jusqu'à plus soif son chargeur de questions arrogantes et de blagues creuses.

Les premières secondes de l'émission confirmèrent cette impression. Le bureau était bien là, le présentatcur Johnny Harwell aussi, un sourire tétanisé écartelant sans discontinuer les extrémités de sa bouche jusqu'à menacer d'engloutir ses oreilles. A part Yunhua, aucune des téléspectatrices ne comprenait le flot de paroles qui, sans temps mort, avait embrayé sur la musique du générique. En fait, le présentateur annonçait la participation exceptionnelle d'un homme politique de tout premier plan, ancienne gloire de la télévision et, peut-être, futur sénateur de l'Etat dans lequel la chaîne avait ses studios.

Johnny Harwell ayant beaucoup d'autres choses extraordinaires à annoncer à ses spectateurs, il se passa plus d'une dizaine de minutes avant que l'invité fasse son entrée, sous les applaudissements dirigés d'un public obéissant.

Ian Sirman prit alors place sur son fauteuil, face au bureau du présentateur. Celui-ci lui posa d'entrée de jeu une flopée de questions insignifiantes sur le même ton enthousiaste qu'il conservait depuis le début de l'émission. L'invité y répondit dans le même esprit... jusqu'à ce qu'on annonce la première coupure publicitaire.

« Eh ben ! soupira Charo tandis qu'une femme apparaissait sur l'écran pour vanter les mérites d'une lessive révolutionnaire. Ça va pas être facile !

— Pourquoi ? demanda Astrid.

— J'entends pas un mot sur deux. Même quand c'est le présentateur qui parle. Et plus il sourit, plus j'entends sa voix devenir... - comment on peut dire en français ? - triste. Il parle comme s'il s'ennuyait.

— Normal, il joue un rôle et son invité doit en jouer un aussi, c'est la règle dans ce genre d'émission. Concentre-toi sur les questions du présentateur - là, il n'a pas à mentir ou à dire la vérité - et sur les réponses de Sirman. Ce sont les questions les plus simples qui nous apporteront le plus de renseignements, celles pour lesquelles les réponses ne dépendent pas du contexte de l'émission. Et n'oublie pas : tout ce qui est en rapport avec ce que Sirman a vécu au Vietnam est... Attention ! Ça reprend. »

La deuxième partie de l'émission, ou plutôt le deuxième quart, car la durée totale était divisée en quatre par les pauses publicitaires, fut aussi décevante que la première. Il y eut cependant un certain nombre de questions qui permirent de confirmer que l'invité n'était pas le véritable Sirman, bien qu'il semblât connaître de manière surprenante la biographie de son alter ego.

Au milieu du troisième quart-temps, l'impatience d'Astrid se fit plus évidente. Elle se tortillait sur le divan en marmonnant des mots incompréhensibles tandis que, pendant ses périodes de silence, son grain de beauté s'agitait sous l'influence d'un tic nerveux qui étirait par saccades le coin de sa bouche.

« Qu'est-ce qui se passe ? Mais qu'est-ce qui se passe ? grondait-elle. Il doit y avoir... il faut qu'il y ait quelque chose, bon sang. »

La réponse vint de la seule personne qui ne pouvait rien entendre de ces questions.

Liliana se leva.

Avant que quiconque ait réalisé ce qu'elle faisait, la jeune fille avait disparu dans la pièce voisine. Elle en revint presque aussitôt, une feuille de papier à la main. Elle la tendit à sa tutrice. Sur la surface blanche était inscrite une suite de chiffres. Mais les nombres n'étaient pas simplement griffonnés, ils étaient comme dessinés, dans un style rappelant celui utilisé sur les panneaux publicitaires.

« ... ou sur un écran de télévision », murmura Astrid poursuivant à voix basse le chemin de sa pensée.

Au même instant, en écho à sa phrase, s'inscrivit sous l'image du présentateur le même numéro que celui reproduit par Liliana. Astrid se leva et vint déposer la feuille sur l'écran. Par transparence, on pouvait voir que les deux séries de chiffres se superposaient parfaitement.

« Qu'est-ce qu'il dit ? demanda-t-elle à Yunhua.

— Que les téléspectateurs peuvent téléphoner à ce numéro pour poser des questions à Sirman, juste après la page de pub.

— Parfait, l'un d'eux va sûrement lui demander quelque chose à propos de son engagement au Vietnam. Reste bien concentrée. »

Mais, une fois la pause publicitaire passée, les questions transmises par le standard de l'émission laissèrent Astrid insatisfaite. Les fans voulaient savoir si Ian Sirman reviendrait un jour à son métier d'acteur ou ce qu'il avait pensé de la reprise au cinéma de son rôle fétiche. Certains posèrent quelques questions anodines sur son programme politique, questions auxquelles l'invité répondit de manière très évasive.

Personne ne semblait s'intéresser à la jeunesse de l'ancien acteur et encore moins à son passé militaire.

« Bon, dit-elle soudain en se levant, il ne nous reste plus que quelques minutes. On ne peut plus attendre que les choses prennent la tournure qui nous arrange. C'est à nous de les provoquer. (Elle saisit la feuille de Liliana et, sous le numéro, écrivit une phrase en français.) Tiens, Yunhua, nous allons téléphoner nous-mêmes et tu poseras cette question en anglais. »

La jeune fille prit la feuille et lut à haute voix :

« *Monsieur Sirman peut-il nous montrer les plaques militaires qu'il porte paraît-il en permanence sur lui comme souvenir de son engagement au Vietnam* ? Et c'est tout ?

— Ça devrait le faire réagir. Si Liliana a fait ce dessin, c'est que ces plaques ont une importance décisive pour le futur. Je ne sais pas encore laquelle, mais puisque rien ne se passe, nous devons provoquer la réaction.

— Le problème, c'est qu'ils viennent de dire que leur standard est déjà saturé et que ce n'est plus la peine de téléphoner, ils ont déjà sélectionné plus d'appels qu'ils ne pourront en passer d'ici la fin de l'émission.

— Pas un problème ça, jeune fille. Leïla ? Tu peux nous arranger ça ? »

La Palestinienne hocha la tête et se leva sans un mot. Elle alla décrocher le téléphone et, sans toucher au cadran, se mit à parler en arabe dans le combiné… ou plutôt *au* combiné.

« Elle vient de lui dire le numéro de téléphone de la chaîne », expliqua Yunhua à sa tutrice qui la regardait d'un air interrogateur.

La jeune Chinoise vint saisir l'appareil que sa camarade lui tendait et attendit que Sirman ait répondu au dernier téléspectateur. La question écrite par Astrid sortit simultanément de la bouche de l'adolescente et du poste de télévision.

Un long silence lui fit écho. Sur l'écran, on vit le visage de Sirman se durcir et ses lèvres s'entrouvrir avec réticence pour bafouiller quelques mots.

« Il dit qu'il ne peut pas les montrer parce qu'il ne les a pas sur lui aujourd'hui, traduisit Yunhua en posant sa main sur le combiné pour étouffer ses paroles.

— Demande pourquoi. Vite ! Insiste sur le fait qu'il a toujours dit qu'il ne les quittait jamais, que c'était une sorte de porte-bonheur pour lui. »

La jeune fille s'exécuta. Une nouvelle fois, sa voix résonna en double dans la pièce, mais elle ne put terminer sa phrase. Sirman lui coupa brusquement la parole et, visiblement très nerveux, lança quelques phrases à la limite de l'aboiement en se soulevant à moitié de son fauteuil comme s'il s'apprêtait à quitter la pièce.

« Tu l'as mis en colère, commenta Charo, et je peux te dire qu'il n'a pas dit grand-chose de vrai depuis le début de tes questions.

— Il a dit qu'il n'a pas l'intention de se justifier et que ses plaques militaires sont là où il les a rangées, chez lui, pour des raisons personnelles, et qu'il les portera à nouveau quand il le jugera bon. »

Sur l'écran, gêné, Johnny Harwell mit fin à la séance de questions. Devant le comportement de son invité, il se lança aussitôt dans un long monologue destiné à détendre l'atmosphère du plateau. Petit à petit, la nervosité de Sirman se dissipa, mais l'ambiance avait changé. La bonne humeur affichée par les deux protagonistes ne trompait plus personne. Ce fut donc avec un soulagement évident, et après plusieurs minutes particulièrement pénibles, que le présentateur remercia son invité et lança le générique de fin.

Astrid fit signe à Leïla d'éteindre la télé. Un brusque silence envahit le salon. Toujours assise sur le canapé, elle se mit à contempler avec gravité les deux dessins de Liliana, passant de l'un à l'autre comme si ce va-et-vient pouvait lui apporter la réponse qu'elle attendait. Les cinq filles la regardaient sans rien dire, se lançant par moments entre elles des regards interrogateurs. Aucune n'osait briser le silence.

Yunhua – la moins patiente des cinq – s'apprêtait à poser une question lorsque quelqu'un toqua à la porte. Une voix résonna dans le couloir.

« C'est le service d'étage, traduisit Yunhua, il ne vous a pas trouvée dans votre chambre et il demande si vous êtes là. »

La femme se rua vers la porte avec une vélocité qui surprit tout le monde. Une minute plus tard, elle revenait dans le salon, un fax à la main. Elle vint récupérer les deux dessins qu'elle avait laissés sur le canapé, puis s'adressa aux filles :

« Il y a du nouveau, il va falloir que je vous laisse. Soyez calmes pendant mon absence. Je ne reviendrai que tard dans la nuit, ou même demain matin.

— On pourrait savoir ce qui se passe, quand même ? demanda Charo.

— C'est vrai, dit Yunhua, on a fait tout le travail, on a le droit de savoir, non ? »

Sa tutrice hésita. Puis elle leva le second dessin de Liliana de façon que chacune puisse le voir.

« Je viens d'apprendre que ceci (elle désignait de son index libre le bâtiment représenté sur la feuille) est une chapelle orthodoxe située à une centaine de kilomètres d'ici, non loin de là où Sirman habite. Ou plutôt : où il habitait. Il avait l'habitude de s'y rendre de temps en temps pour se recueillir. Sirman est... était de confession orthodoxe.

— Pourquoi parlez-vous de lui au passé ?

— Parce que à mon avis, le vrai Sirman est mort. Rappelez-vous que Liliana a dessiné ce paysage de la main gauche, ce qui est inhabituel pour elle. J'ai cru un moment que c'était parce qu'il représentait le passé et non l'avenir, en fait il mélange les deux. C'est l'avenir, car le faux Sirman va probablement s'y rendre cette nuit, sûrement pour récupérer les fameuses plaques militaires. Mais certains détails, eux, font partie du passé. »

Elle pointa son doigt sur les silhouettes d'oiseaux tourbillonnants.

« Ces oiseaux n'ont aucune raison de survoler cet endroit. Il n'y a rien pour les attirer dans ce bois en toute logique, sauf une charogne d'animal mort... ou une tombe.

— Celle de Sirman ? » demanda Nakiméra.

Mme Sappa approuva de la tête.

« Celle de Sirman. Sirman qui a été assassiné il y a plusieurs mois et enterré là... avec ses plaques militaires. »

Chapitre 20

Décembre 1998

Minuit

Confortablement installée dans sa voiture, Astrid attendait. Elle avait incliné le dossier de son siège jusqu'à se trouver en position semi couchée. Elle n'avait pas pour autant l'intention de dormir ; se reposer tout au plus... et encore. Dans la phase de l'opération qui se déroulait là-bas, au cœur de la nuit, non loin de la petite chapelle orthodoxe, elle n'avait aucun rôle à jouer. C'était affaire d'hommes et de gros bras, rien où elle puisse être d'une quelconque utilité. Mais, dans peu de temps, son tour viendrait. Jusque-là, il était préférable qu'elle restât éveillée. De toute manière, le malaise qu'elle ressentait lui ôtait toute chance de trouver le sommeil.

C'était ainsi à la fin de chaque mission. Comme un regret. Comme lorsqu'on arrive au dernier chapitre d'un livre que l'on a tant aimé, dévoré, en languissant d'en connaître la fin pour se rendre compte, trop tard, que le plaisir était dans la poursuite de l'intrigue, non dans son dénouement.

Et il lui restait le plus désagréable à accomplir. Elle ne ressentait aucune honte en songeant à ce qu'elle allait devoir faire, mais elle savait qu'une fois encore elle verrait ce regard. Celui qu'« elles » lui jetaient, toutes, avant qu'elle les emmène. Ce regard d'incompréhension qui lui rappelait chaque fois qu'« elles » ne pouvaient se rendre compte.

Elle ne savait pourquoi, mais cette impression la mettait mal à l'aise. Pourtant, elle ne commettait aucun crime et il n'y avait rien d'autre à faire. Mais elle aurait préféré qu'« elles » comprennent.

Elle se redressa soudain en voyant s'approcher la lueur d'une torche. De là où elle était, elle ne pouvait distinguer le visage de celui qui la portait, et son cœur s'accéléra en imaginant qu'il s'agissait peut-être du faux Sirman ayant réussi à échapper aux services de l'Organisation. La démarche semblait trop calme pour que cela soit le cas ; elle eut cependant, un instant, la tentation d'allumer ses phares pour vérifier.

Le nouvel arrivant lui évita cette peine. Arrivé à une dizaine de mètres du véhicule, il redressa le faisceau de sa lampe pour illuminer son visage.

Kamel Sarawi. Elle finit de redresser son siège avant que l'homme arrive à sa hauteur.

« Qu'est-ce que vous faites ici ? » dit-elle en baissant sa vitre.

Il se contenta de sourire.

« Vous permettez que je vienne m'installer à côté de vous ? Il fait un peu froid à l'extérieur et j'aimerais que nous discutions de quelques petites choses avant que nos hommes nous amènent... euh, comment l'appeler ?... Sirman *bis*. »

Elle se pencha au-dessus du siège passager pour ouvrir la portière opposée. Sarawi vint s'asseoir à côté d'elle.

« Brrrrr..., dit-il en se frottant les mains. La côte Est des Etats-Unis est trop froide pour moi, surtout en cette saison.

— Alors pourquoi êtes-vous venu ? Pour me surveiller peut-être ?

— Vous avez tout compris.

— Et vous avez pu constater que mon équipe et moi avons fait du bon travail.

— Excellent, je dois le reconnaître.

— Alors ? »

Au lieu de répondre, l'homme sortit de sa poche un étui d'où il extirpa prestement un petit cigare qu'il déposa entre ses lèvres. Mais, devant le regard noir de sa voisine, il se ravisa et le cigare retourna rejoindre ses semblables.

« Je suppose que vous préférez que je ne fume pas ?

— Dans ma voiture, personne ne fume. Celle-ci a beau être louée, la règle est la même.

— Bien, bien. Dans ce cas...

— Dans ce cas, vous allez me dire ce que vous avez à me dire, puis vous laisserez la place libre. Je vais en avoir besoin pour emmener notre "nouvel ami" en voyage. Vous êtes au courant, j'imagine ? »

Le visage du passager se durcit.

« Je voulais juste vous prévenir que, malgré ce succès, je reste farouchement opposé à votre... votre... Projet Alpha, comme vous l'appelez. L'Organisation m'avait chargé de surveiller vos agissements. Un de mes hommes était présent lors de la cérémonie où vous avez laissé deux de vos "élèves" seules, au milieu d'une foule et au mépris des consignes qui vous ont été données depuis le début. On a vu le résultat.

— J'ai rattrapé le coup, que je sache, et il n'y a pas eu...

— Cette fois-ci, non, mais par pure chance. Ça ne durera pas. Vous n'êtes pas fiable, je l'ai toujours pensé. En tout cas, pas suffisamment pour qu'on vous laisse faire joujou avec...

— Je ne fais pas "joujou", je tente de trouver un moyen de lutter efficacement contre ce qui nous attend dans les années à venir avec l'arrivée du nouveau millénaire et tous les fantasmes collectifs qu'il engendrera. Si ce n'est déjà commencé. D'ailleurs, à ce propos, qui est exactement ce "Sirman *bis*" comme vous le nommez ? »

L'air soudain gêné, son interlocuteur détourna le regard.

« Alors ? insista-t-elle. Vous ne voulez pas me le dire ? Bon, je vais essayer de deviner. Voyons... peut-être s'appelle-t-il... Jess Harper ? C'est cela ? »

Sarawi baissa la tête en se mordant la lèvre inférieure.

« Ah ! vous voyez ! triompha sa collègue.

— C'est ce qu'il prétend, mais...

— Mais quoi ? Cet homme EST Jess Harper, un point c'est tout. L'homme politique idéal, à la fois efficace et intègre. Celui qu'un pays entier appelait de ses vœux. »

Elle se pencha vers son voisin.

« Un fantasme. Un fantasme collectif. »

Kamel Sarawi se renfrogna.

« Il y en a eu d'autres, bougonna-t-il.

— Oui, c'est même notre raison d'être. Mais des *comme ça*... aussi parfaitement intégré à notre réalité, aussi dangereux. D'habitudc, "elles" agissent dans l'ombre, lui ne se dissimulait même pas et personne n'a rien remarqué, à part nous. Si nous n'étions pas intervenus, il aurait atteint son but. Et une fois au sommet du pouvoir politique... Non, ce n'est pas juste une Aberration de plus. La crainte du prochain millénaire a déjà commencé à agir, j'en suis persuadée. »

Pendant un instant, ils restèrent silencieux.

« Au fait, reprit-elle soudain, vous avez trouvé le corps du vrai Sirman, je suppose, avec ses plaques militaires. C'est bien pour cela que l'autre est venu ce soir ? Pour les récupérer ?

— Oui. Mais que vous ayez raison sur ce point ne change rien à mon opinion. Mon rapport fera état de vos erreurs et je demanderai l'arrêt immédiat de cette expérience.

— Et le mien fera état du succès de mon équipe. Nous verrons bien lequel impressionnera le plus les dirigeants de l'Organisation... mais je ne me fais pas trop de souci. »

Sarawi ouvrit sa portière d'un geste brusque.

« Je vous aurai prévenue, dit-il en s'extirpant de la voiture. Votre comportement...

— ... a porté ses fruits. Et c'est bien ce qui vous ennuie, je sais. Je sais aussi que c'est à votre demande que l'Organisation a décidé de nous envoyer prématurément en mission, malgré ce qui m'avait été initialement promis. Vous espériez sans doute que cela nous conduirait au fiasco et que vous pourriez en profiter pour demander l'arrêt immédiat de ce programme. Mais c'est raté et il faudra vous y faire. Mon idée était bonne, mon équipe est excellente et je suis capable de la diriger. Réunir ces cinq filles n'a pas été une erreur, c'est au contraire une chance inespérée pour l'Organisation, et vous vous en rendrez compte. Si vous n'êtes pas prêt à l'accepter, il faudrait peut-être songer à changer d'activité. »

L'homme s'apprêtait à répliquer quand le bruit d'une voiture arrivant vers eux l'interrompit. Ils se protégèrent les yeux du revers de la main quand le véhicule vint s'arrêter face à eux, les éblouissant de ses phares.

Les portières arrière s'ouvrirent, laissant sortir dans un premier temps deux hommes à la carrure impressionnante, puis, tiré par l'un d'eux, un troisième que, malgré la lumière l'aveuglant à moitié, Astrid reconnut comme étant le faux Sirman. Les deux colosses amenèrent leur prisonnier jusqu'à la voiture et l'installèrent sur le siège arrière.

« On vous le laisse comme ça », déclara Sarawi penché par la fenêtre passager. (Et, sur un ton soudain adouci :) Il a reçu une petite injection pour le faire tenir tranquille.

– D'accord, pas de problème. »

Elle alluma ses phares et démarra.

« Où m'emmenez-vous ? » demanda le passager d'une voix pâteuse.

La femme lui jeta un regard dans le rétroviseur.

« Je vous ramène chez vous », dit-elle.

L'homme la fixa dans le petit miroir, l'air surpris. Mal à l'aise, elle détourna les yeux.

Chapitre 21

Extrait du journal d'Astrid Sappa

Ça y est, l'avion a décollé. Dans quelques heures, nous serons à Paris et demain au Chalet. La mission est finie, je respire.

Tout s'est bien passé, mieux même que je n'aurais pu l'espérer, mais nous avons frôlé la catastrophe. La crise de Liliana, même si elle nous a finalement permis de résoudre l'affaire, aurait pu être dramatique. Sur ce point – et sur ce point seulement – je suis d'accord avec Sarawi : je n'aurais pas dû les laisser seules au milieu d'une foule inconnue. Le désir de conclure au plus vite un travail qui me déplaisait m'a fait perdre toute prudence. La responsabilité en revient en partie à l'Organisation qui nous a si stupidement poussées dans cette aventure, mais l'erreur était mienne. Elle est d'autant plus impardonnable qu'il est évident que Charo et Liliana sont les deux éléments les plus vulnérables de mon équipe. Contrairement aux trois autres, leurs dons ne les protègent de rien, au contraire. Pour Liliana, je n'imaginais pas que sa sensibilité puisse la mettre dans une telle situation, en revanche, pour Charo, je savais sa fragilité et je me rends compte rétrospectivement que j'ai pris un risque énorme.

Qu'aurait-elle pu répondre à la simple question « Qui es-tu ? » si on la lui avait posée lorsque je l'ai abandonnée – le mot n'est pas trop fort – dans cette salle, au milieu de cette foule ?

A ma décharge – il faut bien que je me trouve quelques excuses –, il y a l'assurance affichée par cette gamine. Comme

Yunhua, elle semble ne rien redouter. Mais si sa camarade chinoise a quelques raisons d'affronter le monde sans crainte, Charo en aurait plutôt de le redouter. Et pourtant, non. Cette confiance m'a contaminée et m'a rendue imprudente. A l'avenir, je ne dois plus commettre ce genre d'erreur.

Je dois aussi apprendre à mieux utiliser son pouvoir. Il est puissant malgré les apparences. Car ma petite Colombienne est plus qu'un détecteur de mensonge, comme la surnomme perfidement Yunhua. Si c'était le cas, son pouvoir ne serait utile qu'en présence de la personne qui s'exprime, or il reste efficace même sur un simple enregistrement.

Dans le genre de missions qui nous incomberont à l'avenir, ce don sera un atout décisif. Pour le cas Sirman, je n'y ai fait appel qu'une fois, et encore, parce que Charo elle-même a insisté ; c'était idiot. Mieux employé, il nous aurait sans doute permis de résoudre l'affaire encore plus rapidement. Il faudra que je réfléchisse à la manière de l'exploiter au mieux dans le futur. Charo m'a d'ailleurs fourni une première piste. Elle voudrait apprendre à lire sur les lèvres en suivant les mêmes cours que Liliana, cela afin de pouvoir comprendre les mensonges sans avoir à faire appel à un « traducteur ». C'est une excellente idée et je suis honteuse de ne pas y avoir pensé moi-même.

Dans l'ensemble, il va falloir que je m'intéresse de plus près aux facultés de toutes mes élèves. Liliana, par exemple, a montré dans cette histoire des capacités beaucoup plus étendues que ce que j'avais imaginé jusqu'à présent. Il en va sans doute de même pour les autres, reste à savoir comment les déceler. Peut-être simplement en les observant. En tout cas, certainement pas en les soumettant à des tests comme certains responsables de l'Organisation me l'ont suggéré. Quelle ânerie ! Ça serait bien la dernière chose à faire. Avec le tempérament qu'elles ont, si elles se sentent étudiées comme de vulgaires cobayes, elles se refermeront comme des huîtres.

Le mieux est de laisser venir. Mais je crains que l'univers restreint du Chalet ne leur permette pas d'exprimer tout leur potentiel. Il me faudrait autre chose. J'ai bien une idée, mais il va falloir travailler l'Organisation au corps pour qu'elle l'accepte.

Heureusement, j'ai encore quelques mois devant moi et une petite chance de réussir, à condition d'appliquer une politique musclée.

Et puis, il sera bientôt temps de mettre les filles au courant. Dans un mois ou deux, elles seront bien installées dans leur nouvelle existence et moins enclines à se poser des questions dangereuses. Je pourrai leur révéler la vérité - enfin une partie - sans risque.

1999

Chapitre 22

Janvier 1999

« En septembre, vous irez au lycée. »

C'était la fin du repas du soir. Un repas semblable à beaucoup d'autres, noyé dans le brouhaha habituel des conversations et des disputes des cinq filles. Du moins jusqu'à ce qu'Astrid, sans préavis, fasse soudain cette déclaration surprenante.

Leïla qui venait d'avaler une gorgée d'eau faillit s'étrangler. Les autres restèrent figées et se regardèrent, incrédules, se demandant si elles avaient bien entendu. Liliana, qui n'avait pas eu le temps de lire sur les lèvres de sa tutrice, se tourna vers Yunhua pour une confirmation.

Astrid reprit :

« C'est pour cela que j'ai intensifié le programme de vos cours depuis que nous sommes revenues au Chalet. Et je vous préviens, on ne va pas s'arrêter là. Si vous voulez pouvoir intégrer une classe normale à la rentrée prochaine, il vous reste un peu moins de huit mois pour vous mettre au niveau. C'est peu. Je ne vous en ai pas parlé plus tôt car... je... enfin, je n'étais pas sûre d'avoir l'autorisation pour ce projet.

— L'autorisation de qui ? demanda Charo.

— Des gens pour qui je travaille. Un groupe puissant qui se nomme l'Organisation. Ce sont eux qui m'ont donné les moyens de vous réunir ici, de vous entretenir et de payer les professeurs qui vous donnent vos cours.

— Et ce sont eux qui décident si nous avons le droit d'aller au lycée ou pas ?

— Exactement.

— Donc, si ces gens-là décidaient que nous devions rester prisonnières dans cette maison toute notre vie, nous devrions obéir ? » s'étonna Yunhua.

Astrid Sappa se pencha au-dessus de la table et fixa la jeune Chinoise dans les yeux.

« Si "ces gens-là", comme tu dis, décident de nous couper les vivres, vous n'aurez plus qu'à retourner d'où vous venez. Tu comprends donc que leur avis a une certaine importance et qu'on ne peut pas faire comme s'ils n'existaient pas.

— Et pour quelles raisons ils auraient pu refuser ?

— Pour les mêmes raisons que celles que je vous ai données quand vous êtes arrivées ici. Vous êtes "spéciales". A l'extérieur du Chalet, vos pouvoirs pourraient vous attirer des ennuis.

— Mais ça, c'est notre affaire, répliqua Charo. Si on est prêtes à prendre le risque...

— Ce n'est pas si simple. Vous faites partie de l'Organisation à présent. Vous faire remarquer, c'est attirer l'attention sur d'autres personnes, et ça, il n'en est pas question.

— Et pourquoi ? demanda Yunhua. Ces gens ont des choses à se reprocher ? »

Mme Sappa sourit.

« Il faut que je vous explique. (Elle tourna son visage vers Liliana, afin que celle-ci puisse suivre sans difficulté sur ses lèvres.) Il est temps que je vous dise la raison exacte pour laquelle vous êtes ici. »

Un silence total se fit, qui impressionna même Astrid. Faire taire en même temps toutes ses élèves : elle ne se serait pas crue capable d'un tel miracle. Elle savoura quelques instants ce moment exceptionnel, puis expliqua :

« Comme vous l'avez sans doute compris après notre voyage aux Etats-Unis, votre groupe - votre équipe - a été créé pour accomplir certaines missions.

— Démasquer des imposteurs, l'interrompit Yunhua.

— Pas tout à fait. Ce n'est pas aussi simple. En fait, on m'a chargée de vous réunir pour... pour traquer les "Aberrations".

— Les quoi ?

— Les A-ber-ra-tions, Yunhua. Et si tu cesses de m'interrompre à chaque phrase, tu sauras bientôt de quoi il s'agit. »

La jeune Chinoise baissa les yeux, vexée. Face à elle, Charo ne put réprimer un sourire de satisfaction. Leur tutrice ignora l'une et l'autre et poursuivit :

« Vous avez sans doute entendu parler de certains phénomènes étranges, que beaucoup considèrent comme des canulars, mais auxquels certains croient dur comme fer : le monstre du Loch Ness, le triangle des Bermudes, le Yéti ou les soucoupes volantes. Certaines de ces manifestations existent bel et bien. Ce sont des "Aberrations". Elles viennent... »

La narratrice s'arrêta un instant comme pour mieux choisir ses mots.

« ... de nos rêves. Les Aberrations viennent de nos rêves. »

Les mains de Liliana s'agitèrent, le visage de la jeune sourde exprimait une profonde incompréhension.

« Elle dit qu'elle ne comprend pas, traduisit Yunhua. Nos rêves n'existent pas, ce ne sont que des pensées. Elle a raison, c'est notre imagination et c'est tout. Ce n'est pas réel. »

Astrid secoua la tête.

« Pourtant, quand vous rêvez, tout vous semble réel, non ? Etrange, souvent illogique, mais réel. C'est parce que, au cours du rêve, notre esprit crée temporairement un autre univers, un autre monde.

— Où ça ?

— Ailleurs. Dans un espace en dehors de notre réalité. A l'Organisation, nous le nommons, faute de mieux, l'Espace Rêve. Je n'ai pas de réponse plus précise à vous fournir... De toute façon, ça n'a pas une grosse importance. Ce qui compte, pour nous, c'est que, parfois, ce monde imaginaire s'ouvre sur notre réalité, et que s'en échappe ce que j'ai nommé des Aberrations.

— Comme le Yéti ou le monstre du Loch Ness ? demanda Nakiméra. Alors, ce ne sont pas de simples légendes ?

— Oui et non. En fait, les Aberrations ont souvent comme origine une légende. Cette légende, lorsqu'elle se répand dans la population humaine, se met à vivre dans l'imaginaire et dans les rêves d'un nombre de plus en plus grand de personnes. C'est ce phénomène de masse qui peut entraîner une fusion de milliers de rêves ayant le même objet, jusqu'à lui donner suffisamment de force pour briser la barrière avec le réel. A ce moment-là, apparaît une Aberration.

— Et où est le problème ? coupa Yunhua. Et surtout, quel rapport avec nous ? Pourquoi serions-nous plus capables que d'autres de chasser les monstres ou les soucoupes volantes. C'est idiot. »

Astrid fixa son élève d'un air irrité, mais la jeune fille soutint son regard et elle comprit qu'elle ne pourrait faire l'économie d'une explication en profondeur.

« Souvenez-vous du cas Sirman, reprit-elle.

— C'était une Aberration ? s'étonna Leïla.

— Exactement. Il y a, pour simplifier, deux grands types d'Aberrations. Celles qui conduisent à des phénomènes spectaculaires comme ceux dont nous venons de parler. Et puis, il y a les autres, plus discrètes, plus insidieuses, mais au moins aussi dangereuses et même plutôt plus, car personne n'y voit une manifestation surnaturelle. C'est de celles-là que nous devrons nous occuper. »

La gorge sèche, la quinquagénaire but un peu d'eau, puis reprit :

« Je vais vous donner un exemple. A la fin du dix-neuvième siècle, en Angleterre, à Londres plus exactement, eurent lieu une série de meurtres particulièrement horribles dont l'auteur n'a jamais été découvert. Nous savons – je veux dire l'Organisation sait...

— Parce qu'elle existait déjà à cette époque ?

— Oui, Charo, elle existe depuis très longtemps. Les personnes qui y travaillent changent, mais c'est toujours la même Organisation. Donc, nous savons aujourd'hui que les deux premiers meurtres n'avaient aucun rapport entre eux. Le premier était un meurtre crapuleux commis pour l'argent, l'autre était le fait d'un amoureux jaloux. Mais dans les deux cas, il s'agissait de femmes et plus exactement de prostituées. Et dans les deux cas, ils furent perpétrés de manière particulièrement horrible... au couteau. »

Les cinq filles grimacèrent.

« Oui, je sais, ça me fait le même effet quand j'y pense. Et c'est ce qui est arrivé aussi à une grande partie de la population londonienne. Une psychose s'est installée. On ne parlait que de ces deux meurtres. Certains ont commencé à prétendre qu'il s'agissait du même meurtrier, un fou qui s'attaquait sans raison aux prostituées, et qu'il recommencerait. On ne pensait plus qu'à ça et... on en rêvait la nuit. Et alors... »

Elle laissa passer un silence.

« Alors est apparu Jack l'Eventreur. »

Nouveau silence.

« Né de la peur d'une multitude de personnes, il a concrétisé leurs cauchemars. Quand l'Organisation a compris ce qui se passait, elle s'en est occupée... mais il y avait déjà eu de nombreuses victimes. »

Liliana leva la main.

« *Et qu'est-il devenu, ce Jack l'Eventreur ? Qu'est-ce que l'Organisation en a fait ?* »

Yunhua traduisit. Astrid eut un petit sourire embarrassé.

« L'Organisation l'a fait... disparaître. Mais pas de manière violente. Nous évitons autant que possible ce genre de méthodes. Nous n'avons pas vocation à être une milice d'assassins. Je... je vous expliquerai cet aspect de notre "travail" une autre fois. Ce que je veux que vous compreniez pour l'instant, c'est l'importance de vos futures missions.

— OK, dit Charo, dans le cas de Jack l'Eventreur, on comprend bien qu'il fallait s'en débarrasser. Mais toutes les Aberrations ne sont pas forcément dangereuses, non ?

— Si, elles le sont. Car elles n'ont rien à faire dans notre monde et ne peuvent qu'y apporter le chaos. Pense au cas de Ian Sirman. A première vue, cet homme n'avait rien d'un psychopathe et pourtant...

— Mais qui était-il, ce bonhomme, au fait ?

— Qui ? Mais Jess Harper, voyons !

— Le héros de télévision ! s'exclama Leïla.

— Exactement. Il avait pris une telle importance dans l'imaginaire des gens, qu'il a fini par se concrétiser. La sortie d'un film et la rediffusion en cassette de la série ont provoqué son apparition. Or, il faut comprendre que ces êtres viennent de nos rêves. Si vous réfléchissez à ce qui se passe dans un rêve, tout y est flou, improbable, illogique. Pourtant, lorsque nous rêvons, nous sommes incapables de sortir de ces situations absurdes. La psychologie d'une Aberration fonctionne de cette même manière, confuse. Jess Harper, une fois créé, DEVAIT se conduire comme le personnage du film. Il DEVAIT devenir un homme politique... c'était son histoire. Pour cela il DEVAIT tuer le vrai Ian Sirman et faire mourir "accidentellement" l'ancien gouverneur pour provoquer de nouvelles élections auxquelles il se présenterait.

— Mais pas sous le nom de Jess Harper, remarqua Nakiméra.

— Non. Comme je viens de vous l'expliquer, dans l'esprit d'une Aberration, tout se déroule comme dans un rêve. Cette Aberration était Jess Harper, mais devait se faire passer pour Ian Sirman. Il naviguait d'un personnage à l'autre sans transition, en fonction des circonstances. Dans son esprit, cela ne posait aucun problème. De la même manière, il pouvait être un meurtrier ou un politique courageux et intègre sans souffrir de la contradiction. Après tout, dans un rêve, la situation change parfois sans raison, vous devenez une héroïne chevauchant dans une plaine du Far West, alors que, l'instant d'avant, vous étiez une écolière cherchant sa classe dans une école qu'elle ne reconnaissait plus. Est-ce que vous vous posez des questions ? Non. Il faut attendre le réveil pour réaliser l'absurdité du rêve. Mais les

Aberrations, elles, ne se réveillent jamais. C'est le monde autour d'elles qui sombre dans le chaos, si on ne les arrête pas.

— C'est ce qui se serait passé si Sirman avait été élu ? demanda Charo. C'est ce que Liliana avait représenté sur ses dessins, à l'hôtel, après sa crise ?

— Exactement. Si l'homme qu'on prenait pour Sirman était devenu gouverneur, il pouvait espérer devenir candidat aux présidentielles suivantes. Une Aberration dirigeant les Etats-Unis... vous imaginez ? »

Les cinq approuvèrent en silence.

« Mais, intervint Nakiméra, vous ne nous avez toujours pas expliqué pourquoi nous devions éviter de nous faire remarquer et pourquoi l'Organisation devait rester secrète.

— Parce que, si les gens savaient ce que leurs rêves peuvent engendrer, ils finiraient par ne plus oser rêver. Et un être humain qui ne rêve pas devient fou. A l'opposé, on pourrait craindre que certains leaders fanatiques n'utilisent ce potentiel pour amener leurs fidèles à orienter leurs rêves dans une direction précise, pour provoquer l'apparition d'Aberrations particulières, nécessaires à leurs desseins.

— Ça serait possible ?

— Il est préférable ne pas chercher à le vérifier. Soyez sans crainte, ici, vous pouvez rêver à ce que vous voulez : me faire disparaître par exemple. A cinq, vous n'atteindrez jamais la masse critique nécessaire. »

Astrid se leva de sa chaise.

« Bien, reprit-elle, je pense que vous avez eu suffisamment de révélations pour aujourd'hui. D'autres explications viendront en temps et heure. Maintenant, vous savez pourquoi vous êtes là. C'est pour cela que je tiens à ce que vous alliez au lycée l'année prochaine. Pour que vous soyez efficaces, il me semble que vous devez connaître du monde autre chose que les quatre murs de ce Chalet. J'ai réussi à convaincre l'Organisation que vous étiez capables de vous intégrer à un milieu scolaire normal. Vous n'avez plus qu'à me convaincre, moi. Et pour cela, il n'y a qu'une manière :

travailler. Jusqu'à ce que vous soyez au niveau requis pour une classe de seconde. Et ce n'est pas gagné. Alors maintenant, au lit et dormez bien. Vous en aurez besoin dès demain pour suivre le rythme du programme que je vous ai concocté. Bonne nuit ! »

Chapitre 23

Janvier 1999

« Bon, on commence ? »

De l'autre côté du bureau, Charo accepta sans enthousiasme.

« Si vous croyez que ça peut servir à quelque chose.

— J'en suis convaincue », répliqua sa tutrice.

La jeune fille hocha la tête.

« J'ai déjà essayé de faire ça, vous savez. Même après être arrivée au Chalet. Je me suis entraînée à mentir, toute seule dans ma chambre, face à mon miroir. A essayer de prononcer des phrases comme… »

Les mots se bloquèrent dans sa gorge, elle attrapa une feuille et un stylo, griffonna rapidement quelques lignes et les tendit à sa tutrice.

« Ah oui, dit celle-ci impressionnée, ça c'est un gros mensonge, c'est sûr. Ça ne m'étonne pas que tu ne sois pas arrivée à le prononcer, même moi j'aurais du mal. »

Charo se rejeta en arrière sur sa chaise en lançant négligemment le stylo sur le bureau.

« Il n'y a pas de gros ou de petits mensonges pour moi. Il y a juste la vérité que j'arrive à dire… et le reste. Si vous essayez de me faire dire un mensonge… »

Astrid l'interrompit d'un geste.

« Il n'est pas question de te demander de mentir. Je ne suis pas idiote. Il s'agit de t'apprendre à dissimuler la vérité, c'est tout à fait autre chose. »

Toujours tassée sur sa chaise, l'adolescente afficha une moue sceptique.

« Si vous le dites. Moi, je ne vois pas trop la différence.

— Il y en a une pourtant et de taille. Et il va falloir que tu l'apprennes, si tu veux pouvoir accompagner tes petites camarades au lycée en septembre. »

Charo se redressa d'un bloc.

« Pour... pourquoi ? Vous nous aviez dit que l'Organisation avait accepté votre proposition pour que nous allions toutes... »

« Non, je n'ai pas dis "toutes". Souviens-toi. J'ai dit que *vous* iriez au lycée en septembre. Mais quand j'ai prononcé cette phrase à table, vous étiez cinq et je ne me suis adressée à personne en particulier. Ou plutôt, je me suis adressée à tes quatre camarades. Je ne t'ai jamais regardée en face en prononçant ce type de phrase. Je n'ai pas menti. Sinon, tu ne m'aurais pas entendue et tu aurais compris.

— Vous vous êtes moquée de moi alors ?

— Non, je t'ai testée. Je voulais savoir si tu pouvais dissimuler la vérité - en tout cas une part de la vérité - et tu le peux. A présent j'en suis sûre. »

Charo haussa les épaules et se laissa à nouveau retomber sur sa chaise.

« Qu'est-ce que vous en savez ?

— Ton don est - comment dire ? - ... symétrique. Il fonctionne de la même manière dans les deux sens. Tout ce que tu peux entendre, tu peux le dire. Si j'ai réussi à te cacher une partie de la vérité sans que tes oreilles ne le détectent, ça signifie que tes cordes vocales peuvent en faire autant. Il suffit de trouver les bons mots et de les prononcer au bon moment. »

La jeune fille se redressa, soudain intéressée.

« Et si j'arrivais à maîtriser ce... cette technique, alors je pourrais aller au lycée avec les autres ? »

Astrid hésita.

« Sans doute, dit-elle, mais il faudra que tes progrès soient suffisamment importants pour rassurer l'Organisation. Qu'ils soient sûrs que tu ne dévoileras pas tous les secrets de notre petite équipe à la première question un peu indiscrète. »

Charo ne répondit pas, mais son attitude avait changé.

« Parfait, conclut son professeur, alors on s'y met ?

– D'accord.

– Bien. Tu vas me parler de Yunhua.

– Cette... !

– Ah non, ne commence pas ! On n'est pas au confessionnal ou chez un psy. Je ne te demande pas de me dire ce que tu as sur le cœur, c'est le contraire que je veux. Tu vas me parler de Yunhua et faire en sorte que j'aie l'impression que tu l'aimes bien. »

La jeune fille poussa un gros soupir.

« On ne commence pas par l'exercice le plus facile. »

Chapitre 24

Janvier-juin 1999

Tout fut mis en œuvre pendant les huit mois suivants pour préparer les cinq filles à leur future rentrée scolaire. Les cours s'intensifièrent et Astrid Sappa apporta un soin particulier à améliorer les points faibles de chacune… qui ne dépendaient pas tous du programme scolaire.

Leïla eut droit à des cours particuliers de français. Si elle ne montra pas un enthousiasme démesuré à se retrouver régulièrement en tête à tête avec sa tutrice, la petite Palestinienne profita de l'occasion pour rattraper son retard en langue et parvenir au niveau de ses camarades.

Yunhua dut « apprendre à apprendre », et cela en présence d'un « vrai » professeur. Pour cela, le téléenseignement fut progressivement abandonné et le matériel utilisé uniquement pour contrôler les connaissances acquises par la jeune Chinoise. Les débuts furent difficiles, mais les progrès certains.

Un effort important fut aussi apporté à l'apprentissage de la « lecture sur les lèvres ». Pour Liliana, bien entendu, mais aussi pour Charo afin qu'à défaut d'entendre les mensonges, elle puisse les déchiffrer.

Malgré tout, Astrid ne se faisait guère d'illusions. Ses cinq élèves partaient de trop loin pour espérer combler leur retard en si peu de temps. Cela importait peu. Elle ne les envoyait pas au lycée dans le but de leur faire obtenir leur bac, ni de leur assurer un avenir professionnel. Elle voulait les préparer à un monde qui ne soit plus pour elles un inconnu, lorsqu'elles repartiraient en mission.

Car elle le savait, il y aurait avant peu une nouvelle mission. Là-bas, au-delà des montagnes qui cernaient le Chalet, des millions de gens attendaient l'arrivée de l'an 2000. Le premier jour de cette nouvelle année serait, dans l'esprit de beaucoup, le début du nouveau siècle et du nouveau millénaire. Et même s'ils se trompaient d'une année – le vingt et unième siècle ne débuterait qu'en 2001 –, cela n'avait aucune importance. Leur imagination, déjà, s'enflammait à l'idée de cette ère nouvelle. Craintes et espoirs alimentaient les fantasmes des foules partout dans le monde.

Et leurs rêves aussi.

Les prédicateurs de tout poil annonçaient les pires catastrophes ou, plus simplement, la fin du monde. Les sectes religieuses leur emboîtaient le pas, extirpant de textes plus ou moins sacrés un mot, une phrase, une idée pour la tordre à leur convenance, l'amenant à lui faire dire ce que l'on désirait entendre. Un gourou y voyait le règne de l'Antéchrist, un autre prédisait la venue d'extraterrestres chargés d'emmener quelques rares élus vers un monde meilleur.

Dans quelques années, lorsque le début du nouveau millénaire se serait finalement révélé aussi monotone – ou aussi terrible – que la fin du précédent, bon nombre de ces fantasmes retomberaient comme des soufflés hors du four. Devins et leaders spirituels trouveraient une nouvelle explication à la « non-venue » des phénomènes annoncés, et tout retournerait dans l'ordre, jusqu'au prochain siècle.

En attendant...

En attendant, il ne se passait guère de semaine sans que l'Organisation ne prévienne Astrid Sappa de se tenir prête à toute éventualité. Les services de surveillance – la Première Ligne comme on l'appelait – avaient détecté des signes avant-coureurs. C'était leur travail : déceler l'arrivée d'une Aberration, si possible avant qu'elle ait eu le temps d'agir. Pour cela, il n'y avait qu'un seul moyen. Tout au long de l'année, à travers le monde, des hommes et des femmes arpentaient talus et sous-bois, plaines, marécages et déserts, observaient la faune, plaçaient des pièges.

Toute brèche entre l'Espace Rêve et la réalité avait comme première conséquence l'apparition d'espèces anormales dans la faune de petite taille. C'était un effet secondaire du phénomène auquel aucune explication précise n'avait pu être donnée, mais qui avait, de tout temps, facilité le travail de l'Organisation. Les espèces néoformées étaient non seulement inhabituelles, mais souvent monstrueuses – des insectes au corps sphérique ou fortement odorant, des rongeurs possédant trois yeux, une peau poisseuse ou écailleuse, des nageoires. Elles avaient en outre la particularité d'être systématiquement stériles.

Les individus étaient généralement peu nombreux, donc difficiles à repérer. Mais les membres de la Première Ligne étaient des experts.

Il restait ensuite à repérer l'Aberration proprement dite. Et là, le travail pouvait devenir beaucoup plus délicat. Dans le cas de la bête du Gévaudan, bien des loups avaient été décimés avant que l'Organisation ne prenne le véritable monstre au piège. La description que l'on pouvait en lire dans les archives secrètes était terrifiante.

Quand l'être humain était en question, le problème résidait souvent dans la distinction entre Aberration et Folie. Dans le cas du véritable assassin du président Kennedy, seule une enquête minutieuse avait permis son arrestation. Discrétion oblige, son nom resterait à jamais caché derrière celui de Lee Harvey Oswald dans les livres d'histoire.

Aux derniers jours du printemps, comme elle le redoutait, Astrid reçut un coup de téléphone de Kamel Sarawi.

« Ma chère Astrid, lui annonça-t-il d'une voix mielleuse, je suis désolé de vous déranger, mais je crains que nous n'ayons une nouvelle fois besoin de vos services pour une affaire de la plus haute importance. »

Elle faillit lui répondre qu'elle ne croyait pas une seconde qu'il fût désolé et qu'elle se doutait bien qu'on ne la contactait pas pour un vol à l'étalage. Mais elle s'abstint.

« La Première Ligne a détecté l'arrivée d'une Aberration, il y a trois mois environ, en Ecosse, dans la région d'Edimbourg, mais impossible de mettre la main dessus. Depuis, il y a eu cinq disparitions. Cinq femmes. Toutes jeunes - vingt, vingt-cinq ans environ –, toutes blondes, jolies. Aucun corps n'a pu être retrouvé, mais la police vient d'arrêter un suspect. Irène Barsamian voudrait que vous alliez voir avec votre équipe pour...

— Si Irène désire employer les services de mon équipe, pourquoi ne me téléphone-t-elle pas elle-même ?

— Euh... elle... elle est très occupée et...

— Au point de ne pas pouvoir me téléphoner ? Allons donc ! Je crois plutôt que l'idée vient de vous. Vous allez encore nous envoyer sur une mission alors que mes élèves ne sont pas prêtes. Je...

— J'ai l'accord de l'Organisation. Votre avis ne compte pas. Nous avons besoin de savoir si le suspect arrêté est bien le meurtrier et, surtout, s'il est bien notre Aberration. Votre élève qui détecte si bien les mensonges - comment s'appelle-t-elle déjà ?

— Charo.

— Charo, c'est ça. Eh bien, Charo n'a qu'à aller discuter un peu avec le suspect et...

— Vous délirez ? Vous me voyez envoyer cette adolescente écouter les horreurs que pourrait lui raconter ce psychopathe ? J'imagine déjà dans quel état psychique elle ressortirait d'un tel entretien. »

Un profond soupir se fit entendre à l'autre bout de la ligne.

« La psychologie de ces... "adolescentes", comme vous dites, m'importe peu. Dois-je vous rappeler qui elles sont et pourquoi elles sont là ? Vous êtes leur chef, pas leur mère. Votre rôle est de les rendre opérationnelles, pas de les dorloter. Il me semble que vous vous laissez emporter par un sentimentalisme déplacé. »

Un long silence fit comprendre à Sarawi qu'il avait touché le point sensible. S'il avait pu voir sa collègue, il aurait même été surpris de l'effet de sa remarque. Assise dans son fauteuil, elle avait fermé les yeux, attendant que son cœur retrouve un rythme normal. Quand elle reprit la parole, sa voix avait changé.

« D'accord, dit-elle en soupirant, de toute manière je n'ai encore une fois pas le choix. Nous irons en Ecosse, mais l'entretien avec votre suspect se déroulera selon mes règles. Quoi que vous pensiez de mes élèves, ce ne sont pas des machines. Elles ne sont pas prêtes à tout affronter, surtout pas Charo.

— Sur le terrain, vous serez la seule à décider. Nous ne voulons qu'une chose : savoir qui est cet homme et CE qu'il est. C'est ce que vous voulez aussi, non ? Nous faisons partie de la même équipe, après tout.

— Inutile de me le rappeler. Si l'un de nous cherche à mettre des bâtons dans les roues à l'autre, ce n'est pas moi.

— Je ne cherche pas à vous mettre des bâtons dans les roues, mais...

— Mais quoi ?

— J'aimerais être sûr que vous savez parfaitement dans quel camp vous êtes », répondit son interlocuteur.

Et, sans attendre, il raccrocha.

Chapitre 25

Extrait du journal d'Astrid Sappa

Je hais Kamel Sarawi. Cet homme ne semble avoir qu'une idée en tête : saborder mes plans. Depuis le début, depuis que j'ai fait cette proposition à l'Organisation pour pouvoir réunir mon équipe, il n'a eu de cesse de me contrer. Il a tout fait pour que la direction refuse le Projet Alpha. Je me souviens encore de ses cris : « Ce serait une erreur, une faute ! Vous allez faire entrer les loups dans la bergerie ! »

Et maintenant, il cherche à me déstabiliser. Ses remarques sur ma conduite à l'égard de mes recrues – prétendument trop maternelle – sont absurdes. En faisant courir ce genre de bruit, il espère juste me discréditer auprès de nos supérieurs. Je sais ce qu'il aimerait, en fait. Non pas dissoudre mon équipe et mettre fin à ce projet, mais en prendre les commandes. En laissant croire que je pourrais m'attacher aux filles, il compte amener nos dirigeants à me relever de mes fonctions et à les lui confier.

Mais je doute qu'il parvienne à ses fins. On me connaît au sein de l'Organisation. Qui croirait que je puisse faire preuve d'une telle faiblesse ?

Non, personne ne prêtera attention à ces insinuations grotesques.

Enfin, j'espère.

Chapitre 26

Juin 1999

Les cinq filles et leur tutrice arrivèrent à destination tard dans l'après-midi. Astrid avait cru pouvoir disposer de la soirée pour se reposer de la fatigue du voyage mais, une heure à peine après leur arrivée, le téléphone de sa chambre d'hôtel sonna. Elle reconnut la voix dès le premier « Allô ».

« Sarawi ? Qu'est-ce que vous voulez encore ?

— Je vous attends.

— Comment ça, vous m'attendez ? Mais où êtes-vous d'abord ?

— Ici, dans le même hôtel que vous, voyons. Je suis le responsable de cette opération, je vous le signale.

— Le resp... Et moi alors, je suis quoi ? Votre subalterne ?

— Ne commencez pas à monter sur vos grands chevaux. Il faut quelqu'un pour coordonner les opérations avec nos représentants locaux et c'est moi qui ai été choisi. Vous auriez préféré le faire vous-même ? Je vous préviens, aucun ne parle français. »

Elle s'abstint de répondre. Son interlocuteur avait mis le doigt sur son point faible. Depuis le temps qu'elle travaillait pour l'Organisation, elle avait parcouru le monde dans tous les sens et visité presque tous les pays du globe, mais elle ne parlait toujours que le français. Ses collègues disaient d'elle qu'avec ce qu'elle connaissait d'anglais, elle serait morte de faim dans un supermarché londonien. Kamel Sarawi, lui, de par ses origines – moitié arabe, moitié espagnole – et les différents pays où il avait séjourné dans sa jeunesse en suivant son diplomate de père, maîtrisait au moins cinq langues sans problème et plusieurs autres à des degrés divers. Astrid aurait préféré n'avoir recours qu'au talent de Yunhua, mais l'Organisation en avait visiblement décidé autrement.

Elle demanda le numéro de la chambre où elle devait se rendre. Son collègue le lui indiqua en précisant qu'il désirait qu'elle vienne accompagnée de « sa petite protégée colombienne qui lui servait de détecteur de mensonge ». Elle préféra ne pas relever la manière méprisante dont son interlocuteur, une fois de plus, parlait d'une de ses élèves. Elle raccrocha.

Quelques secondes plus tard, elle frappait à la chambre des filles. Sans attendre la réponse, elle entra. Comme elle s'y attendait, toutes cinq étaient vautrées devant la télévision qui diffusait une série américaine.

« Charo, dit-elle, tu viens avec moi, s'il te plaît. »

La jeune fille la regarda sans faire mine de se lever.

« On va où ?

— On dit "où va-t-on ?" en français correct. Et, si tu te lèves et que tu me suis, tu le sauras très vite, c'est dans l'hôtel.

— Et nous ? demanda Yunhua. On reste ici et on se tourne les pouces ? »

Astrid lui jeta un regard noir.

« Je veux dire, reprit la jeune fille d'un ton de fausses excuses : restons-nous ici et nous tournons-nous les pouces ?

— Tu préfères aller faire un tour dehors ? répondit la femme en désignant la fenêtre où ruisselait la pluie qui n'avait cessé de tomber depuis leur arrivée. Cela dit, si la télé ne t'intéresse pas, il y a toujours les devoirs. Vous avez emporté de quoi travailler comme je vous l'ai demandé ?

— Oui, oui, répondit précipitamment Leïla, mais c'est pas la peine. Là, on travaille notre anglais », ajouta-t-elle en pointant la télévision du doigt.

Astrid sourit malgré elle. Il était vrai que, depuis quelques mois, les cours d'anglais étaient au programme.

« Pour toi, dit-elle en s'adressant à Yunhua, ce n'est pas comme ça que tu vas améliorer ton anglais. Tu ferais mieux de profiter de l'absence des professeurs pour réviser tes maths ou autre chose. »

La jeune Chinoise fit comme si elle n'avait pas entendu et s'affala un peu plus sur son fauteuil, rentrant la tête dans les épaules d'un air boudeur.

Astrid n'insista pas et, d'un geste, fit signe à Charo de la suivre. La chambre de Kamel Sarawi n'était qu'un étage plus bas, mais elle décida de ne pas prendre les escaliers.

« On n'est pas pressées, dit-elle à Charo pendant qu'elles attendaient devant la porte de l'ascenseur. Il peut attendre.

— Qui ça ?

— Gengis Khan, comme vous l'appelez entre vous.

— Ah, oui. Vous n'avez pas l'air de beaucoup l'aimer.

— ...

— Qu'est-ce que vous avez dit ?

— J'ai dit que je l'adorais. C'était une plaisanterie, mais, forcément, tu ne pouvais pas l'entendre. »

Les portes de l'ascenseur s'ouvrirent. Elles y entrèrent. Comme elles y étaient seules, Charo en profita pour poursuivre ses questions :

« J'ai aussi l'impression qu'il ne nous aime pas, nous non plus. J'ai raison ? »

Avant que son interlocutrice ait pu répondre, l'ascenseur était arrivé à destination. La quinquagénaire en profita pour éluder la question.

« Suis-moi », dit-elle comme les portes s'ouvraient à nouveau.

En arrivant devant la chambre de son collègue, elle se tourna vers Charo.

« Deux choses avant qu'on entre. Premièrement, il n'a pas d'ordres à te donner. S'il essaie, tu lui réponds que tu n'as de comptes à rendre qu'à moi. Deuxièmement, comme je te l'ai dit, cette affaire concerne peut-être un tueur en série. Si ce que tu entends ou vois te semble insupportable, tu as le droit de tout arrêter, compris ?

— Compris, mais ne vous en faites pas, à la télé aussi on voit des histoires de *serial killer*, vous savez.

— Oui, mais là, on n'est pas à la télé. »

Sans attendre de commentaire, elle toqua à la porte. Kamel Sarawi vint leur ouvrir aussitôt.

« Bonjour, dit-il sans même jeter un regard à Charo. Entrez. »

Les deux femmes le suivirent à l'intérieur de la pièce.

« En attendant que vous arriviez, nous avons décidé d'enregistrer les entretiens du suspect - il s'appelle John Harwick - avec le juge chargé de l'enquête. Enfin, la juge, puisqu'il s'agit d'une femme.

— C'est légal, ça ? »

L'homme eut un petit sourire.

« Venant de vous, Astrid, cette question m'étonne. Non, ce n'est pas légal et la juge n'est pas au courant que nous avons placé une caméra dans son bureau. Vous savez bien que nous n'avons aucune existence officielle. Mais les Aberrations ne sont pas considérées comme des êtres humains, donc ne sont pas protégées par les mêmes lois que les citoyens.

— S'il s'agit bien d'une Aberration. »

Sarawi balaya l'objection d'un revers de main.

« Je compte justement sur vous pour m'aider à le découvrir. J'ai ajouté des sous-titres en espagnol sur la cassette pour que cette... jeune personne puisse suivre la conversation. Prenez place sur le canapé.

— Pourquoi en espagnol ? Pourquoi pas en français ? s'étonna Astrid en s'asseyant.

— Parce que la conversation est très rapide et que si, en plus, elle doit lire les sous-titres, autant que ça soit dans sa langue maternelle. »

Astrid ne répondit pas, mais son visage se crispa. Avec des paroles en anglais et des sous-titres en espagnol, elle ne pourrait rien comprendre de ce qui se dirait sur la bande et Sarawi le savait très bien. L'homme cherchait à la mettre à l'écart. Elle jeta un coup d'œil à Charo assise à côté d'elle. La jeune Colombienne avait, elle aussi, le visage fermé.

« *Elle se rend bien compte que, pour lui, elle n'est qu'un instrument. Il ne la regarde pas, il dit "elle" comme si elle n'était pas dans la pièce. Qu'est-ce qu'il espère obtenir avec une telle attitude ? Tout ça à cause de ses préjugés stupides. Comment peut-on être aussi borné ?* »

Elle posa la main sur celle de son élève.

« Ne t'en fais pas, dit-elle. Et n'oublie pas ce que je t'ai dit avant d'entrer. »

Charo sourit, un peu gênée. Elle n'avait pas l'habitude de voir sa tutrice se comporter de manière aussi chaleureuse.

« Bon ! dit soudain Sarawi d'un air faussement enjoué. Si on commençait ? »

Considérant le silence de ses interlocutrices comme un acquiescement, il introduisit une cassette dans le lecteur et vint s'asseoir dans un fauteuil.

« Tiens, dit-il à Charo en lui tendant la télécommande tout en évitant sciemment de croiser son regard. Tu mets en route en appuyant sur ce bouton ; celui-là c'est pour revenir en arrière, si tu n'as pas bien compris du premier coup. »

Charo saisit la télécommande sans un mot et démarra aussitôt. A la surprise des deux adultes, dès les premières secondes, elle rembobina la bande repassa la séquence, d'abord une fois, puis une seconde. Sarawi se pencha à l'oreille de sa collègue.

« Qu'est-ce qu'elle fait ? murmura-t-il. Elle joue ou quoi ? Il n'y a rien d'intéressant là. C'est juste les présentations.

— Qu'est-ce que j'en sais, moi ? Si les sous-titres étaient en français, je pourrais vous aider, mais là... Faites-lui donc confiance. Rappelez-vous l'affaire Sirman. Elle a été plutôt efficace, non ? »

L'homme ne répondit pas, mais la manière dont il s'agitait dans son fauteuil montrait qu'il était nerveux.

« *Ça t'apprendra, mon bonhomme,* pensa Astrid. *La prochaine fois, tu me laisseras conduire mon équipe comme je l'en-*

tends. Mais ne t'en fais pas, mon petit "détecteur de mensonge" est plus fiable que tu ne sembles le croire. »

Sur le canapé, à côté d'elle, les yeux rivés sur le téléviseur, Charo continuait de visualiser la cassette, retournant régulièrement en arrière, parfois plusieurs fois sur le même passage.

A son tour, la femme se pencha vers son collègue.

« Dites donc, ça a l'air de chauffer là, dit-elle en désignant l'écran où le ton montait entre la juge et son suspect. Qu'est-ce qui se passe ?

— La juge est une jeune femme peu expérimentée. Elle s'appelle Mary O'Brien et a été nommée récemment dans cette région. Je crois qu'elle est un peu nerveuse. Il faut dire qu'elle a quelques raisons. Il y a dix ans, il y a eu le même genre d'affaire dans le coin. On a arrêté un suspect que le juge de l'époque a relâché. Il y a eu cinq nouveaux meurtres avant que le même type se fasse pincer et soit condamné cette fois. Cinq morts qui auraient pu être évitées si le juge avait fait son boulot correctement.

— Ah oui, je comprends.

— Ce qu'il faut vous dire, c'est que le meurtrier en question est mort en prison, il y a environ quatre mois. Cancer. La presse en a beaucoup parlé. On a fait des rétrospectives, à la télé particulièrement. Beaucoup d'images d'archives. Ça a bouleversé énormément de monde et pas seulement dans la région, dans toute l'Angleterre aussi. C'était une affaire qui avait fait couler beaucoup d'encre à l'époque.

— Autrement dit, beaucoup de gens se sont mis à repenser à cette histoire, dans tout le pays. A en rêver peut-être.

— Oui, et un mois plus tard, nos services détectaient la venue d'une Aberration... et peu de temps après ont commencé les disparitions. »

Astrid hocha la tête. Au même moment, Charo éteignit la télévision.

« Qu'est-ce qu'il y a ? » demanda Sarawi.

Astrid interrogea son élève du regard.

« Il... il faut qu'on parle », bredouilla la jeune Colombienne.

La femme se tourna vers son collègue.

« Il y a un coin où je pourrais parler avec Charo tranquillement ? »

L'homme parut choqué.

« Mais... mais... je...

— Je sais : c'est vous le responsable de cette opération. Personne ne cherche à vous cacher quoi que ce soit, mais je crois que Charo préférerait m'expliquer d'abord en tête à tête de quoi il s'agit. Ça a l'air plus compliqué que prévu et... je crois que vous l'intimidez. »

De mauvaise grâce, l'homme se dirigea vers la porte.

« Je descends au bar de l'hôtel. Venez m'y rejoindre quand vous aurez terminé votre petite discussion. »

La porte claqua derrière lui.

« Bon, reprit Astrid avec une évidente satisfaction, alors ? La cassette t'a appris quelque chose d'important ? »

L'adolescente approuva de la tête.

« C'est notre Aberration, tu crois ?

— C'est... c'est possible. Mais...

— Mais quoi ? »

La jeune fille marqua une pause.

« Vous allez avoir une surprise, ce n'est pas du tout ce qu'on pensait. »

Chapitre 27

Juin 1999

Mary O'Brien était fatiguée. L'après-midi avait été pénible. Son nouvel entretien avec John Harwick - un de plus depuis le début de cette affaire - avait été un fiasco et une épreuve. L'homme niait toujours être pour quoi que ce soit dans les cinq disparitions intervenues ces derniers mois. Pourtant, la jeune juge était convaincue qu'il était coupable. Il ne pouvait en être autrement. Quelles que soient la duplicité de cet homme et l'habileté de son avocat, elle finirait par le coincer. Il n'était pas question qu'elle le relâche. Jamais. Les choses ne recommenceraient pas comme dix ans auparavant. Pas cette fois.

La jeune femme eut soudain mal à la tête. Décidément, il était temps qu'elle rentre chez elle. A cet instant, on frappa à la porte.

« Entrez », dit-elle.

Surprise, elle vit une femme d'une cinquantaine d'années attifée avec une absence totale de goût, accompagnée de trois jeunes filles, aussi belles que leur accompagnatrice était laide.

L'une des adolescentes, une Noire, lui sourit et la juge oublia subitement sa fatigue. Sans comprendre pourquoi, elle se sentit soudain heureuse de voir ces quatre étrangères lui rendre visite.

« Bonjour, dit-elle. Que puis-je pour vous ? »

Astrid s'assit sur une chaise - une de celles habituellement réservées aux suspects ou à leurs avocats - et prononça quelques mots en français. Aussitôt, une des jeunes filles, une Asiatique, traduisit.

« Vous êtes bien Mary O'Brien ? »

La jeune femme eut un instant d'hésitation. D'un seul coup, elle se demanda ce que ces quatre personnes lui voulaient. Mais son regard croisa à nouveau le sourire éclatant de la jeune Noire et tout sentiment de méfiance s'envola.

« Oui, c'est bien moi, répondit-elle.

— Et vous êtes juge, n'est-ce pas ? reprit l'Asiatique, traduisant toujours les paroles de l'adulte.

— Oui. »

Dans le silence qui suivit la réponse, la quinquagénaire se tourna vers la troisième jeune fille, au type latin, et lui adressa un signe du menton qui semblait signifier : « Alors ? » L'adolescente répondit en secouant la tête.

Alors, sur un ordre de la Française, l'Asiatique posa une dernière question :

« Avez-vous tué les cinq jeunes femmes disparues ces derniers mois ? »

Chapitre 28

Juin 1999

Kamel Sarawi attendait, adossé à la voiture d'Astrid Sappa. Il vit Mary O'Brien sortir de l'immeuble, accompagnée d'Astrid et de ses trois élèves. La jeune juge semblait avancer comme un automate.

« Alors ? » demanda-t-il lorsque le groupe arriva à sa hauteur.

Sans répondre, sa collègue ouvrit la porte arrière de son véhicule et y fit entrer la juge O'Brien.

« Alors, dit-elle en refermant la porte, c'est bien elle.

— Vous en êtes sûre ?

— Vous m'avez souvent vue me tromper ? Elle ne s'appelle pas Mary O'Brien, elle n'est pas juge... et c'est elle la meurtrière des cinq jeunes femmes disparues. Charo n'a aucun doute. L'Aberration, c'est elle : le magistrat intransigeant, comme les gens d'ici auraient aimé en avoir un, il y a dix ans. Celui qui ne relâche pas les suspects. O'Brien est apparue, il y a quelques mois, "mutée" dans cette région. Elle devait sûrement avoir avec elle tous les justificatifs officiels. Ce genre d'Aberration se matérialise toujours en créant autour d'elle les traces officielles de son passé. De toute manière, ça n'avait que peu d'importance. Personne n'a posé la moindre question. Inconsciemment, tout le monde l'attendait, la désirait. Le problème, c'est que pour qu'elle ait une raison d'être, il fallait une affaire. Il fallait de nouveaux meurtres. »

Elle regarda la jeune femme installée sur la banquette arrière de sa voiture.

« Le pis, c'est que dans son esprit troublé, elle ne réalise même plus vraiment ce qu'elle a fait. Elle croit presque ce qu'elle raconte. Charo m'a dit qu'elle entendait ses paroles, mais complètement brouillées.

— Ne lui cherchez pas d'excuses, répliqua Sarawi d'un ton brusque, c'est un monstre. Si ça ne tenait qu'à moi...

— Je sais. Vous m'avez déjà expliqué mille fois ce que vous leur feriez si on vous laissait agir à votre guise. Vous les détestez tant que ça ?

— Et alors ? Vous avez vu ce qu'elle a fait. Ce qu'elles font toutes. »

Astrid secoua la tête.

« Vous ne les détestez pas pour ce qu'elles font mais pour ce qu'elles sont. Je ne comprends pas d'où vous vient cette haine, mais elle n'est pas saine. Elle brouille votre jugement. Un jour, elle peut vous faire commettre une erreur et nous en pâtirons tous. Notre métier consiste à les traquer et à les renvoyer d'où elles viennent, c'est tout. Le reste... »

Sans finir sa phrase, elle ouvrit la porte du conducteur. Avant qu'elle ait pu s'installer sur son siège, son collègue la saisit par le bras.

« Moi, je les déteste peut-être trop, mais vous ne m'ôterez pas de l'esprit que c'est un sentiment naturel que bien des gens dans l'Organisation partagent, même s'ils ne le disent pas. Par contre, vous... êtes-vous sûre de ne pas les aimer un peu trop ? »

La femme dégagea son bras d'une brusque secousse.

« Perdez cette habitude de me faire la morale pour un oui ou pour un non. Jusqu'à présent, mon attitude a été très positive pour l'Organisation, je n'en dirais pas autant de la vôtre. »

Elle s'assit derrière son volant.

« Je m'occupe d'elle, dit-elle en désignant sa passagère qui semblait perdue dans ses pensées. Je vous charge de ramener mes trois élèves à notre hôtel. »

Au moment de refermer sa porte, elle se ravisa soudain.

« Et pas de bêtises, ajouta-t-elle en pointant un doigt menaçant vers son interlocuteur. Si j'apprends que vous leur avez dit quoi que ce soit...

— N'ayez crainte, l'interrompit l'homme, je n'ai pas l'intention de leur adresser la parole plus que nécessaire. »

Et il claqua lui-même la portière.

Chapitre 29

Septembre 1999

Blottie en boule sur le canapé du salon, dans l'obscurité, Charo entendit des pas descendre les escaliers. Elle tenta de deviner laquelle de ses camarades souffrait comme elle d'insomnie, mais son ouïe n'était pas assez fine.

« Charo ? Tu es là ? »

La voix de Nakiméra.

« Oui, sur le canapé. »

Les pas se rapprochèrent, lentement. Avec précaution, la jeune fille tâchait d'éviter, de mémoire, les meubles invisibles. Ses souvenirs devaient être précis car, sans qu'aucun heurt n'indique sa progression, sa main vint soudain, à tâtons, effleurer la cheville de Charo. Celle-ci se recroquevilla à ce contact.

« Eh bien, qu'est-ce qui t'arrive ? Tu ne dors pas ?

— Quelle question ! Si j'arrivais à dormir, tu crois que je serais là ?

— Te fâche pas. Je voulais juste savoir si t'étais pas malade.

— Non, je ne suis pas malade. Je suis juste nerveuse.

— A cause de demain ? Du lycée ?

— Oui. J'ai peur.

— Peur ? »

Dans le noir, un gros soupir répondit à la question de Nakiméra.

« Tu sais depuis combien de temps on est là ? Depuis plus d'un an. Un an et demi presque. Un an et demi pendant lesquels on n'a quasiment vu personne.

— Et alors, ça te plaît ce genre de vie ? Tu préférerais qu'on continue ?

— Non... oui... non. Je ne sais pas. Ici dans le Chalet, je suis tranquille. Tout le monde me connaît. Tout le monde sait que je ne peux pas mentir. Personne ne me pose de questions embarrassantes et, quand ça arrive et que je ne réponds pas, personne n'insiste. Mais, là-bas...

— Là-bas, comme tu dis, c'est à une heure de voiture. C'est pas la planète Mars. Et puis, tu as entendu ce qu'a dit Mamie Sappa ? C'est une école privée. Il n'y a que quelques classes, pas beaucoup d'élèves et les professeurs sont habitués aux élèves spéciaux.

— Spéciaux, pour eux, ça veut dire des gosses de riches gâtés pourris ou des gamins de diplomates trimbalés d'un pays à l'autre.

— Mamie leur a dit qu'on était...

— ... des orphelines de la rue qu'elle a adoptées, je sais. Mais c'est qu'une partie de la vérité. Le reste, ils ne sont pas au courant. Et pour moi, c'est ça qui compte. Toi et les autres, vous vous en fichez. Vos particularités ne risquent pas de vous faire repérer, mais pense un peu à ce qui arrivera si un professeur me demande ce que j'ai fait depuis que je suis arrivée en France.

— ...

— Je lui raconte quoi ? Que j'ai fait la chasse aux Anomalies ?

— Aux Aberrations.

— Ouais : Anomalies, Aberrations, ça ne change pas grand-chose à mon problème.

— Ton problème, pour l'instant, il est surtout dans ta tête. Personne ne t'a encore posé la moindre question et, dans le pire des cas, tu diras que tu ne peux pas répondre et que tu ne veux pas dire pourquoi et c'est tout.

— Si c'est pour passer mon temps à me taire et à me cacher, autant que je reste ici.

— Allez, tu exagères... »

Les deux filles se turent soudain. Au premier étage, une porte venait de s'ouvrir et des pas discrets se firent rapidement entendre dans l'escalier. Suivant la progression de la nouvelle venue, les lampes s'allumèrent les unes après les autres, sans jamais atteindre leur pleine puissance.

Dans la clarté diffuse ainsi revenue, Charo et Nakiméra se regardèrent d'un air entendu : seule Leïla pouvait ainsi contrôler l'intensité de l'éclairage. En passant devant le salon, la jeune Palestinienne sursauta en voyant ses deux camarades.

« Ben ! Qu'est-ce que vous faites là ? murmura-t-elle.

— Et toi ? » répondit Charo.

Leïla imita le geste de porter une cuillère à sa bouche.

« J'arrive pas à dormir et j'ai faim. Un yaourt, ça vous tente ? »

Les deux adolescentes se levèrent aussitôt et suivirent leur amie dans la cuisine. Elles en refermèrent la porte derrière elles par précaution. En silence, Leïla ouvrit le réfrigérateur.

« Quel parfum ? demanda-t-elle.

— Fraise.

— Abricot. »

La Palestinienne déposa trois yaourts sur la table.

« On les mange avec les doigts, le tiroir à couverts fait trop de bruit quand on l'ouvre. »

Les deux autres approuvèrent et s'installèrent en soulevant délicatement les chaises pour les déplacer.

« Alors, pourquoi vous dormez pas ? » demanda Leïla en attaquant son yaourt avec l'index.

Nakiméra lança un regard à Charo.

« Je suis trop nerveuse. A cause de demain.

— T'as les boules ? »

Charo sourit. Leïla avait fait de gros progrès en français ces derniers mois, mais les séries télévisées avaient orienté son vocabulaire dans une direction qui n'était pas toujours des plus élégantes.

« Oui, j'ai les boules, comme tu dis.

— A cause de... ? Enfin, je veux dire... t'as peur de dire des bêtises, c'est ça ? »

Charo fit claquer sa langue après une bouchée de yaourt.

« Pas des bêtises, dit-elle, juste la vérité. »

Il y eut un silence, puis Charo reprit :

« Et toi, pourquoi tu dors pas ? T'as pas de raisons d'avoir peur. Qu'est-ce que tu crains ?

— Oh, moi, ça fait déjà pas mal de temps que je dors mal.

— Ah bon ? s'étonna Nakiméra. Tu ne nous en as pas parlé. »

Leïla haussa les épaules.

« Ça n'aurait pas servi à grand-chose », dit-elle en se plongeant dans le récurage systématique de son pot de yaourt.

Ses deux camarades se regardèrent, surprises.

« Et pourquoi ça n'aurait pas servi à grand-chose ? insista Charo.

— Boh, parce que.

— Parce que quoi ? »

La jeune Arabe repoussa son pot désormais vide d'un geste brusque.

« Parce que c'est pas la peine que j'ennuie tout le monde avec mes problèmes, dit-elle. A quoi ça servirait que tout le monde ait la trouille avec moi ?

— Mais la trouille de quoi ?

— De quoi ? Vous ne comprenez pas ? Mamie Sappa nous a emmenées sur deux affaires pour l'instant. Dans les deux cas, on est tombées sur des psychopathes assassins. C'est pas mal, non ? La prochaine fois, on aura droit à quoi ? Vous vous souvenez de son histoire de Jack l'Eventreur ? Eh bien, s'il en arrive un autre du même genre, il sera sans doute pour nous. Vous avez envie de jouer à cache-cache avec ce genre de dingue ? Et si c'est lui qui nous trouve en premier ? »

Avant que personne ait pu répondre, un léger coup frappé à la porte leur fit tourner la tête. La porte s'ouvrit et Yunhua apparut, suivie de Liliana.

« Faudrait être un peu plus discrètes, les filles. On vous entend à travers la porte.

— On vous a réveillées ? demanda Leïla.

— Quand même pas, répondit Yunhua en refermant la porte derrière elle. On ne vous entend pas jusqu'au premier étage. Et puis, réfléchis, pour réveiller Liliana, il faudrait autre chose qu'un peu de bruit. En fait, elle s'est levée pour faire pipi et elle a vu que Charo et Nakiméra n'étaient pas couchées. Elle est passée voir dans notre chambre et ça m'a réveillée à mon tour, alors nous sommes descendues ensemble. »

Les mains de Liliana s'agitèrent.

« *Mais non, on n'a pas mangé tous les yaourts,* répondit Charo par signes, *tu peux en prendre un si tu veux. De toute manière, Mamie les compte tous les soirs avant de se coucher. On aura certainement droit à une engueulade demain.* »

Soulagée, la Roumaine se rua sur le réfrigérateur qu'elle ouvrit sans ménagement. Aussitôt, ses camarades s'agitèrent.

« *Fais attention ! Tu ne te rends pas compte du bruit que tu fais ! Tu vas la réveiller !* »

La jeune sourde s'excusa.

« *Referme doucement,* ajouta Yunhua. *Mais avant, sors-moi un yaourt à la fraise, s'il te plaît.* »

Elle se tourna vers les trois autres et reprit, toujours par signes :

« *Alors, qu'est-ce qui se passe ce soir ? Personne n'arrive à dormir, on dirait. C'est à cause de demain ?*

— *Oui,* répondit Charo, *et puis d'autres choses aussi.*

— *Quel genre de choses ?* »

Charo jeta un regard appuyé à Leïla. Celle-ci poursuivit :

« *Je trouve que la chasse aux Aberrations pourrait devenir un jeu dangereux, surtout si on nous envoie systématiquement en première ligne.* »

Yunhua approuva de la tête.

« *Je te comprends. Moi aussi, j'y ai pensé. Et puis l'autre question, c'est : combien de temps on va faire ça ? Toute notre vie ?* »

Aucune réponse ne fit écho à la question de la jeune Chinoise. Celle-ci avala un peu de son yaourt avant de reprendre à voix haute :

« Bon, on va pas non plus se rendre malades pour ça. Demain, c'est le grand jour ! Il faut en profiter ! Au fait, vous savez sous quel nom on nous a inscrites au lycée ?

— Comment ça, quels noms ? Eh bien les nôtres, Charo, Nakiméra, Li...

— Mais non. Pas quels prénoms ? QUEL NOM DE FAMILLE ? »

Toutes se regardèrent sans comprendre.

« Vous ne devinez pas ? »

D'un seul coup, Nakiméra fronça les sourcils.

« Non ? Tu ne veux pas dire qu'on va s'appeler... ? »

La Chinoise leva les mains vers le ciel avec un grand sourire.

« Eh si ! Pour tout le monde, on va être les sœurs Sappa. »

Chapitre 30

Septembre 1999

« Alors, c'est ici ? »

La voiture venait de s'arrêter devant un immeuble ancien à la façade de pierre. Un porche central s'ouvrait sur un petit passage voûté au fond duquel on devinait une cour intérieure.

« Je sens que ça ne te plaît pas trop, Leïla, fit remarquer Astrid à son élève, assise sur la banquette arrière.

— Ben, euh, c'est que... ça ne ressemble pas trop à un lycée comme je l'avais imaginé.

— Comme dans les séries américaines dont tu te goinfres à longueur de journée, tu veux dire ? Mais nous ne sommes pas aux Etats-Unis, tu sais.

— Peut-être, enchaîna Yunhua, mais même pour la France, ça ne ressemble pas trop à un lycée, ce truc. J'en ai vu aux informations plusieurs fois et...

— C'est exact. Ce n'est pas un établissement public. C'est une école privée, très privée, même. Il n'y a qu'une ou deux classes par année, peu d'élèves par classe et uniquement des filles. C'est en partie pour cela que je l'ai choisie. Vous aurez moins de mal à vous adapter dans ces conditions. »

Aucune des filles ne fit de commentaire. Même Yunhua, pourtant si prompte aux remarques ironiques, se taisait. Leur tutrice les observa l'une après l'autre. Dans leurs uniformes scolaires – c'était la règle au lycée Saint-Simon –, elles ressemblaient à des poupées. Toutes, si excitées le matin même à l'idée de sortir enfin du Chalet, restaient à présent figées, muettes, le regard vide fixant l'immeuble qui les attendait de l'autre côté du trottoir.

« Bon alors ? Vous vous décidez à sortir ? Le début des cours va bientôt sonner. Vous n'allez quand même pas vous mettre en retard le premier jour ?

— Vous... vous ne venez pas avec nous ? balbutia Nakiméra.

— Et puis quoi encore ? Vous n'êtes plus des gamines. Qu'est-ce que les autres élèves penseraient si elles vous voyaient arriver, accompagnées de votre nounou, comme à la maternelle ? »

Les jeunes filles se regardèrent, indécises, chacune attendant qu'une autre fasse le premier pas vers l'extérieur.

« Allez, ouste ! Il ne faut quand même pas que je vous ouvre les portes ? Dépêchez-vous. »

Le ton de leur tutrice sembla décider les cinq adolescentes. Les portes s'ouvrirent, elles sortirent sur le trottoir. Après un nouvel instant d'hésitation, elles s'engouffrèrent sous le porche. Astrid nota que Charo menait la marche devant Yunhua. Elle suivit des yeux les cinq silhouettes en uniforme gris-bleu – chemise, jupe et chaussettes assorties – en se faisant intérieurement la remarque que cet accoutrement ne mettait guère en valeur la beauté de « ses filles ». Elle attendit qu'elles aient disparu dans l'arrière-cour, puis démarra et se hâta de mettre un maximum de distance entre elle et l'école. Elle craignait de céder à l'envie de revenir en arrière pour accompagner ses élèves jusque dans leur classe. Elle ne pouvait s'empêcher d'être angoissée de les laisser seules. Pourtant, il le fallait. Elles devaient apprendre à se passer d'elle.

Et réciproquement.

Il lui fallut près d'une heure pour rejoindre le Chalet. Quand elle arriva, elle constata avec surprise qu'une voiture attendait devant la maison.

Le véhicule, une Mercedes, lui était inconnu. Elle reconnut en revanche au premier coup d'œil la longue silhouette brune qui, appuyée sur l'aile avant droite, fumait nerveusement une cigarette en fin de vie.

Ignorant la nouvelle arrivante, Astrid ouvrit la porte automatique de son garage à l'aide de son bip et alla garer son monospace à l'intérieur. Quand elle ressortit, la grande femme brune n'avait pas bougé, mais une cigarette neuve avait remplacé la précédente entre ses lèvres. Elle l'alluma, tout en protégeant la flamme du vent de sa main libre.

« Vous savez, Irène, s'écria Astrid en se dirigeant vers elle, c'est hautement cancérigène, ces cochonneries-là. »

Irène Barsamian ne prit pas la peine de répondre. Du bout des doigts, elle retira une brindille de tabac venue se coller sur sa langue, puis aspira une longue bouffée de fumée qu'elle laissa mijoter quelques instants au fond de sa poitrine avant de la recracher vers le ciel.

« Bonjour, dit-elle enfin, je désespérais de vous voir arriver. Ça fait plus d'une demi-heure que j'attends. Il n'y a donc personne chez vous aujourd'hui ? »

Astrid jeta un coup d'œil aux pieds de sa visiteuse. D'après le nombre de mégots écrasés à terre, elle avait effectivement patienté un certain temps, appuyée contre sa voiture.

« C'est la rentrée des classes aujourd'hui. J'ai emmené mes élèves à leur lycée. Je vous rappelle que c'est vous-même qui m'avez autorisée à les y inscrire. Vous n'avez pas oublié ?

— Non, par contre je connais mal le calendrier scolaire. Mais (elle regarda sa montre) les cours commencent à quelle heure dans ce lycée pour que vous reveniez seulement maintenant ?

— Les cours commencent normalement à huit heures. Mais il s'agit d'une école privée – la seule en fait à avoir accepté leur inscription étant donné leur retard scolaire – et elle est située à plus d'une heure de route. »

La visiteuse écrasa sa cigarette à terre.

« Bien, je vois. J'ai eu tort de ne pas vous avoir téléphoné avant de venir. Ce n'est pas grave, ça m'arrange même.

— Comment cela ?

— Pour discuter, nous serons plus tranquilles. D'ailleurs, si vous m'invitiez à rentrer, je vous en serais reconnaissante.

— Euh, oui, bien sûr », marmonna son interlocutrice, en fouillant ses poches à la recherche de sa clef.

Dans l'entrée, elle fut surprise par le silence. Elle se rendit compte soudain que depuis près d'un an et demi, le Chalet n'avait jamais été aussi vide. L'absence des filles provoquait un calme inhabituel.

Sans un mot, elle conduisit sa visiteuse au salon. Celle-ci se laissa choir dans un fauteuil.

« Je vous offre quelque chose à boire ? »

Irène Barsamian secoua la tête.

« Non, merci. Pour tout vous dire, je n'avais pas prévu de venir vous voir. Mais j'avais rendez-vous hier soir pas très loin d'ici et, avant de repartir ce matin, j'ai décidé de faire un petit détour. Je tenais à vous parler.

— Me parler ?

— Oui, de... certaines choses. »

La visiteuse s'arrêta, hésitante, cherchant ses mots. Son interlocutrice ne fit aucun effort pour lui faciliter la tâche.

« Votre équipe a fait du très bon travail. Votre idée était excellente, tout le monde le reconnaît à présent. Pourtant... »

Nouveau silence, nouvelle hésitation. Mme Barsamian n'avait pourtant pas une réputation de timide ou d'indécise. Astrid comprit qu'elle n'était pas là du fait d'un simple détour. On l'avait envoyée, sans doute de très loin ; c'était l'Organisation qui parlait par sa bouche.

« Pourtant, reprit la visiteuse, certaines personnes continuent de penser que le risque lié au Projet Alpha est grand. Et elles voudraient être sûres que...

— Que... ?

— Que, le moment venu, vous saurez y mettre fin. »

Irène Barsamian se tut et fixa son hôtesse droit dans les yeux. Face à elle, le visage ingrat et son grain de beauté restèrent figés.

« Nous n'en sommes pas encore là, se contenta de répliquer froidement Astrid après quelques secondes d'un lourd silence.

— Non, bien sûr. Mais les choses vont toujours plus vite qu'on ne le croit. Dans deux ans, trois tout au plus, les effets de l'an 2000 se seront dissipés et votre équipe n'aura plus de raison d'être. Et deux ou trois ans, c'est vite passé.

— Mais dans trois ans, des Aberrations continueront d'apparaître.

— Oui, mais pas au même rythme. Et elles seront sans doute moins dangereuses. L'exacerbation du phénomène due à l'arrivée du nouveau millénaire et à la psychose collective qu'il engendre aura cessé. Nos services pourront y faire face sans avoir à faire appel à - comment dire ? - de la "main-d'œuvre" spéciale.

— Et vous aviez besoin de venir jusqu'ici pour me dire ça ? »

La mince femme brune se redressa sur son siège et se pencha en avant, mains croisées devant elle.

« Oui, c'était nécessaire. L'Organisation tenait à vous rappeler les conditions que nous avions posées avant de vous autoriser à réunir votre équipe. Quand elle sera devenue inutile, elle devra être dissoute. Vos cinq recrues devront retourner d'où elles viennent et cela sera de votre responsabilité. A vous et à vous seule. »

Astrid avala sa salive.

« Et... qu'est-ce qui vous fait croire que je pourrais ne pas assumer cette responsabilité ?

— Votre attitude.

— Mon attitude ? Quelle attitude ?

— Votre manière de couver ces cinq filles, comme si vous en étiez responsable.

— Mais j'en suis responsable ! D'ailleurs, l'Organisation me l'a bien fait comprendre.

— Non, pas comme ça. Vous avez le devoir de les préparer à leurs futures missions, d'éviter qu'elles ne se fassent remarquer et ne NOUS fassent remarquer par la même occasion et, bien sûr, de vous assurer qu'elles n'échappent pas à votre contrôle. Mais les derniers rapports...

— Vous voulez dire, les rapports de Kamel Sarawi ?

— Ne faites pas une fixation sur cet homme. Le problème ne vient pas de lui, mais de vous. Vous surprotégez vos élèves au détriment des missions. Vous étiez prête à refuser la dernière pour ne pas exposer la Colombienne.

— On voulait la confronter à un psychopathe. A son âge ! Fallait-il prendre le risque de...

— Oui. La priorité, ce sont les missions. L'équipe n'a été recrutée que pour cela. Votre rôle est de l'utiliser, pas de la préserver.

— Si elle est détruite, elle ne nous sera plus d'aucune utilité. Et vous savez comme moi que le pire est à venir. »

Irène Barsamian se rejeta en arrière sur son fauteuil.

« Ce point, je vous le concède. Et c'est d'ailleurs l'argument que j'ai moi-même avancé devant la direction. Mais il n'est valable que jusqu'à un certain point. Les missions DOIVENT être accomplies, quel qu'en soit le risque. Vos collègues ne rechignent jamais devant le danger ou l'horreur, vous non plus d'ailleurs. Alors pourquoi les choses seraient-elles différentes pour vos recrues ?

— ...

— Je vais vous le dire. Parce que, malgré tout ce que vous savez sur elles, vous les voyez comme des enfants. Des enfants que vous vous croyez de plus en plus obligée de protéger comme si vous étiez leur...

— Ça suffit ! Qu'est-ce que c'est que ces âneries ? Je ne m'attendais pas à ça de votre part Irène. Je pensais que vous me connaissiez mieux que cela. Je ne fais aucun sentimentalisme avec mes élèves. Mais moi, je vis avec elles au quotidien depuis plus d'un an. Alors je commence à les connaître. Et je sais ce qu'on peut attendre d'elles. Les résultats obtenus parlent d'eux-mêmes. On pourrait quand même me faire confiance ! Maintenant, si vous voulez mettre la charrue avant les bœufs, libre à vous. Mais on ira à l'échec. Et si l'équipe est détruite, ce sera un gâchis stupide. A vous de choisir. »

Sans répondre, Irène Barsamian chassa d'un revers de main une poussière sur le revers de sa manche, puis se leva.

« Je crois vous avoir dit tout ce que j'avais à vous dire. Il est temps que je m'en aille. »

La femme brune déplia sa grande silhouette et sortit de la pièce sans attendre qu'Astrid lui montre le chemin.

Devant la porte d'entrée, elle se retourna :

« N'oubliez pas qu'un jour il faudra les ramener chez elles, et ce sera à vous de le faire. »

Chapitre 31

Extrait du journal d'Astrid Sappa

La scolarisation de mes cinq terreurs a plutôt bien démarré. Ce n'est pas un mal. J'ai pris un risque. Certains à l'Organisation m'attendaient au tournant. Au moindre scandale, au plus petit faux pas, ils m'auraient obligée à ramener les filles au Chalet et, en insistant un peu auprès de la direction, pouvaient me retirer la responsabilité de l'équipe.

Mais ça n'a pas été le cas. Tout se déroule sans heurts.

Les horaires sont un peu spartiates car, avec une heure de trajet, j'ai dû imposer un réveil à six heures et quart pour que tout le monde ait le temps de prendre son petit déjeuner et de faire sa toilette avant le départ. A ce petit jeu, les deux qui ont le plus de mal à se réveiller sont Charo et Yunhua. Mais elles compensent par une grande rapidité à se préparer. Liliana et Nakiméra qui ont un appétit d'ogre traînent, en revanche, systématiquement au petit déjeuner. Pourtant on y arrive. Elles sont toutes trop contentes de ne plus être enfermées entre quatre murs toute la journée pour penser à se plaindre de ce réveil matinal.

Je vais les rechercher le soir, à six heures, après les cours ou après l'étude où elles font leurs devoirs. Le reste se fait au Chalet sous mon contrôle.

Tout s'est bien passé jusqu'à présent.

A part quelques incidents sans grande importance, qu'il vaudrait mieux ne pas ébruiter et que je ne confie donc qu'à ce journal.

Le premier s'est déroulé quelques semaines après la rentrée scolaire. L'école Saint-Simon accueillant de nombreuses enfants de diplomates, la population y est fortement polyglotte. Certaines élèves en profitent pour se permettre, à voix haute, des réflexions qu'elles croient incompréhensibles par les autres. C'est ce qu'ont fait deux jeunes Coréennes, pendant une récréation, à propos de Charo et Liliana. Malheureusement pour elles, Yunhua les a entendues. La remarque était si grossière qu'elle a aussitôt réagi en les insultant... en coréen, bien sûr. Ce qui a un peu surpris les deux élèves qui ne pensaient pas qu'une Chinoise puisse maîtriser aussi bien leur langue. Heureusement, les portables de ces deux petites pestes – dont elles possèdent, bien sûr, les versions les plus modernes et les plus coûteuses – se sont mis soudain à sonner simultanément, ce qui a détourné leur attention. J'ai félicité Leïla de cette heureuse initiative. J'espère qu'elle n'en a pas profité pour envoyer des SMS injurieux à ces deux gamines. Elle m'a affirmé que non, mais quand j'ai demandé à Charo de me confirmer la chose, elle m'a juste répondu : « Je ne suis pas responsable de ce que font les autres. Et je ne suis pas là pour les dénoncer. »

Dois-je me réjouir qu'elle ait aussi bien appris à répondre à côté des questions pour dissimuler la vérité ?

Le second incident semble prouver que oui.

Il y a une semaine, la professeur de mathématiques a découvert à la fin d'un cours, sur le sol de sa classe, une feuille de papier roulée en boule. Par curiosité, elle l'a dépliée et a eu la grande surprise d'y lire l'énoncé intégral de l'interrogation qu'elle s'apprêtait à donner à ses élèves... le lendemain. Plus étonnant encore, la feuille était écrite au crayon à papier, mais calligraphiée exactement comme si elle avait été tapée à la machine. D'après la professeur qui a comparé cette feuille à l'original qu'elle conservait chez elle : « On aurait dit un calque. » Cela a fait un gros scandale dans l'école et toutes les élèves de la classe ont été convoquées, une par une, chez la directrice. Liliana qui, malgré ses airs innocents, sait très bien mentir, s'est contentée de jouer la nunuche qui ne comprenait rien. Elle a eu la bonne idée de demander que Nakiméra l'accompagne pour la traduction en langage des signes, si bien que, quand elles sont sorties toutes les deux, ni la directrice, ni la prof de mathématiques ne doutaient un instant qu'elles n'étaient pour rien dans cette histoire.

Pour Charo, en revanche, j'ai eu très peur. Mais elle s'est remarquablement débrouillée.

A la question : « Qu'est-ce que vous savez de cette histoire ? », elle a simplement répondu : « Ce n'est pas moi. » Et quand la directrice a insisté en demandant si elle connaissait le ou les coupables, elle s'en est tirée en répondant : « Si c'est quelqu'un que je connais, il ne m'en a pas parlé. » Ce qui était l'exacte vérité, car Liliana avait gribouillé son dessin sans rien dire à personne, dans les cinq dernières minutes du cours de maths, sous une de ces impulsions soudaines dont elle n'a pas encore réussi à se guérir totalement. Quand je lui ai demandé plus tard pourquoi elle n'avait pas déchiré le papier en petits morceaux pour être sûre que personne ne puisse comprendre ce qu'il y avait dessus, elle m'a regardée avec un air terrifié comme si je lui avais dit de se couper un bras. J'ai compris que je ne devais pas insister. Par contre, je lui ai conseillé - ordonné serait un terme plus juste - de mieux ranger, à l'avenir, ce genre de documents compromettants pour éviter qu'on ne les retrouve par terre. Elle m'a, bien sûr, affirmé qu'elle y ferait attention - c'est du moins ce que m'a traduit Yunhua - mais je ne me fais pas trop d'illusions ; Liliana n'est pas la plus ordonnée des cinq.

Enfin, tout cela m'a confirmé qu'il y avait encore du travail à faire pour que ces enfants apprennent à contrôler leurs dons.

Chapitre 32

Novembre 1999

Depuis quinze ans qu'il tenait son bistrot, Sauveur Talamonti avait perdu l'habitude de lever les yeux de son bar chaque fois qu'une jolie cliente poussait la porte de son établissement.

Mais là.

« *Cinq d'un coup*, pensa-t-il, *c'est une première. Un peu jeunes quand même. Mais quelles belles filles ! Vu les uniformes, elles doivent sortir de l'école Saint-Simon.* »

Tous les regards masculins étaient braqués sur les nouvelles venues. Il y en avait pour tous les goûts. De la sombre Africaine à la blonde lumineuse, en passant par la beauté asiatique ou méditerranéenne.

Le patron jeta un regard circulaire et inquisiteur. Dans sa clientèle, peu étaient des buveurs de limonade, tous n'étaient pas des gentlemen et certains n'avaient pas le sens de la modération. Il espérait qu'aucun ne se laisserait aller à un geste ou une parole déplacée.

Les craintes du patron se révélèrent infondées. Les cinq filles atteignirent le comptoir sans problème. L'Asiatique s'approcha. Sauveur fut immédiatement impressionné par l'assurance qui se dégageait de la jeune fille. Il remarqua aussi que, si sa copine arabe se tenait à côté d'elle avec l'air de bien s'amuser, les trois autres, en revanche, restaient en retrait.

« Bonjour, on voudrait jouer au Loto. »

Le patron la regarda, amusé par le ton sans réplique de la gamine.

« Combien de cartons ? »

La jeune Asiatique eut l'air surprise. Elle devait jouer pour la première fois.

« Euh... bredouilla-t-elle, ben... un seul. Ça suffit un seul carton pour gagner ? »

Le patron sourit à nouveau.

« Ouais, en théorie, ça suffit. Mais plus on joue de combinaisons différentes, plus on a de chances d'avoir les bons numéros. Bien sûr, c'est plus cher.

— Alors, un seul suffira. Je connais les chiffres que je veux jouer. »

Sauveur Talamonti hocha la tête. Il se retint de répliquer qu'on voyait à des kilomètres qu'elle n'était pas le genre de fille à avoir des doutes. Sur le Loto ou sur autre chose. Il tendit le carton.

Comme elle s'apprêtait à payer, une de ses camarades – une Hispanique autant qu'on pût en juger – s'approcha et lui posa la main sur le bras.

« Tu ne devrais pas, Yunhua. Tu vas t'attirer des ennuis avec Mamie. »

Yunhua retira son bras, sèchement.

« Le problème avec toi, Charo, c'est que tu es trop obéissante. C'est pas parce qu'elle a dit qu'on ne devait pas faire ceci ou cela qu'on doit forcément lui obéir.

— Et si elle l'apprend. Tu as entendu ce qu'elle a dit ? Crois-moi, elle disait la vérité. »

Yunhua se retourna vers le comptoir et attrapa son carton.

« Viens plutôt m'aider à remplir ce truc. Je te promets que t'auras une petite part, quand j'aurai gagné. »

Elle s'installa à une table et fouilla dans son cartable à la recherche d'un stylo. De son côté, Leïla, d'un signe de tête, invita Liliana et Nakiméra à la suivre vers le flipper.

« Allez, détends-toi un peu », souffla Yunhua à Charo qui, installée face à elle, ne desserrait pas les dents.

La Chinoise sortit de sa poche une feuille de papier qu'elle défroissa sur la table. Sur la feuille, dessinées avec réalisme, des boules de Loto bien alignées exposaient leurs rondeurs chiffrées.

« Cache ça, s'énerva Charo. Si quelqu'un le voit...

— Et alors ? Qu'est-ce qu'ils peuvent bien comprendre ? »

Elle jeta un coup d'œil autour d'elle.

« Tu crois qu'il y en a un seul, parmi ces buveurs de bière, qui puisse deviner que la blondinette sourde qui joue maintenant au flipper a fait ce dessin hier et que c'est justement la combinaison gagnante du prochain tirage ? Il faudrait une sacrée imagination et ça m'a pas l'air d'être la denrée la plus abondante dans ce bar. »

Charo ne répondit pas. Son visage venait de se figer. Son regard fixait l'entrée, face à elle. Yunhua se retourna. Astrid se tenait dans l'encadrement de la porte, le regard dur. Quand elle se dirigea vers leur table, Yunhua tendit la main pour saisir le dessin de Liliana et le faire disparaître dans sa poche, mais son regard croisa celui de Charo. Le petit sourire désabusé de la Colombienne lui fit comprendre que sa tentative de dissimulation était puérile. Sa main retomba sur sa cuisse.

Leur tutrice s'arrêta à leur hauteur et les regarda sans prononcer une parole. Puis elle retira une feuille de sa poche et la déplia. Elle était du même format que celle posée sur la table. On y voyait, représentée avec la précision caractéristique des dessins de Liliana, l'entrée du bar où s'engouffrait le groupe des cinq filles.

« Il faut que tu saches deux choses à propos de Liliana, dit-elle simplement en s'adressant à Yunhua. Premièrement, elle ne PEUT PAS s'empêcher de dessiner certains événements, s'ils représentent quelque chose d'important dans son existence. Et deuxièmement, elle ne déchire JAMAIS ses dessins. Ça lui est impossible. »

Elle remballa d'un même geste les deux feuilles de papier dans sa poche et en profita pour réduire le carton de Loto à l'état de confettis.

« La prochaine fois, avant de faire une ânerie de ce genre, pense à faire le ménage dans la chambre de ta copine. (Elle se tourna vers Charo.) Et toi, tu n'es pas obligée de la suivre dans tous ses plans foireux. Je comprends la solidarité, mais il y a une limite. »

Les deux filles ne répondirent rien. Devant leur mutisme, la quinquagénaire se tourna vers le flipper et, d'un claquement de doigts, attira l'attention de Nakiméra qui, d'abord surprise, comprit vite qu'elle devait prévenir ses deux camarades et rappliquer en vitesse.

Quelques secondes plus tard, elles sortaient toutes les six du bar.

A l'intérieur, un client interpella le patron :

« Hé, Sauveur ! Viens voir le flipper. C'est pas croyable ! »

L'homme contourna son bar et s'approcha de la machine. Elle affichait des scores mirobolants... et douze parties gratuites.

Une fois qu'elles furent sorties, Astrid emmena ses cinq élèves dans son monospace et démarra en leur laissant juste le temps de mettre leurs ceintures.

« Est-ce que vous vous rendez compte de ce que vous venez de faire ? s'exclama-t-elle à peine la première vitesse enclenchée. Je vous entraîne toutes pour que vous appreniez à mieux contrôler vos pouvoirs et que vous puissiez les utiliser sans vous faire remarquer. Et c'est comme ça que vous réagissez ! Vous avez pensé un instant à ce qui se serait passé si vous aviez gagné le gros lot du prochain tirage ? Déjà, quand il s'agit d'un quidam quelconque, les journaux en font leurs choux gras, mais là... Pensez ! Cinq filles, toutes étrangères, vivant dans un chalet avec leur tutrice ! Ça ne serait pas passé inaperçu, croyez-moi. Et les grands pontes de l'Organisation auraient été ravis, vous pouvez en être sûres. »

Sentant que la colère risquait de lui faire perdre la maîtrise de sa conduite, elle gara brusquement sa voiture sur le bord de la route. Une fois arrêtée, elle se retourna vers ses passagères.

« Ecoutez-moi bien, dit-elle en articulant pour que Liliana puisse suivre sur ses lèvres. J'ai eu un mal fou à faire accepter par l'Organisation de vous laisser sortir du Chalet pour aller dans cette école. Et à peine trois mois après la rentrée, vous commencez à faire les imbéciles. »

Elle reprit son souffle.

« L'Organisation ne prendra pas le risque de se faire repérer à cause de vous. Encore une ânerie de ce genre et, dans le meilleur des cas, vous retournez définitivement vivre au Chalet. Et dans le pire... »

Un silence.

« Dans le pire, vous disparaissez de la surface de ce monde. Si vous croyez que je raconte des bobards, demandez à Charo. »

Les quatre se tournèrent vers la Colombienne.

L'expression de son visage leur suffit comme réponse.

2000

Chapitre 33

1er janvier 2000

Astrid Sappa se redressa d'un coup sur son lit, le front moite de sueur. Elle resta assise un long moment avant que sa respiration reprenne un rythme normal. Quand l'air circula à nouveau sans saccade dans ses poumons, elle rejeta sa couverture, enfila sa robe de chambre, ses chaussons, et descendit au rez-de-chaussée.

Arrivée dans la cuisine, elle remplit une casserole d'eau et la posa d'un geste las sur le gaz. En attendant que l'eau bouille, elle s'assit lourdement sur la première chaise à sa portée, posa ses coudes sur la table et enfouit la tête dans ses mains.

« Mon Dieu, murmura-t-elle, nous avions donc raison. »

Elle demeura ainsi jusqu'à ce que le frétillement de l'eau la décide à se redresser. C'est alors qu'elle aperçut Liliana, plantée dans l'encadrement de la porte.

« Mais... qu'est-ce que tu fais là ? »

Pour seule réponse, la jeune sourde avança d'un pas et déposa sur la table la feuille de papier qu'elle tenait à la main. Sa tutrice la fit glisser jusqu'à elle.

« Tu savais que j'allais faire un cauchemar cette nuit ? » demanda-t-elle après avoir vu le dessin.

Liliana secoua la tête négativement.

« Alors tu viens juste de dessiner ça ? » (Hochement affirmatif.) « Tu as dû réveiller les deux autres, non ? » (Négation.) « Tu l'as fait dans le noir ? » (Affirmation.) »

Astrid regarda encore une fois le dessin qui la représentait, se redressant avec effroi sur son lit. Comme d'habitude, le réalisme était hallucinant.

« Assieds-toi, dit-elle. Tu veux prendre une tisane avec moi ? »

Liliana sourit en prenant place sur une chaise. Sa tutrice sortit deux mazagrans du placard mural et une boîte contenant des sachets de tisane qu'elle présenta à son élève.

« Ça sera plus facile si tu choisis toi-même que si tu essayes de m'expliquer celle que tu préfères. »

A cet instant, un léger bruit venant de l'escalier lui fit lever la tête. Quelques instants plus tard, Leïla et Nakiméra apparaissaient à leur tour au seuil de la cuisine.

« Eh bien, je croyais que tu n'avais réveillé personne ? s'étonna Astrid en se tournant vers Liliana.

— Ce n'est pas elle qui nous a réveillées, répondit Nakiméra, c'est vous.

— On se demandait à qui vous parliez si fort, ajouta Leïla.

— Si fort ? Euh... (elle se mit aussitôt à murmurer) je parlais si fort que ça ?

— Oh oui, répondit Leïla, et on est un peu étonnées que ça soit avec Liliana. »

Astrid fit mine de ne pas avoir remarqué le ton ironique de la jeune fille.

« Et les deux autres ? demanda-t-elle.

— Oh, elles, répondit Nakiméra, elles dormiraient pendant un tremblement de terre. C'est des vraies marmottes.

— Tant mieux, au moins quand elles dorment, elles ne se disputent pas. Bon, puisque vous êtes là, vous allez prendre aussi une tisane, je suppose. »

Les deux filles s'assirent aussitôt à côté de Liliana qui agita les mains avec un grand sourire.

« Ah oui, c'est sûr, répondit Leïla.

— Qu'est-ce qu'il y a de si drôle ? demanda leur tutrice en versant l'eau bouillante dans les tasses.

— On rigole, parce que hier soir vous ne vouliez pas qu'on attende jusqu'à minuit pour voir le début de l'an 2000 et maintenant...

— Maintenant le début est passé, mais tu as raison (elle regarda la pendule murale), vous auriez aussi bien pu rester éveillées, ça n'aurait pas fait une grosse différence. »

Elle s'assit, l'air soudain harassé. Les trois filles se regardèrent, un peu surprises. Liliana agita à nouveau ses mains.

« Tout va bien », dit Astrid.

Elle laissa passer un moment de silence puis, se tournant vers son élève roumaine, lui avoua en s'appliquant à articuler :

« Tu sais, je me dis tous les jours que je devrais apprendre le langage des signes, ça serait tellement plus simple pour toi... et pour moi. Mais je suis nulle pour ce genre de choses, que ça soit les langues étrangères ou... (elle mima le langage gestuel) j'ai à peine réussi à apprendre trois mots d'anglais pendant toutes ces années où j'ai parcouru le monde pour l'Organisation. Et je les utilise généralement de travers. »

Elle avala une gorgée de tisane.

« Mais c'est comme ça, acheva-t-elle d'une voix sourde, c'est la vie. »

Le silence retomba sur la pièce. Les trois filles, assises de l'autre côté de la table, observaient leur tutrice, de plus en plus gênées. Tête baissée, immobile, elle semblait en contemplation devant le contenu de sa tasse qu'elle entourait de ses deux mains.

« Euh... madame..., se risqua finalement Nakiméra, ça va vraiment ? »

La quinquagénaire leva les yeux.

« Oui, bien sûr », dit-elle d'une voix atone.

Leïla ajouta :

« Vous... vous n'avez rien bu ? »

Astrid la regarda, surprise. Puis soudain elle comprit.

« Tu veux dire... de l'alcool ? »

La jeune fille lui sourit d'un air gêné. La femme s'esclaffa.

« Ah non, je ne suis pas soûle !

— Je... je demandais juste ça, parce que vous n'aviez pas l'air dans votre assiette. »

Astrid secoua la tête.

« Je comprends. C'est vrai que je ne suis pas en pleine forme. Mais ce n'est rien. C'est juste... juste que j'ai fait un cauchemar.

— Il devait être particulièrement horrible pour vous mettre dans cet état.

— Oui, il l'était. Il l'était d'autant plus que je ne fais jamais de cauchemars.

— Jamais ?

— Non.

— Vous voulez dire que vous ne faites que des rêves agréables ? »

Astrid souffla sur sa tasse et avala une gorgée de tisane.

« Non, je veux dire que je ne rêve jamais. (Une seconde gorgée.) Ou plutôt, je ne rêve que quand je veux... et ce que je veux. (Elle finit sa tasse.) Ou presque. »

Les mains de Liliana s'agitèrent.

« Tu ne comprends pas, c'est ça ? C'est normal, personne ne comprend. Même moi. C'est comme ça, c'est tout. Je ne rêve que lorsque je le décide... enfin, pour ainsi dire. En fait, c'est un peu plus compliqué. Je ne rêve jamais la nuit pendant mon sommeil, cela n'arrive que lorsque je voyage. Déjà, quand on faisait des trajets en car, à l'orphelinat...

— Vous venez d'un orphelinat ? demanda Nakiméra.

— Oui, je suis comme vous, je n'ai jamais connu mes parents. Mais on en parlera une autre fois. Ce que je voulais dire, c'est que ça a commencé quand j'étais toute petite. Lors des sorties en car, j'avais l'impression de m'endormir, comme n'importe lequel de mes camarades, mais, lorsque je me réveillais, les accompagnateurs me disaient que j'étais restée tout le trajet les yeux grands ouverts, sans bouger. Au début, ça faisait rire tout le monde, puis certains ont commencé à s'inquiéter. J'ai été examinée par des médecins. Tout ce que je pouvais leur raconter, c'était les rêves que j'avais faits, ce qui ne les avançait guère. Et puis un jour, quand j'avais à peu près votre âge, un homme est venu me chercher à l'orphelinat. Il a dit qu'il avait entendu parler de moi et de ma drôle de façon de faire des rêves et que ça l'intéressait. A l'époque, bien sûr, j'ignorais tout de l'Organisation. J'ai été très surprise qu'il ait le droit de m'emmener, comme ça, sans aucune procédure d'adoption, mais j'étais tellement contente de sortir de l'orphelinat que je l'ai suivi sans poser de questions.

— Et c'est comme cela que vous avez commencé à travailler pour l'Organisation ?

— Oui.

— Et ils sont venus vous chercher juste à cause de vos rêves ?

— Oui, enfin surtout à cause du fait que je semblais rester éveillée pendant que je rêvais.

— Et pourquoi ? Ça avait un rapport avec ce que vous nous avez dit sur les rêves et les Aberrations, c'est ça ? »

Astrid regarda Nakiméra avec un petit sourire satisfait.

« Bravo. Il y a effectivement un rapport. Autrefois, l'Organisation n'avait pas d'autre solution pour se débarrasser des Aberrations que de... enfin, vous voyez ce que je veux dire. »

Les trois filles approuvèrent de la tête en faisant la grimace.

« Et puis, ils ont découvert qu'il existait des gens comme moi. Pas beaucoup. Actuellement, on doit nous compter sur les doigts d'une main à travers le monde. Mais ça suffit.

— Ça suffit à quoi ? demanda Leïla.

— Ça suffit pour ramener les Aberrations chez elles. Enfin... celles qui ont apparence humaine, parce que celles du genre serpent de mer ou soucoupes volantes, on est bien obligé de s'en occuper autrement. Sinon...

— Sinon ?

— Sinon, je pars en voyage avec elles. Je les emmène dans ma voiture et je roule. Et si je le décide, je rêve.

— En roulant ?

— Oui, en roulant, mais comme je te l'ai dit, Leïla, je rêve, mais je ne dors pas. Je serais bien incapable de t'expliquer comment ça se passe, mais je n'ai jamais eu d'accident. Pendant quelque temps, je suis "ailleurs", dans cet espace dont je vous ai parlé, où les rêves fusionnent avec la réalité. L'Aberration que j'ai emmenée est là, avec moi. Elle reste. Moi pas. Quand je reprends conscience, je suis seule dans ma voiture, en train de conduire, comme si de rien n'était. »

La femme se tut. Face à elle, ses trois élèves sirotaient leurs tisanes en silence. Leur air concentré montrait à quel point les dernières explications de leur tutrice tentaient de trouver un agencement logique dans leurs esprits. Soudain, Liliana posa sa tasse et commença à exprimer quelque chose, par gestes, que Nakiméra traduisit aussitôt.

« Liliana voudrait savoir : c'était quoi votre cauchemar de cette nuit ? Et pourquoi c'est arrivé, si vous ne rêvez jamais pendant votre sommeil ? »

Le visage de Mme Sappa se crispa. La question la ramenait brutalement à une réalité qu'elle avait réussi, un instant, à oublier.

« Ah oui, ça... », murmura-t-elle.

Au lieu de répondre, elle se leva, alla jeter son sachet de tisane usagé dans la poubelle et déposa sa tasse dans le lave-vaisselle. Les trois filles, assises en silence, attendaient en se jetant des coups d'œil interrogateurs. Leur tutrice finit par se rasseoir et reprit :

« J'ai fait un rêve et il m'a fait comprendre que ce que je craignais le plus – ce que toute l'Organisation craignait – va sans doute se produire. Nous sommes en l'an 2000. Pour beaucoup, c'est une date magique et généralement pas au bon sens du terme. Des tas de gens s'attendent à l'arrivée d'un événement exceptionnel : la fin du monde ou en tout cas une catastrophe planétaire. Certains prédisent l'avènement de ce qu'ils appellent les "Forces du Mal". Une multitude de personnes s'imaginent que quelque chose d'exceptionnel va marquer cette année qu'elles considèrent comme le début du nouveau millénaire ; quelque chose de puissant, de terrible, de mauvais. Tous n'ont pas la même idée de ce que ce sera, mais tous s'attendent au pire. Et ceux qui n'y croient pas sont quand même influencés par cette psychose collective et ne peuvent s'empêcher de se demander : et s'il y avait quelque chose de vrai là-dedans ?

Tout cela, vous vous en doutez, n'est pas sans conséquence sur l'Espace Rêve et le risque de voir apparaître une nouvelle Aberration. Cette fois, elle ne sera pas engendrée par un groupe, une ville, une région, mais par l'ensemble de la population mondiale ou en tout cas une bonne partie. Et elle sera orientée dans une direction bien particulière : le Mal. »

Elle s'interrompit. Face à elle, les trois filles restaient figées. Liliana finit par esquisser quelques gestes.

« Quel rapport avec votre rêve ? traduisit Nakiméra.

— Le rapport, c'est que cette nuit, tous les fantasmes dont je vous ai parlé sont en train d'enfler comme des ballons et qu'ils vont sûrement donner naissance à une Aberration d'un type particulièrement dangereux.

— De quel genre ? demanda Leïla.

— Je n'en sais rien, hélas. Mais je peux te dire que quelque chose de terrible se prépare. D'habitude, comme je vous l'ai déjà expliqué, la venue d'une Aberration se traduit par l'apparition de nouvelles espèces de petits animaux, totalement anormaux et souvent à peine viables. C'est le seul signe. Mais là... »

Astrid se redressa en respirant profondément.

« Là, l'Espace Rêve est tellement chamboulé que je l'ai ressenti et que j'y suis allée malgré moi. A moins que ce ne soit lui qui soit venu à moi, je ne sais pas. Mais ce qui m'a le plus effrayée, c'est le personnage qui occupait ce rêve. Il était seul, mais il semblait envahir tout l'espace. Je n'arrivais pas à voir les traits de son visage et même sa silhouette est restée floue tout le temps. Et pourtant, il était tellement présent... présent et menaçant. Il n'a pas dit un mot, mais j'ai eu l'impression qu'il savait... qu'il savait qui j'étais, où nous étions, ce qu'il était et ce qu'il allait devenir dans notre monde. »

Sa voix se mit à trembler et, au coin de sa lèvre, son grain de beauté s'agita par soubresauts.

« Les Aberrations ne savent jamais qu'elles sont des Aberrations, reprit-elle, ni quand elles sont sur terre, ni quand je les ramène "là-bas". Mais LUI, il savait. Et quand il viendra...

— Mais comment pouvez-vous être sûre que cela arrivera ? demanda Leïla. Après tout, ce n'était peut-être qu'un rêve. »

Astrid Sappa secoua la tête.

« Non. J'aimerais que tu aies raison, mais il viendra. Et une Aberration qui sait qui elle est et pourquoi elle est là, ça ne sera pas facile à coincer, crois-moi. »

Leïla repoussa brusquement sa tasse.

« Eh bien, qu'il vienne ! Vous l'avez dit vous-même, c'est pour ce genre de cas que vous avez réuni notre équipe. On ne va pas se décourager avant même de l'avoir rencontré. »

Les deux autres approuvèrent de la tête. Leur tutrice retrouva le sourire.

« Tu as raison, Leïla. Avec vous cinq, on est parés. (Elle fixa soudain la porte par-dessus la tête de ses élèves.) Tiens ! A propos d'équipe, on va finir par être au complet autour de cette table. »

Les trois adolescentes se retournèrent. Encore titubante de sommeil, les épaules avachies, les paupières tombantes, Yunhua entra dans la pièce.

« Qu'est-ce que vous faites là ? grommela-t-elle d'une voix pâteuse.

— On parlait, répondit Astrid. Et de choses importantes. Mais je pense qu'on va aller se recoucher. Je te ferai un petit résumé demain, ainsi qu'à Charo. Si je te racontais maintenant, dans l'état où tu es, tu ne comprendrais rien de toute façon. Et moi, j'ai sommeil. »

Sans discuter, Yunhua retourna sur ses pas en traînant les pieds. Les trois autres la suivirent sans tarder. Astrid attendit quelques instants puis, à son tour, partit se coucher. Le reste de sa nuit se déroula sans rêves.

Chapitre 34

1er trimestre 2000

Astrid vécut les premiers mois de l'année 2000 dans l'attente et l'angoisse. Pas un jour ne se passait sans qu'elle téléphone à l'un ou l'autre de ses collègues de l'Organisation pour s'enquérir de la situation. Les réponses qu'elle obtint la surprirent. Partout dans le monde, la Première Ligne avait relevé, dès les premiers jours de janvier, de nombreux signes de l'arrivée d'Aberrations. Mais si leur nombre était anormalement élevé, leur importance semblait dérisoire.

« Pas de quoi paniquer, lui disait en substance chaque informateur contacté, on a déjà vu bien pire. Dans quelques jours, on va annoncer l'apparition d'une licorne ou d'un petit homme vert, on s'en occupera et ça passera pour un de ces nombreux canulars trop vite médiatisés. »

Rien de tel ne se produisait. Les signes étaient là, mais pas les Aberrations. Aucune. Et les angoisses d'Astrid s'accentuaient. Elle finit par contacter Irène Barsamian au siège central de l'Organisation.

« Ce n'est pas normal. On n'a jamais enregistré autant de signes avant-coureurs qui ne conduisent à rien.

– Cela veut sans doute dire que nous nous sommes inquiétés pour rien. L'arrivée de l'an 2000 a bien créé une flambée de fantasmes, trop confus, trop dispersés et trop différents pour aboutir à l'apparition d'une Aberration. Le phénomène n'engendre que des effets secondaires, mais le reste avorte. Ça s'est déjà vu, non ?

— On trouvait au moins une trace, une dépouille, un événement anormal, même de faible importance, alors que là...

— Les dépouilles finissent par disparaître, les événements anormaux doivent avoir suffisamment d'impact pour que quelqu'un les remarque. Etant donné ce que nous rapporte régulièrement la Première Ligne, il doit y avoir une multitude de petites anomalies de par le monde que personne ne détecte ou, en tout cas, qui ne viennent pas jusqu'à nos oreilles. Elles s'évanouissent d'elles-mêmes avant que nous ayons à nous en occuper et, croyez-moi, je ne le regrette pas. Il y aura toujours assez de travail pour nous.

— Vous ne pensez pas que...

— Que quoi ?

— Qu'il peut s'agir d'un phénomène nouveau ?

— De quel genre ?

— Je ne sais pas. Nous avions prévu que l'arrivée de l'an 2000 allait provoquer quelque chose d'exceptionnel, peut-être est-ce le cas. Nous ne devons pas relâcher notre surveillance.

— Nous ne la relâchons pas. Cependant, je ne peux inventer ce qui n'existe pas et, pour l'instant, il n'y a rien de concret.

— Peut-être parce que nous ne savons pas chercher. Si le phénomène engendré par l'"effet 2000" est d'un genre nouveau, peut-être...

— Peut-être quoi ? Il ne faut pas chercher des problèmes là où il n'y en a pas.

— Mais mon rêve !

— Quoi, votre rêve ? Ecoutez. Le fait que vous ayez rêvé vous a fortement troublée et je le comprends. Beaucoup de mes collègues et moi-même l'avons été aussi. Mais réfléchissez. Tout le monde savait que le simple mot "millénaire" allait provoquer un bouleversement à l'échelle de la planète dans l'inconscient collectif. Que cela ait pu chambouler l'Espace Rêve jusqu'à vous atteindre, vous qui y êtes liée d'une manière particulière, ça n'a rien d'étonnant. Il faut se rendre à l'évidence, ce bouleversement n'a pas eu les conséquences attendues sur notre monde. Il s'est en quelque sorte fragmenté et l'on recueille actuellement les miettes. Quand on aura fait le ménage, il n'en restera plus rien. Mais il n'y a pas que l'"Effet 2000", comme vous dites, pour provoquer la venue d'Aberrations. Notre monde a tout ce qu'il faut pour en créer d'autres et le personnel de l'Organisation n'est pas près de se trouver au chômage. D'ailleurs...

— D'ailleurs ?

— Certains autour de moi s'étonnent de votre insistance à vouloir qu'une catastrophe se prépare. Ils font remarquer que, sans elle, le projet qui a amené à la formation de votre équipe n'a plus de raison d'être. De là à imaginer que vous cherchez un prétexte pour...

— Pour quoi, encore ?

— Pour justifier le maintien de votre groupe le plus longtemps possible.

— Et vous y croyez, vous ? Vous pensez sincèrement que j'ai inventé ce rêve pour me donner de l'importance et qu'...

— Non, je vous connais et je sais que vous n'avez pas menti. Vous avez effectivement rêvé. Je sais aussi ce que cela a d'inhabituel.

— Alors pourquoi cette réflexion sur ces rumeurs à mon propos ?

— Même si je ne prête pas foi à ces rumeurs, je suis obligée de tenir compte de leur existence. Certaines personnes - et parfois haut placées - ne vous accordent pas la même confiance que moi. Ils ne cherchent qu'un prétexte pour dissoudre votre équipe le plus tôt possible.

— Et cela vous dérange ? J'avais cru comprendre que vous étiez aussi de cet avis.

— Je sais qu'il faudra mettre fin au Projet Alpha un jour ou l'autre, mais je ne veux pas précipiter les choses. L'an 2000 vient de commencer, et même si je ne m'attends plus, comme vous, à une catastrophe particulière, je sais qu'il y aura d'autres cas graves avant que les esprits se calment.

Votre équipe a fait jusqu'à présent du bon boulot et je veux la garder en réserve au cas où... Mais je vous demanderais de cesser de crier au loup. Sinon, toutes ces rumeurs alarmistes que vous faites courir et qui se révèlent sans fondement vont se retourner contre vous. Vos détracteurs s'en servent déjà pour vous faire une réputation d'originale qui n'a plus vraiment toute sa tête. Je vous laisse imaginer l'effet que cela produit sur les hautes autorités de l'Organisation. Pour l'instant, j'ai réussi à faire contrepoids, mais si vous continuez comme ça, je ne réponds plus de rien. »

Astrid n'insista pas et promit de ne plus importuner ses collègues avec ses coups de téléphone incessants. Mais elle n'avait pas plus tôt raccroché qu'elle se précipitait sur son ordinateur pour envoyer un e-mail.

Chapitre 35

Avril 2000

Le premier jour des vacances de Pâques, Astrid annonça à ses élèves qu'elle les emmenait, le lendemain, en visite.

« Un de mes amis, déclara-t-elle. Un personnage très intéressant, vous verrez. Il habite un peu loin d'ici, mais ça vaut le voyage. »

« Un peu loin d'ici ! s'exclama Yunhua quand elle vit la destination sur la carte. C'est de l'autre côté de la France !

— Eh bien, on partira tôt, c'est tout, répliqua sa tutrice. Et puis, cesse de te plaindre, tu vas voir du pays. Si on était restées au Chalet, tu aurais râlé d'être enfermée toute la journée et de ne pas pouvoir bouger. »

Le lendemain, aux premières heures de la matinée, le monospace embarqua ses six passagères pour l'ouest du pays. En montant dans le véhicule, Yunhua rouspéta une nouvelle fois d'avoir à faire un si long voyage.

« C'est pas grave, répliqua Nakiméra, de toute façon on ne verra pas le temps passer. Chaque fois qu'on monte dans cet engin, on dort toutes comme des bébés.

— Ça, c'est vrai », ajoutèrent Charo et Leïla en chœur.

Astrid sourit. Il y avait quelque chose de crispé dans ce sourire. Mais personne n'y prêta attention.

Comme l'avait prévu Nakiméra, le trajet ne dura que le temps de deux grosses siestes, entrecoupées d'une pause-sandwich sur une aire de repos. La conductrice dut même réveiller ses protégées lorsque en milieu d'après-midi elles arrivèrent enfin à destination.

Nakiméra fut la première à reprendre ses esprits.

« Ah, ça me rappelle notre arrivée au Chalet, dit-elle dans un bâillement.

— C… comment ça ? bredouilla Astrid.

— Ben oui, on était toutes les cinq endormies dans votre voiture, vous ne vous souvenez pas ? Et quand on est arrivées, j'ai été la première à me réveiller.

— Euh… oui… c'est possible. Je ne me souviens pas très bien.

— Si, si je vous assure, et puis…

— Oui… oui… d'accord. Je te crois. De toute façon, ça n'a pas d'importance. »

Nakiméra, vexée, se tourna vers Charo.

« *Qu'est-ce qu'elle a à me parler comme ça ?* lui demanda-t-elle par signes. *J'ai rien dit de mal.*

— *Laisse tomber,* répondit la Colombienne. *Elle a conduit toute la journée, ça l'a mise de mauvaise humeur.*

— *Déjà que c'est pas une rigolote en temps normal* », ajouta Yunhua.

La voix de l'intéressée les rappela à l'ordre :

« Oh ! Je ne sais pas ce que vous vous racontez avec vos mains, mais arrêtez cinq minutes de gesticuler, je ne vois plus rien dans le rétroviseur. On arrive en ville, j'ai besoin de voir ce qui se passe derrière moi. »

Comme pour renforcer son ordre, le panneau « Royan » apparut sur le bord de la route.

Au bout de quelques minutes, Liliana se mit discrètement à faire quelques signes en direction de ses camarades. Les quatre approuvèrent en souriant.

« Qu'est-ce qu'il y a ? » demanda la conductrice.

Les filles se regardèrent, hésitant à répondre. Finalement, Leïla décida de traduire.

« On comprend que vous ne vouliez pas qu'on s'agite trop, mais Liliana faisait remarquer qu'avec la circulation qu'il y a, vous ne risquez pas un accident. »

Astrid haussa les épaules.

« J'admets qu'il n'y a pas un gros trafic. C'est une ville balnéaire. En cette saison, la population est quasiment divisée par dix.

— C'est quoi, une ville balnéaire ? demanda Nakiméra.

— C'est une ville où les gens vont en vacances pour profiter de la mer.

— La mer ? On va voir la mer ?

— Ben oui, ouvre bien les yeux. »

La voiture prit alors un virage et s'engagea sur une grande avenue bordée d'un côté de maisons et d'hôtels aux murs blancs et de l'autre d'une vaste plage où une mer houleuse reflétait le gris du ciel.

« Waouh ! Alors c'est ça, la mer ?

— L'embouchure de la Gironde exactement. Vous regarderez sur une carte pour voir ce que ça représente. Au bout, là-bas, c'est l'océan Atlantique et encore plus loin - beaucoup, beaucoup plus loin - c'est l'Amérique.

— Et on peut se baigner ? demanda Nakiméra pleine d'espoir.

— Pas aujourd'hui avec le temps qu'il fait. C'est la mer, pas une piscine chauffée. Tu t'imagines en maillot de bain par ce froid ? Et je ne te parle que de la température de l'air. Dans l'eau, c'est pire. »

Nakiméra se renfonça dans son siège, déçue.

« De toute manière, ajouta Yunhua, aucune de nous ne sait nager. Enfin, moi je pourrais, mais il faudrait qu'il y ait au moins une autre personne sur la plage, et qui sache nager. Et là, je vois personne. Ah si, il y a quelqu'un qui promène son chien.

— Le chien doit savoir nager », lâcha Charo.

Yunhua se tourna vers elle.

« Très drôle.

— Tu n'as jamais essayé d'apprendre à aboyer ? Pour ce qui est de mordre... »

Sur le siège avant, Astrid leva la main.

« Ça suffit, Charo ! Evite-moi une nouvelle dispute, s'il te plaît. On est presque arrivées. »

La voiture obliqua brusquement sur la gauche et s'engagea dans une suite de petites rues sinueuses ondulant entre les villas et les pins. Quelques minutes plus tard, elle stoppa devant une imposante demeure. Un toit d'ardoises surplombait une façade avec balcons, alternant pierres blanches et briques orange. A l'angle droit, une sorte de tour au sommet conique donnait à l'ensemble une allure de petit château.

« Wouah, la baraque ! s'exclama Leïla en sortant de la voiture.

— Oui, répliqua Astrid d'un ton moins enthousiaste. Il y en a quelques-unes de ce genre, disséminées dans le coin. Personnellement, je ne suis pas très friande de ce style tape-à-l'œil, mais d'autres l'apprécient. Au moins ça a un avantage : nous pourrons y loger toutes les six pour la nuit. »

Elle appuya sur la sonnette de la grille. Quelques secondes plus tard, à l'autre bout de l'allée, la porte d'entrée de la demeure s'ouvrit et un homme aux cheveux blancs apparut sur le seuil. En le voyant, Liliana lança un regard désolé à Nakiméra.

« *Décidément, l'âge moyen des connaissances de Mamie ne rajeunit pas.* »

Effectivement, le propriétaire de la maison n'avait rien d'un jeune premier. Appuyé sur une canne, il vint en boitillant ouvrir la porte à ses invitées. Sa haute stature voûtée par l'âge se déplia un peu pour saluer sa visiteuse d'un sourire chaleureux, qui creusa encore un peu plus les nombreuses rides de son visage.

« Bonjour Astrid, ça faisait bien longtemps.

— Bonjour, Gaétan. Ravie de vous revoir. Laissez-moi vous présenter mes élèves. Liliana, Nakiméra, Charo, Yunhua et Leïla. Jeunes filles, je vous présente Gaétan Ravier, qui fut autrefois mon partenaire sur un certain nombre d'affaires et qui est maintenant archiviste pour l'Organisation. »

Se tournant vers les filles, l'homme inclina brièvement la tête.

« Enchanté, mesdemoiselles. Soyez les bienvenues dans ma modeste demeure. Si vous voulez bien me suivre. »

Les filles emboîtèrent le pas au vieil homme, tandis que leur tutrice fermait la marche. Se penchant vers Charo, Leïla lui souffla à l'oreille :

« "Modeste", ça ne doit pas vouloir dire la même chose en français et en arabe.

— Oh, si. C'est le seul mot que je n'ai pas entendu dans la phrase qu'il a prononcée. Il sait très bien qu'il n'a rien de "modeste", son château. »

L'intérieur de la maison était à l'image de sa façade. Les cinq jeunes filles, habituées aux dimensions plus sobres du Chalet, étaient impressionnées. L'entrée - ou plutôt le hall - était grand comme deux fois leur salle à manger.

« Peut-être pourrions-nous commencer par une petite visite des lieux ? », proposa leur hôte.

Les adolescentes, intimidées, approuvèrent d'un hochement de tête, mais Astrid intervint :

« Je préférerais que nous abordions tout de suite le vif du sujet. Nous ne restons que jusqu'à demain matin et je voudrais que ces jeunes personnes puissent voir un maximum de choses avant notre départ. Elles pourront toujours faire un petit tour du propriétaire ce soir, avant de se coucher.

— Dans ce cas, nous allons commencer la leçon immédiatement.

— La leçon ? s'étonna Nakiméra.

— Eh oui. Mais ne craignez rien, ce ne sera pas un cours magistral. Juste... quelques petites histoires destinées à mettre les jeunes recrues comme vous au courant de ce qui les attend. Vous nous accompagnez, Astrid ? »

La femme secoua la tête.

« Non merci. Je connais déjà toutes ces histoires et je me sens un peu fatiguée par ce voyage. Je vais rester au salon, me reposer un peu.

— Bien. Alors, mesdemoiselles, si vous voulez me suivre. »

Gaétan conduisit la petite troupe dans les étages, jusqu'au grenier. Sous les combles, une pièce était aménagée en salle de projection privée.

« Asseyez-vous, je vous en prie », invita le vieil homme en désignant les chaises placées en rangées devant un écran blanc.

Les filles hésitèrent un instant, puis, instinctivement, prirent place les unes à côté des autres. Gaétan sourit en les voyant ainsi regroupées, solidaires, comme prêtes à affronter un ennemi caché.

« Commençons, dit-il en éteignant la lumière.

— Un instant ! intervint Charo. Si vous éteignez, on ne pourra pas traduire vos paroles pour Liliana et elle ne pourra pas non plus lire sur vos lèvres. »

Gaétan fronça les sourcils.

« C'est vrai, dit-il. Je vous remercie de me prévenir. Je n'ai pas l'habitude de ce genre de situation. (Utilisant le variateur, il remonta légèrement l'intensité de la lumière.) Voilà, j'espère que cela sera suffisant. Si j'éclaire plus, vous ne verrez rien sur l'écran.

— Ça ira », dit Yunhua.

Liliana confirma de la tête.

« Bien, reprit leur hôte, comme vous l'avez sans doute compris, mon travail consiste à archiver toutes sortes de documents retraçant l'histoire de l'Organisation et les différentes actions qu'elle a menées au cours de son existence. A première vue, on pourrait penser qu'une telle activité est inutile, et même risquée. Considérant le souci de l'Organisation de rester secrète, il vaudrait mieux faire disparaître au plus vite toute preuve de son activité. Cela a été, pendant un temps, sa politique, mais il est vite apparu que l'on perdait ainsi une foule de renseignements qui pouvaient nous être utiles pour résoudre d'autres affaires. C'est ainsi qu'il a été décidé de créer, dans différents pays, des postes d'archivistes. Nous avons pour première mission de compiler les données et les rapports que nos équipes nous envoient en fin de mission. Tout cela est répertorié et classé. Ensuite, nous sommes chargés d'analyser toutes ces données, d'en extraire les renseignements les plus intéressants et d'en faire une synthèse. Enfin, ce travail nous sert à former nos jeunes recrues afin de mieux les préparer à leurs missions futures. »

Le vieil homme enclencha la première diapositive. Les statues de l'île de Pâques apparurent sur l'écran.

« Avant d'entrer dans le vif du sujet, nous allons commencer par un peu d'histoire et par ce que nous pensons être – même si nous n'en avons pas la preuve absolue – la trace d'Aberrations apparues sur terre il y a déjà bien longtemps. »

Chapitre 36

Avril 2000

Assise dans l'un des fauteuils du salon, Astrid attendait patiemment, regardant par la grande baie vitrée le spectacle de quelques merles se promenant sur la pelouse du jardin. Elle jeta un œil à sa montre. Cela faisait plus d'une heure que son collègue était monté au grenier avec les cinq filles. Ils n'allaient pas tarder à redescendre. De quoi avait-il bien pu leur parler pendant ce premier cours ? De l'affaire du « Triangle des Bermudes », certainement. C'était un cas d'école sur lequel on ne pouvait faire l'impasse. Ensuite, il était probablement passé à des affaires moins spectaculaires mais plus récentes, comme celle de ce pasteur, si ouvert, si généreux en apparence et qui était finalement devenu le gourou d'une secte dont il avait entraîné les fidèles dans un horrible suicide collectif. Un cuisant échec pour l'Organisation qui n'avait pas su intervenir à temps. Heureusement, il y avait aussi de nombreux succès. Le monde ne saurait jamais à quoi il avait échappé. Depuis les vampires – des vrais – jusqu'à l'invasion d'une armée de rats à l'intelligence et à l'agressivité surdéveloppées.

Elle fut soudain tirée de ses pensées par le bruit d'une cavalcade dans l'escalier. Leïla fut la première à débouler dans la pièce.

« C'était génial ! »

Liliana arriva derrière elle, les yeux encore écarquillés par ce qu'elle venait d'apprendre, les mains gesticulant dans tous les sens.

« Elle dit qu'il y a des moments où ça faisait peur. Surtout l'histoire de l'Epouvantail. »

Astrid haussa les sourcils.

« Vous leur avez raconté ça ? demanda-t-elle à Gaétan qui venait d'entrer à son tour avec le reste du groupe.

— Bien entendu, c'est un excellent exemple pour des jeunes, non ? »

Elle hésita à répondre, un peu gênée. En regardant ses élèves, pourtant, elle crut lire sur leur visage une expression d'admiration à son égard. Instinctivement, elle se redressa sur son siège.

« Admettons, marmonna-t-elle en se levant. Maintenant, si ça ne vous ennuie pas, jeunes filles, j'aimerais que vous me laissiez seule avec Gaétan, nous avons à parler de choses importantes.

— Chouette ! s'écria Yuhnua. Alors, on peut y aller ?

— Oh ouais ! ajoutèrent Charo et Leïla en chœur.

— Aller où ? » s'étonna leur tutrice.

Sans répondre, les filles se tournèrent ensemble vers Gaétan, le regard plein d'espoir.

« Euh... C'est-à-dire... je leur ai parlé d'un marchand de glaces qui se trouve tout au bout de la jetée et qui a des dizaines de parfums, tous excellents. Je pensais...

— A cette heure-ci, ce n'est pas un peu tard pour une glace ?

— Oh, je n'ai pas encore commencé à préparer le repas. Disons qu'elles vont prendre le dessert avant le plat principal. Après tout, ce sont les vacances, on peut bien modifier un peu les habitudes. »

Astrid regarda les filles l'une après l'autre d'un air sévère, fit semblant de réfléchir un instant pour ne pas avoir l'air de céder trop vite, puis acquiesça d'un hochement de tête.

« D'accord, dit-elle en sortant de sa poche un billet qu'elle tendit à Nakiméra, mais pas plus de deux boules chacune et vous me rapportez la monnaie. Je vérifierai. »

La jeune Ougandaise arracha le billet des mains de sa tutrice et se précipita aussitôt hors de la pièce, suivie de ses quatre camarades. Le temps d'attraper leurs manteaux à la patère de l'entrée et elles étaient déjà dehors.

« Quel ouragan ! s'exclama Gaétan. (Il se tourna vers sa collègue.) Vous avez une sacrée équipe, vous savez ?

— Oh oui ! Une sacrée équipe. Et pas toujours facile à diriger.

— Plaignez-vous ! Une énergie pareille, même si c'est difficile à canaliser, ça vaut de l'or. Allez, venez avec moi à la cuisine, je dois préparer le repas. Omelette-patates, ça ira ?

— Impeccable, tout ce qui est pommes de terre, riz ou pâtes, ça leur plaît toujours.

— Ça ne m'étonne pas, c'est de leur âge. (Gaétan conduisit son invitée jusqu'à la cuisine.) Tenez, dit-il en lui tendant un couteau économe, vous allez m'aider pour l'épluchage. »

Ils s'installèrent à la table où Gaétan vint déposer un sac de pommes de terre. Le vieil homme s'attaqua aussitôt au premier tubercule.

« Bon, dit-il, j'espère que ça ne vous a pas embêtée que je leur parle de l'affaire de l'Epouvantail. J'ai eu l'impression que vous étiez gênée.

— Euh... non, pas vraiment. Juste un peu surprise. Je ne savais pas que cette histoire faisait partie de vos cours de formation des jeunes recrues.

— D'habitude, non. Mais là, il m'a semblé que c'était une bonne occasion de faire savoir à vos élèves qui vous étiez vraiment.

— Je ne suis pas sûre que cela les intéresse tant que ça.

— Vous vous trompez. Si vous ne leur parlez jamais de vous, comment voulez-vous qu'elles apprennent à vous connaître et qu'elles vous respectent ? Croyez-moi, elles ont été très intéressées et très impressionnées quand elles ont su que vous m'aviez sauvé la vie au cours de cette affaire.

— C'est... c'est de l'histoire ancienne.

— Pour vous peut-être, mais pour moi, c'est un souvenir de tous les instants. Et même si je regrette chaque jour d'avoir perdu l'usage de ma jambe à cette occasion, je sais que, sans vous, j'y aurais laissé beaucoup plus. »

Astrid ne répondit pas, mais son interlocuteur remarqua que le couteau dans sa main tremblait légèrement.

« Vous savez, reprit-il, vous m'avez parlé dans vos e-mails des difficultés que vous rencontriez avec vos élèves et de leur caractère un peu difficile. Mais si elles savaient toutes les missions auxquelles vous avez participé et tous les risques que vous avez pris, peut-être vous feraient-elles plus confiance.

— Ce n'est pas qu'elles ne me font pas confiance, c'est que... c'est qu'elles me considèrent comme une vieille pie et une emmerdeuse.

— ...

— Et elles ne sont pas les seules de cet avis, je me trompe ? »

Gaétan attrapa une deuxième pomme de terre.

« Disons que vous ne savez pas toujours mettre vos qualités en valeur.

— Passons. J'aimerais qu'on discute un peu de ce dont je vous ai parlé. Vous avez pu faire quelques recherches ?

— Un instant. »

L'homme se leva et sortit de la pièce. Quelques instants plus tard, il revint avec un dossier en carton qu'il posa sur la table.

« Tout est là. Enfin, ce que j'ai pu recueillir. Vous verrez, ce n'est pas très clair.

— Mais vous pensez que je pourrais avoir raison ? Qu'une Aberration d'un type nouveau est apparue en l'an 2000 ? »

Gaétan se rassit et reprit son travail d'épluchage.

« Pour vous résumer, avant que vous le lisiez : ce dossier montre qu'il y a eu à peu près une alerte par jour, issue de la Première Ligne, dans les deux premiers mois de l'année. Compte tenu du fait que les signes étaient faibles et donc difficilement repérables et que certaines régions du monde ne sont pas toujours bien surveillées, on peut considérer que les jours sans alerte sont dus aux lacunes de notre système de surveillance.

— Donc, d'après vous, du 1er janvier à fin février, il y a eu une apparition par jour, systématiquement ?

— C'est fort probable.

— Et l'Organisation ne s'en inquiète pas plus que ça ?

— Ces phénomènes de faible amplitude ne sont pas systématiquement recensés au niveau central. Comme ils étaient dispersés sur l'ensemble du globe, les services de chaque continent n'ont eu connaissance que d'une partie d'entre eux. Ça fait beaucoup, mais pas une série continue. C'est parce que vous m'avez demandé d'en faire la synthèse que je suis arrivé à cette conclusion.

— Vous avez parlé de vos conclusions à quelqu'un, à part moi ? »

Gaétan haussa les épaules.

« J'ai d'abord hésité puisque vous m'aviez recommandé d'être discret. Et puis j'ai décidé que cela était trop important pour que nos supérieurs ne soient pas mis au courant, mais...

— Mais ?

— La plupart d'entre eux savent que nous avons été partenaires autrefois. Et tous ont été prévenus de ce qu'ils appellent à présent votre "obsession 2000". Celui que j'ai contacté a immédiatement fait le lien entre ce que je lui racontais et nos liens passés. Au lieu de m'écouter, il m'a mis en garde contre la mauvaise influence que vous pourriez avoir sur moi et le fait que la direction centrale ne voulait plus entendre parler de cet "Effet 2000" qui n'avait pas eu lieu. Il a refusé de transmettre mon rapport à sa hiérarchie. »

Astrid reposa brutalement son couteau sur la table.

« Les imbéciles !

— Oui, je le pense aussi. D'autant plus que ce n'est pas tout. En interrogeant mes connaissances dans différents endroits où ces phénomènes sont apparus, j'ai mis en évidence quelques événements troublants. Chacun pris individuellement n'a que peu d'importance et, même cumulés, il n'y a pas de quoi bouleverser l'Organisation, mais... vous allez voir. »

Gaétan ouvrit le dossier, fouilla quelques instants et finit par extraire une feuille où apparaissaient, dans l'ordre chronologique, une série de dates.

« Voilà, dit-il, sur l'ensemble de la période dont je vous ai parlé, je n'ai pu trouver qu'une dizaine de cas, mais je suis persuadé qu'il y en a eu d'autres.

— Quel genre ?

— Des cas sans grande importance et dont il n'est même pas sûr qu'ils soient autre chose que des élucubrations, mais qui ont la particularité d'être très semblables les uns aux autres. »

Gaétan fit glisser la feuille vers sa collègue et se remit à éplucher ses pommes de terre.

« Lisez ce qui est écrit en bas de la page, vous allez comprendre. »

Elle posa son couteau et se pencha sur la feuille. Un moment plus tard, elle releva la tête en fronçant les sourcils.

« Qu'en pensez-vous ? demanda Gaétan.

— Comme vous, sans doute : troublant mais pas assez précis pour convaincre l'Organisation.

— Exactement. Et puis, on peut l'interpréter de deux manières radicalement opposées.

— Comment ça ?

— Réfléchissez. Dans une dizaine de lieux totalement différents, dispersés sur les cinq continents, on relève le même témoignage, à peu de chose près. Chaque fois, un homme est aperçu prenant un moyen de transport - train, bus, taxi -, on le voit monter, mais pas redescendre. Le cas le plus frappant est celui de ce chauffeur de taxi au Kenya qui embarque un client, roule quelques kilomètres jusqu'à la destination indiquée et découvre à la fin de la course qu'il est seul dans son véhicule. Les autres sont moins clairs car il s'agissait de transports en commun avec de nombreux passagers. De plus, la description de l'homme varie selon les rapports. Il est toujours de race blanche, mais plus ou moins âgé, plus ou moins brun, plus ou moins barbu, plus ou moins grand, plus ou moins maigre. Bref, un homme qui, considérant la faiblesse du témoignage humain, pourrait être chaque fois le même ou chaque fois différent. Et suivant le cas, on en arrive à deux conclusions différentes.

— Qui sont ?

— S'il s'agit d'une personne différente chaque fois, alors, l'Organisation a peut-être raison. L'« Effet 2000 » a accouché d'une série d'Aberrations trop faibles pour "tenir" dans notre monde et qui se sont évanouies quelque temps plus tard. En revanche, s'il s'agit d'un seul et même homme...

— Continuez.

— Dans ce cas, vos craintes sont peut-être fondées. Je dis bien peut-être car il faudrait encore être certain que non seulement les témoignages cités sont dignes de foi, mais qu'il y a eu beaucoup d'autres cas semblables - en fait un par jour en janvier et février - qui n'ont pas eu de témoins ou qui n'ont pas été consignés dans des rapports. Si l'on admet ce postulat, alors il est possible que la fameuse Aberration que vous redoutez tant se soit bien matérialisée, mais de manière inhabituelle. Chaque fois, elle est apparue pendant une brève période - mettons une journée tout au plus - puis a disparu. Chaque fois, elle a donc déclenché la manifestation de signes accompagnateurs faibles, mais qui se sont répétés quotidiennement.

— Comment ? Enfin, je veux dire, les Aberrations apparaissent, mais à ma connaissance, elles ne disparaissent pas, sauf si l'Organisation s'en occupe.

— C'est là que l'on entre dans le domaine du nouveau et de l'inconnu. Si, comme vous le pensez, il s'agit d'une Aberration d'un type très particulier et qui est consciente de ne pas appartenir à notre monde, alors il est aussi possible qu'elle puisse - comment dire ? - repartir dans l'Espace Rêve, et en revenir à volonté. Elle utilise alors la même méthode que la vôtre : le voyage. Mais elle se l'applique à elle-même.

— Et pourquoi ferait-elle cela ?

— Là encore, il n'y a rien de sûr puisque nous n'avons jamais eu affaire à un tel cas... en supposant qu'il existe. Mais vous sembliez penser, d'après votre rêve, que cette Aberration était au courant de beaucoup de choses. Peut-être sait-elle que, dans ce monde, elle sera traquée si elle est repérée. En apparaissant de manière épisodique, puis en disparaissant aussitôt, elle a cumulé deux avantages : elle a semé la confusion dans nos équipes de détection et, en même temps, chaque fois, elle s'est matérialisée un peu plus. A la fin du processus, c'est-à-dire au bout de deux mois d'apparitions répétées, elle avait assez de réalité dans notre monde pour y rester. Et cela, en n'ayant laissé derrière elle que quelques traces ridicules qui ont, au pis, intrigué quelques personnes particulièrement curieuses, sans plus.

— Elle se balade donc parmi nous en toute impunité, d'après vous.

— Parmi nous, je n'en sais rien, mais sur terre sans doute. Enfin, si votre hypothèse et les miennes sont justes, ce qui reste à vérifier. »

Sans répondre, Astrid s'abîma dans l'épluchage minutieux de sa pomme de terre, comme si cette activité pouvait l'aider à résoudre le problème qui se posait à elle. Pendant une heure, ils discutèrent tout en continuant de préparer le repas. A la fin de leur discussion, une pleine poêlée de pommes de terre rissolait sur le feu, mais aucune solution n'avait été trouvée à l'« affaire 2000 ».

L'arrivée des cinq jeunes filles mit fin à la conversation. Leur tutrice les rejoignit dans l'entrée.

« Alors, les glaces étaient aussi bonnes que Gaétan l'avait dit ?

— Ouais, ouais, répondit Yunhua, d'un ton peu enthousiaste.

— Comment ça "ouais, ouais". C'était bien ou non ?

— Les glaces, c'était bien, répondit Nakiméra.

— Et qu'est-ce qu'il y avait d'autre que les glaces ? »

Comme aucune ne semblait vouloir répondre, leur tutrice insista :

« Alors ? »

En se tortillant, Charo prit la parole.

« En revenant, on a été sur la plage pour marcher dans l'eau.

— Oui ? Et alors ?

— Ben, pour ne pas tremper nos pantalons, on les a remontés jusqu'aux genoux. »

La jeune fille s'arrêta, l'air gêné.

« Et alors ? Où est le problème ?

— On a croisé un autre groupe de filles, qui faisaient comme nous, dit Lëila, et elles se sont foutues de notre... elles se sont moquées de nous.

— Et pourquoi ça ? »

Une nouvelle fois, un lourd silence répondit à la question.

« Eh bien quoi ? Quelqu'un est mort ?

— Non, non, murmura Yunhua qui pour une fois semblait paralysée par la timidité, mais on peut pas rester comme ça. »

Les quatre autres approuvèrent de la tête.

« Il faut que vous nous payiez une séance d'épilation », acheva Charo.

Astrid les regarda un instant, à la limite du fou rire.

« Un problème ? demanda Gaétan en arrivant à son tour dans l'entrée.

— Un drame, répondit sa collègue. (Elle secoua la tête.) J'aurais dû recruter une équipe de garçons. »

Chapitre 37

Avril 2000

Le lendemain, à la surprise de leur tutrice, les cinq adolescentes demandèrent à profiter d'un second cours de formation.

« Allez, dit Yunhua, on rentrera un peu plus tard au Chalet, c'est tout. On est en vacances.

— Et puis, insista Leïla, pour une fois que vous proposez quelque chose et qu'on en redemande, profitez-en.

— C'est vrai, même Yunhua n'a pas râlé une seule fois depuis qu'on est là », ajouta Charo en se baissant pour éviter une taloche de sa camarade chinoise.

Astrid grogna un peu - pour la forme - et finit par accepter.

Elle était en train de charger les valises dans sa voiture quand arrivèrent les visiteurs. Au premier coup d'œil, elle reconnut la BMW qui s'arrêtait devant la maison. Sans prévenir Gaétan, elle alla elle-même ouvrir la grille.

« Kamel, dites-moi que c'est une coïncidence.

— Non. Mais laissez-moi d'abord vous présenter Justin Duprey, une jeune recrue qui m'assiste depuis peu. »

Astrid salua le jeune homme à l'air timide qui venait de s'extraire de la BMW. Une silhouette discrète à la coiffure sage, camouflée dans un costume gris passe-partout.

« En fait, murmura Kamel Sarawi à son oreille, je suis chargé de sa formation, mais ce n'est pas une lumière. Et puis, vous avez vu ses chaussures ? Des baskets avec un costard-cravate. C'est bien les jeunes, ça. »

D'un hochement du menton, elle fit mine de compatir aux malheurs de son collègue.

« Et à part cette intéressante présentation, qu'avez-vous à me dire ? »

L'homme redressa les épaules, bombant le torse comme pour tenter d'impressionner son interlocutrice et montrer qui était le chef.

« Une nouvelle affaire, lâcha-t-il d'un ton sec, on m'a chargé de venir vous chercher, vous et votre équipe. Nous partons immédiatement.

– Immédiatement ? Mais nous n'avons quasiment aucun bagage ! Nous n'étions là que pour deux jours.

– Vous ferez quelques achats sur place. Là où nous allons, le temps risque d'être un peu différent d'ici. Le climat est plus continental en Pologne.

– En Pologne ?

– Oui, à Varsovie pour être précis. L'Organisation aimerait qu'on règle l'affaire sans traîner et avec discrétion.

– Ça n'est pas nouveau. L'Organisation veut TOUJOURS qu'on en ait terminé avant d'avoir commencé. Mais j'ai l'impression que cette fois-ci, il y a un problème supplémentaire. Je me trompe ? »

Le visage de Sarawi s'assombrit. Au lieu de répondre, il se tourna vers son assistant.

« Allez, Justin. Vous qui vous plaignez d'être trop souvent inactif, rendez-vous utile. Annoncez donc les mauvaises nouvelles. »

Le jeune homme s'éclaircit la gorge.

« Euh... eh bien... c'est une affaire un peu... enfin... il y a... »

Enervé, son supérieur l'interrompit :

« Pour faire court, l'affaire a déjà fait une dizaine de victimes et, parmi les deux dernières, il y a un enquêteur de l'Organisation. »

Astrid le regarda avec stupeur.

« Et vous voulez que j'envoie cinq gamines dans un bourbier pareil ? »

Sarawi soupira d'un air excédé.

« J'avais cru comprendre que vous aviez eu une conversation avec Irène Barsamian à ce sujet. Vos recrues ne sont pas destinées à être conservées dans un petit nid douillet, sous votre aile protectrice et maternelle, jusqu'à ce que vous ayez décidé qu'elles étaient en âge d'affronter la dureté de ce monde cruel. Elles sont là pour servir l'Organisation, et tout particulièrement dans ce genre de cas difficile. »

Ils s'affrontèrent un instant du regard.

« Et si elles sont aussi efficaces que vous semblez le croire, ajouta-t-il, il n'y a rien à craindre. Elles réussiront. »

Il tourna les talons.

« Je vous attends dans ma voiture, dit-il en s'éloignant. J'ai vu que vous étiez sur le point de partir. Ne perdez pas de temps. »

Comme il sortait par la grille, le jeune Justin Duprey s'approcha.

« Je... je tenais à vous dire, bredouilla-t-il, que c'est un honneur de travailler avec vous, madame. Et... et ne vous inquiétez pas, M. Sarawi est un peu brusque, mais je suis sûr qu'il fera tout pour que votre équipe opère en toute sécurité. »

Le visage fermé, Astrid remercia d'un signe de tête et, sans un mot, repartit préparer sa voiture. Même si Sarawi avait raison pour ses chaussures, ce petit jeune homme lui plaisait bien.

Chapitre 38

Extrait du journal d'Astrid Sappa

Je n'arrive pas à dormir. Cet interminable voyage pour venir en Pologne m'a épuisée nerveusement. Pour une fois, l'Organisation n'a pas assuré. Tout ce trajet en voiture, quelle idée ! Je n'arrive même plus à me souvenir depuis combien de temps nous avons quitté la France. Je suis vidée et, pourtant, impossible de fermer l'œil.

Les cinq filles n'ont pas ce problème, elles dorment comme des bienheureuses dans la chambre d'à côté.

Pas moi.

Heureusement qu'il me reste ce journal pour me tenir compagnie et me permettre de faire le point sur l'affaire qui nous amène.

Il y a un peu plus de deux semaines, la Première Ligne a déclenché une alerte dans la région de Varsovie. D'après le dossier que j'ai pu consulter, l'importance des signes avant-coureurs laissait supposer l'arrivée d'une Aberration particulièrement puissante. Mais, bien entendu, impossible d'en préciser la nature.

Dans les jours qui ont suivi, l'Organisation a relevé dans les comptes rendus de la police un nombre anormalement élevé d'accidents domestiques ayant entraîné une mort par électrocution : cinq en une semaine. Dans chaque cas, la victime était une personne seule, souvent âgée, vivant modestement. Malheureusement, en dehors de ces quelques aspects de leur vie, aucune corrélation n'a pu être établie entre les différentes affaires. Et surtout, la cause exacte de l'électrocution n'a pu être déterminée.

Cet aspect incompréhensible des décès et leur fréquence anormale ont convaincu l'Organisation qu'elle était sur la bonne piste. Elle a triplé le nombre de ses enquêteurs à Varsovie et organisé un réseau d'écoutes, branché en permanence sur les fréquences de la police et des différents services de secours. Le temps que tout se mette en place, trois autres cas mortels ont été enregistrés.

Il y a trois jours, le central a capté un appel d'urgence. Un cri avait été entendu provenant de l'appartement d'une vieille dame. Le voisin était inquiet car personne n'avait répondu à ses coups de sonnette.

Les enquêteurs qui patrouillaient dans le quartier ont été aussitôt prévenus. L'un d'eux, qui se trouvait à proximité, a répondu qu'il s'occupait du cas en attendant l'arrivée des renforts. On considère qu'il n'a pas mis plus de cinq minutes pour se rendre sur les lieux de l'incident. Hélas, quand ses collègues sont arrivés, ils l'ont trouvé mort, étendu à côté du corps de la vieille dame. Tous deux avaient été électrocutés et, une nouvelle fois, sans que l'on puisse déterminer comment.

C'est là que l'Organisation a décidé de nous faire venir en catastrophe. Je pourrais m'en sentir flattée si on ne m'avait, encore une fois, collé Kamel Sarawi sur le dos. C'est comme cela depuis notre première affaire et ça commence à me taper sur les nerfs. Mais je dois avouer que j'ai eu tort sur un point en ce qui le concerne. J'ai cru tout d'abord qu'il jouait ce rôle de nounou de sa propre initiative. Or, même si je pense qu'il est enchanté de nous surveiller dans l'espoir de relever chacune de nos erreurs, je suis obligée de me rendre à l'évidence : c'est l'Organisation qui a décidé dès le début de le charger de nous contrôler, pour ne pas dire espionner. Mes supérieurs n'ont pas confiance en moi. J'en arrive à me demander pourquoi ils ont accepté de me laisser réunir les cinq filles. J'ai l'impression à présent qu'ils n'ont qu'une hâte : dissoudre l'équipe.

Cela est en partie ma faute. Dès le début, j'ai promis que ce projet ne durerait que le temps nécessaire, c'est-à-dire un peu au-delà de l'an 2000.

Comment ai-je pu être assez sotte pour croire que je pourrais ramener ces cinq enfants chez elles et les y laisser, comme cela, sans états d'âme, pour la simple raison qu'elles ne sont plus utiles ? Comme on jette des machines obsolètes à la casse.

Et pourtant j'ai promis.

Et Sarawi sera là pour m'obliger à tenir ma promesse.

Chapitre 39

Avril 2000

Les cinq adolescentes montaient l'escalier, précédées de Kamel Sarawi et Justin Duprey.

« Si je comprends bien, grommela Yunhua, quand on ne passe pas notre temps en voiture ou à se remettre du voyage, on va visiter des appartements où des gens se sont fait électrocuter. C'est moyen comme agence de tourisme, l'Organisation. »

Astrid, qui fermait la marche, tapa sur l'épaule de la jeune Chinoise.

« Si tu persistes à râler pour tout, tu ne verras de Varsovie que les quatre murs de ta chambre. Je suis persuadée que "Gengis Khan" pourra nous dégoter un traducteur. Alors tu te calmes, compris ? »

Yunhua rentra la tête dans les épaules et continua de gravir les marches. Pour une fois, Charo prit sa défense :

« Elle a raison, quand même. C'est la troisième fois qu'on part à l'étranger et on ne voit jamais rien du pays. Vous qui voulez toujours qu'on apprenne à connaître le monde...

— Bon, d'accord. Si on résout le cas suffisamment vite, on essaiera d'aller faire un peu de tourisme, mais pour l'instant, il y a plus important. Je vous rappelle que deux personnes sont mortes dans l'appartement que nous allons visiter et qu'on ne sait toujours pas comment. L'Organisation a réussi à obtenir que la police ne s'en mêle pas trop.

Le danger est peut-être toujours présent, alors concentrez-vous. »

Du palier supérieur, la voix de Kamel Sarawi se fit soudain entendre :

« Quatrième étage ! On est arrivé. »

Il attendit que tout le monde l'ait rejoint, puis ajouta d'un ton grave :

« A partir de maintenant, on marche derrière moi et on ne touche à rien. On ne pourra d'ailleurs pas y aller tous ensemble. Qui nous accompagne, Astrid ? Deux, ça me paraît suffisant pour commencer. »

Elle hésita un instant.

« Liliana et Leïla. Les trois autres, vous restez bien tranquilles ici avec Justin et vous lui obéissez au doigt et à l'œil. Pas de blague, hein ? »

Il n'y eut aucune remarque. Les filles avaient compris que l'on ne jouait plus. De l'autre côté de la porte que Sarawi s'apprêtait à ouvrir, les attendait, peut-être... quelque chose. Quelque chose qui avait déjà tué plusieurs personnes et qui, tapi dans un recoin de l'appartement, pouvait à tout instant décider que ce serait leur tour.

« Bon, euh..., murmura Sarawi comme s'il craignait d'être entendu, le chemin à suivre est indiqué par des banderoles jaunes. Vous les longez sans vous en écarter et il ne devrait rien vous arriver... en principe. »

La porte s'ouvrit. « Gengis Khan » entra le premier, suivi par les trois femmes.

L'appartement était petit et triste, à l'image de la cité, type HLM, où il se trouvait. Rien à voir avec le quatre pièces que l'Organisation avait loué dans la vieille ville pour loger toute l'équipe. Ici, tout – le mobilier, le papier peint d'un autre âge, les rideaux grisâtres des fenêtres – respirait la vieillesse, l'isolement et la pauvreté.

Liliana parcourut du regard l'ensemble du décor. Si elle était restée en Roumanie, peut-être vivrait-elle actuellement dans ce type de logement. A cette pensée, une boule se forma dans sa gorge.

« Bon, dit soudain Sarawi en s'arrêtant devant la porte de la cuisine. C'est ici qu'on les a trouvés. »

Sans s'écarter du chemin délimité par la banderole, les femmes se tassèrent pour apercevoir l'intérieur de la pièce. On avait peine à croire que plus d'une personne avait pu s'y trouver en même temps, tant l'espace était minuscule. Un simple rectangle de carrelage bordé, à droite, d'un évier et d'une cuisinière et, sur la gauche, d'un plan de travail en Formica où reposaient un four à micro-ondes, une bouilloire électrique et un mixeur. Le tout était surmonté, à mi-hauteur, d'un placard mural à deux portes. Le fond de la pièce donnait sur l'extérieur par une petite fenêtre poussiéreuse qui laissait péniblement un peu de lumière éclairer l'ensemble. Au sol, deux silhouettes dessinées à la craie rappelaient que deux êtres humains y avaient pénétré et y étaient morts à quelques minutes d'intervalle.

« Je voudrais entrer, demanda Leïla.

— Du calme, répondit Sarawi, je vous ai dit qu'il y avait peut-être encore du danger.

— Si je ne me rapproche pas un peu, je ne pourrai pas vous aider.

— Si tu te fais électrocuter, tu ne...

— Je ne me ferai pas électrocuter. »

L'homme se tourna vers sa collègue et l'interrogea du regard.

« Vous n'arrêtez pas de me dire qu'il ne faut pas les surprotéger », lui répondit-elle.

Il s'écarta légèrement. La jeune Palestinienne pénétra dans la petite pièce. Astrid tendit discrètement à Liliana un carnet de feuilles vierges et un crayon. Si Leïla courait un quelconque danger, un dessin devait les avertir avant qu'il soit trop tard.

La jeune fille ne fit que deux pas à l'intérieur de la cuisine, puis s'arrêta. Un pied posé sur le cœur d'une des silhouettes de craie, l'autre sur le front de la deuxième, elle resta immobile quelques secondes, yeux fermés. Quand elle rouvrit les paupières, ce fut pour se tourner vers le plan de travail. Elle pointa un doigt vers la multiprise électrique fixée au mur, dans le coin gauche.

« Il y avait une machine, branchée là », dit-elle.

Sarawi fronça les sourcils.

« Comment le sais-tu ? »

Leïla le regarda, vexée. Sa tutrice intervint.

« Vous n'avez pas confiance en elle ?

— Non, mais j'aime comprendre. C'est trop exiger, peut-être ? »

Leïla soupira.

« Toutes les machines du plan de travail s'alimentent à la même source électrique. Il y a quelques jours, il y a eu un changement. Pendant un instant - je ne sais pas exactement combien de temps - elles ont dû partager leur alimentation avec une autre machine. Et il y a eu... un problème, mais je ne sais pas lequel.

— Mais comment sais-tu ce qui a pu se passer il y a plusieurs jours ?

— ...

— Ce... ce sont les autres machines qui te l'ont dit ?

— ... »

Sarawi se tourna vers sa collègue.

« Elle... elle parle réellement avec les machines ? Par télépathie, alors ? »

La femme se contenta de hausser les épaules.

« Appelez ça comme vous voulez. Quelle importance ? Si Leïla vous dit qu'il y avait une autre machine sur ce plan de travail, c'est qu'il y en avait une, point. Et si c'était il y a plusieurs jours, ça peut correspondre à notre affaire. Ça pourrait même en être la cause.

— Vous pensez à quoi ? Une sorte de Jack l'Eventreur qui travaillerait à l'électricité : un Jack l'Electrocuteur ?

— Je n'en sais rien. Pour l'instant, on n'a rien d'autre que ce que Leïla nous a appris. Il va falloir travailler avec ça. »

Puis, s'adressant à Liliana en articulant bien chaque syllabe :

« Et toi ? Tu as quelque chose à nous dire... enfin, à nous montrer ? »

La jeune Roumaine secoua la tête en montrant son carnet toujours vierge de tout dessin.

« Bon, constata sa tutrice, déçue. Dans ce cas... »

Le bruit d'une sonnerie interrompit sa phrase et fit sursauter tout le monde. Sarawi fouilla aussitôt dans sa poche et sortit son portable.

« Excusez-moi, dit-il en portant l'appareil à son oreille. Allô ? Oui. M... ! Où ça ? OK, on arrive. (Il raccrocha.) Il y a eu un nouveau cas. Le même scénario apparemment : électrocution. La seule différence, c'est que cette fois-ci ça s'est passé chez des riches, dans la villa d'un homme d'affaires, à la sortie de la ville. On y va. »

Sans attendre, le groupe sortit de l'appartement.

« On reprend la voiture, annonça Astrid, il y a eu un...

— Ah non ! s'exclama Yunhua. Pas encore ! On passe notre temps en bagnole. Y en a marre ! Moi, j'y vais pas. »

Astrid regarda son élève, d'abord surprise, puis son visage se durcit. Elle fit signe à Sarawi de la suivre, un peu à l'écart.

« On peut avoir un traducteur pour la suite de l'enquête ? murmura-t-elle.

— Mais pourq... ?

— On peut avoir un traducteur, oui ou non ?

— Euh... oui, mais il fera la traduction en anglais, pas en français.

— Tant pis, vous me traduirez à votre tour.

— Ça ne va pas faciliter notre travail.

— On fera avec. J'ai besoin de mettre les choses au point avec Yunhua. Qu'elle comprenne qu'elle n'est pas indispensable et qu'elle ne peut pas tout se permettre. Alors je compte sur vous. Contactez vos collègues, que le traducteur nous attende à la villa de la victime.

— Bien. »

Sarawi reprit son portable et composa immédiatement un numéro. Astrid s'approcha de Justin Duprey.

« Jeune homme, dit-elle à haute voix, vous allez nous rendre un service. Je vous charge de ramener cette personne (elle désigna Yunhua) jusqu'à l'appartement que nous avons loué. »

Elle se tourna vers Yunhua qui ne semblait pas avoir compris.

« Toi, tu vas gentiment suivre Justin. On se passera de tes services pour cette mission. Et profite de ce temps libre pour réfléchir à ton attitude. On en reparlera plus tard. »

Chapitre 40

Avril 2000

Quand le monospace arriva devant la villa, une jeune femme blonde attendait près de la grille.

« C'est Sylwia, notre traductrice, annonça Sarawi, assis à la place du passager. J'ai déjà travaillé avec elle, il y a quelques années. Elle est parfaite. »

Il se tourna vers Astrid.

« Mais votre... euh... Yunhua aurait été plus...

— Plus casse-pieds », coupa-t-elle.

Au-dehors, la traductrice adressa à l'homme un petit geste de la main et fit signe au garde de l'entrée d'actionner l'ouverture automatique de la grille. Le véhicule redémarra et s'engagea dans la grande allée gravillonnée qui menait à la villa. En passant le seuil de la propriété, la conductrice leva les yeux.

« Dites donc : caméra de surveillance, mur d'enceinte recouvert de barbelés, un vigile à l'entrée avec un chien de garde. C'est pas un moulin.

— Ça ne m'étonne pas. Tomasz Vaniowsky, le propriétaire, est très riche, très connu et très influent. Pas le genre qu'on peut approcher facilement.

— Pourtant, quelqu'un a réussi à entrer, non ? Holà, on n'est pas tout seuls ! »

Devant le perron de la villa, infirmiers et policiers s'agitaient autour de deux véhicules de police et d'une ambulance.

« On a fait le nécessaire. L'accident a eu lieu il y a à peine une heure. Dès que l'Organisation a été au courant, Irène Barsamian a fait jouer ses relations pour qu'on nous laisse enquêter tranquillement. La police polonaise fait bien sûr son enquête, mais elle ne s'occupera pas de nous, on peut y aller.

— Et qu'est-ce que l'ambulance fait ici ? Le corps de la victime n'a toujours pas été enlevé ? Ou alors elle n'est pas morte ? Il faut qu'on sache si la victime a survécu et si on peut avoir son témoignage...

— Attendez, je vais me renseigner. Voilà Sylwia qui arrive. »

L'homme sortit du véhicule et partit à la rencontre de la jeune femme. Dans la voiture, la conductrice se tourna vers ses quatre passagères, toutes parfaitement silencieuses.

Trop silencieuses.

« Alors, les princesses, prêtes à trouver le coupable ? »

Aucune n'émit un son.

« Ça va, j'ai compris. Vous faites la tête parce que j'ai renvoyé votre copine dans sa chambre. Alors, écoutez-moi bien : je n'ai pas l'intention de revenir sur ma décision, encore moins de lui faire des excuses. Depuis le début de ce voyage, elle n'a pas cessé de se montrer désagréable. Ça n'est pas la première fois, mais ça devient de pire en pire, et il n'est pas question que ça continue. Nous avons une affaire particulièrement grave à résoudre. Avec ce nouveau cas, on en est à onze victimes. Vous comprendrez qu'il y a plus important pour l'instant que les états d'âme de Yunhua. »

Elle s'arrêta pour observer les quatre visages fermés qui lui faisaient face. Ce fut Nakiméra qui rompit le silence :

« N'empêche, je la comprends. »

Sa tutrice la regarda avec surprise. De ses cinq élèves, Nakiméra était la plus docile. La seule, en fait, à faire preuve envers elle d'une véritable politesse qui ne disparaissait pas dès qu'elle avait le dos tourné.

« Qu'est-ce que tu comprends ?

— On nous traite comme des... comme des esclaves. Faites ci, faites ça, restez là, venez avec nous. Et on n'a jamais le droit de donner notre avis. On doit obéir, point.

— Je vous ai déjà expliqué que...

— On sait, coupa Charo. L'Organisation nous a sorties de la rue et si on ne veut pas y retourner, on a intérêt à obéir.

— Mais combien de temps ça va durer ? Est-ce qu'on va devoir faire ça toute notre vie ? »

Astrid ouvrit la bouche pour répondre mais, après un regard à Charo, se ravisa.

« Bien, dit-elle simplement, on finit d'abord cette mission et on reparlera de tout ça une fois de retour au Chalet. »

Sans attendre, elle sortit de la voiture. Les quatre filles se regardèrent, hésitantes, puis finirent par la suivre. Au même moment, Kamel Sarawi revenait vers elles avec Sylwia.

« L'ambulance, ce n'est pas pour la victime. Elle est morte, hélas. En fait, c'est pour sa bonne. C'est elle qui a trouvé le corps. Elle est en pleine crise de nerfs. Les médecins vont l'emmener à l'hôpital. »

A cet instant, une jeune femme soutenue par deux hommes en blouse blanche sortit de la villa.

« Quelqu'un a pu l'interroger ? demanda Astrid.

— Non, je ne crois pas. »

Il posa une question en anglais à la traductrice.

« Non, confirma-t-il, impossible de lui tirer le moindre mot. Elle est complètement sous le choc.

— Alors, il faut que je lui parle.

— Et qu'est-ce que vous espérez ?

— Moi, rien, mais je ne travaille pas seule, vous vous souvenez ? »

« Gengis Khan » se tourna vers la traductrice. Après quelques palabres, celle-ci se dirigea vers l'ambulance où l'on installait à présent la malade sur un brancard.

Astrid s'adressa à ses élèves :

« Vous allez m'accompagner jusqu'à l'ambulance. Nakiméra, tu passes devant. S'il faut convaincre le personnel médical de nous laisser parler avec la malade, je suis sûre que tu seras aussi efficace que notre traductrice. »

Elle avait vu juste. Près du véhicule, la jeune Sylwia était en conversation animée avec un des ambulanciers. Au ton qu'elle utilisait et à celui sur lequel l'homme lui répondait, il n'était pas nécessaire de parler le polonais pour comprendre que l'homme ne voulait pas qu'on approche de sa patiente.

« Bonjour », dit simplement Nakiméra quand elle fut assez proche.

L'homme en blouse blanche se tourna vers elle, surpris d'être interpellé en français et par une gamine. Il lui adressa d'un ton dur quelques mots en polonais, mais Nakiméra, qui n'en avait pas saisi un seul, se contenta de lui répondre par son plus beau sourire. Alors, le visage de son interlocuteur se détendit et son expression devint d'un coup plus aimable. Kamel Sarawi, qui avait suivi la scène, lança un ordre en anglais à la traductrice. Celle-ci, ne pouvant comprendre ce qui se passait, ne réagit pas immédiatement. Sarawi aboya une nouvelle fois le même ordre, sur un ton beaucoup plus sec. La jeune femme traduisit rapidement en polonais. A sa grande surprise, l'ambulancier lui répondit en souriant tout en l'invitant à pénétrer à l'arrière de l'ambulance. Elle s'apprêtait à le faire, quand la main de son supérieur, se posant sur son épaule, la retint. Elle devait tout d'abord laisser entrer Nakiméra.

La jeune Ougandaise monta donc en premier. Les trois adultes lui emboîtèrent le pas. Le temps qu'ils s'installent sur les sièges de part et d'autre du brancard, le deuxième ambulancier était à son tour sous le charme. Sur un ordre de Sarawi, traduit immédiatement par Sylwia, l'homme descendit rejoindre son collègue au-dehors.

« Qu'est-ce qu'on va faire avec elle ? » demanda Sarawi en désignant la malade qui gémissait en tremblant à ses genoux.

Astrid lui imposa le silence en posant un doigt sur ses lèvres et lui fit signe de fermer les portes de l'ambulance.

Puis elle fixa Nakiméra dans les yeux et hocha brièvement la tête. La jeune Africaine se pencha alors sur le brancard.

« Gengis Khan » ne s'était pas attendu à ça. Il connaissait pourtant, de réputation, le don de Nakiméra. Mais ça... Ce rire et ce chant mêlés qui vous... Il pensa à Ulysse, attaché au mât de son navire alors qu'il croisait au large de l'île des Sirènes. Envoûté, il remarqua à peine le visage de sa collègue. Les mains posées sur ses oreilles, la femme souriait. Un sourire qui semblait dire : « Vous voyez ! C'est une perle que je vous ai trouvée là. Pensez-y avant de prendre une décision stupide. »

Et puis le chant cessa. Le rire s'interrompit. Sarawi revint sur terre. Il réalisa soudain combien son souffle était court, comme son cœur battait vite. A ses côtés, la traductrice semblait dans le même état.

La femme allongée sur le brancard, en revanche, avait retrouvé un semblant de calme. Ses yeux mi-clos les fixaient toujours par petits mouvements saccadés, mais la respiration était redevenue régulière et les tremblements avaient cessé, tout comme les plaintes.

« Je pense que nous allons pouvoir poser quelques questions à cette jeune personne, murmura Astrid. Il vaut mieux ne pas traîner. Nakiméra, retourne dehors et assure-toi que nos amis en blouse blanche ne viennent pas nous déranger. »

La jeune élève obéit et sortit du véhicule.

« Commençons par le plus simple, reprit-elle, demandez-lui s'il y a eu un événement particulier peu de temps avant la mort de sa patronne. »

Kamel Sarawi grimaça un sourire. Il ne lui plaisait guère de laisser sa collègue diriger les opérations, mais la gravité de la situation l'obligeait à des compromis. S'abstenant de tout commentaire, il accomplit avec docilité son rôle d'interprète entre ses deux collègues.

Cette conversation à quatre fit rapidement regretter à Astrid l'absence de Yunhua. Un intermédiaire de moins aurait rendu les choses tellement plus simples. Et puis son élève ne traduisait pas, pas au sens où on l'entendait. Il n'y avait jamais d'hésitation quand elle rapportait une parole d'une langue à l'autre, pas d'à-peu-près non plus. Aucun risque d'erreur, d'approximation ou de malentendu. Elle aussi était une perle dont l'Organisation ferait mieux de ne pas mésestimer la valeur. Si seulement elle n'avait pas si mauvais caractère...

Malgré l'absence de la jeune Chinoise, ils finirent par obtenir quelques renseignements intéressants. Un événement particulier avait précédé la mort de la propriétaire des lieux.

Tout avait commencé quelques heures avant le drame. Mme Vaniowsky regardait la télévision. D'après son employée, c'était une de ses principales activités. Elle adorait par-dessus tout les jeux, et plus particulièrement ceux où l'on pouvait gagner un lot, en téléphonant à la chaîne qui diffusait l'émission pour répondre à une question généralement sans intérêt. Ce hobby faisait d'autant plus sourire son entourage que les cadeaux qu'elle pouvait espérer gagner étaient d'une valeur ridicule en comparaison de la fortune de son mari.

Mais ça ne changeait rien. Mme Vaniowsky adorait ces jeux. Auxquels elle ne gagnait jamais. Sauf ce matin.

La jeune bonne, qui faisait le ménage à l'étage, avait soudain vu arriver sa patronne, tout excitée, lui annonçant avec une joie d'enfant qu'elle venait enfin de décrocher un prix. Un magnifique robot ménager « multifonctions ». Il était offert par une chaîne de téléachat au premier téléspectateur qui appelait le standard. Et elle avait été la première à téléphoner ! Un livreur devait lui apporter son colis dans l'heure. Elle en trépignait de bonheur.

La bonne ne se souvenait pas d'avoir entendu le livreur sonner à la porte de l'entrée. Peut-être n'était-il jamais venu. Mais quand elle était descendue, elle avait découvert le corps sans vie de sa patronne, allongé sur le carrelage de la cuisine. Sous le choc, elle avait complètement paniqué et se rappelait à peine avoir téléphoné aux urgences. Tout le reste était flou.

« Eh bien, conclut Sarawi, avec ça on n'est pas très avancé.

— Plus que vous ne pensez, répondit Astrid, on a au moins un point de départ.

— Lequel ?

— Le fameux robot ménager. Leïla a détecté la présence d'une machine bizarre dans l'autre appartement et toutes les victimes sont mortes électrocutées. Je serais étonnée qu'il n'y ait aucun rapport.

— Mais on ne sait même pas si cet appareil a été livré.

— Raison de plus pour aller vérifier. »

Dehors, les quatre filles les attendaient, Nakiméra discutant comme prévu avec les ambulanciers.

« C'est bon, lui annonça sa tutrice, je crois que ces personnes peuvent emmener leur malade à présent. Kamel, allez avec Sylwia voir le garde à l'entrée et renseignez-vous pour savoir si quelqu'un est venu ce matin livrer quelque chose. Nous, nous allons faire un tour à l'intérieur de la maison. »

Sans laisser à son collègue le temps de répliquer, elle se dirigea vers la porte principale.

En pénétrant dans l'entrée, les quatre adolescentes demeurèrent un instant immobiles, les yeux écarquillés. Leïla ne put s'empêcher d'émettre un sifflement admiratif. La villa était impressionnante de luxe.

« C'est beau ! » s'exclama Nakiméra.

Astrid sourit.

« Oui, mais on visitera un autre jour. Pour l'instant, on doit trouver la cuisine. J'ai cru comprendre qu'elle était ici, au rez-de-chaussée. Suivez-moi. »

Le groupe obtempéra. Elles passèrent dans une grande pièce faisant office de salle à manger et de salon, où elles croisèrent plusieurs membres de la police locale qui les ignorèrent ostensiblement. L'Organisation avait bien fait son travail ; on les laisserait travailler tranquillement.

A l'extrémité d'un petit couloir, une porte était barrée par une bande de plastique jaune délimitant la scène du crime. Elle donnait sur une cuisine. A l'intérieur, deux hommes finissaient de prendre des photos et de prélever d'éventuels indices. Au sol, comme dans l'appartement précédent, avait été dessinée à la craie la silhouette d'un corps.

Nakiméra attira l'attention de sa tutrice en lui tapant sur l'épaule.

« Madame, je... je ne vois plus Liliana. Elle était à côté de moi il y a une minute et... »

La femme n'attendit pas la fin de la phrase et revint aussitôt sur ses pas jusqu'à la salle à manger. Elle y trouva Liliana, debout devant la télévision du salon, griffonnant frénétiquement sur son calepin.

« *Elle dessine de la main gauche*, remarqua la femme. *Il doit s'agir d'un événement passé. Nous allons peut-être savoir ce qui est arrivé à la victime.* »

Mais elle fut déçue. La feuille comportait neuf fois le même dessin, sur neuf cases, comme une bande dessinée. Dans chaque case, une main était représentée au-dessus du cadran d'un téléphone. Astrid voulut demander des éclaircissements à la jeune Roumaine, mais celle-ci était déjà absorbée par un nouveau dessin. De la main droite cette fois.

« Qu'est-ce qu'elle a dessiné ? » demanda Charo.

La quinquagénaire lui tendit la feuille. La jeune fille s'en empara et la montra à ses deux camarades.

« Vous avez vu ? dit-elle. Dans chaque dessin, l'index de la main est au-dessus d'un chiffre différent du clavier. C'est comme si la main composait un numéro de téléphone. »

Astrid reprit aussitôt le papier et l'examina en fronçant les sourcils. Elle regarda autour d'elle. Un téléphone était posé sur une petite table dans le salon, près de la télévision. Elle décrocha le combiné et composa le numéro dans l'ordre où Liliana l'avait représenté. Ses élèves l'observèrent sans un mot tandis qu'elle restait ainsi, l'écouteur sur l'oreille, attentive.

« Zut ! dit-elle soudain en raccrochant, j'aurais dû m'en douter.

— Qu'est-ce qu'il y a ? demanda Charo.

— C'était un répondeur, mais le message était en polonais, impossible de comprendre quoi que ce soit. Il va falloir demander à notre traductrice. »

Elle s'apprêtait à partir, mais s'arrêta soudain, contemplant tour à tour la feuille qu'elle tenait dans ses mains et le téléphone qu'elle venait d'utiliser.

« On dirait le même appareil », murmura-t-elle.

Elle se dirigea vers le fond du salon. Sur une table basse, plusieurs photos représentant un couple étaient exposées. Astrid saisit l'une d'elles et la contempla attentivement en la comparant au dessin de Liliana. Elle retourna ensuite vers ses élèves.

« La main sur le dessin porte la même bague que la femme représentée sur les photos là-bas. La propriétaire, je suppose. C'est elle qui a composé le numéro de téléphone. »

A cet instant, Liliana tendit à sa tutrice son deuxième dessin. Celle-ci le saisit et le contempla d'un air sceptique.

« C'est la même chose, dit Leïla qui regardait par-dessus son épaule.

— Non, pas tout à fait. Ce n'est ni la même main, ni le même téléphone.

— Mais c'est le même numéro, apparemment.

— Exact. Et Liliana l'a dessiné de la main droite. Ça représente donc l'avenir. Reste à savoir pour qui. Nous verrons ça tout à l'heure, pour l'instant retournons à la cuisine. (Elle entraîna sa petite troupe dans le couloir. Au seuil de la pièce, elle s'arrêta.) Inutile que nous y allions toutes. »

Elle se tourna vers Leïla. La jeune Palestinienne comprit et se glissa sous la banderole jaune pour entrer. Les deux hommes qui y travaillaient ne lui jetèrent même pas un regard. Depuis le seuil, sa tutrice, elle, ne la quittait pas des yeux. Elle la vit se glisser entre table et chaises, faisant bien attention à ne rien toucher, ne rien déranger. Elle fit ainsi le tour de la pièce, s'attardant un bref instant devant chaque appareil. Enfin, elle se dirigea vers la silhouette de craie. Là, elle s'arrêta brusquement, le regard soudain fixe, sa main se tendit lentement vers la prise électrique accolée au mur, juste au-dessus d'un plan de travail en marbre noir. De son poste d'observation, Astrid remarqua que la main de son élève tremblait légèrement. Elle prit peur.

« Leïla ! » cria-t-elle.

L'adolescente interrompit son geste et sembla reprendre ses esprits. Sans attendre, elle sortit de la cuisine.

« Ça va ? » demanda Charo.

Elle hocha la tête pour la rassurer, mais son visage était pâle.

« Qu'est-ce qui s'est passé ? Tu semblais...

— Je l'ai senti. (La jeune Palestinienne inspira profondément en fermant les yeux.) La même sensation que dans l'appartement. Mais plus forte, plus récente. C'était... il y avait quelque chose d'anormal. Je l'avais déjà senti la première fois, mais la trace était trop ancienne pour que je comprenne. C'est vraiment...

— C'est bon, calme-toi. La bonne de la victime nous a parlé d'un appareil électroménager, un robot multifonctions, est-ce que tu penses que ça peut être ça ? »

Leïla secoua la tête.

« Je ne sais pas. Je ne suis pas capable de sentir un détail aussi précis. Mais ç'a été branché là-bas. (Elle désigna du doigt la prise vers laquelle elle avait tendu la main quelques instants auparavant.) Et c'était... anormal... anormal et dangereux. »

Devant le trouble de son élève, la quinquagénaire lui posa la main sur l'épaule pour la réconforter.

« C'est bien, Leïla. Bon travail. Maintenant, il faut que nous retrouvions Sarawi et sa traductrice. J'ai besoin d'eux pour résoudre l'énigme du numéro de téléphone et traduire le message du répondeur. »

Elles n'eurent pas à aller bien loin. Sur le perron, elles retrouvèrent « Gengis Khan » et Sylwia.

« Ça y est, dit Sarawi, on a discuté avec le gardien. Il affirme que personne n'est venu ce matin, avant l'accident. Pas de trace du livreur dont a parlé la bonne.

— Ah bon ? Pourtant...

— Quoi ?

— Leïla a encore détecté la présence d'un appareil électrique. Quelque chose d'anormal, d'après elle. Ça correspondrait assez bien à la venue d'une Aberration. Et elle dit que c'est un événement récent.

— Peut-être, mais en tout cas, aucun rapport avec le livreur de la chaîne de téléachat. »

Astrid sortit de sa poche le premier dessin de Liliana.

« Regardez. Ça représente un numéro de téléphone. Si on l'appelle, on tombe sur une boîte vocale, mais le message est en polonais. Il faut que Sylwia l'écoute et nous traduise. »

Sarawi saisit le papier et expliqua en anglais à sa collègue polonaise ce qu'elle devait faire. La jeune femme secoua la tête et sembla refuser la requête de son supérieur.

« Qu'est-ce qui se passe ? s'inquiéta-t-elle.

— Elle dit qu'il n'y a pas de numéro de téléphone à neuf chiffres en Pologne. C'est soit sept chiffres, si on téléphone à l'intérieur d'une zone urbaine, soit dix pour passer d'une zone à l'autre.

— C'est possible, ça prouve juste qu'on a bien affaire à un phénomène anormal. Moi, j'ai composé ce numéro et on obtient une réponse. Qu'elle le fasse, elle verra bien. »

Sarawi traduisit. Sylwia haussa les épaules et sortit son cellulaire. Quelques secondes plus tard, elle écoutait, surprise, le répondeur lui débiter son petit message. Elle appela une seconde fois le numéro pour bien mémoriser le message. Astrid trépignait d'impatience. Enfin, la traduction arriva.

« Le répondeur est celui d'une chaîne de téléachat.

— De téléachat ?

— Oui, je sais, ça colle bien avec ce que nous a raconté la bonne, mais ne m'interrompez pas. La chaîne a un nom anglais : Market TV. C'est sans doute pour faire plus américain. Le public aime bien. Le message explique que le robot ménager a été gagné ce matin. Il est donc inutile de continuer de téléphoner à ce numéro. Mais si jamais le gagnant refuse son prix, pour une raison ou pour une autre, la chaîne proposera de nouveau le cadeau dans une de ses prochaines émissions.

— Et votre traductrice connaît cette chaîne ?

— Non, mais elle est en train de téléphoner pour se renseigner.

— Bien. Le problème, c'est qu'on ne sait toujours pas... Quoi, Charo ? »

La Colombienne venait d'interrompre sa tutrice en lui tendant le deuxième dessin de Liliana. Elle était toute pâle.

« Le... le deuxième numéro...

— Eh bien quoi ?

— Je crois savoir qui va le faire.

— Hein ?

— Oui. Le téléphone... il a la même couleur que celui de notre appartement. Et... et la main...

— Quoi, la main ?

— Elle a une petite cicatrice sur le dos... comme celle que Yunhua s'est faite il y a quelques jours en s'écorchant avec une ronce. Vous vous souvenez ? »

Astrid regarda le dessin et blêmit à son tour.

« Oh, non », murmura-t-elle.

Au même moment, une voiture arriva et vint se garer à quelques mètres. En apercevant les baskets et le costume gris s'extraire de l'habitacle, Astrid sentit son ventre se nouer.

« Mais qu'est-ce que vous faites ici, bon sang ! » cria-t-elle au chauffeur alors qu'il sortait de son véhicule.

Justin Duprey se figea aussitôt, l'air confus.

« Euh... je...

— Et Yunhua, où est-elle ?

— A l'appartement, bien sûr. Vous m'aviez dit de la raccompagner, mais pas de rester avec elle.

— Et elle est seule dans l'appartement ?

— Oui. Mais ne vous en faites pas, j'ai contrôlé qu'elle fermait bien la porte à clef derrière moi. »

Sans répondre, Astrid s'approcha de Sylwia et lui arracha presque des mains son téléphone.

« Il faut lui téléphoner et la prévenir qu'elle court un grand danger. Il me faut le numéro de l'appartement. Qui le connaît ? »

Un lourd silence lui répondit. Tous se regardèrent les uns après les autres avec espoir. Mais personne ne répondit. Personne n'avait pensé à mémoriser ou noter le numéro.

Devant l'air atterré de ses collègues, le jeune Justin voulut les rassurer.

« Il... il ne faut peut-être pas s'inquiéter pour rien. Quand je suis parti, Mlle Yunhua m'a dit qu'elle allait rester bien tranquille. Et qu'elle allait juste regarder la télévision. »

Chapitre 41

Avril 2000

Le deuxième dessin de Liliana avait anticipé la réalité de quelques minutes.

Au moment où la jeune Roumaine le réalisait, Yunhua refermait la porte derrière Justin Duprey en lui promettant de regarder bien sagement la télévision. L'instant d'après, elle s'installait confortablement sur le canapé face à l'écran.

Elle avait craint un instant que les appartements voisins n'aient été tous loués à des touristes étrangers, mais ça n'était apparemment pas le cas. Il devait y avoir des Polonais dans l'immeuble, car elle comprenait tout ce qui se disait à la télévision. Elle était furieuse d'avoir été mise à l'écart, mais, finalement, elle n'avait pas à se plaindre. Cela lui évitait de parcourir toute l'agglomération en voiture pour aller visiter des maisons avec des gens électrocutés à l'intérieur. Et elle avait la télé pour elle toute seule.

Elle saisit la télécommande et commença à zapper d'une chaîne à l'autre. Elle adorait suivre plusieurs films à la fois, en changeant dans les moments creux – il y en avait toujours – et en revenant suffisamment vite pour ne pas perdre le fil de l'histoire. Elle était devenue assez bonne à ce petit jeu. Sauf pour les films policiers où elle finissait toujours par rater le moment où l'on apprenait qui était le coupable.

Son plaisir fut, hélas, de courte durée. En appuyant un peu trop rapidement sur les boutons, elle avait dû dérégler la télécommande. La télé s'était soudain bloquée sur une chaîne – une émission de téléachat – et elle n'arrivait plus à modifier le programme. Elle s'énerva quelques instants sur le clavier. Inutile. Elle s'approcha alors du téléviseur et essaya de débloquer la situation en appuyant sur les touches « programme + » et « programme – », rien n'y fit.

De rage, elle s'apprêtait à éteindre le poste quand l'écran afficha :

« GAGNEZ CE MAGNIFIQUE ROBOT MÉNAGER EN ÉTANT LE PREMIER TÉLÉSPECTATEUR À APPELER LE NUMÉRO CI-DESSOUS. »

La jeune Chinoise arrêta sa main juste au-dessus du bouton « marche/arrêt ». Cette annonce la fascinait. Elle n'avait aucun goût pour les travaux ménagers, mais l'appareil qui apparaissait à l'écran avait quelque chose de terriblement attrayant.

Sans réfléchir, elle se rua sur le téléphone et composa le numéro. Elle n'eut même pas à regarder vers le téléviseur, les neuf chiffres s'étaient étonnamment bien gravés dans son esprit.

*

Sans le savoir, à l'autre bout de la ville, Astrid avait, quelques minutes auparavant, composé le même numéro. Mais elle ne comprenait pas le polonais ; elle n'avait aucune chance de gagner le « prix ».

*

Yunhua, si. La jeune Chinoise raccrocha, ravie. La voix à l'autre bout du fil lui avait répondu qu'elle était l'heureuse gagnante. On allait lui livrer sa récompense dans peu de temps.

*

Au même instant, dans la villa du couple Vaniowsky, une jeune Palestinienne, troublée, murmurait : « C'était... anormal... anormal et dangereux. »

*

Yunhua, dans l'appartement, tournait en rond avec impatience. L'arrivée de son cadeau était devenue, en quelques minutes, le point le plus important de son existence.

Il ne se passa pas un quart d'heure avant qu'on frappe à la porte. L'adolescente se précipita comme si sa vie en dépendait.

*

Pendant ce temps, le jeune Justin Duprey roulait tranquillement pour rejoindre son supérieur hiérarchique et Sylwia, la traductrice, contactait à son tour le numéro de téléphone de Market-TV. Mais le « prix » avait déjà été remporté.

*

Le jeune homme qui livrait le robot ménager était charmant. Yunhua ne s'étonna à aucun moment qu'il ait pu apporter son colis en si peu de temps, ni qu'il trouve normal qu'une Asiatique parle parfaitement le polonais.

Tout ce qui importait, c'était son cadeau.

« Il va falloir que je vous fasse une petite démonstration, expliqua le livreur. Ensuite, vous l'essaierez à votre tour et vous me direz si vous confirmez que vous le prenez. Sinon, il faudra que je le rapporte et la chaîne le remettra en jeu dans une autre émission. »

*

Sur le perron d'une luxueuse villa, une jeune Colombienne venait de comprendre avec effroi qui avait composé le numéro de téléphone représenté sur le dessin de sa camarade roumaine.

*

« Attention, dit le beau livreur, maintenant que l'appareil est branché, il faut l'utiliser d'une manière très précise. Sinon, ça peut être dangereux. »

Yunhua acquiesça d'un sourire, le regard fixe. Qu'on puisse livrer un appareil électroménager dangereux ne l'étonnait même plus.

*

Au même instant, la voiture de Justin Duprey s'arrêtait devant l'entrée de la villa.

*

Yunhua trépignait d'impatience. Le jeune homme tenait à tout prix à lui montrer comment se servir de l'appareil et elle n'osait pas lui dire que, dès l'instant où il avait pénétré dans l'appartement, elle avait su le faire aussi bien que lui et dans les moindres détails.

*

La démonstration n'était pas encore terminée que le monospace, suivi de la voiture conduite par Kamel Sarawi, fonçait à travers les rues de Varsovie au mépris des limitations de vitesse.

*

« Voilà. A vous, mademoiselle. Faites bien attention, cet appareil est d'un maniement délicat. »

Yunhua s'approcha du robot ménager.

*

Dans le monospace, Charo, tête baissée, priait. Jamais plus, elle le jurait, elle ne se querellerait avec Yunhua. Si on lui rendait sa camarade chinoise vivante, elle ferait la paix avec elle. Pour toujours.

Derrière elle, Liliana griffonnait sur un bout de papier l'image d'une Yunhua avachie sur le carrelage de la cuisine de leur appartement, le dos appuyé à la porte d'un placard, les bras ballants, le regard vide, comme assommée... ou morte. Au-dessus de sa tête, sur une table, on apercevait un robot ménager flambant neuf.

*

Le livreur se recula, le regard étonné, l'air ravi.

« Vous... vous êtes la première personne qui réussit à s'en servir sans... sans problème. Vous... vous le prenez alors ?

— Euh, oui, bien sûr », répondit Yunhua.

Elle se rendit compte soudain qu'il y avait quelque chose de bizarre dans cette situation. Comme si tout n'était pas parfaitement réel. Un peu comme un rêve.

« Je veux dire... vous acceptez votre prix ? insista le livreur. Définitivement ? »

L'adolescente, de plus en plus troublée, hocha la tête.

« Oui », répondit-elle.

L'homme la regarda, sourit.

« Alors, je peux m'en aller », déclara-t-il.

Et il disparut.

*

Toute l'équipe se rua dans l'escalier, déboula dans l'appartement et s'arrêta au seuil de la cuisine. Yunhua était assise à même le sol, exactement comme l'avait représentée Liliana. Astrid voulut s'approcher.

« Non ! » s'écria Leïla.

Du doigt, elle pointa l'appareil électrique sur la table. Branché.

« C'est "lui" », murmura-t-elle.

La quinquagénaire recula d'un pas.

« Yunhua, appela-t-elle doucement, Yunhua, tu m'entends ? »

Elle vit avec soulagement la jeune fille tourner le visage vers elle et prononcer quelques mots.

« Qu'est-ce qu'elle dit ? demanda-t-elle en s'adressant à Sarawi. Il y avait des mots en français, mais je n'ai pas compris le sens de la phrase.

— Il y avait aussi des mots en arabe, dit Leïla.

— Et en espagnol, ajouta Charo.

— Elle utilise toutes les langues en même temps, dit Astrid. Son esprit doit avoir subi un choc.

— On ne peut pas la laisser comme ça », dit Charo.

Sans hésiter, elle entra dans la cuisine avant que sa tutrice ait pu la retenir. Elle s'approcha de sa camarade, l'attrapa sous les bras et la traîna à l'extérieur de la pièce.

« Tu es folle, Charo ! s'écria Astrid. Et si...

— Et si quoi ? Vous parlez tout le temps d'équipe. Dans une équipe, on s'entraide, non ? » Elle s'accroupit et serra Yunhua dans ses bras.

« T'en fais pas, dit-elle. On est là maintenant. Tout va bien se passer. »

La Chinoise blottit sa tête dans l'épaule de la Colombienne.

Leïla, Nakiméra et Liliana se regardèrent, inquiètes. De tous les événements de la journée, celui-là était sans doute le plus inattendu.

Chapitre 42

Extrait du journal d'Astrid Sappa

Varsovie : affaire classée.

Une affaire compliquée. Une Aberration « composite » comme disent les spécialistes de l'Organisation qui aiment les termes techniques. La base en était la chaîne Market TV, une Aberration virtuelle, comme il en existe parfois. Née, pense-t-on, du rêve des nombreux Polonais désireux de profiter enfin de l'économie de marché et de ses mirages de gain facile.

Son but (chaque Aberration a un but) : faire gagner à un « heureux » le « prix », symbole de cette société de consommation idéalisée, un magnifique « robot à tout faire », deuxième manifestation, physique cette fois, de l'Aberration.

Un cadeau de rêve. Un mauvais rêve cependant, inadapté à notre monde. Drainant l'énergie électrique pour la restituer de manière aberrante.

Grâce à Leïla, nous avons reconstitué le scénario général de cette affaire. Nous sommes retournés sur les lieux de chacune des électrocutions. Heureusement, dans la plupart des cas, les appartements avaient été conservés dans l'état où ils étaient au moment des drames. Leïla a pu y « interroger » les machines (je ne sais pas si le terme « interroger » est correct, car elle ne parle pas vraiment avec elles, mais ça n'a pas d'importance. Ce qui compte, c'est que nous ayons eu les réponses à nos questions).

Dans chaque cas, nous avons découvert la même chose : la télévision avait retransmis le programme de la chaîne

Market TV et le numéro de cette chaîne avait été composé sur le téléphone. Leïla a pu aussi repérer dans chaque cuisine le passage du « robot à tout faire ».

Voilà ce que nous en avons déduit :

La chaîne parasitait la télévision d'une personne pour y déverser son programme et proposer son jeu : gagner le prix en étant le premier à composer le fameux numéro découvert par Leïla (nous avons vérifié : les numéros à neuf chiffres n'existent pas sur le réseau téléphonique polonais). La chaîne semblait capable de repérer des « proies » particulièrement faciles. Les victimes étaient des personnes passant beaucoup de temps devant leur poste, souvent pauvres, et facilement tentées par l'idée de gagner gratuitement un appareil électroménager. De plus, le programme devait avoir un effet hypnotique. C'est du moins l'impression qu'en a gardée Yunhua qui n'a pas été capable de nous expliquer pourquoi elle s'était sentie soudain si enthousiaste pour un robot ménager, elle qui n'a rien d'une fée du logis. Quoi qu'il en soit, il semblerait que Market TV ne diffusait pas sur l'ensemble du réseau, au hasard. Nous avons enquêté : en dehors des victimes, nous n'avons trouvé qu'une personne ayant eu connaissance du programme. Mais son téléphone était en panne depuis deux semaines.

Les autres n'ont pas eu cette chance ; sitôt qu'elles avaient téléphoné et gagné le fameux lot, leur sort était scellé.

Intervenait alors le troisième élément de l'Aberration. Le livreur.

Presque aussi virtuel que la chaîne elle-même. En tout cas, invisible à toute personne en dehors du « gagnant ». Cela explique qu'il n'y ait jamais eu aucun témoin visuel de sa visite à l'un ou l'autre des appartements, et que la caméra de surveillance de la villa de l'homme d'affaires n'ait rien enregistré.

Il venait livrer l'appareil, faisait une démonstration. La personne essayait alors à son tour... mais nul ne pouvait utiliser cet appareil correctement. L'électrocution était inévitable. Pour le livreur, tout se déroulait comme si le gagnant avait refusé le prix. Il disparaissait avec son colis et la chaîne le proposait à une nouvelle victime.

L'enquêteur de l'Organisation qu'on a retrouvé mort a dû arriver avant que l'appareil ait été remballé. Il n'a pas aperçu le « livreur », invisible à ses yeux, et a touché le robot, sans doute par inadvertance, en s'approchant du corps de la victime.

Cela aurait pu durer indéfiniment.

Sauf qu'il y a eu Yunhua.

La seule à pouvoir, sans même s'en rendre compte, apprendre à se servir de l'appareil EXACTEMENT *comme le livreur. La seule à pouvoir survivre à cette dangereuse manipulation. La seule à vivre suffisamment longtemps pour pouvoir répondre à la question : « Acceptez-vous votre prix ? »*

Quand elle a accepté, l'Aberration avait atteint son but. Elle pouvait disparaître.

Nous avons tenté de recontacter le numéro à neuf chiffres. Impossible. L'Aberration a réalisé ce pour quoi elle existait ; elle est retournée d'où elle était venue. Nous avons résolu cette affaire involontairement.

Heureusement que nous sommes arrivés rapidement et que Yunhua était trop sonnée par la disparition spectaculaire du livreur pour penser à s'amuser avec le robot ménager, sinon... Une fois le livreur parti, rien ne lui permettait plus d'utiliser correctement le robot. Elle aurait fini comme les autres « gagnants ».

Car si la chaîne et le livreur ont quitté notre monde, le « robot à tout faire » est resté, lui. Des spécialistes de l'Organisation sont venus s'en occuper. Il finira chez l'un de nos archivistes.

Affaire classée, donc. Pour l'Organisation. Mais pas pour moi.

Une question n'a pas trouvé de réponse : par quel hasard l'Aberration s'en est-elle prise à Yunhua ? Elle n'avait pas le profil des autres victimes. Et la probabilité que l'Aberration tombe sur elle, par hasard, dans une ville de près de deux millions d'habitants était infime.

A moins que... A moins que quelqu'un ne l'ait dirigée vers notre équipe.

J'en ai parlé à Kamel Sarawi qui, bien sûr, l'a pris de haut.

« Qu'est-ce que c'est encore que cette histoire ? Les Aberrations ne s'attaquent jamais volontairement à l'Organisation.

Elles ne savent pas que nous les traquons. Elles ignorent notre existence. Elles n'ont même pas conscience d'être des Aberrations. Alors, qu'est-ce qui peut bien vous faire penser que… ? Attendez, vous n'allez pas encore remettre votre "Effet 2000" sur le tapis. Je croyais que c'était fini, cette histoire. »

Non, en ce qui me concerne, ce n'est pas fini. L'« Effet 2000 » a eu lieu. Je le sais. Je le sens. Et il a *accouché d'une Aberration nouvelle qui, quelque part, nous attend. Une Aberration qui sait ce qu'elle est et que nous sommes son pire ennemi.*

Et si elle était capable de diriger, ou tout au moins, d'influencer d'autres Aberrations ? De faire en sorte, par exemple, que Market TV soit venue émettre son petit programme dans l'appartement que nous avions loué à Varsovie, juste quand une de mes élèves s'y trouvait seule ?

Je n'ai pas insisté auprès de Sarawi. Trop borné pour essayer de me comprendre. Mais j'ai bien senti que le petit Justin Duprey était troublé. Il est apparemment plus ouvert aux hypothèses qui sortent de l'ordinaire, sans doute parce qu'il est plus jeune. Mais il ne dira pas un mot qui puisse fâcher son supérieur hiérarchique. Trop timide. D'ailleurs, l'autre ne l'écouterait même pas.

Je garderai donc mes soupçons pour moi. L'avenir dira qui a raison ou tort. J'espère me tromper. Mais je n'y crois pas trop.

Chapitre 43

Mai 2000

« Bonjour, madame Sappa. Je vous en prie, asseyez-vous. »

Le ton de la directrice était courtois, mais Astrid savait déjà qu'elle entrait dans le bureau pour la dernière fois. Les vacances de Pâques n'étaient finies que depuis une semaine et la fin de l'année scolaire était encore loin, pourtant elle n'avait aucun doute. Depuis quelques heures, peu avant de prendre sa voiture pour se rendre à la convocation de la directrice, elle savait que la prochaine rentrée scolaire ne se ferait pas dans cet établissement. Elle aurait pu aussi bien rester debout, demander la raison exacte de sa présence et repartir dans les cinq minutes.

Mais il y avait les usages. Et puis, elle connaissait si peu de chose sur la vie de ses cinq terreurs en dehors du Chalet. Peut-être allait-elle en apprendre un peu plus.

« Tout d'abord, commença la directrice avec un sourire mielleux, je tiens à dire que vos... vos filles ?

— Je les ai effectivement adoptées, mais je préfère les appeler mes filleules.

— Bien. Vos filleules, donc, sont des jeunes filles tout à fait exceptionnelles. »

Astrid sourit à son tour.

« *Ça, je veux bien te croire*, pensa-t-elle. *Mais j'ai l'impression que le mot "exceptionnel" n'est pas un compliment dans ta bouche.* »

Comme si elle avait lu dans ses pensées, la directrice poursuivit :

« Cependant, être exceptionnel n'est pas qu'une qualité... je veux dire... En ce qui concerne Nakiméra, il n'y a jamais eu aucun problème. Tout le monde l'adore. Elle est tellement... vous voyez ce que je veux dire ? »

Astrid approuva en silence. Elle voyait très bien. Elle même avait un faible pour Nakiméra. Mais à bien y réfléchir, elle avait un faible pour chacune des cinq... même Yunhua.

« Pour Yunhua, c'est une forte tête. Elle en irrite certains avec ses airs de tout savoir... mais il faut bien admettre qu'elle est très brillante. Leïla a un peu le même problème. Moins provocatrice, mais plus... comment dire ?... »

« *Teigneuse, c'est à "teigneuse" que tu penses, mais on ne dit pas ça à la "mère" d'une élève sur sa "fille".* »

« Disons qu'elle a une vraie rage de prouver ce qu'elle vaut et que, parfois, ça... dérape un peu. »

La directrice marqua une pause. Son attitude était de plus en plus nerveuse, son débit de plus en plus saccadé. Depuis le début de l'entretien, elle s'était insensiblement raidie sur sa chaise au point que son interlocutrice se demanda si ses fesses touchaient encore la surface du siège. Bien sûr, une phrase, une remarque de la quinquagénaire, lui aurait rendu la tâche plus facile. Mais celle-ci n'était pas d'humeur coopérative. Elle savait la raison exacte de sa visite et sa conclusion inéluctable. Elle n'avait pas l'intention d'aider Mme la directrice à régler ses sales besognes.

« Liliana, par contre, reprit la femme derrière son bureau, nous a posé parfois quelques problèmes. Il ne s'agit pas de sa surdité. Nous avons souvent des élèves handicapées et notre personnel est formé pour cela. Non, je veux parler de cette manie qu'elle a parfois de...

— Je vous avais prévenue.

— Oui, bien sûr. Mais quand même, ça surprend. C'est d'autant plus étonnant qu'elle dessine à une vitesse stupéfiante et avec un réalisme...

— Vous avez regardé ses dessins ?

— Non, pas vraiment. J'ai respecté ce que vous m'aviez demandé et les professeurs aussi. Vous nous aviez dit que les dessins de Liliana étaient l'expression d'émotions trop personnelles pour qu'on cherche à les connaître. C'est ce que nous avons fait. Mais je vous ferai remarquer qu'elle n'a jamais vraiment cherché à se cacher et il aurait fallu être aveugle pour ne pas s'apercevoir de la qualité de ses dessins et...

— Et ?

— Je vais y venir. Je voulais juste dire un mot tout d'abord sur Charo. Là aussi, vous nous aviez prévenus qu'il s'agissait d'une enfant assez spéciale. Nous avons pu effectivement constater qu'elle a une personnalité très directe, très franche. Un peu trop parfois.

— Peut-on être trop franc ? Vous préférez les élèves sournoises ? »

La directrice haussa les épaules.

« Je vous en prie. Ne déformez pas mes propos. Même une adolescente de cet âge sait ce que le mot "diplomatie" veut dire. Et quand je dis "diplomatie", je suis gentille. Charo a parfois tout simplement fait preuve d'impolitesse.

— Ce n'est arrivé qu'une fois, à ma connaissance.

— Eh bien, c'était une fois de trop. Traiter une enseignante de menteuse !

— Elle ne l'a pas traitée de menteuse, c'est elle qui lui a demandé si elle la considérait comme une menteuse. Elle a répondu.

— Et elle a répondu "oui" ! Et devant toute la classe ! »

Astrid se redressa sur son siège.

« D'une part, si on ne veut pas de réponses embarrassantes, on ne pose pas de questions, surtout en public. D'autre part, bien que je n'aie pas été présente lors de cet incident, je peux vous dire une chose... (Elle fixa son vis-à-vis droit dans les yeux.) Si Charo a dit à cette femme qu'elle mentait, tout professeur qu'elle soit, c'est qu'elle mentait. »

La directrice soutint un instant le regard de son interlocutrice.

« Peut-être, répondit-elle d'un air pincé.

— Sûrement.

— Bon, d'accord ! Elle avait raison. »

La phrase avait été prononcée avec véhémence, presque criée. Astrid eut soudain une illumination.

« Vous avez vérifié ? C'est cela, hein ? Vous aviez un doute, alors vous avez vérifié. Et le professeur avait bien menti, n'est-ce pas ?

— ...

— Elle avait menti, oui ou non ?

— Oui ! Elle avait menti. C'est une jeune professeur manquant d'assurance. Une élève lui avait posé une question à laquelle elle ne savait pas répondre et, bêtement, elle n'a pas voulu l'admettre. Elle a préféré inventer une explication vaseuse. Elle me l'a avoué après que je l'ai convoquée dans mon bureau.

— Et pourquoi l'avez-vous convoquée, justement ? Vous aviez des doutes ou est-ce une habitude de...

— Non, ce n'est pas une habitude de ma part de mettre en doute la parole des enseignantes, surtout en cas de conflit avec une élève, mais là... (La directrice marqua un silence.) J'ai eu un doute, comme vous dites. Je ne suis pas idiote, vous savez. Et toutes les recommandations que vous m'avez faites avant la rentrée auraient mis la puce à l'oreille à n'importe qui. Ensuite, il y a eu tous ces petits incidents.

— Tous ? Il y en a eu donc tant que ça ? Je n'ai entendu parler que de quelques-uns.

— Parce que je n'ai pas cru bon de vous avertir pour chacun d'eux. D'ailleurs, la plupart n'avaient pas d'importance et sont passés inaperçus de tous... sauf de moi. (Derrière le bureau, les yeux de la directrice brillèrent curieusement.) Il n'y a pas que les petits dessins de Liliana qui m'ont intriguée. J'ai bien remarqué les étranges capacités de Yunhua qui semblent s'effondrer lorsque le professeur n'est pas là. Et les téléphones portables qui sonnent, pour un oui, pour un non, quand Leïla est dans les parages. Ou les scooters qui, au contraire, refusent de démarrer. Surtout si leurs propriétaires ont eu une petite dispute juste avant avec votre protégée. »

La femme se redressa sur son fauteuil, prit un stylo posé sur son bureau, comme si elle s'apprêtait à noter quelque chose, le fit rouler entre ses doigts un instant puis, se ravisant, le reposa sur son sous-main.

« Cela dit, reprit-elle, c'est Charo qui, dès le début, m'a le plus intriguée. Il n'y avait à première vue pas grand-chose à noter chez elle, si ce n'est cette franchise un peu excessive. Mais justement... à cet âge... une ado qui ne ment pas, qui ne triche pas, c'est anormal. Du coup, j'ai eu tendance à l'observer un peu plus que les autres.

— Vous voulez dire que vous l'avez espionnée ?

— Bien sûr que non, voyons. Ne me faites pas dire ce que je n'ai pas dit. Je suis directrice de collège, pas indicateur de police. J'ai remarqué... des choses. Sa manière de faire répéter certaines phrases, comme si elle ne les avait pas bien entendues. Toujours des phrases à la sincérité un peu douteuse. Comme par exemple "J'adore ta nouvelle coiffure, Charo !" dite par une camarade qui a visiblement besoin qu'elle lui rende un service. Vous voyez ce que je veux dire ? »

Astrid hésita, puis hocha la tête.

« Je vois ce que vous voulez dire.

— J'ai aussi remarqué comme elle semblait mal à l'aise à certains moments. Quand, par exemple, une bêtise avait été commise et que le professeur exigeait de connaître le coupable. Elle s'enfermait alors dans un mutisme total. Elle ne répondait plus à aucune question, même pas par oui ou par non. Rien. Et ce qui m'a convaincue qu'il y avait vraiment quelque chose d'étrange... c'est lorsque Yunhua s'est dénoncée.

— Yunhua a fait quoi ?

— Elle s'est dénoncée. A propos d'une peccadille. Un avion en papier qui avait traversé toute la classe pendant un cours de dessin. Rien de bien grave, ni de très étonnant avec des élèves de cet âge. Mais nous sommes très strictes sur la discipline dans cet établissement. Et la professeur de dessin n'est pas l'élément le plus coulant de notre personnel enseignant. Elle en a fait toute une histoire. Bref, il a fallu que j'intervienne. J'ai trouvé cela un peu exagéré mais, dans ce genre d'affaire, je soutiens toujours mes professeurs. J'ai donc décidé de convoquer, un à un, tous les élèves suspects. Il n'y en avait pas beaucoup, car, au moment de l'incident, ils travaillaient par petits groupes relativement isolés. Dans les dix qui pouvaient être mis en cause, il y avait Charo et Yunhua. Quand j'ai annoncé que j'allais interroger individuellement chaque élément du groupe, j'ai vu Charo blêmir. J'ai aussi très bien remarqué que Yunhua se tournait vers elle. Elle semblait très inquiète. J'ai cru d'abord que c'était pour elle-même. Peur que Charo la dénonce. Elles sont assez sœurs ennemies, n'est-ce pas ?

— Oui, assez, mais c'est un peu un jeu entre elles. Et leurs relations se sont beaucoup améliorées depuis Varso... depuis les dernières vacances. Elles savent aussi se serrer les coudes.

— Tout à fait. C'est exactement ce qui s'est passé cette fois-là. Je n'ai pas eu le temps de convoquer qui que ce soit. Yunhua s'est levée et a avoué être la responsable.

— Et vous croyez qu'elle s'est dénoncée à la place de Charo ?

— Oh, non ! Je suis certaine que l'avion était bien *made in Yunhua*. Aucun doute là-dessus. Tout à fait son genre. Non, ce qui m'a étonnée, c'est qu'elle avoue. Même si elle craignait que Charo ne la dénonce, je l'aurais plutôt vue niant jusqu'au bout et accusant sa camarade de mentir. »

La directrice se leva soudain, fit le tour de son bureau et vint se placer devant son interlocutrice.

« Si Yunhua s'est dénoncée, dit-elle à mi-voix comme par peur d'être entendue par des oreilles indiscrètes, ce n'était pas par souci d'honnêteté ou pour échapper à une sanction plus lourde... c'était pour protéger Charo. J'en suis convaincue. »

Elle fixa un instant Astrid dans les yeux, attendant une réponse. Mais rien ne vint. La directrice retourna derrière son bureau.

« Lors du second incident – quand Charo a accusé son professeur d'avoir menti –, j'ai su qu'elle disait la vérité. C'est pour cela que j'ai convoqué le professeur en question. Pas tellement pour savoir le fin mot de l'histoire, qui n'avait que peu d'importance à mes yeux. Non, juste pour confirmer mes doutes. »

Le stylo posé sur le sous-main revint un instant dans les mains de la femme, fit quelques tours entre ses doigts puis, pour la seconde fois, retourna sur la surface de cuir.

« Cette enfant a un rapport étrange avec la vérité et le mensonge, murmura la femme pour elle-même. (Elle inspira longuement.) C'est pour cela qu'il faut que vos filleules quittent mon établissement. »

Astrid garda son calme. Elle s'était attendue à quelque chose de ce genre.

« Pour cela, reprit la directrice, et aussi pour autre chose.

— L'affaire des deux pyromanes, je suppose ?

— Exact, bien que je préfère ne pas l'appeler comme cela. Pour l'instant, nous n'avons aucune preuve que cette alerte d'incendie ait été...

— Attendez ! Après ce que vous venez de me dire sur Charo, vous prétendez avoir un doute sur cette histoire ?

— Mes doutes et mes certitudes n'entrent pas en ligne de compte. Je dis simplement qu'il n'y a pas de preuves officielles et que, par conséquent, je préfère, par diplomatie, parler simplement d'alerte incendie d'origine inconnue. »

Astrid leva les yeux au ciel.

« Et bien sûr, c'est aussi par diplomatie que mes filleules vont devoir changer d'établissement ?

— Oui. Si vous connaissez toute l'histoire, vous devez savoir que...

— Je sais surtout que grâce à elles, vous avez évité une catastrophe. Arrêtez-moi si je me trompe. Il y a deux jours, le matin, en plein cours de mathématiques, Liliana s'est mise soudain à dessiner. Nakiméra a été la première à le remarquer. Ça l'a d'autant plus surprise que Liliana n'avait plus fait cela, en plein cours, depuis longtemps. D'après

Nakiméra, Liliana était dans un état proche de la transe. Elle dessinait et tremblait en même temps. A un moment, elle s'est mise à gémir, comme si elle avait mal. La professeur a alors interrompu son cours et a cherché à savoir ce qui se passait.

— Mais Yunhua et Charo sont intervenues avant qu'elle n'ait eu le temps de faire quoi que ce soit, compléta la directrice. D'après la professeur, Yunhua a vu le dessin et a immédiatement crié quelque chose à Leïla. C'était en arabe. Personne d'autre n'a compris... mais l'alarme incendie s'est aussitôt déclenchée.

— Et alors ?

— Alors ? Il n'y avait pas d'incendie.

— Ce n'est pas ce que j'ai compris.

— Eh bien, vous avez mal compris. Il a peut-être failli y avoir un incendie, mais il n'y a jamais eu le commencement d'une flamme.

— Et comment en êtes-vous si sûre ? Non, ne répondez pas. Je sais d'où vous viennent vos informations. Des coupables elles-mêmes, c'est cela ?

— Je vous répète que rien ne prouve qu'elles soient coupables de quoi que ce soit.

— Allons donc ! De toute façon, quelle importance de savoir pourquoi l'alarme s'est déclenchée ? Il y avait bien un risque réel d'incendie. Si tous les élèves n'étaient pas descendus immédiatement dans la cour, il y aurait eu un désastre, n'est-ce pas ? (Comme la directrice gardait le silence, Astrid enchaîna :) Ce que vous reprochez à mes filles, c'est quoi, exactement ? Pour reprendre une expression que vous semblez apprécier : il n'y a aucune preuve qu'elles aient déclenché quoi que ce soit. Pourquoi n'appliquez-vous pas vos principes sur la présomption d'innocence à tout le monde de la même façon ?

— Je ne les accuse de rien en ce qui concerne cette partie de l'incident. Bien que... enfin, passons. Par contre, ce qui s'est passé dans la cour par la suite est inacceptable.

— Vous voulez dire, plus inacceptable que d'avoir voulu mettre le feu à votre établissement ?

— Encore une fois…

— Ah non, ça suffit ! »

Astrid s'était levée. Malgré sa petite taille, la colère la rendait impressionnante. Penchée au-dessus du bureau, elle semblait prête à dévorer son interlocutrice. Pourtant, c'est presque en murmurant qu'elle poursuivit :

« Ce que je vais vous raconter maintenant devra rester entre nous. Je ne vous le dis que parce que, de toute évidence, vous avez déjà deviné beaucoup de choses et, surtout, parce que nous ne nous reverrons sans doute jamais. Mais je vous conseille fortement d'être muette sur ce sujet. De toute manière, personne ne vous croira. (Elle prit une longue inspiration.) Lorsque les élèves ont toutes été regroupées dans la cour, les professeurs ont commencé à vérifier que leurs classes étaient bien au complet. Il semblait manquer deux élèves, de deux classes différentes : Jennifer et Nancy. Deux gamines inséparables et particulièrement difficiles, d'après ce que j'ai compris. Et qui ont eu, plus d'une fois, des problèmes aussi bien avec les professeurs qu'avec d'autres élèves. Je le sais parce que mes filleules me l'ont dit. Au grand soulagement des professeurs, les deux filles sont rapidement apparues. Elles ont prétendu venir des toilettes et n'avoir pas été en état de sortir plus vite.

— Leurs professeurs respectifs les avaient effectivement autorisées à quitter leur cours juste avant l'incident.

— Comme par hasard ! Deux élèves, qui passent leur temps à faire des âneries ensemble, quittent leurs classes quasiment à la même seconde et sous le même prétexte. Et cela, juste avant une alerte incendie. On peut peut-être se poser quelques questions, non ?

— Peut-être, mais de là à les accuser de…

— Oui, mais il n'y a pas que ça. Quand ces deux gamines sont arrivées dans la cour et qu'elles ont donné leur petite explication à leurs professeurs, Charo et Leïla étaient à proximité. Leïla a très bien entendu ce qu'elles disaient.

— Et… et alors ?

— Ne faites pas l'innocente. Après ce que vous m'avez raconté, je sais que vous avez compris. Charo, elle, a su qu'elles mentaient. »

Astrid se rassit sur sa chaise. Elle attendait la réaction de son interlocutrice. Celle-ci, après un long silence, finit par réagir.

« Bon d'accord, dit-elle, elles ont menti. Je les ai interrogées et elles ont fini par avouer qu'elles s'étaient cachées dans une salle du rez-de-chaussée pour fumer... de la... enfin ce qu'ils appellent un joint. Voilà.

— Non.

— Comment ça, non ?

— Non. Comme ça se prononce. N-O-N. Non. Deux gamines qui veulent fumer un pétard ne s'éclipsent pas en plein cours. Elles n'ont d'ailleurs aucune raison de faire ça dans l'école. Elles ont sûrement la possibilité de le faire ailleurs, en dehors des heures scolaires. Elles ont menti pour une tout autre raison. Elles voulaient mettre le feu à l'établissement. D'ailleurs, on a bien retrouvé dans la pièce en question un jerrican d'essence, non ?

— Peut-être avait-il été laissé là par quelqu'un d'autre ?

— Bien sûr. C'est classique. On laisse traîner des bidons d'essence dans les salles de cours désertes, au milieu des tables et des chaises en bois. Ne vous moquez pas de moi, madame la directrice, ces deux gamines s'apprêtaient à commettre un crime.

— Ah ! Comme vous y allez. »

Sans un mot, Astrid sortit de sa poche une feuille pliée en quatre et, se levant à demi, la tendit à son interlocutrice par-dessus le bureau. Celle-ci la prit. Quand elle l'eut dépliée, elle se raidit dans un sursaut et la lâcha comme si le papier lui brûlait soudain les doigts.

« Impressionnant, n'est-ce pas ? C'est le dessin de Liliana. C'est ce qui se serait passé si l'alarme incendie ne s'était pas déclenchée prématurément et n'avait pas empêché vos deux élèves de mettre leur projet à exécution. »

La directrice repoussa la feuille du bout des doigts.

« Ce... ce n'est qu'un dessin. Effrayant, certes, mais juste un dessin, rien d'autre.

— Si vous vous plaisez à le croire... mais Charo et Leïla n'ont pas réagi comme vous. Et pour cause : elles ont vu dans quel état se trouvait Liliana. Ça leur a suffi. »

Astrid préféra ne pas poursuivre. Les deux femmes connaissaient la suite. Les deux coupables avaient vu fondre sur elles deux furies, puis une troisième, lorsque Yunhua avait réalisé à son tour ce qui se passait. Seule Nakiméra n'était pas intervenue, trop occupée à calmer Liliana.

L'histoire s'était terminée à l'infirmerie, à panser les plaies et bosses des unes et des autres. Enfin, pas tout à fait. Il y avait eu un épilogue.

« Comme vous venez de me le faire comprendre, madame, tout ce que vous m'avez dit devra rester entre nous. Et vous avez raison ; si je le racontais, personne ne me croirait. Moi-même, je ne suis pas sûre de croire tout ce que j'ai vu et entendu, alors... alors il faut que je prenne une décision. Les parents des deux filles ont porté plainte contre vos filleules. Rassurez-vous, quand je dis "porté plainte", c'est uniquement auprès de moi. La police n'a pas été alertée... pour l'instant. Mais si je ne fais pas quelque chose... »

Astrid hocha la tête en silence. Les pères de Jennifer et Nancy étaient tous deux des diplomates américains de haut rang. Ils avaient très mal pris qu'on accuse leurs enfants d'avoir failli provoquer une catastrophe et un carnage. Et encore plus difficilement accepté que ces mêmes filles se fassent rosser par trois élèves, même si ces dernières n'étaient pas sorties indemnes non plus de l'accrochage.

L'Organisation non plus n'avait pas vu d'un bon œil que Charo, Yunhua et Leïla envoient à l'infirmerie la progéniture de deux personnages aussi influents. Il était hors de question que l'affaire arrive à la connaissance de la police.

« Je vous comprends, dit Astrid après un moment de silence. Je crois aussi qu'il est préférable que mes filleules ne reviennent pas ici l'année prochaine. »

La directrice eut l'air soulagée.

« Bien entendu, dit-elle, elles peuvent rester jusqu'à la fin de l'année scolaire. Je vous demanderai seulement de les prévenir d'être particulièrement calmes et d'éviter tout incident.

— Je les préviendrai. »

Elle se leva. La discussion était terminée. La directrice l'accompagna jusqu'à la porte. Au moment d'ouvrir, elle s'arrêta soudain.

« Vous savez, dit-elle, j'aurais préféré garder vos filleules. Je les aime bien, contrairement aux deux petites morveuses avec lesquelles elles se sont battues. Mais je ne peux pas.

— Oui, je sais, j'ai compris.

— Je tenais à vous le dire et à vous souhaiter bonne chance. Je devine qu'avoir la responsabilité de cinq adolescentes aussi... spéciales n'est pas une mince affaire. Et j'ai remarqué que vous disiez parfois "mes filles" et non "mes filleules" au cours de notre conversation. Nous ne nous sommes pas rencontrées souvent et je vous connais mal. Mais je sais une chose : vous tenez beaucoup à elles. »

Astrid sourit, puis, d'un air grave, répondit :

« Cela non plus ne devra pas sortir de ce bureau. Je compte sur vous. »

Sans attendre la réponse, elle sortit en refermant la porte derrière elle.

Une fois dans le couloir désert, elle fit quelques pas, puis s'arrêta. Prenant le dessin de Liliana au fond de sa poche, elle entrouvrit son sac – celui qui faisait tant honte à ses cinq protégées quand elle venait les chercher à la fin des cours – et y glissa la feuille. Un autre papier accrocha son regard. Elle sourit et ne put s'empêcher de le déplier pour y jeter un coup d'œil. C'était la dernière œuvre de la jeune Roumaine. Grâce à ce dessin, elle avait su, avant même de quitter le Chalet ce matin, que ses cinq élèves ne passeraient pas une seconde année au cours Saint-Simon.

Le réalisme du tableau lui avait fait comprendre que l'avenir scolaire de ses protégées était déjà écrit et que, quelles que soient les difficultés qu'opposerait l'Organisation, les cinq filles feraient leur prochaine rentrée dans un établissement public.

Le lycée Victor-Hugo. Le nom apparaissait clairement sur le portail que les silhouettes de Yunhua, Charo, Nakiméra, Leïla et Liliana franchissaient sur le dessin.

Restait à découvrir où se trouvait ce fameux lycée.

Chapitre 44

Mai-juin 2000

Malgré l'épisode de l'incendie du lycée et les conséquences qu'il entraînait, la fin de l'année scolaire fut une période paisible au Chalet. Une ère plus calme où les tensions, aussi bien à l'intérieur du groupe qu'envers sa tutrice, s'apaisèrent. La paix nouvelle entre Yunhua et Charo fut pour beaucoup dans ce changement. Elle contribua à souder les filles. Yunhua, ne se sentant plus obligée de se singulariser vis-à-vis de son ancienne rivale, assouplit son attitude. Elle fut rapidement imitée par Leïla. Le « petit taureau » apprit à contrôler ses accès de colère. Son allure aussi se modifia. Des cinq, elle avait toujours été celle qui extériorisait le moins sa féminité, préférant les jeans aux jupes et les manches longues aux débardeurs à bretelles. Elle changea. On la vit à son tour écumer les soldes, son gabarit lui permettant de choisir dans les petites tailles, alors que les quatre autres se retrouvaient en compétition pour les mêmes modèles.

Dans le même temps, un allègement de la discipline fit perdre au Chalet son statut de prison. Après la liberté acquise pendant le temps scolaire, vint enfin le temps des loisirs extérieurs. Outre le shopping, les filles découvrirent les sorties cinéma, les repas au fast-food et même quelques concerts. Tout cela fut cependant limité par la nécessité pour le groupe de se faire véhiculer dans le monospace vers des villes éloignées ; le bourg situé non loin du Chalet ne présentant guère comme distraction principale que le bar PMU de la petite place centrale.

Bien des week-ends se déroulèrent encore au Chalet mais, Astrid ayant autorisé l'achat de baladeurs et d'une chaîne hi-fi, le samedi et le dimanche cessèrent d'être redoutés par les filles pour leurs longues heures d'ennui et de devoirs scolaires.

L'ambiance et les relations entre elle et ses élèves s'en trouvèrent elles aussi grandement améliorées. Les appellations comme « La Sappa » ou « La vieille » finirent par disparaître du vocabulaire des cinq jeunes filles. A peine garda-t-on quelque temps celle de « Mamie Sappa », mais comme un surnom affectueux.

Puis, lentement, au fil des semaines, Mamie Sappa devint « Astrid ».

L'intéressée mit un certain temps à se rendre compte de cette ultime évolution. Elle vécut cela comme une promotion et en éprouva une fierté bien supérieure à celle qu'elle aurait pu ressentir si l'Organisation l'avait noyée sous les compliments et les récompenses.

Malgré cela, son humeur s'assombrissait. La menace silencieuse qu'elle sentait planer sur elle, sur ses élèves et sur l'Organisation tout entière l'angoissait un peu plus chaque jour. Ce sentiment s'intensifiait d'autant plus qu'elle ne rencontrait aucune compréhension de la part de son entourage. Au sein de l'Organisation, Irène Barsamian et tous les dirigeants restaient sourds à ses avertissements et ses élèves étaient trop jeunes pour s'intéresser vraiment à une menace dont elles n'avaient jamais vu de manifestation directe. Même Yunhua n'arrivait pas à croire que le danger qu'elle avait couru en Pologne ait été autre chose qu'un malheureux concours de circonstances.

« Ça m'apprendra à me vautrer devant la télé pour regarder n'importe quoi », avait-elle déclaré.

Astrid ne trouva de compréhension qu'auprès de son collègue archiviste, Gaétan Ravier, mais la distance qui les séparait ne permettait pas à ce dernier d'être un véritable soutien. Et la crainte grandissait dans son esprit.

Une nuit, réveillée en sursaut par une sombre prémonition, elle bondit hors de son lit, enfila sa robe de chambre et descendit quatre à quatre l'escalier jusqu'au rez-de-chaussée. Là, elle s'arrêta un instant dans l'entrée, immobile. Elle ne pensa même pas à allumer la lumière. Elle sentait quelque chose. Elle avait de nouveau fait un rêve. Quasiment le même que la première fois. Et le même personnage l'habitait. La même silhouette floue et silencieuse. Dans ce rêve, il l'observait et elle était persuadée qu'encore à présent, dans la réalité, il était là à l'épier, quelque part, à proximité.

Elle se dirigea vers la porte d'entrée, hésita, puis l'ouvrit lentement. Au-dehors, la nuit de fin de printemps était douce, mais elle n'était pas en état de l'apprécier. Avec appréhension, elle fit un pas vers l'extérieur, puis un second.

Elle leva les yeux vers le ciel comme si les étoiles pouvaient lui apporter une réponse. Rien. Rien que cette sensation trouble d'être surveillée. Elle parcourut le paysage du regard : en vain. Qu'espérait-elle ? Malgré la clarté de la lune, la nuit était trop sombre pour lui permettre de distinguer autre chose que les hautes silhouettes sombres des sapins.

Y avait-il vraiment quelqu'un là-bas, l'épiant, tapi derrière les arbres ? Ou avait-elle simplement trop d'imagination, comme l'affirmait Kamel Sarawi ?

Elle ne savait plus. Tout le monde semblait tellement convaincu qu'elle se trompait qu'elle commençait à douter. Était-elle devenue paranoïaque ? S'était-elle convaincue, seule, que l'« Effet 2000 » devait arriver ?

Pourtant, il y avait eu ce rêve, ces deux rêves même, en comptant celui qui venait de la réveiller. Mais le rêve est affaire d'imagination. S'était-elle imaginé avoir rêvé pour mieux se persuader que l'« Effet 2000 » avait bien eu lieu, qu'il menaçait et que l'équipe devait être maintenue en prévision de l'affrontement qui aurait lieu un jour ou l'autre ?

Elle… La main qui se posa sur son épaule la fit sursauter et manqua de lui arracher un cri.

Nakiméra se tenait derrière elle. Elle la regarda, les yeux écarquillés, comme si un fantôme venait de lui apparaître. Son cœur battait la chamade. La jeune Ougandaise lui sourit brièvement. Elle retrouva immédiatement son calme.

« Je vous ai entendue vous lever, dit l'adolescente comme pour s'excuser. (Elle lui tendit une feuille de papier.) Liliana a dessiné ça, il y a une heure environ. Ça m'a réveillée. Elle s'est rendormie, mais pas moi. »

Sur le dessin, Astrid se vit, de dos, debout sur le seuil, comme si elle s'observait elle-même depuis l'entrée. A l'arrière-plan, on apercevait la masse des sapins, à peine éclairés par la lune.

Elle fourra la feuille dans la poche de sa robe de chambre, puis releva les yeux vers Nakiméra.

« *Mon Dieu, qu'elle est grande !* pensa-t-elle comme si elle la voyait pour la première fois. *Elle me dépasse d'une bonne tête.* »

Elle resta ainsi immobile, un long moment, à fixer son élève, en silence.

« Ça ne va pas ? demanda celle-ci devant l'attitude étrange de sa tutrice.

— Hein ? N… non, tout va bien. Enfin… pas vraiment… j'ai encore fait un rêve… Peut-être. (Elle baissa la tête.) Je ne sais plus, murmura-t-elle. (Elle se tourna vers l'extérieur.) J'avais l'impression que quelqu'un était là, dehors. Qu'il nous épiait. »

Nakiméra fit un pas à l'extérieur et scruta à son tour le paysage.

« On ne voit rien, dit-elle.

— Sans doute parce qu'il n'y a personne. Je me suis fait des idées. Viens, remontons nous coucher. »

La porte se referma sur la femme et son élève.

*

Cachée au milieu des sapins, l'ombre regarda les deux silhouettes disparaître. C'était mieux ainsi. Il avait eu un instant la tentation de... mais l'Africaine était arrivée. Contre elle, il ne pouvait rien. Il connaissait sa puissance. Elle aurait anéanti son attaque d'un simple éclat de rire.

De toute façon, ça aurait été une erreur. Eliminer cette femme n'aurait servi à rien. Tout le monde la prenait pour une folle. S'en prendre à elle n'aurait fait qu'alerter les dirigeants de l'Organisation dont l'aveuglement était jusqu'à présent sa meilleure arme.

Et puis, rien ne pressait. Son tour viendrait. Et celui des cinq filles aussi. D'une manière ou d'une autre, elles ne resteraient pas longtemps un obstacle sur son chemin.

Et après...

Chapitre 45

Août 2000

Tout est lié. Le battement d'ailes d'un papillon en un point de la planète peut, dit-on, provoquer une catastrophe dans l'autre hémisphère. Et les décisions les plus anodines ont parfois des conséquences catastrophiques. Lorsque Astrid décida de s'inviter avec ses cinq protégées chez Gaétan Ravier, pour passer quelques semaines des vacances d'été au bord de la mer, elle ne pouvait savoir qu'elle venait de déclencher une série d'événements qui allaient inexorablement mener à l'éclatement de son équipe.

Tout commença lors de la première sortie des filles à la plage. Et plus précisément quand Astrid aperçut pour la première fois son élève Yunhua en maillot de bain.

« Tu... tu ne comptes quand même pas sortir dans cette tenue ? »

La jeune Chinoise, qui venait de descendre de sa chambre en compagnie de Nakiméra, se contenta de lancer à sa tutrice un regard étonné. La question, à ses yeux, ne méritait pas de réponse.

« Tu as vu comment tu es habillée ? Tu trouves que c'est une tenue décente ?

— Ben quoi ? commença Yunhua. (Elle écarta les bras et tourna sur elle-même pour qu'on puisse l'examiner sous toutes les coutures.) C'est un maillot de bain. C'est normal pour aller à la plage, non ?

— Je le vois bien que c'est un maillot de bain, mais ce n'est pas celui que nous avons choisi ensemble au magasin. »

A nouveau, l'adolescente afficha un air surpris. Cette fois, peu convaincant. A ses côtés, Nakiméra détourna la tête. Elle savait parfaitement que leur tutrice avait raison. D'ailleurs, si les trois autres n'étaient pas encore descendues, c'est qu'elles ne tenaient pas à assister à l'affrontement que, toutes, elles avaient prévu. Quand Yunhua s'était changée, tout le monde avait compris que sa tenue ne serait pas du goût d'Astrid.

« Ce n'est pas celui que tu m'as montré, et celui-là n'est pas fait pour une fille de ton âge. »

Yunhua ouvrit la bouche. La réponse qui lui brûlait les lèvres était : « Je ne vais quand même pas attendre d'avoir le vôtre pour le mettre ? » Mais elle s'abstint.

« Pourtant, dit-elle d'une voix dont elle tentait à grand-peine d'effacer toute trace d'effronterie, c'est du quatorze-seize ans. C'est bien mon âge, non ? »

La question de la jeune fille était de pure forme. Elle n'avait pour but que de détourner la conversation. Mais elle sembla troubler son interlocutrice.

« Euh, eh bien... »

Yunhua sentit qu'elle pouvait prendre l'avantage. Elle insista.

« Ben quoi ? J'ai seize ans, non ? »

La quinquagénaire jeta un coup d'œil vers le haut de l'escalier, comme pour vérifier que personne ne pouvait l'entendre.

« Oui, oui, bien sûr, finit-elle par répondre d'un ton étrangement peu assuré.

— Donc, c'est bien un maillot de mon âge. »

Astrid s'énerva.

« Après tout, lança-t-elle brusquement, tu fais ce que tu veux. »

Et elle disparut dans la cuisine en refermant la porte derrière elle, laissant ses deux élèves surprises, mais ravies de l'avoir fait céder.

« Dis donc, murmura Nakiméra. Quelle histoire pour un maillot de bain ! T'as vu comment elle a réagi ? »

Yunhua haussa les épaules.

« Venant d'elle, plus rien ne me surprend. Ce qui compte, c'est qu'on peut y aller maintenant. »

Un bruit au sommet de l'escalier leur fit lever la tête. Liliana et Leïla arrivaient à leur tour.

« Ah, enfin ! dit Yunhua. Vous ne m'avez pas beaucoup soutenue.

— Hé, répondit Leïla, c'était ton idée, cette histoire de maillot de bain. Tu savais que ça ferait des problèmes. Nous, on a attendu sur le palier. On a tout entendu et j'ai fait la traduction à Liliana.

— Et où est Charo ? »

Leïla tourna la tête.

« Ben, elle était avec nous. Charo ! Tu descends ? »

La Colombienne apparut à son tour en haut des marches et descendit lentement l'escalier.

« Dépêche-toi un peu, insista Yunhua. Autant partir tout de suite à la plage avant qu'Astrid ne change d'avis sur mon maillot. »

Charo hocha la tête en silence. Elle semblait absente, plongée dans ses pensées. Mais les quatre autres étaient trop pressées de sortir pour y prêter attention. Ce n'est qu'arrivée sur le trottoir que Liliana remarqua que sa camarade restait à la traîne derrière le groupe.

« *Ça ne va pas ?* demanda-t-elle après l'avoir attendue.

— *Non, non, je... C'est pas grave. On en parlera plus tard. Viens, on va rejoindre les autres.* »

Elles accélérèrent le pas en direction de la plage.

Debout derrière l'une des fenêtres de la façade, leur tutrice les vit s'éloigner. Elle était troublée. La remarque de Yunhua : « J'ai seize ans, non ? » l'avait prise au dépourvu. Jamais les filles n'avaient posé de telles questions. Elles ne s'intéressaient pas à elles-mêmes. Oh, bien sûr, elles se demandaient souvent de quoi leur avenir serait fait et ce que l'Organisation leur préparait. Mais leurs origines, leur passé, d'où elles venaient, elles y étaient indifférentes.

Et pour cause.

Leur passé avait deux ans. Pour elles, tout avait commencé lors de leur arrivée au Chalet. Avant... Avant : il valait mieux qu'elles n'y pensent pas. Et, fort heureusement, c'était le cas. S'il en avait été autrement, combien de mensonges Astrid aurait-elle dû inventer ? Et combien de temps aurait-elle pu tromper Charo ? Non, si ses élèves commençaient à s'interroger sur leurs origines, tout s'écroulerait. Elle devait rester vigilante.

« J'ai seize ans, non ? »

Pourquoi avait-elle répondu à cette question ? Ce n'en était même pas une. Juste une des nombreuses bravades de Yunhua. Mais elle avait hésité, paniqué même. Oui, paniqué était le mot exact. Face à cette remarque insignifiante, elle avait perdu ses moyens. Elle avait eu cette impression étrange que la question était destinée à la démasquer. C'était stupide, mais elle avait réagi comme une coupable.

Et menti.

Il aurait pourtant suffi qu'elle élude d'une remarque neutre, ou d'un simple geste, et qu'elle laisse la jeune Chinoise partir à la plage. L'incident aurait été clos. Heureusement qu'elle avait eu la présence d'esprit de vérifier que Charo n'était pas dans les parages.

Heureusement, aussi, qu'aucun membre de l'Organisation n'avait assisté à la scène.

En tout cas, elle avait compris. La prochaine fois - en admettant qu'il y en ait une - elle ne ferait pas la même erreur. Elle quitta son poste d'observation, soulagée que l'incident n'ait eu, en fin de compte, aucune conséquence. Elle décida de s'atteler à ce qu'elle appelait ses « devoirs de vacances » : les dossiers administratifs pour l'inscription de ses élèves au lycée Victor-Hugo. Elle avait fini par découvrir, avec une grande satisfaction, que l'établissement ne se trouvait qu'à une vingtaine de minutes en voiture du Chalet. La prochaine année scolaire s'annonçait plus simple que la précédente.

Si Astrid avait pu assister à ce qui se déroulait à quelques centaines de mètres de là, sur la plage, elle aurait sans doute été moins optimiste.

Au lieu de s'ébattre dans l'eau en s'aspergeant les unes les autres, les cinq filles étaient assises en rond sur le sable, l'air concentré. Le langage des signes avait été adopté. Charo présidait.

« *Je vous dis que je n'ai pas entendu sa réponse.*

— *Quand Yunhua a demandé si elle avait bien seize ans, c'est ça ?* demanda Lilianna.

— *C'est ça.*

— *Mais elle n'a pas menti,* reprit Nakiméra. *Elle a seize ans. On a toutes seize ans !* »

La jeune Ougandaise se tourna tour à tour vers ses quatre camarades pour quêter leur approbation. Elles étaient toutes d'accord. Comment pouvait-il en être autrement ?

« *Pourtant, continua Charo, je suis sûre de ce que je dis. J'ai vu Leïla traduire la conversation par signes à Liliana et, en même temps, j'entendais ce qui se disait en bas de l'escalier. Tout concordait jusqu'à ce qu'Astrid réponde à la question de Yunhua. Là, rien.*

— *Mais, fit remarquer Leïla, elle n'a pas répondu très fort. De là où tu étais, tu n'as peut-être tout simplement pas entendu.*

— *Toi, tu as bien entendu et j'étais juste à côté de toi.*

— *Ouais, mais tu regardais en même temps les signes que je faisais. Ça t'a déconcentrée et… tu as eu l'impression de ne pas entendre, voilà.* »

La Colombienne ne répondit pas. Elle ne semblait pas convaincue.

« *Et puis, insista Yunhua, pourquoi aurait-elle menti ? A propos de quoi ? De mon âge ? C'est idiot. Je suis orpheline et peut-être qu'on s'est trompé sur mon âge quand j'ai été recueillie, mais, même à un an près, qu'est-ce que ça change ? Et si elle savait quelque chose là-dessus, pourquoi elle nous le cacherait ?* »

Les quatre autres restèrent silencieuses. Aucune n'avait de réponse à ces questions et aucune, à part Charo, ne semblait très intéressée par le problème.

« Allez ! finit par conclure Yunhua à voix haute et en se levant. Y en a marre ! On ne va pas se gâcher les vacances avec ça. Pour une fois qu'on a vraiment l'occasion de s'amuser, faut en profiter. »

Sans attendre, elle se rua vers la mer, aussitôt suivie de Leïla, Nakiméra et Liliana. Seule Charo resta quelques instants en arrière. Elle savait très bien ce qu'elle avait entendu et surtout ce qu'elle n'avait PAS entendu. Et elle savait que ce n'était pas anodin. Il y avait un mystère derrière ce simple incident. Un mystère qui les concernait toutes. Mais quoi ? La jeune fille secoua la tête et finit par se lever à son tour. Après tout, Yunhua avait raison. Elle n'allait pas se gâcher les vacances pour si peu. La réponse viendrait en son temps. Elle rejoignit ses camarades et, quelques minutes plus tard, au milieu des vagues et des gerbes d'eau, elle oubliait ses inquiétudes.

Mais les ailes du papillon avaient vibré.

L'onde qu'elles venaient de créer allait s'amplifier. Au Japon d'abord. En Allemagne ensuite. Et provoquer la plus grave crise à laquelle l'Organisation aurait à faire face.

Chapitre 46

Septembre 2000

Le lycée Victor-Hugo était un établissement imposant dont le bâtiment principal, haut de trois étages, s'étendait sur près d'une cinquantaine de mètres de long. A cela s'ajoutaient des bureaux, un gymnase et une cantine. Il accueillait chaque année plus de sept cents élèves qui, en ce jour de rentrée, étaient rassemblés dans la cour en une foule compacte attendant le moment fatidique où la sonnerie annoncerait la fin irrémédiable des vacances.

Dans cette fourmilière impersonnelle, les filles auraient dû passer relativement inaperçues. Pourtant, quand elles débarquèrent dans la cour, leur quintette focalisa rapidement l'attention.

Elles avaient choisi la plus mauvaise stratégie. Tendues et impressionnées, elles s'étaient engagées dans la foule en formation compacte, comme une meute sur la défensive, prête à repousser l'attaque d'un prédateur. Plus dispersées, elles n'auraient peut-être attiré que quelques regards masculins. Mais leur groupe, à la fois si soudé et si hétéroclite, fit se retourner toutes les têtes.

« J'ai l'impression que tout le monde nous regarde, fit remarquer Leïla.

— Ouais, répliqua Yunhua, qu'est-ce que ça serait si Astrid nous avait accompagnées !

— Et avec son sac », compléta Charo.

Les mains de Liliana finirent par poser la question qui les angoissait toutes.

« *Qu'est-ce qu'on fait maintenant ?* »

Avant que quiconque ait pu répondre, Yunhua s'arrêta et porta la main à son front. Aussitôt les quatre autres l'entourèrent, formant bouclier autour de leur camarade.

« Ça va ? » demanda Nakiméra.

Yunhua, la tête penchée en avant, inspira longuement.

« Ça va », lâcha-t-elle.

Charo se pencha vers elle.

« Dur d'absorber tout ce qu'ils savent, hein ? » dit-elle en désignant la foule qui les entourait.

La Chinoise finit par se redresser.

« Ouais, répondit-elle en souriant, et pourtant, j'ai pas l'impression que le niveau général soit terrible. »

A cet instant, un garçon s'approcha du groupe. Il était grand, de leur âge – ou peut-être un peu plus vieux –, blond aux yeux bleus, soigné et affichant un air sûr de lui. Une petite troupe le suivait comme la cour d'un seigneur de province.

« Bonjour, dit-il à Yunhua avec un sourire de publicité pour dentifrice et en ignorant les quatre autres, je m'appelle Jean-Philippe. Ça va ? Tu n'avais pas l'air très bien il y a une seconde. »

Yunhua, surprise, fixa le jeune homme. Elle, si prompte à la repartie, avait soudain du mal à trouver ses mots.

« Euh... non... enfin oui, mais ça va mieux, merci. »

Il y eut un court instant de silence gêné. Puis les mains de Liliana s'agitèrent. La remarque muette était destinée à Yunhua, mais ce fut les trois autres qu'elle fit rire.

« Qu... qu'est-ce qui se passe ? Qu'est-ce qu'elle a dit ? » demanda le garçon un peu décontenancé.

Yunhua hésita une seconde. Cela suffit pour que Charo réponde à sa place.

« "Elle", elle s'appelle Liliana et elle vient de dire à "elle", qui s'appelle Yunhua : "Arrête de le regarder comme ça ou il va fondre." Et "il", c'est toi. »

Yunhua jeta à la Colombienne un regard meurtrier.

« Qu'est-ce qui te prend de répondre à ma place ? lui lança-t-elle en espagnol. Et pourquoi t'es aussi agressive avec lui ? Il t'a rien fait. »

Charo regarda sa camarade d'un air désolé.

« Ma pauvre, tu vois pas que c'est un dragueur ?

— Et qu'est-ce que t'y connais en mecs, toi ?

— J'ai pas besoin de m'y connaître pour repérer les faux culs.

— Je veux bien que tu aies le don de détecter les mensonges, mais je ne vois pas ce qu'il a pu dire qui...

— C'est pas une question de don, c'est une question de bon sens. T'as vu son air satisfait et la petite cour qu'il se trimbale. Crois-moi c'est... »

Nakiméra les interrompit en utilisant le langage des signes.

« *Dites, si vous la mettiez un peu en sourdine ? Tout le monde nous regarde maintenant.* »

Les deux filles s'arrêtèrent aussitôt, gênées. Autour d'elles, tous les regards avaient convergé vers leur duo.

« Hum, dit Leïla en s'adressant au grand garçon blond qui semblait complètement perdu devant la tournure que prenaient les événements, tu peux nous dire où on doit aller pour voir dans quelle classe on est inscrites ? »

Il lui jeta un regard comme s'il venait juste de s'apercevoir de sa présence. La jeune fille s'en sentit vexée.

« *T'as raison*, dit-elle en signes à Charo, *ça m'a l'air d'être un petit trou-du-cul.* »

« Alors ? insista-t-elle à voix haute. On les trouve où, ces listes de classes ?

— Là-bas, sous le préau », répondit le garçon alors que son regard, fixé sur Yunhua, continuait d'ignorer Leïla.

La Palestinienne ne prit même pas la peine de remercier et, d'un geste, invita ses camarades à la suivre. Arrivées sous le préau, elles virent que sur chaque pylône de soutien était affichée une liste d'élèves. Une par classe. Toujours réticentes à l'idée de se séparer, elles passèrent d'un pylône à l'autre en groupe.

« Ouais, ça y est, on est là ! s'exclama soudain Nakiméra.

— Eh mais, dit Yunhua, on est pas ensemble. Y a que toi et Leïla sur cette liste.

— Quoi ? s'exclama Leïla. Et vous, alors ? »

Charo tapa sur l'épaule de Liliana.

« *J'ai l'impression que je sais dans quelle classe tu vas être, toi. Viens, on va vérifier.* »

La jeune Roumaine suivit du regard la direction indiquée par sa camarade et comprit immédiatement ce qu'elle voulait dire. Près d'un autre pylône, un groupe d'élèves discutait par gestes, sans prononcer un mot. Certains portaient des prothèses auditives.

« *Il doit y avoir une classe spéciale où l'on a regroupé tous les élèves sourds. Tu dois sûrement y être. Viens, on va voir.* »

Effectivement, Liliana était bien inscrite sur la liste.

« *Eh !* fit celle-ci. *Yunhua et Charo sont avec moi.* »

Les deux filles se penchèrent à leur tour pour voir.

« *Au moins,* ajouta Charo, *on n'est pas une par classe, c'est déjà ça. Mais on ne sait toujours pas ce qu'on doit faire. Dans quelle salle on commence les cours ?* »

Les autres la regardèrent en faisant la moue. Aucune ne savait. Le lycée Saint-Simon d'où elles venaient était un établissement beaucoup plus petit avec un personnel proportionnellement plus nombreux. Les élèves étaient prises en charge dès leur arrivée. Ici, rien de tel.

Un garçon à l'air timide s'approcha d'elles. Il portait à chaque oreille un appareil auditif, mal dissimulé par des cheveux bruns, mi-longs. Il s'adressa aux filles par signes.

« *Je peux vous aider ? J'ai l'impression que vous êtes un peu perdues ?* »

Les cinq le regardèrent, hésitantes.

« *J'ai vu que vous saviez toutes parler par signes,* reprit le garçon. *Vous êtes toutes dans la même classe, alors ?* »

Il désigna ses oreilles.

« *Vous aussi, vous êtes...*

— *Oh non,* l'interrompit Charo, *c'est juste pour parler avec Liliana.* »

Le garçon les regarda, étonné.

« *Vous avez toutes appris le langage des signes juste pour parler avec une copine ?*

— *C'est pas juste une copine*, intervint Nakiméra. *C'est notre... sœur.*

— *La sœur de qui ?*

— *Notre sœur à nous toutes.* »

Le garçon était de plus en plus incrédule. « *Vous êtes sœurs ? Toutes les cinq ?* (Il dévisagea chacune des filles tour à tour.) *On ne dirait pas* », conclut-il.

Yunhua leva les yeux au ciel.

« *C'est parce qu'on fait des efforts pour s'habiller différemment. Sinon, même notre mère n'arrive pas à nous distinguer.* »

Devant l'air surpris du garçon, Charo cru bon d'intervenir.

« *Elle plaisante. Elle aime bien faire la maligne, mais elle n'est pas méchante.* (Elle se tourna vers Yunhua.) *N'est-ce pas que tu ne voulais pas être désagréable ?* »

La Chinoise soupira.

« *Mais non, je voulais juste préciser qu'on est sœurs, pas jumelles.* »

Et la jeune fille s'éloigna, l'air énervé.

« *Ben dites donc*, dit le garçon, *elle n'est pas commode votre sœur. Elle n'aime pas les sourds ou quoi ?*

— *Non*, répondit Liliana, *mais elle préfère les blonds. Au fait, comment tu t'appelles ?*

— *Sébastien. Et vous ?* »

Les quatre filles se présentèrent l'une après l'autre.

« *Et la "pas commode" là-bas, c'est Yunhua*, précisa Charo. *Maintenant, si tu nous expliquais comment on fait pour aller en classe ?*

— *Oh, ce n'est pas compliqué, on attend la sonnerie... enfin, pour moi, j'attends que les lumières rouges que vous voyez là, aux quatre coins du préau, se mettent à clignoter. Et le professeur principal de chaque classe va venir chercher ses élèves. Après, on aura les emplois du temps, avec le numéro des classes. C'est pas dur, il y a trois étages,*

A, B et C et les salles sont numérotées de 1 à 26 d'un bout à l'autre des couloirs. On s'y retrouve facilement. »

Soulagées, les filles se détendirent. Au même instant, une femme s'approcha de leur groupe et demanda à la cantonade :

« Je cherche les sœurs Sappa. Est-ce qu'elles sont ici ? »

Les cinq filles s'avancèrent.

« Ah, c'est vous, dit la femme, visiblement surprise. Vous êtes bien... (elle sortit un papier de sa poche et le lut à haute voix) Charo, Leïla, Liliana, Nakiméra et Yunhua, c'est ça ? »

Cinq têtes approuvèrent en même temps.

« Bon, eh bien, suivez-moi. Le surveillant général veut vous voir. »

Les filles se regardèrent, étonnées.

« Je suis moi-même surveillante, insista la femme. M. le surveillant général m'a demandé de venir vous chercher. Il a sûrement quelque chose à vous dire. »

Convaincues, les filles lui emboîtèrent le pas.

« *Dites donc !* lança Sébastien comme elles s'en allaient. *Convoquées chez le sur-gé dès le premier jour, avant même le début des cours, c'est un record. Quelle bêtise vous avez commise ?* »

Aucune réponse ne vint, mais quatre paires d'yeux se braquèrent immédiatement sur Yunhua.

« Quoi ! s'exclama celle-ci. Qu'est-ce que j'ai encore fait ?

— On aimerait justement le savoir, répondit Charo.

— Eh ben, justement, y a rien... »

Elle fut interrompue par la surveillante qui, arrivée au fond du préau, leur tenait la porte d'entrée ouverte et leur faisait signe de la suivre d'un geste impatient.

Elle les conduisit rapidement jusqu'à un bureau arborant l'inscription « SURVEILLANT GÉNÉRAL ». La porte était entrouverte.

« Entrez ! leur demanda la femme. M. le surveillant général est sorti, mais il ne va pas tarder. »

A cet instant, la sonnerie retentit dans les couloirs.

« Bon, il va falloir que je vous laisse. Attendez ici tranquillement. »

Elle partit en refermant la porte. Les cinq filles, laissées seules, un peu désemparées, osaient à peine bouger. Ne comprenant pas quelle faute de leur part avait pu justifier une telle convocation, elles craignaient d'en commettre une nouvelle au moindre geste. L'attente ne fut pas longue. Quelques minutes seulement après le départ de la femme, la porte s'ouvrit à nouveau sur le surveillant général. Une entrée qui laissa les filles sans voix.

« Bonjour », dit Justin Duprey.

Devant l'air hébété des adolescentes, il sourit.

« Je me doutais que vous auriez ce genre de réaction, dit-il, c'est pour cela que j'ai préféré attendre que Mlle Lancel soit partie avant de venir vous rejoindre. »

Le jeune homme alla s'installer derrière son bureau.

« Je ne vous propose pas de vous asseoir, il n'y a pas assez de chaises pour tout le monde. De toute façon, je ne serai pas long, je ne veux pas vous mettre en retard. Mais je tenais à vous voir avant le début des cours. Si nous nous étions rencontrés dans les couloirs, ça aurait pu créer des problèmes. Nous ne sommes pas censés nous connaître et...

— Pourquoi êtes-vous là ? »

La question était venue de Nakiméra. Son ton cassant fit presque sursauter les autres filles. Dans le groupe, on était peu habituées à entendre la douce Nakiméra s'exprimer ainsi.

« Vous êtes là pour nous surveiller, n'est-ce pas ? reprit l'Ougandaise. On est sous surveillance. »

Justin Duprey se tortilla sur sa chaise, gêné.

« Il ne faut pas le prendre mal. Mais... votre première année de scolarisation au lycée Saint-Simon ne s'est pas aussi bien passée que l'on pouvait l'espérer. Sinon... vous y seriez encore. L'Organisation a quand même accepté que Mme Sappa vous inscrive dans cet établissement, mais elle a posé une condition.

— Que vous nous espionniez ?

— Mais non, voyons, réfléchis. S'il s'était agi de vous espionner, on aurait utilisé quelqu'un que vous ne connaissiez pas. L'Organisation a obtenu que je sois nommé surveillant général dans ce lycée pour qu'il y ait quelqu'un sur place à qui vous puissiez faire appel si vous avez des problèmes.

— Et qui puisse nous surveiller. »

Justin Duprey soupira.

« Oui, finit-il par admettre... Et qui puisse vous surveiller. »

Le jeune homme se tut. Les cinq regards qui le fixaient pesaient soudain comme une chape de plomb sur ses épaules.

« Bon, reprit Nakiméra. Puisqu'on sait maintenant que vous êtes là et qu'on ne risque plus de faire de gaffes, on peut partir. On a des cours qui nous attendent. »

La jeune fille se dirigea vers la porte. Les quatre autres l'imitèrent aussitôt.

« Attendez ! (La voix de Justin Duprey les arrêta.) Il... il ne faut pas le prendre mal, vous savez. L'Organisation veut seulement que les choses... »

Nakiméra fit demi-tour et revint se planter devant le bureau, empêchant le jeune homme de finir sa phrase.

« On sait bien ce que veut l'Organisation. On a compris depuis longtemps, figurez-vous. Mais ce qu'on veut, nous, est-ce que quelqu'un s'y intéresse ? »

Elle se pencha un peu plus au-dessus du bureau, provoquant un léger mouvement de recul de son interlocuteur. Derrière elle, les quatre autres attendaient, un peu anxieuses. Elles n'avaient jamais vu Nakiméra dans cet état... et un simple éclat de rire de sa part pouvait sceller le sort de Justin Duprey. Mais Nakiméra n'avait pas envie de rire.

« Est-ce qu'un jour on aura le droit à une vie normale ou est-ce que l'Organisation va nous tenir sous surveillance jusqu'à la fin de notre existence ? Ne répondez pas, ce n'est pas la peine. On connaît la réponse. L'Organisation nous a sorties de la misère, mais en échange on doit faire ce qu'elle nous dit de faire. Alors d'accord, on n'a pas le choix, on obéira. Mais ne nous demandez pas de le faire de bonne grâce. Il ne nous reste qu'un seul droit, celui d'être désagréables, on ne va pas s'en priver. »

La jeune fille tourna les talons et sortit de la pièce. Justin Duprey ne fit rien pour la retenir.

Chapitre 47

Septembre-décembre 2000

Nakiméra l'avait promis. Les cinq filles tinrent parole. Elles furent désagréables. Astrid en fit particulièrement les frais. Au cours des semaines qui suivirent la rentrée, les dîners se déroulèrent dans un silence pesant, lourd de réprobation. La quinquagénaire tenta bien d'expliquer à ses élèves que cette décision avait été prise dans leur intérêt, qu'elles pourraient ainsi compter, en cas de problèmes, sur la présence d'une personne qui interviendrait en leur faveur. L'explication ne convainquit personne.

« Quel genre de problèmes ? » avait demandé Nakiméra qui était, de loin, la plus remontée.

Sa tutrice n'avait su quoi répondre. Elle savait où la jeune fille voulait en venir.

« Nous n'avons pas de problèmes, avait repris l'Africaine. Nous sommes tout à fait capables d'assumer nos particularités. Nous ne sommes ni des monstres, ni des malades. C'est l'Organisation qui a un problème. Elle nous a amenées ici, nous a regroupées dans cet endroit. C'était le meilleur moyen pour qu'on se fasse remarquer. Mais personne ne s'en souciait à l'époque. On avait besoin de nous pour faire la chasse aux Aberrations, et c'est tout ce qui comptait. Maintenant, "ils" commencent à comprendre qu'à cinq, on est plus efficaces, mais aussi plus repérables. "Ils" auraient dû y penser avant. »

Astrid s'était tue. Pour ne pas mentir devant Charo, elle aurait été obligée d'expliquer à Nakiméra qu'elle avait tort. Que, dès le début, plusieurs voix s'étaient élevées pour prévenir des risques que ferait courir à l'Organisation la création d'une telle équipe. Et dont le moindre ne serait pas l'attention que risquaient d'attirer sur elle cinq filles doués de capacités exceptionnelles.

Mais à l'époque, Astrid n'était pas disposée à écouter. Elle tenait à son équipe et l'avait obtenue. Tout comme elle avait obtenu, par la suite, que les filles sortent de l'environnement confiné du Chalet pour se confronter au monde réel. Comment, dans de telles conditions, aurait-elle pu refuser la nomination d'un observateur au sein du lycée ?

Sur ce coup-là, elle devait l'admettre, elle avait manqué de psychologie. Afin d'éviter toute discussion, elle avait préféré cacher à ses protégées, jusqu'au dernier moment, le rôle que l'Organisation avait assigné au jeune Duprey. Elle craignait surtout les remarques impertinentes de Yunhua et son goût pour l'opposition systématique. Et aussi, un peu, les critiques de Charo. En temporisant jusqu'au dernier moment, elle avait espéré que, mises devant le fait accompli, et dans l'agitation de la rentrée scolaire, les filles se résoudraient à accepter la situation.

Elle s'était trompée. Doublement. D'abord en sous-estimant le sentiment de révolte des cinq filles face à ce qui était un signe un peu trop évident de contrôle de leur existence par l'Organisation. Ensuite, en pensant qu'une fois de plus, l'opposition viendrait du couple Charo-Yunhua. Cette erreur-là avait eu des conséquences encore plus graves que la première. Elle lui avait mis à dos celle qui, jusqu'à présent, avait été sa plus fidèle alliée. Elle aurait dû s'en douter. Déjà, à Varsovie, elle avait observé des signes de l'évolution de Nakiméra. La jeune Africaine avait mûri. Il ne fallait plus confondre sa gentillesse naturelle avec la timidité des débuts. Elle n'était plus prête à accepter, sans se rebeller, le type d'existence que l'Organisation voulait leur imposer.

Pis, dans son sillage, elle avait entraîné Liliana. De par son silence, la colère de la jeune sourde était encore plus impressionnante que celle de sa camarade. Jusqu'alors, et bien que ne maîtrisant toujours rien au langage gestuel, Astrid n'avait jamais eu de réels problèmes pour communiquer avec son élève roumaine. Depuis la rentrée scolaire, un véritable mur s'était dressé entre elles.

Après quelques tentatives infructueuses pour rétablir le contact, la quinquagénaire décida qu'il valait mieux ne pas insister et laisser faire le temps.

Elle n'avait pas tort. Les choses, lentement, finirent par se calmer. Mais la réconciliation aurait pris beaucoup plus de temps et n'aurait sans doute pas été aussi complète sans l'action de celui-là même par qui le scandale était arrivé.

« Justin Duprey a fait un travail remarquable, expliqua Astrid lors d'une réunion de l'Organisation à laquelle elle avait été convoquée pour faire un rapport sur la situation de son équipe. C'est vrai que mes élèves ont, dans les premiers temps, assez mal pris le fait qu'on les mette sous surveillance. Mais M. Duprey a su retourner la situation et montrer aux cinq filles que sa présence dans l'établissement représentait pour elles un avantage certain.

— Pouvez-vous nous donner quelques exemples plus précis ?

— Eh bien, tout d'abord, il a eu la lumineuse idée de conseiller à Charo d'utiliser au maximum le langage gestuel.

— Et qu'est-ce que cette idée avait de si lumineux ?

— Comme vous le savez sans doute, Charo est un peu notre "maillon faible"... dans le cadre de la vie quotidienne s'entend, car pour ce qui est de nos missions...

— Oui, oui, nous savons tout cela, abrégeons.

— L'incapacité de Charo à mentir la met souvent dans des situations délicates. Or, cette année, elle se trouve dans une classe comportant de nombreux élèves sourds. Le langage par gestes est donc très utilisé, y compris par certains professeurs.

— Et alors ?

— Alors, par gestes, Charo peut mentir.

— Ah bon ? Et c'est seulement maintenant qu'on s'en rend compte ? »

Astrid avait baissé les yeux, comme un enfant pris en faute.

« Je sais que ça peut paraître idiot, mais c'est ainsi. Jusqu'à présent Charo n'utilisait ce type de langage qu'avec Liliana ou pour des conversations à cinq. Dans ces circonstances, elle n'avait guère de raisons de mentir.

— Quand même ! Pendant tout ce temps...

— Je crois que vous ne comprenez pas bien les rapports que cette enfant entretient avec la vérité. Pour elle, la notion de mensonge est quelque chose de presque irréel. Elle ne peut les prononcer, elle ne les entend pas. L'idée qu'elle puisse mentir ne lui est même pas venue à l'esprit. D'ailleurs, il reste un problème : si Charo peut mentir quand elle s'exprime par gestes, cela lui cause cependant un malaise. Et quand je dis malaise, cela va au-delà du plan psychique.

— Comment cela ?

— Eh bien... son corps réagit aussi. Elle ressent des nausées, parfois des douleurs abdominales, comme si elle était malade.

— Malade ?

— Disons, l'équivalent d'un bon mal de mer. Enfin... si le mensonge est de peu d'importance, le trouble est vite dissipé, mais elle ne doit pas exagérer. Cela pourrait être dangereux pour sa santé.

— Bon. Votre recrue peut à présent mentir - du moins dans certaines conditions. Cela lui évitera de se faire trop remarquer. D'un autre côté, sa capacité à camoufler la vérité ayant des limites, nous pouvons être tranquilles. Elle ne pourra guère nous faire de cachotteries. C'est une double bonne nouvelle ! »

Astrid avait préféré ne pas répondre à la remarque. Elle ne considérait pas comme une si bonne nouvelle que son élève se rende malade pour éviter à l'Organisation une publicité indésirable. Mais elle savait qu'il serait inutile d'insister sur ce point face à ses employeurs.

Elle s'était donc contentée de poursuivre son rapport en précisant le rôle positif joué par Justin Duprey dans l'intégration des cinq filles à leur nouvel environnement. En faisant, par exemple, installer à la porte de son bureau, une « boîte à idées ». Officiellement, pour recueillir les remarques des lycéens à propos des problèmes rencontrés au quotidien dans leur établissement. Officieusement, afin de permettre à Liliana de se débarrasser de ses dessins et éviter qu'ils ne tombent entre des mains indiscrètes.

Mais le succès de l'« observateur » ne s'était pas limité à ce genre d'initiatives. Astrid avait du mal à l'admettre, mais le jeune homme avait su créer avec son équipe des relations de confiance qu'elle-même n'avait jamais réussi à établir. Au point que sa présence dans le lycée, considérée tout d'abord comme un affront par les filles, leur était rapidement devenue indispensable. Chaque fois qu'un problème se posait à l'une ou l'autre, et sans jamais paraître les espionner pour autant, l'« observateur » trouvait le moyen d'intervenir rapidement et de résoudre l'affaire.

Un événement, au début du mois de novembre, lui fit définitivement quitter, aux yeux des cinq filles, sa place d'indésirable.

L'incident se déroula à la cantine, dans un réfectoire plein à craquer. Les sœurs Sappa – c'est ainsi que tout le monde les appelait à présent dans le lycée – s'étaient regroupées à une même table, en compagnie de quelques autres lycéens. Parmi eux, une grande fille au verbe haut, prénommée Emilie, monopolisait l'attention. Elle avait la réputation justifiée d'être un spectacle comique à elle seule. Ce jour-là, elle paraissait particulièrement en forme.

Un peu en arrière, seul à sa table, Justin Duprey prenait son repas en surveillant du coin de l'œil la tablée à laquelle l'ambiance devenait à chaque instant un peu plus chaude. Soudain, il comprit que quelque chose n'allait pas.

Les élèves semblaient ne plus se contrôler. Certains s'étaient levés, d'autres au contraire s'affalaient sur leurs chaises. Et pourtant, la fameuse Emilie ne disait plus rien. Elle aussi était à présent pliée en deux, dans un fou rire qui ne semblait pas naturel.

Justin Duprey se précipita vers la table. Arrivé à un mètre de celle-ci, il commença à sentir ses membres trembler et sa gorge se serrer. Sans hésiter, il se dirigea vers Nakiméra. L'Africaine lui tournait le dos. Elle tentait vainement de se lever, mais les pieds de sa chaise étaient coincés par celle d'à côté. Malgré les tremblements qui l'agitaient de plus en plus, Justin réussit à la dégager. La jeune fille se tourna alors vers lui. Elle tenait sa main devant sa bouche et ses yeux humides exprimaient un mélange bizarre d'amusement et d'angoisse.

Tendant chacun de ses muscles, Justin la gifla violemment. Aussitôt la tension retomba. Tous les élèves debout retombèrent sur leurs chaises, d'un coup. Il fit aussitôt pivoter Nakiméra et la saisit sous les aisselles.

« Elle s'étouffe ! » s'écria-t-il en lui comprimant le diaphragme comme pour l'aider à expulser un corps étranger coincé dans sa gorge.

D'abord surprise, la jeune fille comprit rapidement où l'homme voulait en venir. Elle se mit à tousser fort pour recracher un fragment d'aliment imaginaire.

Après quelques secondes, Justin Duprey allongea Nakiméra sur le sol.

« Ça va mieux ? » demanda-t-il avec un clin d'œil.

La jeune fille hocha la tête en se relevant doucement. Elle n'osait plus ouvrir la bouche.

« Ça va aller », lui dit Justin en lui posant la main sur l'épaule.

Derrière lui, une voix s'écria :

« Mais pourquoi vous lui avez fichu une baffe ? »

Justin se retourna. Tous les élèves s'étaient levés de leur table pour venir voir ce qui se passait.

« Euh... elle paniquait à cause de l'étouffement. Pour pouvoir la saisir correctement, il fallait d'abord la calmer. »

Un murmure d'approbation se répandit dans le réfectoire.

« Bon ! déclara le surveillant général. Maintenant, retournez à vos places et terminez vos assiettes. L'incident est clos et la cantine ferme dans un quart d'heure. (Puis, s'adressant tout bas à l'oreille de Nakiméra :) Désolé pour la claque, mais il fallait bien faire cesser ton fou rire. »

La jeune fille acquiesça.

« M... merci », bredouilla-t-elle.

Cette gifle scella leur réconciliation.

2001

Chapitre 48

Janvier 2001

A la fin de janvier 2001, Yunhua tomba malade. Elle rentra un soir avec un vague mal de gorge ; le lendemain, au réveil, elle était grelottante de fièvre.

« Qu'est-ce que c'est encore que cette histoire ? s'exclama Astrid lorsque les autres vinrent la prévenir dans la cuisine.

— Ben, elle est malade, répliqua Leïla, un peu choquée par la réaction de sa tutrice, c'est pas sa faute. »

Une seconde, Astrid sembla sur le point de répliquer, puis elle se ravisa et monta à l'étage. Les filles l'entendirent bougonner.

« Pas sa faute, pas sa faute... faut voir. »

Elle entra dans la chambre de Yunhua comme un ouragan.

« Alors ! Qu'est-ce que tu nous... »

Le reste de sa phrase resta bloqué dans sa gorge. A la vue de son élève, emmitouflée dans sa couette, le visage pâle, les lèvres tremblantes, elle se figea.

« Qu'est-ce qu'on vous disait, insista Leïla entrant à son tour accompagnée des trois autres. Ça se voit qu'elle est vraiment malade. Elle fait pas semblant. (Elle se tourna vers Charo.) Dis-lui, toi. »

La Colombienne approuva.

« C'est vrai, elle m'a dit qu'elle ne se sentait pas bien. C'est pas du cinéma pour sécher les cours. »

Leur tutrice resta sans voix.

« Ben quoi ? s'énerva Leïla. Il faut appeler un médecin. On va pas la laisser comme ça. »

Yunhua se redressa sur un coude.

« Je... ça va vraiment pas bien, Astrid. »

Les mots, murmurés d'une voix cassée, semblèrent sortir la quinquagénaire de sa torpeur. Elle s'approcha du lit, s'assit sur le bord et posa sa main sur le front de son élève. Il était brûlant et moite de sueur. La femme se raidit.

« Non, murmura-t-elle, ce n'est pas possible.

— Ben si, s'exclama Leïla dans son dos. Ça arrive, vous savez ? Ça s'appelle la grippe. »

Sans même relever l'effronterie de son élève, Astrid se leva.

« Habillez-vous. Il ne faut pas que vous soyez en retard pour les cours. Je vais appeler un taxi pour vous emmener au lycée. Moi, je reste avec Yunhua.

— Vous allez téléphoner à un docteur, hein ? s'inquiéta Leïla.

— Qu'est-ce que tu crois ? » répliqua Astrid.

La réplique avait été dite d'un ton agacé. Mais Astrid avait soigneusement choisi ses mots. Répondre à une question par une autre question était le meilleur moyen de ne pas mentir sans rien révéler de ses véritables intentions. Elle n'avait pu faire autrement : Charo était présente dans la pièce.

Quand elle se fut enfermée dans son bureau, elle ne contacta tout d'abord aucun médecin. Après avoir commandé un taxi, elle resta un long moment assise, la tête dans les mains, sans rien faire.

Puis, brusquement, elle se décida. Il y avait des années qu'elle n'avait pas composé ce numéro. Etait-il encore valable ? A la troisième sonnerie, on décrocha. Elle poussa un soupir de soulagement.

« Allô, docteur Delnois ?... C'est Astrid Sappa à l'appareil... J'ai besoin de vous, rapidement, en urgence même. Pour une consultation. Chez moi, au Chalet. Oui, je sais, ce n'est pas tout près, mais c'est indispensable, sinon je ne vous dérangerais pas... Bien... Pas avant quatre ou cinq heures ? On fera avec... Je vous attends. »

Elle raccrocha. Une nouvelle fois, elle demeura un long moment immobile, les yeux dans le vague. Sortant brusquement de son hébétude, elle se dirigea vers la bibliothèque. Au milieu d'une rangée de livres aux thèmes divers, elle en prit un recouvert de cuir.

La couverture ne portait aucune inscription. La page de garde affichait un titre :

Les Aberrations : Connaissances actuelles

Le premier chapitre s'intitulait avec logique : GÉNÉRALITÉS. Elle feuilleta rapidement pour s'arrêter au paragraphe *Physiologie*. Alors, avec application, posant son doigt sous le texte comme un élève débutant, elle lut :

Bien que présentant, en apparence, tous les organes de l'espèce qu'elles imitent – lorsque celle-ci existe –, les Aberrations ne possèdent pas une physiologie terrestre. Cela est un avantage certain pour ceux qui les combattent car cette particularité interdit à toute Aberration de se reproduire. Mais c'est aussi un inconvénient, car...

Trois coups frappés à la porte interrompirent la lecture. D'un geste vif, Astrid referma le livre et le remit précipitamment à sa place. Avec impatience, trois autres coups lui rappelèrent que quelqu'un attendait dans le couloir.

« Oui, j'arrive », cria-t-elle.

Elle ouvrit la porte. Leïla se tenait sur le seuil.

« Le taxi est devant la maison. On va y aller, dit-elle.

— Bien.

— Vous avez appelé un médecin ? » insista l'adolescente.

A cet instant, les trois autres filles apparurent. Voyant Charo, Astrid hésita un instant.

« Quelqu'un va venir, finit-elle par répondre, ne t'inquiète pas. »

La jeune Palestinienne hocha la tête, à moitié satisfaite. Sur un signe de ses camarades, elle se décida pourtant à quitter la demeure. Elle attendit que le bruit du moteur ait disparu au loin, puis se rendit dans la chambre de Yunhua. Elle trouva son élève enroulée dans sa couette, tournant le dos à la porte. En l'entendant entrer dans la pièce, la jeune fille se retourna. D'une voix fluette, elle demanda :

« Elles sont parties au lycée ?

— Oui, il n'y avait aucune raison pour qu'elles n'y aillent pas. Elles ne sont pas malades, elles.

— Non, pas encore. »

Astrid fronça les sourcils.

« Comment ça ? »

Yunhua voulut répondre, mais une quinte de toux lui coupa momentanément la parole.

« Eh bien, dit-elle en reprenant son souffle, comme vous l'a dit Leïla, y a la grippe en ce moment. Ces derniers jours, au lycée, il y a eu plein d'élèves absents. C'est sûrement là-bas que je l'ai attrapée.

— Tu... tu es sûre que c'est bien la même maladie que les autres élèves ? »

Yunhua la regarda, étonnée.

« Ben, qu'est-ce que vous voulez que ce soit ? »

Astrid haussa les épaules. Elle ne semblait pas trop bien savoir ce qu'elle avait voulu dire.

« De toute façon, dit l'adolescente d'une voix enrouée, j'ai des courbatures, j'ai la fièvre, je grelotte et j'ai mal à la gorge. Je ne vois pas ce que ça pourrait être d'autre.

— Bien sûr, bien sûr.

— Vous auriez préféré quelque chose de moins banal ?

— Ne dis pas de bêtises. »

Pendant quelques instants, les deux femmes demeurèrent silencieuses. Le regard de chacune exprimait l'incompréhension. Yunhua ne comprenait pas pourquoi sa tutrice, malgré l'évidence, semblait douter de sa maladie. Astrid, elle, ne comprenait plus rien... mais cela devait rester son secret. Elle finit par se lever.

« Bon, je vais te laisser te reposer, dit-elle. Tu ne veux rien manger ? »

Yunhua secoua la tête et se recroquevilla en ramenant le bord de sa couette jusque sur ses oreilles.

« Je reviendrai te voir tout à l'heure, dit Astrid. (Avant de quitter la pièce, elle ajouta :) Ah, au fait. J'ai réussi à contacter un docteur. Mais il a plusieurs visites à faire avant, il n'arrivera pas avant le début d'après-midi. »

Elle referma la porte. Instinctivement, elle jeta un coup d'œil autour d'elle, comme chaque fois qu'elle proférait un mensonge. C'était inutile, Charo n'était plus là.

Elle repartit dans son bureau et y resta toute la matinée. Plusieurs heures durant, elle parcourut tout ce qu'elle trouva comme livres et comme rapports internes de l'Organisation dans l'espoir de trouver la réponse à ce qui la troublait. Sans succès.

Elle en vint même à ressortir une vieille note, publiée des années auparavant et qui, à l'époque, l'avait fait sourire. Elle avait été rédigée par un certain Joseph Ezelstein, un collègue pour lequel ni Astrid ni la plupart des membres de l'Organisation n'avaient une grande estime. La théorie qu'il y déployait n'avait d'ailleurs jamais reçu le début d'une confirmation.

Le titre, pour ceux qui en connaissaient le contenu, était évocateur. *Le Syndrome de Pinocchio.*

Elle la relut dans son entier. A la fin, elle n'était guère plus avancée, mais toujours plus troublée.

« Et si c'était vrai », murmura-t-elle.

Elle rejeta la tête en arrière pour soulager sa nuque courbatue par ces longues heures de lecture, et ferma les yeux. Peut-être s'endormit-elle, car un bruit la fit soudain sursauter et il lui fallut quelques instants avant de comprendre qu'on avait sonné à la porte d'entrée. Le temps de retrouver pleinement ses esprits, elle était debout, descendant l'escalier pour aller ouvrir.

Le visiteur debout sur le seuil lui fit le même effet désagréable que dix ans auparavant. La silhouette en plus s'était tassée, les cheveux blancs étaient plus nombreux, la peau plus ridée, les épaules plus tombantes.

Le Dr Delnois avait été rayé de l'ordre des médecins pour une certaine affaire à laquelle Astrid préférait ne plus penser. L'Organisation l'avait alors recruté selon un contrat aussi simple qu'illégal : elle lui fournissait du travail, il l'accomplissait sans poser de questions et sans en parler à quiconque. Point.

A ce compte-là, on ne pouvait guère faire la fine bouche. Si l'homme avait le regard fuyant, l'air sournois et la morgue aux lèvres, on devait faire avec. C'étaient là ses moindres défauts. Au moins était-il compétent comme médecin. C'était l'essentiel. Pour le reste... elle l'aurait à l'œil.

Elle fit un effort pour l'accueillir civilement.

« Bonjour, docteur. Merci d'être venu si vite. »

L'homme répondit d'un simple mouvement de tête. Avait-il noté qu'on l'avait salué en usant d'un titre professionnel auquel il n'avait plus droit ? En avait-il été satisfait ? Il n'en laissa rien paraître.

Astrid s'écarta pour le laisser entrer. Elle l'emmena à l'étage sans qu'un mot soit prononcé. Devant la porte de la chambre de Yunhua, elle fit halte.

« Une précision avant d'entrer... », commença-t-elle.

L'homme l'interrompit :

« Je sais. Quoi que je voie, quoi que je pense : pas un mot à quiconque en dehors de l'Organisation. »

Elle secoua la tête en sortant une grosse liasse de billets de sa poche.

« Non. Cette fois la règle est encore plus stricte : pas un mot à quiconque en dehors de MOI. »

*

Le soir, à leur retour du lycée, les filles se ruèrent sans attendre dans la chambre de Yunhua.

Assise dans son lit, le dos calé par deux oreillers, la jeune Chinoise buvait à petites gorgées un bol de bouillon clair.

« Alors ? » lança Leïla.

D'un geste, Yunhua ordonna qu'on fermât la porte.

« La grippe », lâcha-t-elle d'une voix enrouée.

Les autres se regardèrent, étonnées, presque déçues.

« Et c'est pour ça qu'il faut qu'on ferme la porte ? demanda Charo.

— Non, c'est... »

L'adolescente grimaça et porta la main à sa gorge. Elle poursuivit en langage des signes.

« *Attendez, je finis.* (Elle acheva son bouillon en quelques gorgées, puis, ayant posé le bol à terre, reprit :) *J'ai mal à la gorge quand je parle. On va continuer par gestes.* »

Les quatre autres approuvèrent tout en s'asseyant à terre, en tailleur.

« (Charo) *Bon alors, qu'est-ce que tu as à nous dire de si important ?*

— (Liliana) *Oui, la grippe, c'est pas une révélation, encore moins un secret.*

— (Yunhua) *C'est pas la grippe, c'est le médecin.* »

Un silence plein d'incompréhension s'installa quelques secondes dans la pièce.

« (Nakiméra) *Qu'est-ce qu'il avait, ce médecin ?*

— (Yunhua) *Je ne sais pas trop, mais... mais il ne m'inspirait pas confiance.*

— (Liliana) *Ce n'était pas un vrai médecin d'après toi ?*

— (Yunhua) *Non, ce n'est pas ça. Tant qu'il a été là, je comprenais tout ce qu'il faisait et pourquoi il le faisait. J'avais les connaissances médicales nécessaires. J'étais capable d'analyser mes symptômes.*

— (Nakiméra) *Donc, c'était bien un médecin ?*

— (Yunhua) *Oui, sûrement. Mais ce n'était pas sur le plan professionnel qu'il y avait un malaise. C'était le bonhomme lui-même. On avait l'impression qu'il était là à contrecœur. Il n'a presque pas parlé pendant toute la visite. Et puis, il avait un drôle d'air, pas franc. Et Astrid... elle semblait le surveiller, comme si elle n'avait pas confiance non plus. C'était vraiment bizarre.*

— (Charo) *Et alors ?*

— (Yunhua) *Alors rien. Il m'a auscultée. Ensuite, il a dit à Astrid que c'était la grippe et qu'il allait nous faire une ordonnance, mais qu'il fallait surtout attendre que ça passe.* »

Yunhua se redressa un peu et réinstalla les oreillers qui lui calaient le dos.

« (Yunhua) *Ce qui m'a le plus surprise, ça a été la réaction d'Astrid. J'ai eu l'impression qu'elle ne le croyait pas.*

— (Leïla) *Qui ça ? Le docteur ?*

— (Yunhua) *Oui. Elle a pris l'ordonnance sans même y jeter un coup d'œil. J'ai cru qu'elle allait la jeter direct à la poubelle. En fait, plus tard, elle est quand même allée acheter les médicaments mais... on avait l'impression qu'elle était pas là.*

— (Charo) *Comment ça ?*

— (Yunhua) *Elle n'a pas dit un mot de toute la journée ou presque.*

— (Nakiméra) *Tu la connais. Ça doit la contrarier que tu sois malade. Si l'Organisation a besoin de...*

— (Yunhua) *Oui, mais elle ne paraissait pas fâchée. Juste... elle était ailleurs. Elle pensait à autre chose. Et ça semblait la troubler beaucoup. Je vous assure, je ne l'ai jamais vue comme ça.* »

La dernière réflexion de Yunhua plongea la pièce dans le silence. Pour les cinq filles, Mamie Sappa était un sujet soit de plaisanterie, soit d'inquiétude. Il n'y avait guère d'intermédiaire.

Yunhua reprit soudain :

« *Et puis, il y a autre chose...*

— ... ? ?

— *Quand le médecin est reparti, je me suis levée pour regarder par la fenêtre. Je l'ai vu partir et j'ai pu lire la plaque d'immatriculation de sa voiture.* (Elle sortit un papier de la poche de son pyjama et le tendit à ses camarades.) *Vous voyez, elle n'était pas immatriculée dans ce département, mais dans le Puy-de-Dôme. J'ai vérifié sur une carte : ça veut dire qu'il a parcouru quelque chose comme trois cents kilomètres.*

— (Liliana) *Mais pourquoi elle aurait fait venir un médecin d'aussi loin ?* »

Leïla haussa les épaules.

« Ça ne veut peut-être rien dire. Il y a des gens qui déménagent et qui ne changent jamais leurs plaques d'immatriculation. »

Nakiméra et Liliana hochèrent la tête. L'explication leur convenait.

« Et puis, ajouta Liliana, les médecins pas sympathiques et qui disent rien, ça existe aussi. J'ai une fille dans ma classe qui a eu affaire à un docteur comme ça. Ça n'a rien d'extraordinaire. »

Yunhua approuva de la tête.

« Oui, c'est vrai. »

Leïla ajouta :

« C'est comme pour Astrid. Le jour où on comprendra comment ça marche dans sa tête... »

Les filles sourirent. Tout compte fait, elles préféraient cette façon de voir les choses. Confusément, au fur et à mesure que la conversation s'était développée, elles avaient senti comme un malaisc. Il y avait, dans toutes ces questions qu'elles se posaient, quelque chose qu'elles n'aimaient pas. Leur vie était déjà assez compliquée, elles n'avaient pas envie de creuser plus avant.

Même Yunhua qui avait soulevé le problème trouvait soudain plus confortable d'abandonner. D'un commun accord, elles passèrent à un autre sujet.

Seule dans son coin, silencieuse, Charo ne ressentait pas les choses de la même façon. D'un geste preste, elle fit disparaître dans sa poche le bout de papier sur lequel Yunhua avait écrit le numéro d'immatriculation du médecin.

L'aile du papillon s'était remise à vibrer. L'orage menaçait.

Chapitre 49

Extrait du journal d'Astrid Sappa

Liliana vient de tomber malade : grippe, elle aussi. Et Nakiméra tousse.

Cette fois, j'ai fait appel au médecin local. Après tout, pour une grippe, qu'ai-je à craindre ? Je finis même par regretter d'avoir eu recours à Delnois la première fois. Si jamais il parle à l'Organisation, j'aurai des problèmes. Mais comment aurais-je pu me douter ? Même à présent, je n'arrive pas à y croire.

Et pourtant, je dois me rendre à l'évidence. Elles sont malades. Trois de mes recrues ont tout simplement attrapé un virus.

Tout simplement.

Je n'en reviens pas.

Je n'ai pas pu cacher mon trouble aux filles. Je sais qu'elles se sont posé des questions. Je sais aussi qu'elles les ont déjà oubliées. Elles n'aimeraient pas les réponses. Inconsciemment, elles le savent. La vérité leur fait peur. Elles n'iront pas plus loin sur ce chemin.

Pour l'instant.

Chapitre 50

Janvier 2001

Charo priait.

Elle avait découvert l'existence de cette petite église un mois après la rentrée. Depuis, elle s'y rendait chaque fois que lui venait l'envie de se recueillir. Ses prières étaient le plus souvent réservées à Marie. Elle avait toujours eu plus de facilité à s'adresser à cette femme simple qu'à une divinité supérieure et incompréhensible. Mais, ce jour-là, même l'image bienveillante de la Sainte Vierge ne réussissait pas à dissiper son malaise.

Une heure auparavant, après maintes hésitations, elle s'était décidée à parler à ses camarades. Enfin... à Nakiméra et Leïla. Les deux autres étaient toujours clouées au lit avec de la fièvre. Elle avait prévu l'incompréhension de ses deux amies, leur réaction l'avait pourtant surprise. Même la douce Nakiméra s'était mise en colère.

« Pourquoi tu veux qu'on fasse ça ? C'est juste une grippe. Dans une semaine, Yunhua et Liliana seront guéries, et moi, ma toux est déjà en train de disparaître. C'est tout ce qui compte. On avait dit qu'on ne s'occupait plus de cette affaire.

— Je sais très bien ce que vous avez décidé. Mais moi, je ne suis pas d'accord. Il y avait quelque chose de pas net avec ce docteur, je veux savoir quoi.

— Mais il n'y a rien à découvrir ! s'était écrié Leïla. Ce médecin, il avait juste... »

Charo l'avait interrompue.

« Inutile de crier. De toute manière, plus tu hausses le ton, moins j'entends. Tu ne crois pas un mot de ce que tu viens de dire. »

Leïla s'était tue, prise en faute. Son visage avait changé. Lentement, les paroles de Charo avaient fait leur chemin dans son esprit, l'obligeant à voir ce qu'elle voulait ignorer.

« Mais pourquoi ? avait insisté Nakiméra. Qu'est-ce que ça va t'apporter ? »

Charo avait rivé son regard dans celui de l'Ougandaise. Elle avait prononcé deux mots, calmement, presque comme on profère une menace :

« La vérité. »

Nakiméra n'avait pas répliqué. La vérité : elle avait cherché, avec les trois autres, à lui échapper. D'instinct, elle avait su qu'elle ne leur apporterait rien d'heureux. Elle aurait dû comprendre, dès le début, que Charo, elle, la trouverait.

« Je sais ce que vous ressentez, avait dit la Colombienne. Moi aussi, j'ai peur.

— Alors, pourquoi... ?

— Parce que je ne peux pas faire autrement. Je ne peux pas vivre avec le mensonge, vous le savez. C'est comme une nappe de fumée qui m'enveloppe. J'étouffe. Et vous non plus, vous ne pourrez pas continuer longtemps à faire comme s'il n'existait pas. Un jour, la vérité vous rattrapera. »

Il y avait eu un silence, un horrible silence que Leïla avait fini par briser.

« Et toi ? Qu'est-ce que tu crois qu'il y a derrière tout ça ? »

Charo avait secoué la tête.

« Je n'en sais rien et c'est ce qui me fait peur. Mais autant l'affronter maintenant plutôt que d'attendre que ça nous tombe dessus par surprise. »

Elles n'avaient pas discuté plus avant. Leïla et Nakiméra savaient ce qu'elles avaient à faire. Charo leur avait donné le morceau de papier sur lequel était inscrit le numéro d'immatriculation du Dr Delnois et elles étaient parties.

Elles allaient profiter de la pause-déjeuner. Les surveillants étaient occupés à la cantine ou dans la cour, elles seraient plus tranquilles.

Elles s'étaient donné rendez-vous à l'église. Depuis, Charo attendait. Cela faisait presque une heure. Le bruit de la porte principale lui fit tourner la tête. Ce n'était pas ses camarades. Elle reconnut immédiatement la silhouette du nouvel arrivant et son cœur se mit à battre plus fort. Elle prit cependant son air le plus indifférent pour le saluer et lui demander par signes :

« *Sébastien, qu'est-ce que tu fais ici ?* »

Le jeune sourd haussa les épaules.

« *Comme toi, je suppose : je viens prier.* »

Charo sourit, involontairement. Elle ne savait pas trop pourquoi, mais découvrir que le garçon était croyant, comme elle, la remplissait de joie. Elle le trouvait soudain encore plus mignon.

« *Au fait,* ajouta-t-elle, *tu n'aurais pas vu Leïla et Nakiméra ?* »

Sébastien afficha un air surpris.

« *Ah si, je les ai vues, mais pas longtemps. Un des surveillants était en train de les embarquer chez le sur-gé.* »

Charo se mordit la lèvre.

« *Tu sais pourquoi ?* » demanda-t-elle.

Sébastien prit un air entendu.

« *Tu connais ta sœur. Je veux dire Leïla. Elle s'est encore bagarrée avec quelqu'un.*

— *Avec qui ?*

— *Ah, là, elle en a choisi un grand : Jean-Philippe.*

— *Le petit copain de Yunhua ?* »

Sébastien approuva de la tête.

Charo s'excusa auprès du garçon, et quitta précipitamment l'église. Il fallait qu'elle aille voir ce qui se passait. Elle n'en revenait pas. Qu'est-ce qui avait pris à Leïla ? Quand Yunhua allait apprendre ça, elle allait lui arracher les yeux. Elle ne supportait pas qu'on touche à son bellâtre. Charo était bien placée pour le savoir. Elle avait plus d'une fois manqué se prendre une claque pour avoir osé critiquer le « blondasse ».

Pourtant, il le méritait. Qu'est-ce qu'il avait bien pu faire pour que Leïla s'en prenne à lui ? Parce qu'il fallait faire plus qu'agiter un chiffon rouge pour que le « petit taureau » vous fonce dessus. Elle avait mauvais caractère, certes, mais quand elle s'en prenait physiquement à quelqu'un, il y avait toujours une bonne raison. Au moins Charo pouvait-elle se sentir soulagée. Leïla n'avait pas été punie à cause de ce qu'elle lui avait demandé de faire.

En entrant dans la cour du lycée, elle croisa le fameux Jean-Philippe entouré de sa petite cour. Il détourna le regard, comme s'il ne la connaissait pas. Charo n'en fut pas surprise ; elle n'avait jamais caché l'antipathie qu'il lui inspirait et, après ce qui venait de se passer, elle ne s'attendait pas à ce qu'il la salue avec un grand sourire. Elle put quand même constater qu'il n'avait aucune trace au visage. Leïla ne s'était pas trop laissé emporter... à moins que quelqu'un ne l'ait retenue.

Elle trouva ses deux « sœurs » sous le préau. Leïla était appuyée contre un des pylônes, le visage fermé. Autour d'elle, à part Nakiméra, personne n'approchait à plus de trois mètres. Charo n'essaya même pas de lui adresser la parole. Elle fit signe à Nakiméra de la suivre à l'écart.

« Qu'est-ce qui s'est passé ?

— C'est à cause de Jean-Philippe.

— Ouais, je sais, Sébastien m'a dit. Qu'est-ce qu'il lui a fait ?

— A elle, rien, mais...

— Mais quoi ?

— Elle l'a surpris en train d'embrasser une fille de sa classe. »

Charo leva les yeux au ciel, puis tourna la tête dans la direction de Leïla. A présent, elle voyait bien que celle-ci était moins en colère que triste. Triste pour sa grande copine Yunhua.

Depuis le début, elle le savait. Quand elle entendait Yunhua discuter avec Jean-Philippe, il y avait des silences énormes dans les paroles du garçon. Mais ça n'aurait servi à rien qu'elle avertisse sa camarade, elle n'aurait rien écouté. D'ailleurs, pas une fois Yunhua ne lui avait demandé quoi que ce soit à ce sujet. C'était évident : elle ne voulait pas savoir.

« M. Duprey a arrangé le coup, intervint Nakiméra, il n'y aura pas de punition pour Leïla. Mais... (La jeune Africaine hésita.) Mais il a fallu que j'utilise mon sourire... (Elle désigna Leïla du menton.) Sur elle. (Nakiméra baissa la tête, au bord des larmes.) Je déteste faire ça. Mais il fallait la calmer, sinon elle l'aurait abîmé. »

Charo la prit dans ses bras.

« Tu as bien fait. Et on va régler cette histoire une bonne fois pour toutes.

— Co... comment ?

— On va tout raconter à Yunhua. »

Nakiméra se mordit la lèvre.

« Tu... c'est toi qui lui diras alors. »

Charo soupira.

« Oui, je le lui dirai. (Puis elle ajouta :) Mais tu vois qu'il vaut mieux affronter la vérité avant qu'elle te rattrape. »

Nakiméra approuva en reniflant et sortit un mouchoir en papier pour essuyer ses larmes.

« Tu as raison, dit-elle. Au fait... »

Elle ouvrit son sac de classe et en tira quelques feuilles imprimées.

« On a été dans la salle des ordinateurs, comme tu nous l'as demandé. Et Leïla a demandé à une des machines de chercher tout ce qu'on pouvait trouver sur le Dr Delnois et son numéro d'immatriculation. »

Charo prit les papiers et les feuilleta. Le pouvoir de Leïla était vraiment étonnant. Elle avait réussi à pénétrer les archives de la police et de l'ordre des médecins. Sans compter les sites, moins protégés, mais normalement payants, d'un certain nombre de journaux.

Ce qu'elle y avait trouvé était surprenant, inquiétant même.

Astrid était allée chercher, à plusieurs centaines de kilomètre du Chalet, un docteur qui avait été rayé de l'ordre des médecins pour une affaire de mœurs ! Il avait même fait de la prison.

« On croit rêver, hein ? » dit une voix à son oreille.

Charo sursauta. Leïla s'était approchée sans qu'elle s'en rende compte et contemplait par-dessus son épaule les feuilles qu'elle tenait à la main. Ce n'était pas la surprise qui l'avait fait réagir. Quelque chose dans les paroles de la Palestinienne avait aiguillonné son esprit et fait accélérer les battements de son cœur.

Une fraction de seconde, la vérité l'avait effleurée. Mais déjà, elle s'éloignait, retournant derrière ce rideau de brume où Charo, elle-même, hésitait à aller la chercher.

Combien de temps encore ?

L'affaire du Japon allait répondre à sa question.

Chapitre 51

Février 2001

Paris-Osaka : un vol de plus de douze heures ; la plupart des passagers avaient fini par s'endormir.

Liliana, elle, n'avait pas fermé l'œil du voyage. Dans sa tête, la colère le disputait à l'inquiétude et rendait vaine toute tentative de trouver le sommeil. A côté d'elle, comble de l'injustice, la principale responsable de son état dormait.

Elle regarda le visage de Charo, apparemment serein, et sentit sa colère s'enfler... puis retomber. Pouvait-elle vraiment lui en vouloir ? Pouvait-on reprocher au messager d'apporter les mauvaises nouvelles ? Et était-ce forcément une mauvaise nouvelle ?

Oui.

La vérité que Charo traquait ferait leur malheur. Elle le sentait. L'avenir qu'elle devinait était sombre. Plus d'une fois, elle s'était sentie sur le point de l'exprimer sur le papier ; chaque fois, elle avait résisté. Elle n'en voulait pas.

Et maintenant, ça recommençait. Les signes avant-coureurs se manifestaient. Avec cependant une différence : cette fois, ses deux mains tremblaient.

Grâce à Astrid, Liliana avait appris que sa main droite représentait l'avenir, alors que la gauche dessinait le passé. Jamais elle n'avait utilisé les deux à la fois. Or, depuis plus d'une heure déjà, elle hésitait entre l'une et l'autre, incapable de se décider. Son inspiration s'en trouvait totalement bloquée.

Le passage d'une hôtesse de l'air dans l'allée centrale la sortit de ses pensées. La jeune femme venait lui proposer quelques boissons et sandwichs disposés sur un chariot. Liliana refusa en secouant la tête de droite à gauche. Mais, comme l'hôtesse s'apprêtait à repartir, elle la retint. D'un geste impérieux de l'index, elle désigna son crayon qu'elle tenait dans son autre main.

Elle vit la femme froncer les sourcils et ouvrir la bouche.

« *Vous voulez un autre crayon ?* » lut-elle sur ses lèvres.

L'adolescente approuva d'un énergique hochement de tête.

L'hôtesse hésita. Elle comprenait mal pourquoi la jeune fille avait besoin de deux crayons. Mais elle n'insista pas et repartit vers l'avant de l'avion. Quelques secondes plus tard, elle revenait avec l'objet demandé.

Liliana dut se contrôler pour ne pas le lui arracher des mains. Dès que la femme eut disparu, elle rabattit la tablette amovible située sur le dossier face à elle et y déposa fébrilement une feuille.

Mais rien ne se passa. Ses deux mains continuaient de s'agiter sans qu'aucune se décide à entamer sa besogne.

Liliana ne comprenait plus. Puis la solution lui apparut. Elle saisit une deuxième feuille et la plaça à côté de la première. Alors, ses deux mains semblèrent prendre vie.

C'était ainsi chaque fois qu'elle dessinait. Cela sortait d'elle sans qu'elle puisse le retenir. Depuis que leur tutrice l'avait recueillie, elle avait appris à contrôler et à canaliser ses pulsions. Mais lorsque son don se manifestait, lorsqu'elle décidait de lui céder son corps, c'était lui qui commandait. Elle n'en était que l'instrument.

Les deux crayons, indifférents l'un à l'autre, balayèrent les feuilles en tous sens, sans le moindre temps mort. En quelques minutes, avec une précision d'imprimante, ils déposèrent leurs messages sur le papier, puis s'arrêtèrent.

Exactement en même temps.

Liliana les lâcha. Ses mains n'avaient plus la force de les tenir. Jamais son don ne l'avait ainsi accaparée. Il la laissait à présent nerveusement épuisée, comme à bout de souffle.

Il lui fallut un long moment pour reprendre ses esprits. Alors, seulement, elle prit conscience de ce qu'elle avait dessiné.

Sur la feuille de droite, elle reconnut Yunhua ; Yunhua jouant du violon. La jeune sourde contempla l'image en fronçant les sourcils. Y avait-il un rapport avec leur mission à venir ? Ou, plus simplement, sa camarade allait-elle rencontrer un violoniste. Son prochain petit copain peut-être ?

La Roumaine n'eut pas le loisir de s'appesantir sur ces questions. Son regard fut soudain happé par le second dessin.

Un cobra ne l'aurait pas hypnotisée avec plus de force.

Le dessin représentait bien le passé. Quelques scènes apparemment anodines, mais qui lui causèrent immédiatement un profond malaise. Elles l'agressaient, cherchant à la forcer à réfléchir à des choses auxquelles elle ne voulait pas penser, se moquant d'elle et de sa mentalité d'autruche.

Son don l'avait trahie. Depuis deux longues semaines, elle lui avait résisté, l'empêchant de lui révéler, contre son gré, ce qu'elle ne désirait pas connaître. Mais il venait de profiter d'un instant de faiblesse, de son besoin irrépressible de dessiner l'avenir, pour glisser dans sa main gauche une autre scène, un message. Un message qui, lorsqu'elle l'aurait décrypté – elle le devinait –, ne lui laisserait d'autre choix que d'accepter une vérité douloureuse dont elle ne voulait pas. Liliana tendit la main vers la feuille d'un geste rageur.

NON.

Elle ne pouvait pas. Elle n'avait jamais pu déchirer un de ses dessins. Cela aurait été pour elle comme se mutiler.

Soudain, à côté d'elle, Charo s'agita sur son fauteuil. Liliana fut prise de panique. Si la Colombienne voyait le dessin, elle ne résisterait pas. Elle s'en servirait pour aller au-devant de la vérité. Cette vérité qui ne devait pas apparaître. Rapidement, Liliana plia la feuille et la fit disparaître dans le sac de voyage posé à ses pieds. Charo s'éveilla.

Chapitre 52

Février 2001

Il faisait nuit quand Astrid et ses cinq élèves descendirent de l'avion. Il faisait nuit et il pleuvait. Kamel Sarawi les attendait au bas de la passerelle, abrité sous un parapluie. Astrid nota le détail : en temps normal, il les aurait accueillies dans l'aéroport. Qu'il ait décidé de venir les chercher à la sortie de l'avion – ce qui avait sans doute exigé une dérogation spéciale auprès des autorités de l'aéroport – montrait que l'affaire était grave et le temps compté.

Rien de surprenant en fait : ne les avait-on pas obligées à faire leurs valises en catastrophe, la veille, alors même que Yunhua et Liliana sortaient juste de convalescence et n'avaient pas encore repris le chemin du lycée ?

« Suivez-moi, dit l'homme sans explications.

— Où allons nous ? » s'enquit Astrid.

Sarawi commença à s'éloigner.

« L'aéroport de Kansaï, où vous venez d'atterrir, est situé sur une île artificielle, lança-t-il par-dessus son épaule. L'Organisation a mis un hélicoptère à notre disposition. Il va nous emmener jusqu'à Osaka.

— Justin Duprey n'est pas là ? » demanda Nakiméra.

Fidèle à son habitude, Kamel Sarawi lui répondit sans prendre la peine de la regarder.

« M. Duprey est officiellement surveillant général dans votre lycée. Il ne peut prendre ses congés que pendant les vacances scolaires.

— Nous non plus, on n'est pas censées s'absenter pendant la période des cours, bougonna Yunhua.

— Eh bien, justement, répliqua l'homme sans se retourner, nous sommes déjà obligés de fournir des excuses bidons pour vous, il serait délicat d'avoir à en trouver aussi pour justifier l'absence de Duprey. Ça ne pourrait qu'attirer les soupçons, ce que nous voulons éviter à tout prix. »

La réplique avait été faite sur un ton signifiant clairement que la conversation n'irait pas plus loin. Aucune des filles n'insista.

Dans son coin, Astrid nota qu'une fois de plus son collègue adoptait à l'égard de ses élèves la plus mauvaise attitude, mais elle s'abstint de tout commentaire. Il y avait plus important pour l'instant.

Le trajet jusqu'à Osaka se fit sans qu'un mot soit échangé.

A la descente de l'hélicoptère, deux voitures les attendaient. Sarawi désigna la première aux cinq filles.

« Montez, ordonna-t-il, le chauffeur va vous conduire jusqu'à votre hôtel. Vos affaires vous y attendent. Astrid, venez avec moi, nous avons quelqu'un à voir. »

L'interpellée faillit répliquer, mais quelque chose dans la voix de son collègue la retint. Elle fit signe aux filles d'obéir et suivit l'homme dans le second véhicule.

Une fois installé, il sortit une pochette en carton d'un emplacement placé sous son siège.

« C'est pour vous, dit-il : le dossier de l'affaire. »

Astrid saisit l'objet. La voiture démarra.

« En temps normal, j'y ai droit un peu à l'avance. Ça me permet...

— Oui, mais nous ne sommes pas en "temps normal", figurez-vous. Vous avez sans doute remarqué le côté un peu précipité de votre départ ; il y a une raison. »

L'homme s'interrompit, plongea sa main dans une poche de sa veste et en ressortit un paquet de cigarettes. Il s'apprêtait à l'ouvrir quand son regard croisa celui de son interlocutrice. Le paquet retourna dans la poche.

« La raison, ajouta-t-il avec un soupir, c'est que les événements nous ont pris de vitesse. Tout a été si rapide... Il y a dix jours...

— Dix jours ? Vous appelez ça rapide ?

— Laissez-moi finir, bon sang ! Vous allez comprendre. Il y a dix jours, la Première Ligne a détecté... des signes... vous connaissez. Dans Osaka même. Des signes assez inquiétants, forts, très forts. On a même signalé un rat à trois têtes ; il est assez rare de trouver des signes avant-coureurs de cette taille. »

Astrid approuva de la tête, en silence.

« L'Organisation a immédiatement envoyé une équipe sur place ; j'en faisais partie. On s'attendait à quelque chose d'assez énorme. Mais, pendant une semaine : rien, absolument rien. Et puis, il y a deux jours... (L'homme marqua une pause. Son visage s'assombrit.) Il y a deux jours, dix-sept enfants ont disparu, en plein cœur d'Osaka.

— Dix-sept ? En même temps ?

— Oui. La première journée, on a tenté de résoudre l'affaire avec l'équipe qui était sur place, mais j'ai vite compris qu'on n'y arriverait pas. C'est moi qui ai demandé qu'on vous fasse venir immédiatement. »

Astrid se pinça la lèvre en réfléchissant.

« Un enlèvement ? »

Sarawi secoua la tête.

« Non. Ou alors, il s'agit d'une bande extrêmement importante et ultra-organisée. Même comme ça, c'est peu probable.

— Pourquoi ?

— Parce que les enfants n'étaient pas en groupe au moment de leur disparition. Ça s'est passé en pleine nuit, alors que les gosses dormaient... chez eux... dans leur lit. »

Les derniers mots avaient été prononcés à voix basse. Ils sourdaient d'incompréhension et d'angoisse. Le visage de Kamel Sarawi avait brusquement vieilli. On y lisait sans peine le manque de sommeil des dernières quarante-huit heures. Pour la première fois de sa vie, Astrid éprouva pour son collègue un sentiment proche de la compassion. Elle respecta son silence jusqu'à ce qu'il se décide à reprendre :

« Il n'y a pas eu d'effraction. Dans aucun cas. Les parents ont trouvé les lits vides, mais... mais dans la plupart des cas, les portes des appartements étaient fermées de l'intérieur. De toute façon... (L'homme prit une inspiration.) De toute façon, certains de ces gosses n'auraient pas pu ouvrir eux-mêmes les portes. Ils étaient trop jeunes.

— Quel est l'âge de ces enfants ?

— Le plus âgé a seize ans et le plus jeune tout juste quatre. Et il y a tous les intermédiaires. »

Astrid hocha la tête. Elle prit un instant pour réfléchir, puis reprit :

« Ils sont tous en âge de marcher, n'est-ce pas ?

— Euh... oui. Pourquoi ? Ça vous fait penser à quelque chose ?

— Peut-être... non. C'est un peu trop tiré par les cheveux, laissez tomber. En tout cas, ça montre qu'il n'y avait pas besoin que quelqu'un vienne les chercher dans leur demeure. Ils pouvaient tous descendre seuls de leurs lits et ensuite... (La femme fit un signe vague de la main.) Ensuite, je ne sais pas. Mais ça fait quand même un point commun entre tous ces disparus. Vous en avez cherché d'autres, je suppose. »

Sarawi aquiesça. L'expression de son visage changea une nouvelle fois.

« Oui, dit-il d'un air gêné, il y a un lien qui relie tous ces enfants. Un lien évident même. C'est pour cela que je vous ai emmenée avec moi. Nous allons rencontrer une personne qui... qui doit vous parler de ce point précis.

— Et c'est quoi ?

— Je ne suis pas autorisé à vous en parler moi-même. L'homme avec qui nous avons rendez-vous va le faire.

— Ah ? C'est nouveau, cette manière de procéder. »

Kamel Sarawi poussa un profond soupir.

« Oui, comme vous dites, c'est nouveau. Ou plutôt, c'est exceptionnel. Ça ne me plaît pas plus qu'à vous, si vous voulez tout savoir, mais l'Organisation...

— ... a ses raisons.

— C'est cela. D'ailleurs, vous n'allez pas tarder à comprendre, nous arrivons. »

Comme s'il avait entendu, le moteur de la voiture ralentit aussitôt, et après quelques secondes le véhicule s'arrêta au bord du trottoir. Sans laisser au chauffeur le soin de lui ouvrir la portière, Astrid sortit.

Le bâtiment devant lequel ils s'étaient arrêtés respirait l'argent et le pouvoir.

« Club privé », commenta laconiquement Sarawi.

L'homme avait rejoint sa collègue, son parapluie grand ouvert pour les protéger de la pluie qui n'avait pas cessé depuis leur atterrissage. Un majordome, lui aussi équipé d'un parapluie, se précipita à leur rencontre. Ils étaient attendus.

Le hall d'entrée était aussi vaste et luxueux que le laissait présager la façade. Au fond, on devinait, derrière des portes-fenêtres, un vaste salon où déambulaient des silhouettes en costumes noirs.

Le majordome ne prit pas cette direction, il obliqua sur la droite et alla frapper à une porte latérale. Un homme vint ouvrir. C'était un Européen, trapu, qui malgré sa tenue soignée faisait penser à un lutteur de foire. D'un mouvement de tête, il congédia le majordome.

« Je vous en prie, dit-il en français avec un léger accent britannique, entrez. »

Il s'effaça pour laisser passer ses visiteurs, puis referma la porte et alla s'asseoir derrière le large bureau qui occupait l'essentiel de la pièce. D'un geste de la main, il les invita à prendre place dans les fauteuils qui lui faisaient face.

« Nous ne ferons pas les présentations, dit-il en s'adressant à Astrid. Il est préférable que chacun d'entre nous en apprenne le moins possible sur l'autre. Sachez simplement que j'ai été mandaté pour servir d'intermédiaire. Cela parce que je parle français et que je suis l'une des rares personnes à être au courant des détails de l'affaire qui vous amène.

— Vous avez bien de la chance, ce n'est pas mon cas.

— Je sais, c'est voulu. On tenait à ce que je vous mette personnellement au courant de certains faits.

— “On” ? Qui est “on” ?

— Des gens importants, en particulier les représentants de plusieurs gouvernements dont je ne suis pas autorisé à vous dévoiler les noms.

— Bien entendu.

— Et puis, il y a HTL-Pharmacop.

— ???

— Le grand trust pharmaceutique international. Vous connaissez, sans doute.

— Ça me dit effectivement quelque chose. Quel rapport avec notre affaire ?

— Oh, le rapport est simple. Les enfants qui ont disparu étaient... sont tous des enfants d’employés de la branche japonaise d’HTL-Pharmacop dont les bureaux sont installés ici, à Osaka.

— Ah ! C’est effectivement un point intéressant. Mais je ne vois pas pourquoi on en fait tout un secret. J’en suis même un peu choquée, je dois dire. Ce n’est pas en agissant ainsi et en nous dissimulant des informations qu’on nous aidera à résoudre cette affaire.

— Rien n’a été dissimulé, madame. Vos supérieurs sont au courant de tout cela depuis le début. Mais les dirigeants d’HTL-Pharmacop tiennent beaucoup à la discrétion. Ils ont donc insisté pour que nous ayons cet entretien afin que... que je vous mette en garde.

— En garde ! Et contre quoi ? Près d’une vingtaine de gamins ont disparu dans la nature, vous ne croyez pas que je suis déjà sur mes gardes ? J’ai bien conscience du danger qui...

— Il ne s’agit pas de cette sorte de danger. Pour cela, nous vous faisons confiance. Il s’agit d’autre chose. »

L’homme se pencha en avant, s’appuyant des coudes sur son bureau, les mains jointes.

« HTL-Pharmacop s’est installé dans cette ville récemment. Et ce n’est pas par hasard. Il ne s’agit pas juste de conquérir le marché japonais. Ce n’est qu’une étape. Osaka est une porte pour l’ensemble de l’Asie. Grâce à l’aéroport de Kansaï, situé à proximité, cette ville n’est qu’à trois heures de Pékin, à moins de deux heures de Séoul. Et d'ici, on peut irradier en une demi-journée au maximum vers l'ensemble du monde : Europe, Australie, Inde, Etats-Unis. C'est une extraordinaire opportunité pour cette entreprise. (Les yeux de l'homme fixèrent Astrid Sappa.) HTL-Pharmacop DOIT réussir son implantation dans cette région. (Il laissa passer un silence, se rejeta en arrière dans son fauteuil, puis ajouta :) L'Etat japonais soutient cette entreprise sans restriction, ainsi que plusieurs autres gouvernements. »

Astrid demeura impassible.

« Je ne vois pas bien le rapport avec ce qui m'amène ici. »

Face à elle, l'homme parut déçu. Il reprit la parole sur un ton où perçait l'agacement :

« C'est pourtant simple. Une telle affaire, si elle venait à s'ébruiter, provoquerait une impression désastreuse sur les partenaires économiques de Pharmacop. De plus, cette entreprise voudrait faire venir d'Europe et des Etats-Unis des ingénieurs de haut niveau dont l'expertise lui sera indispensable. Il va de soi que, si l'on apprenait qu'HTL-Pharmacop est frappé d'une sorte de... – comment dire ? –... de malédiction qui frappe les enfants de ses employés, cela ferait fuir la plupart des candidats. Pour toutes ces raisons, on m'a demandé de vous avertir : vous allez devoir mener votre enquête dans la plus grande discrétion.

— C'est-à-dire ?

— Pharmacop n'acceptera de collaborer que si tout est fait pour garantir le secret. Les dirigeants ont fait savoir qu'ils tenaient à contrôler qui vous interrogerez et dans quelles conditions. Particulièrement en ce qui concerne les parents des disparus. Ce sont tous des employés japonais, fidèles à l'entreprise. Ils ont accepté de ne rien ébruiter... pour l'instant. Nous avons de la chance, mais... »

Elle se raidit.

« De la chance ? Dix-sept enfants ont disparu. Ils sont peut-être morts, et vous parlez de chance ! »

Sarawi voulut intervenir :

« Astrid... »

Mais sa collègue n'était pas prête à écouter.

« Qu'est-ce que c'est que cette histoire ? Depuis quand des vies humaines – des vies d'enfants – sont-elles à mettre en balance avec le chiffre d'affaires d'une entreprise, aussi importante soit-elle ?

— Astrid... », insista Sarawi.

Elle lui fit face.

« A quel jeu jouez-vous ? Ne me dites pas que vous êtes d'accord avec ces magouilles ? Je croyais que vous aviez d'autres principes. Pour quelle raison suis-je ici ? Retrouver ces disparus ou m'assurer que l'action d'HTL-Pharmacop sera toujours à la hausse, demain, à l'ouverture de la Bourse de Tokyo ? Si c'est cela, je préfère rentrer tout de suite en France. »

Saisissant son sac, elle se dirigea vers la porte. Sarawi eut juste le temps de la rattraper.

« Astrid, s'il vous plaît, soyez raisonnable.

— Je suis tout à fait raisonnable. Ceux qui ne le sont pas, ce sont ces gens qui sont prêts à sacrifier des enfants pour...

— Il n'est question de sacrifier personne, juste d'être discret.

— Et comment espère-t-on que je puisse être efficace, s'il faut à chaque pas demander l'autorisation des grands gourous de Pharmacop ? Et que ferons-nous s'ils refusent de nous laisser agir comme nous le demandons ? Non, dans ces conditions, qu'ils se débrouillent ! »

Elle posa sa main sur la poignée de la porte. La voix de Sarawi l'arrêta :

« Si vous partez, vous les abandonnez. »

La femme se retourna.

« Vous les abandonnez, répéta-t-il. Sans vous, sans votre équipe, on ne les retrouvera pas. J'en suis convaincu. »

Elle demeura immobile, incapable de répliquer. Son collègue profita de son silence pour s'adresser à leur hôte, toujours assis derrière son bureau :

« Pouvez-vous nous laisser seuls quelques minutes ? J'aimerais dire un mot à ma collègue, en privé. »

L'homme à la stature de catcheur hésita, parut sur le point de répliquer, puis se ravisa et, sans un mot, se leva. Arrivé près de la porte, il s'adressa à Sarawi :

« Faites-moi prévenir par le majordome quand vous aurez terminé. »

Il sortit. Quand il eut quitté la pièce, Kamel Sarawi se mit à marcher de long en large, le menton baissé.

« J'ai eu tort, finit-il par dire sans cesser d'arpenter la pièce. L'Organisation tenait à ce que ce soit ce monsieur en personne qui vous informe de l'implication d'HTL-Pharmacop dans cette affaire et vous mette en garde concernant les problèmes que cela poserait. Je savais que c'était une mauvaise idée, j'aurais dû refuser. C'était à moi de le faire.

— Le problème n'aurait pas été fondamentalement différent, répliqua Astrid.

— Mais j'aurais évité ce qui vient de se passer. Cette rencontre a eu l'effet inverse de ce qui était prévu. Ça vous a énervée ; vous avez réagi comme il fallait s'y attendre, et maintenant, notre intermédiaire est convaincu que vous allez faire un scandale. Si on ne rectifie pas le tir immédiatement, il rendra un rapport dans ce sens à ses commanditaires et nous ne pourrons plus rien espérer.

— Et que pouvons-nous espérer pour l'instant ? Faire une enquête sur la pointe des pieds, sans se montrer ni parler à personne ? »

Sarawi soupira.

« Avant de prendre une décision inconsidérée, venez vous asseoir et laissez-moi vous expliquer deux ou trois petites choses. Vous changerez peut-être d'avis. »

Avec une moue sceptique, elle accepta de rejoindre son fauteuil.

« Voilà, reprit-il une fois assis, dans votre travail, vous avez l'habitude de vous coltiner à toutes sortes de phénomènes hors du commun, souvent dangereux, toujours exceptionnels. Vous le faites très bien, et je ne dis pas ça pour vous flatter, vous me connaissez. Seulement, à force d'affronter des Aberrations, vous finissez par oublier certaines choses essentielles. La première, c'est qu'il n'y a pas que les Aberrations pour agir en dehors de la logique commune. Nous sommes dans un monde où certains préfèrent un point de plus à l'indice Dow Jones à la vie de dix-sept enfants. C'est un fait, hélas, on n'y peut rien. Il faut faire avec. »

L'homme se redressa sur son siège.

« Une autre chose que vous finissez par oublier, c'est que ce monde ignore qui nous sommes. Nous devons l'aider, le sauver même, mais sans jamais qu'il apprenne la vérité. Or, malgré ce mystère, nous avons besoin de ce monde, besoin d'appuis politiques pour agir, besoin d'argent pour fonctionner, besoin de protections pour nous dissimuler. Pour toutes ces raisons, l'Organisation a mis en place tout un réseau de collaborations. Au premier rang se trouvent les anciens de l'Organisation. Ceux qui, après quelques années chez nous, sont retournés dans la "vie civile", si je puis m'exprimer ainsi. Ils sont en relation avec un deuxième cercle : ceux qui connaissent notre existence, mais sans savoir vraiment ce que nous faisons. Puis il existe un troisième cercle, qui se doute, mais ne sait rien de précis. Puis un autre... et ainsi de suite. Jusqu'à ceux, parfois très puissants, qui nous aident sans même le savoir.

— Pharmacop ?

— Pharmacop.

— Drôles de partenaires que nous avons.

— Il y en a d'autres, vous savez. Le Vatican lui-même nous donne un coup de main de temps à autre. Et la Mafia aussi, parfois. Vous voyez qu'il faut savoir faire des compromis. »

Astrid demeura un instant silencieuse.

« Bien, finit-elle par dire, que me conseillez-vous ? »

Le visage de son collègue s'éclaira.

« Ils veulent de la discrétion : promettez-leur de la discrétion. De toute façon, c'est autant dans notre intérêt que dans le leur.

— Et en échange, j'aurai toute liberté pour agir ? Et toute l'aide dont j'aurai besoin ? »

L'homme eut un geste désinvolte de la main.

« Est-ce que vous n'avez pas toujours obtenu ce que vous vouliez ? Je suis bien placé pour le savoir. Chaque fois que je me suis opposé à vous, j'ai perdu. »

La femme resta de marbre.

« Alors ? » insista son collègue.

Elle s'accorda encore un instant de réflexion.

« Appelez ce bonhomme. Je suis prête à discuter avec lui.

— Calmement ?

— Calmement.

— Et avec diplomatie ? »

Elle désigna la porte.

« Appelez-le et laissez-moi faire. »

Sarawi s'exécuta. Quelques instants plus tard, le « catcheur » était de retour. Elle ne lui laissa pas le temps d'aller s'asseoir derrière son bureau.

« J'accepte vos conditions ! lança-t-elle d'entrée de jeu. Il n'y aura pas de vagues. »

L'intermédiaire parut soulagé. Il s'apprêtait à répondre, mais elle lui coupa la parole :

« Mettons cependant tout de suite les choses au point : combien de temps encore espérez-vous pouvoir cacher la disparition de ces gosses ? »

Surpris, l'homme bafouilla :

« Euh... je...

— Moi, je dis : pas plus de deux jours. Autrement dit, j'ai quarante-huit heures pour résoudre l'affaire. Ensuite, croyez-moi, si j'échoue, même avec discrétion, le scandale éclatera et les actionnaires d'HTL-Pharmacop n'auront plus qu'à comptabiliser leurs pertes. DONC, non seulement vous avez intérêt à ce que je réussisse, mais à ce que je réussisse VITE, TRÈS VITE ! »

Astrid se rapprocha de l'homme. Comme il était à peine plus grand qu'elle, elle n'eut aucun mal à planter son regard dans le sien.

« Dites à vos commanditaires que le meilleur moyen... non, le SEUL moyen pour éviter une catastrophe, c'est de me laisser carte blanche et de m'apporter toute l'aide possible, sans restriction. Ne vous inquiétez pas pour la discrétion, mon équipe n'a rien d'une armée de gros bras en costume sombre, avec lunettes noires et oreillettes. Elle ne fera peur à personne. N'est-ce pas, monsieur Sarawi ? »

L'homme confirma en silence. Mais leur interlocuteur paraissait toujours inquiet.

« Faites confiance à Astrid. Si quelqu'un peut résoudre cette affaire, c'est elle. Elle vous sortira de ce pétrin. »

L'homme hésitait encore.

« Bon, intervint-elle, faites comme vous voulez. Moi, je retourne à mon hôtel. J'y attendrai votre appel. »

Elle ramassa son sac, ouvrit la porte. Au moment de sortir, elle se retourna.

« Encore un mot, monsieur-dont-je-ne-dois-pas-connaître-le-nom. Si vos patrons acceptent ma proposition – et je doute qu'ils puissent faire autrement –, je veux une réunion avec les grands pontes de Pharmacop dans, disons, deux heures ; le temps que je mette mon équipe au courant. Je sais qu'il est un peu tard, mais à circonstances exceptionnelles, horaires exceptionnels, n'est-ce pas ? Alors : à tout à l'heure ! »

Chapitre 53

Février 2001

Cette fois-ci, elles n'avaient pu être logées toutes les cinq ensemble. L'hôtel ne possédait pas de chambres assez grandes.

Liliana et Nakiméra étaient donc seules sur leur lit, à discuter. Dans une pièce voisine, Yunhua et Leïla devaient sans doute en faire autant. Charo avait accepté d'être seule.

« *Alors, tu trouves ?* » demanda Nakiméra.

La main libre de Liliana s'agita tandis que, de l'autre, elle fouillait dans son sac de voyage.

« *Attends. Ah, le voilà !* »

Elle brandit avec une expression de victoire une feuille pliée en quatre.

« *C'est ça !* »

Elle déplia le morceau de papier. Aussitôt, son visage se ferma. La feuille retourna d'où elle était venue.

« *Je me suis trompée* », fit-elle de la main.

Nakiméra fronça les sourcils. Elle était sûre d'avoir aperçu un dessin sur la feuille. Et Liliana ne dessinait jamais pour rien. Mais, déjà, sa camarade se replongeait dans la fouille minutieuse de son sac. Elle finit par en sortir une seconde feuille qu'elle déplia à son tour.

« *C'est la bonne !* »

Elle tendit le papier à Nakiméra. La jeune Ougandaise le saisit.

« Yunhua va apprendre le violon », s'étonna-t-elle en découvrant le dessin.

Elle en avait oublié d'utiliser le langage des signes, mais sa camarade réussit à lire sur ses lèvres.

« *Yunhua sait tout faire, tu sais bien. Il suffit qu'elle rencontre un violoniste.* »

Nakiméra secoua la tête, surprise de sa propre sottise.

« *Bien sûr.* »

Elles restèrent un long moment à contempler l'œuvre de Liliana. Nakiméra finit par demander :

« *Ça se passe la nuit, non ?* »

Liliana se pencha pour mieux voir.

« *Oui, peut-être.* »

Nakiméra regarda sa camarade avec un sourire amusé. Elle semblait toujours découvrir ses propres dessins après tout le monde. Elle les réalisait de manière si automatique qu'elle n'en conservait aucun souvenir précis.

« *Mais si,* insista-t-elle, *tu vois bien qu'il y a des étoiles dans le ciel. Et la lune aussi. Et puis, derrière Yunhua, on voit des lumières, comme une ville la nuit.*

— *Ah oui, tu as raison.*

— *Pourquoi tu ne l'as pas montré à Astrid, dans l'avion ?* »

Liliana hésita. La raison - la vraie -, c'est qu'elle avait surtout pensé à camoufler l'autre dessin pour que Charo ne l'aperçoive pas à son réveil. Mais cela, elle ne pouvait pas le dire. Elle opta pour une demi-vérité :

« *C'est arrivé juste avant qu'on atterrisse. Et après, Gengis Khan était là tout le temps. J'ai préféré attendre, pour lui montrer quand nous serions seules avec elle.*

— *Tu as raison. C'est elle qui décidera si Gengis Khan doit être mis au courant. On le lui montrera à son retour.*

— *Et elle revient quand, Astrid ?*

— *Je ne sais pas.* »

Liliana se leva.

« *Moi, en attendant, il faut que j'aille aux toilettes.* »

La jeune fille disparut dans la salle de bains, laissant sa camarade seule. Pendant un moment, Nakiméra resta à contempler le dessin étalé sur le couvre-lit.

Puis son regard fut attiré par le sac de Liliana. Une seconde feuille - celle que la Roumaine avait repliée avec empressement - dépassait par l'ouverture entrebâillée.

Nakiméra hésita. Il n'était pas dans ses habitudes de fouiller dans les affaires des autres. Mais le papier l'attirait irrésistiblement et elle sentait - elle savait - que Liliana ne la laisserait pas le regarder si elle sollicitait sa permission.

Ses doigts saisirent le coin de la feuille, presque malgré elle. Ses mains tremblaient quand elle la déplia et la posa à plat devant elle.

Ce n'était pas un simple dessin. Six scènes se succédaient, comme dans une bande dessinée. Sur la première, Astrid semblait interpeller Yunhua dans la pénombre d'une ruelle déserte. Dans le deuxième, Leïla apparaissait à son tour. Le décor, cette fois, était quasi désertique, inconnu de Nakiméra. Elle supposa qu'il s'agissait de la Palestine.

Les autres scènes lui étaient plus familières : le marché de Kampala, le jour où sa tutrice était venue la chercher ; et puis la Colombie, dans ce hall d'immeuble mal éclairé où Charo les avait rejointes ; et, enfin, l'orphelinat roumain avec Liliana.

Le recrutement de l'équipe, étape par étape. Plus leur arrivée en voiture au Chalet.

Pourquoi Liliana avait-elle dessiné cela ? Nakiméra détourna le regard. Elle ne savait pourquoi, mais la vue de ces dessins lui causait un malaise. Cette feuille de papier tentait de lui dire quelque chose qu'elle ne voulait pas entendre. Le ventre soudain noué, elle ne fit pas attention quand la porte de la salle de bains s'ouvrit.

Quand elle releva la tête, Liliana était devant elle, debout au bord du lit. La jeune Roumaine ne fit aucune remarque sur le fait que sa camarade ait fouillé dans son sac. Le plus important n'était visiblement pas là. Les regards des deux adolescentes s'abaissèrent ensemble vers la feuille aux six dessins, puis se relevèrent, toujours ensemble. Elles se regardèrent à nouveau en une interrogation muette.

On frappa à la porte. Prestement, Nakiméra fit disparaître le dessin dans le sac de Liliana. Ne resta sur le lit que celui représentant Yunhua jouant du violon.

Liliana alla alors ouvrir. Astrid était sur le seuil.

« Rendez-vous dans dix minutes, dans ma chambre. J'ai une petite heure pour vous mettre au courant de la situation. Ensuite, on démarre. »

Chapitre 54

Février 2001

Comme à son habitude, Yunhua jouait le rôle d'interprète.

Leur interlocuteur était assis, à l'autre bout d'une table en marbre démesurée, seul, comme pour montrer à la fois son pouvoir absolu et la distance qu'il tenait à garder vis-à-vis de ce groupe d'étrangères qui venaient l'importuner jusqu'au cœur de son royaume.

Quelques minutes auparavant, alors que l'ascenseur les emportait au sommet de l'immeuble où logeaient les bureaux d'HTL-Pharmacop, les recommandations de Kamel Sarawi avaient été très claires :

« L'homme que vous allez rencontrer est Hironori Tokayashi. Le "T" de HTL-Pharmacop, c'est lui. Inutile de vous dire que vous n'avez pas affaire à un vulgaire sous-fifre. C'est l'un des trois fondateurs de la compagnie avec les deux Américains : Harwell et Lewis. Alors : diplomatie, diplomatie. »

Pourtant Tokayashi n'avait rien d'impressionnant. La salle de conférences dans laquelle il les avait accueillies l'était beaucoup plus. Une pièce immense et luxueuse, avec une baie vitrée en demi-cercle qui offrait, du cinquantième étage de ce building, une vue panoramique sur Osaka.

Par contraste, Tokayashi, petit homme sec et à l'âge incertain, paraissait insignifiant. L'impression était trompeuse. Quand le groupe avait pénétré dans la pièce, ses premières paroles avaient été :

« Je ne vois pas l'intérêt d'un tel aréopage. Comme vous pouvez le constater, il n'y a que quatre sièges en dehors du mien. Vous ne pouvez donc pas tous rester. Faites un choix. »

En entendant la traduction de Yunhua, Astrid avait tiqué. On l'avait sentie prête à répondre sèchement, mais un regard échangé avec Sarawi l'avait fait changer d'avis. D'un geste, elle avait indiqué à Leïla et Liliana d'attendre dans le couloir.

« Et vous aussi, Kamel », avait-elle ajouté.

Ça avait été au tour de l'homme à la moustache de paraître surpris. Son regard était passé plusieurs fois de Tokayashi à Astrid, d'Astrid à Tokayashi, visiblement inquiet de laisser dans la même pièce, hors de sa surveillance, deux fauves capables de s'entre-déchiqueter.

Finalement, il était sorti à son tour.

Astrid n'avait pris que le temps de s'asseoir et la discussion avait commencé. L'interrogatoire plutôt. Elle posait ses questions, Yunhua traduisait, Tokayashi répondait - avec une évidente mauvaise grâce - et Yunhua traduisait dans l'autre sens.

Et ça durait maintenant depuis une bonne demi-heure. Sans pause. La jeune Chinoise commençait à avoir la gorge sèche. Elle aurait volontiers bu un peu d'eau, mais la seule carafe visible était posée à l'autre bout de la table de marbre, à la droite de Tokayashi qui ne semblait pas disposé à leur en proposer. De toute façon, il n'y avait qu'un verre.

Et tout ça pour pas grand-chose. Jusqu'à présent, Astrid n'avait réussi qu'à se faire confirmer par le Grand Patron ce qu'elle savait déjà. Le seul point nouveau était que les disparus n'étaient pas les enfants de simples employés : leurs pères étaient tous des cadres supérieurs de Pharmacop. Cela confortait l'hypothèse d'une attaque destinée à saper la réussite de l'entreprise, mais ne modifiait pas fondamentalement les données du problème. Et surtout, ça ne répondait en rien à la question fondamentale : pourquoi ?

Pourquoi une Aberration s'attaquait-elle à un consortium aussi puissant, et pourquoi sur le sol japonais plutôt qu'ailleurs ? On n'était guère plus avancé, et Yunhua commençait à se lasser de faire la traductrice, surtout pour un si maigre résultat. Si elle s'était écoutée, elle aurait tout plaqué là et serait partie faire un peu de tourisme dans Osaka.

Mais il y avait les enfants. Dix-sept gamins – pour la plupart plus jeunes qu'elle – disparus, on ne savait où ni comment. L'idée lui était insupportable. Au point même de lui faire oublier ses propres problèmes. Ces questions qu'elles avaient toutes les cinq commencé à se poser depuis qu'elle était tombée malade et que leur tutrice avait réagi si bizarrement. Et puis il y avait eu la visite de ce docteur dont elles avaient découvert que...

Un toussotement mit fin à sa rêverie. Assise à sa droite, Charo tentait d'attirer son attention.

« Qu... quoi ? Qu'est-ce qu'il y a ? »

Ce fut Astrid qui répondit à la place de la Colombienne.

« Qu'est-ce qui te prend, Yunhua ? Tu dors ou quoi ? »

La jeune fille mit un instant à comprendre. Ah oui ! Elles étaient convenues d'un code avant l'entrevue. Si Charo toussait, c'est que leur interlocuteur venait de mentir. Mais qu'avait-il dit, au fait ? Comme Yunhua ne réagissait pas assez vite, Astrid s'énerva :

« Alors quoi ? Je viens de lui demander si quelqu'un avait assisté à quelque chose d'étrange, d'inexplicable, la nuit où les enfants ont disparu. Qu'est-ce qu'il a répondu ?

— Euh... je... attendez, je lui repose la question. »

La jeune Chinoise s'exécuta. A l'autre bout de la table, le visage de Tokayashi exprima l'agacement.

« Vous n'écoutez pas ou quoi ? Je viens de vous dire que nous n'avons aucun témoin, aucune piste, rien. C'est pourtant clair ! »

Yunhua approuva de la tête. A côté d'elle, Charo toussa trois fois.

« Très clair », murmura-t-elle.

Elle traduisit la réponse à Astrid. Celle-ci s'accorda un instant de réflexion puis, sans un mot, se pencha sur son sac et en retira une feuille de papier. Elle la tendit à Yunhua.

« Donne ça au monsieur, veux-tu ? »

Yunhua ne jeta même pas un coup d'œil au papier. Elle avait eu l'occasion de voir le dessin de Liliana lors de leur réunion de groupe, juste avant de venir.

« Demande-lui ce qu'il en pense, insista la quinquagénaire.

— Et pour son mensonge d'avant ?

— Patience, inutile de le brusquer. Chaque chose en son temps. »

Sans insister, l'adolescente alla poser la feuille devant Hironori Tokayashi. Celui-ci l'observa quelques secondes, sans même la toucher.

« Qu'est-ce que vous voulez que je fasse de ça ? Vous jouez du violon, excellente nouvelle ! En quoi ça concerne notre affaire ? »

Pour toute réponse, Yunhua esquissa une moue de petite fille en tordant la bouche.

« Mme Sappa voudrait savoir si ça vous fait penser à quelque chose.

— Je ne fais pas de musique, si c'est ce qui vous intéresse. »

A l'autre bout de la table, Astrid, impatiente, aboya une phrase sèche.

« Elle demande que vous regardiez attentivement le dessin : tous les détails. Peut-être pourrez-vous nous dire quelque chose qui nous mette sur une piste. »

Tokayashi lança à la jeune interprète un regard incrédule.

« Un piste ? Avec ça ? On m'avait dit que vos méthodes étaient particulières, mais là...

— La situation aussi est particulière, vous en conviendrez. Nos méthodes s'y adaptent, c'est tout. Alors, vous reconnaissez quelque chose sur ce dessin ?

— Vous.

— Oui, mais à part ça ? »

L'homme se décida à prendre la feuille et, l'approchant de son visage, l'étudia quelques instants. Malgré son évidente mauvaise humeur, on le sentait désireux de faire un effort.

« Non, finit-il par dire en reposant la feuille sur la table, il n'y a pas grand-chose à dire. C'est vous, jouant du violon, avec en arrière-plan une vue sur Osaka. »

Yunhua sursauta.

« Comment ça, une vue sur Osaka ?

— Dites, vous vous fichez de moi ? Vous avez posé depuis un endroit d'où l'on aperçoit Osaka. Vous croyez que je ne reconnais pas la ville en arrière-plan ? Même de nuit. Regardez là. »

Il pointa l'index vers le mur à sa droite. Parmi les décorations murales, une photo panoramique d'une ville de nuit. La légende sur le cadre - en japonais - était claire : *Osaka*.

« Vous voyez, reprit Tokayashi, les lumières des trois grands immeubles, légèrement sur la droite. Elles forment un dessin caractéristique que l'on retrouve sur ce dessin. »

Il posa son doigt sur la feuille de papier. Yunhua se pencha.

« C'est le building dans lequel nous sommes », dit l'homme.

Yunhua jeta instinctivement un coup d'œil par la fenêtre.

« Bien entendu, lâcha Tokayashi, vous n'aurez pas du tout la même vue d'ici.

— Alors, d'où ? »

Au lieu de répondre, le vieux Japonais se rejeta en arrière sur son fauteuil, l'air buté.

« J'en ai assez de ce petit jeu. Ces questions sont stupides et ne nous mènent nulle part. Vous me faites perdre mon temps. C'est vous qui avez posé pour ce dessin. Vous savez bien où vous l'avez fait. A quel jeu jouez-vous ?

— Je... »

Yunhua ne put finir sa phrase, la voix d'Astrid l'interpella :

« Alors Yunhua, qu'est-ce qui se passe ? »

La Chinoise récupéra le dessin et retourna vers sa tutrice.

« Il affirme que l'arrière-plan du portrait, c'est Osaka. Mais impossible de lui en faire dire plus. Il se braque. Il croit qu'on se moque de lui. »

Astrid soupira et se leva.

« Viens avec moi, dit-elle à Nakiméra. Toi aussi, Yunhua. »

Elle prit à son tour le dessin et vint le placer sous les yeux de Tokayashi. Elle tourna alors son regard vers Nakiméra et hocha brièvement la tête. L'Africaine comprit le message et, fixant leur interlocuteur, lui sourit timidement. Aussitôt, le visage de l'homme se détendit, ses épaules se relâchèrent, sa bouche qui, l'instant d'avant, n'était qu'un trait barrant sa face, s'entrouvrit et s'étira légèrement vers les coins.

Astrid comprit qu'Hironori Tokayashi venait de leur faire grâce d'un de ses plus beaux sourires.

« Je crois que "nous" sommes à présent dans de meilleures dispositions, dit-elle en s'adressant à Yunhua. Demande-lui à nouveau de bien étudier ce dessin et de nous dire TOUT ce qu'il peut en tirer comme renseignements. »

La demande fut exécutée. Tokayashi se plongea à nouveau dans la contemplation de l'œuvre de Liliana, avec une attention et une bonne volonté toutes nouvelles. Quand il releva la tête, ce fut pour prononcer une longue suite de phrases tout en pointant successivement la feuille, le mur sur sa gauche et enfin la fenêtre.

Aussitôt, Yunhua traduisit :

« Là, dit-elle à Astrid en indiquant un point sur la feuille derrière sa propre silhouette. Vous voyez cet objet ? C'est l'extrémité d'un canon. D'après lui, ça ne peut être que celui qui se trouve sur l'esplanade de la tour principale du château d'Osaka ; un des hauts lieux touristiques de la ville. C'est celui qui est représenté sur la photo qu'il vient de nous montrer, là sur le mur. La nuit, il est illuminé, on peut le voir par la fenêtre si on a une bonne vue. »

Astrid s'approcha de la photo indiquée par Tokayashi. Après l'avoir contemplée quelques instants en silence, elle se dirigea vers la fenêtre. Ne sachant où regarder, elle avait peu de chances d'apercevoir le fameux château. Elle resta néanmoins quelques instants le nez collé à la vitre, à scruter l'obscurité et à contempler la myriade de lumières d'Osaka s'étendant à ses pieds.

Soudain, ses yeux se levèrent vers le ciel. Elle fronça les sourcils et, comme mue par une urgence soudaine, retourna vers la table et se saisit du dessin de Liliana. Les autres la regardèrent, surpris, mais devant son expression déterminée aucun n'osa poser de question. Même Tokayashi paraissait impressionné.

« Bon, finit-elle par dire en plaquant la feuille sur la table, j'ai l'impression qu'on n'a plus beaucoup de temps. »

Elle se tourna vers Nakiméra.

« Je compte sur toi. Mais attention, vas-y doucement. Il faut qu'il soit coopératif, pas hypnotisé. S'il plane, on ne pourra plus se fier à ses réponses. »

Nakiméra acquiesça.

« Et toi, Yunhua, tu vas lui reposer la question de tout à l'heure : est-ce que quelqu'un a assisté… Non : QUI a assisté à un événement extraordinaire, cette fameuse nuit où les gamins ont disparu ? Allez, vas-y. »

Quelques secondes plus tard, Astrid avait sa réponse.

Chapitre 55

Février 2001

En sortant de la pièce, elles eurent la surprise de ne trouver personne. Le couloir était vide. Ni Leïla, ni Liliana, ni Kamel Sarawi n'étaient visibles. Astrid se rendit sur le palier, face à l'ascenseur. Personne.

« Mais où sont-ils, bon sang ! » s'écria-t-elle.

Yunhua, Charo et Nakiméra écartèrent les bras en signe d'impuissance.

« Faut pas crier contre nous, grogna Yunhua, on n'y est pour rien. »

La femme ignora la remarque. Elle se mit à marcher dans tous les sens, regardant à chaque angle de couloir, ouvrant chaque porte dans l'espoir de retrouver ses protégées et son collègue. En vain.

Tout à coup, l'ascenseur se mit à ronronner et, quelques secondes plus tard, la porte s'ouvrit. Kamel Sarawi apparut, sourire aux lèvres.

« Ah ! Vous avez déjà fini. Tant mieux. Ça s'est bien passé ? »

Astrid se rua sur lui.

« Où sont-elles ? »

Son collègue recula d'un pas, heurtant la porte de l'ascenseur qui s'était refermée dans son dos.

« Mais qu'est-ce qui vous prend ?

— Où sont Liliana et Leïla ? Elles étaient avec vous.

— Mais je ne sais pas, moi. Vous ne m'aviez pas chargé de les surveiller.

— Pas chargé de les sur... ! Et où étiez-vous d'abord ?

— Mais je... euh. »

Elle se planta devant lui et renifla ostensiblement.

« Vous êtes allé fumer, c'est ça ?

— Euh... oui, je suis sorti m'en griller une et... »

Charo émit un petit sifflement. L'homme la regarda, sans comprendre immédiatement, puis il remarqua le sourire ironique des deux autres filles.

« D'accord, soupira-t-il, j'en ai fumé plusieurs. Et alors ? Chaque fois que je travaille avec vous, c'est le sevrage au quotidien, il faut bien...

— Vous voulez dire, l'interrompit sa collègue, que vous avez descendu cinquante étages juste pour fumer ? Et en laissant deux de mes filles seules, sans surveillance !

— Et alors, qu'est-ce qu'elles risquaient ici ?

— Qu'est-ce qu'elles risquaient ? Est-ce que je dois vous rappeler que dix-sept enfants ont disparu dans cette ville, il y a à peine deux jours ? »

L'homme blêmit.

« Je... je n'y avais pas réfléchi.

— C'est ça votre problème, vous ne réfléchissez pas, ou alors de travers et... »

Une sonnerie de portable s'échappant de son sac l'interrompit. Elle récupéra prestement l'appareil.

« Allô, fit la voix de Leïla. Liliana et moi, on vous attend au quarante-cinquième étage. »

Astrid n'eut pas le temps de répliquer, la communication était déjà terminée.

« Qui était-ce ? demanda Sarawi.

— Leïla. Elle nous attend au quarante-cinquième étage.

— Pourquoi ?

— Je n'en sais rien, mais on va le savoir, répliqua-t-elle en appelant l'ascenseur.

— Vous êtes sûre que c'était elle ?

— Bien sûr, j'ai reconnu sa voix, qu'est-ce que vous croyez ?

— On peut contrefaire une voix. C'est peut-être un piège.

— Qu'est-ce qui vous fait croire une chose pareille ?

— Il y a une minute, vous aviez peur qu'on les ait enlevées, alors pourquoi pas un piège ? Vous devriez rappeler votre protégée sur son portable pour vérifier que l'appel venait bien d'elle. »

Son interlocutrice secoua la tête. A côté d'elle, les trois filles pouffèrent.

« Leïla n'a pas besoin de portable pour me contacter, dit Astrid. Et je suis sûre que l'appel vient bien d'elle : mon portable ne fonctionne pas au Japon... »

La porte de l'ascenseur s'ouvrit, elle y entra.

« ... sauf si Leïla en décide autrement », acheva-t-elle en appuyant sur le bouton 45.

Leïla et Liliana les attendaient effectivement cinq étages plus bas.

Astrid prit son air sévère.

« Qu'est-ce que c'est que ces façons de disparaître sans me tenir au courant ? »

Leïla ne sembla même pas entendre la question.

« Venez avec moi », dit-elle.

Elle s'engagea dans un couloir obstrué par une porte de sécurité. Sur le mur latéral, le contour d'une main apparaissait sur un carré lumineux.

« C'est un système à empreintes digitales, précisa Sarawi, seules les personnes autorisées peuvent... »

La porte s'ouvrit avant qu'il ait terminé sa phrase.

« Entrez, dit Leïla, c'est un sas, il y a une deuxième porte. »

Le groupe obéit tandis que Leïla s'approchait de la seconde porte dont l'ouverture dépendait, cette fois, d'un digicode. Elle ne fit pas plus de difficulté que la première pour laisser passer la jeune Palestinienne et ses compagnons.

Ils s'engagèrent dans la deuxième portion du couloir. A la troisième porte, Leïla s'arrêta.

« C'est là, j'en suis sûre. J'ai commencé à le sentir en vous attendant dans le couloir. Au début, j'ai eu du mal à comprendre d'où ça venait, alors, quand Liliana et moi on s'est retrouvées seules, on a décidé d'aller faire un tour. »

Elle leva les yeux vers Astrid.

« On entre ? »

Sa tutrice haussa les épaules.

« Si tu penses que c'est important... A cette heure, de toute façon, il n'y a plus personne dans les bureaux. On ne dérangera personne. »

Sarawi intervint :

« Mais ce n'est pas légal. Et puis, vous voyez bien que cette porte ne peut s'ouvrir qu'avec une clef magnétique. Il vaudrait mieux prévenir... »

Le déclic de la serrure interrompit sa phrase. Quand il vit la porte s'entrouvrir, l'homme écarquilla les yeux.

« Je ne suis pas d'accord, articula-t-il péniblement en se passant la main sur le front.

— Vous pouvez rester dehors », répondit sa collègue en pénétrant dans la pièce.

Les cinq filles lui emboîtèrent le pas.

La salle était une succession de bureaux équipés, chacun, d'un ordinateur. Leïla fit la grimace et rentra brièvement la tête dans les épaules.

« Quelque chose ne va pas ? demanda Astrid.

La jeune Arabe ne répondit pas.

« Il faudrait peut-être que tu nous expliques maintenant », insista sa tutrice.

Mais, sans un mot, Leïla se mit à parcourir les allées entre les rangées de bureaux avant de s'arrêter devant l'un d'eux. Les autres la rejoignirent aussitôt. Leïla posa sa main sur l'ordinateur. L'appareil clignota, l'écran s'illumina et afficha une courte phrase en arabe. La jeune fille répondit dans la même langue.

« On pourrait avoir la version française ? » maugréa Astrid.

Leïla soupira. Aussitôt, la phrase sur l'écran se transforma.

« Bonsoir, Leïla. »

« Bien, maintenant, la suite, s'il te plaît. Je pense que nous n'avons plus beaucoup de temps. Si ton histoire a un rapport avec notre affaire, il faut le savoir vite. »

Leïla ferma les yeux, la main toujours posée sur l'ordinateur.

« Il est malade, murmura-t-elle. Ou plutôt, il l'a été. Tous les ordinateurs de la pièce l'ont été.

— Quand ?

— Il y a cinq jours.

— Avant l'enlèvement, alors ? Est-ce qu'il a quelque chose en mémoire sur ça ? »

Leïla se concentra.

« Non, rien. »

Astrid soupira et jura en sourdine.

« Et qu'est-ce que tu appelles "malade" pour ce genre de machine ?

— Un virus.

— Un virus informatique ? »

Leïla acquiesça.

« Et maintenant ?

— Il s'en est débarrassé.

— Comment ça ? »

La jeune Palestinienne se concentra un instant.

« En fait, quelque chose l'a guéri.

— Quelque chose ? Quoi ?

— Une onde. »

Astrid secoua la tête.

« Ça veut dire quoi, ça, une onde ? »

Leïla haussa les épaules.

« J'en sais rien, moi. C'est ce que j'ai compris, c'est tout. »

A cet instant, Yunhua vint tapoter l'épaule de la quinquagénaire.

« On a un petit problème, je crois. »

Du doigt, elle désigna Liliana qui déambulait nerveusement entre les rangées de bureaux. Le regard de l'adolescente passait d'un meuble à l'autre à la recherche de quelque chose qu'elle n'arrivait visiblement pas à trouver.

« Quand elle est comme ça, intervint Charo, c'est qu'elle veut dessiner.

— Tu peux être sûre qu'elle cherche un crayon et une feuille, ajouta Nakiméra.

— C'est pas ici qu'elle va trouver ça, dit Yunhua. Y a que des ordinateurs. »

Elle avait tort. Liliana se rua vers le fond de la pièce. Un tableau à feuilles y était appuyé contre le mur. La jeune fille souleva fébrilement la première page, déjà recouverte de schémas techniques et d'idéogrammes japonais, et découvrit une feuille vierge. Elle saisit un gros feutre posé sur la barre horizontale.

C'est l'instant que saisit Kamel Sarawi pour faire son entrée.

« Mais qu'est-ce que vous faites, bon sang ? Il faut y aller maintenant. La sécurité peut passer à tout inst...

— Chutt ! l'interrompit Astrid en désignant Liliana en pleine action. Ce n'est pas le moment ! »

L'avertissement était inutile. Même une bombe n'aurait pas empêché la jeune Roumaine d'achever son œuvre.

« Elle dessine de la main gauche, murmura Nakiméra à l'oreille d'Astrid.

— J'ai remarqué. »

Elle s'approcha de Liliana dans son dos. Celle-ci donna encore quelques coups de feutre sur la feuille, puis s'arrêta, d'un coup. Astrid entendit le petit clic du feutre qu'on rebouche. Liliana se retourna. Elle avait cet air légèrement halluciné qu'elle conservait toujours après un dessin important. Sa tutrice comprit que celui qui venait d'être réalisé ne représentait pas un événement bénin. Elle écarta doucement son élève pour pouvoir observer son œuvre. Le décor était celui de la pièce où ils se trouvaient. Un homme s'y tenait debout, dans l'allée centrale, l'air visiblement abattu.

« Bon... euh... », bredouilla Sarawi dans son dos.

Astrid se retourna.

« D'accord, on s'en va. »

Elle arracha la feuille du tableau et la plia jusqu'à ce qu'elle puisse entrer dans son sac.

« C'était quoi ? s'inquiéta son collègue.

— Je ne sais pas encore. On va montrer ça à Tokayashi.

— Mais il doit être rentré chez lui maintenant.

— Non, il est chez son fils, il nous attend.

— ? ? ?

— Oui, je n'ai pas encore eu le temps de vous dire, mais M. Tokayashi a fini par nous avouer qu'il y avait un témoin crucial dans cette affaire.

— Son fils ?

— Non, sa petite-fille. Elle aurait des choses à nous dire sur ce qui a pu se passer la nuit de la disparition des enfants.

— Mais... mais...

— Inutile de m'en demander davantage, je n'en sais pas plus. Nous allons interroger cette enfant.

— A cette heure ?

— Justement. M. Tokayashi est parti en premier pour aller prévenir son fils et sa belle-fille et leur demander de réveiller leur fille.

— Ça ne pouvait pas attendre demain ?

— Non. »

Astrid fouilla dans son sac et en retira le dessin sur lequel Yunhua jouait du violon.

« Vous voyez ? Là, on aperçoit la lune. Elle est à peine visible. C'est le dernier quartier, comme aujourd'hui. Demain, elle aura disparu.

— Ce qui veut dire ?

— Ce dessin représente l'avenir. Et cet avenir ne durera que jusqu'à l'aube. Nous n'avons que la nuit pour comprendre ce qu'il représente. »

Astrid s'apprêtait à replier la feuille, mais elle suspendit son geste. Elle réfléchit un instant puis se retourna vers Leïla.

« Tu m'as bien dit que l'ordinateur avait été guéri par une onde ?

— Oui. Tous les ordinateurs de la pièce, même. Enfin, c'est comme ça que je l'ai compris.

— Une onde, ça pourrait être une onde sonore ? »

La jeune fille haussa les sourcils. La question ne lui disait rien. Mais Astrid n'avait pas besoin de réponse. Elle contemplait le dessin avec une certitude grandissante.

« Oui, une onde sonore. De la musique. Du violon. »

Une idée venait de germer dans son esprit. Une idée qui l'avait déjà effleurée quelques heures auparavant, alors qu'elle parlait avec son collègue dans la voiture qui les emmenait de l'aéroport à Osaka. Dans l'Organisation, on disait que les légendes se répétaient rarement.

Mais rarement ne voulait pas dire jamais.

Chapitre 56

Février 2001

Le joueur de violon attendait au pied du château, son chapeau enfoncé jusqu'aux oreilles, le col de sa veste relevé, son instrument serré contre sa poitrine. Il avait déjà attendu ainsi, dans le froid, les deux nuits précédentes. Mais personne n'était venu. Cette nuit serait peut-être différente.

Il leva les yeux vers le ciel. Un dernier croissant de lune filiforme y brillait. La prochaine nuit serait sans lune. La fin de son ultimatum approchait.

Il l'avait dit à l'homme, dans la grande tour.

« Tant que la lune brillera... »

Il attendrait jusqu'à l'aube que l'homme lui apporte son dû.

Ensuite, il serait trop tard. Les enfants ne reviendraient pas.

Chapitre 57

Février 2001

Ce fut Hironori Tokayashi lui-même qui vint leur ouvrir, accompagné par son fils. L'appartement de celui-ci était vaste et cossu. Tokayashi junior devait, lui aussi, avoir un rang élevé dans la hiérarchie de Pharmacop.

Comme Astrid s'y attendait, le charme de Nakiméra avait depuis longtemps cessé de faire effet et le visage de Tokayashi avait repris sa dureté habituelle. Elle craignit un instant qu'il n'ait changé d'avis, mais il n'en était rien. D'un geste, il leur fit signe d'entrer tout en prononçant quelques paroles d'un ton sec.

« Il dit, traduisit Yunhua, que sa petite-fille est dans sa chambre. Elle est réveillée, mais elle est un peu effrayée par tout ça... et ses parents aussi. Il préférerait qu'on n'y aille pas tous ensemble. »

Astrid retint un mouvement de mauvaise humeur.

« Il a bien compris l'enjeu ? Il ne s'agit pas seulement de retrouver les gamins disparus. Si une vengeance se trame contre Pharmacop, il pourrait y avoir d'autres disparitions dans les prochains jours. Et sa petite-fille est bien placée pour en faire partie. Sa meilleure chance, c'est qu'on mette la main sur le ou les coupables le plus vite possible. »

Yunhua commença à traduire, mais Tokayashi l'interrompit rapidement. Son ton avait changé, son visage aussi. On n'y lisait plus l'arrogance du puissant industriel, juste l'anxiété d'un grand-père pour sa petite-fille.

« Il insiste, dit Yunhua. Il ne veut pas nous mettre de bâtons dans les roues, mais il pense que si on entre à sept dans la chambre, ça va impressionner la gamine et qu'on n'en tirera rien. Elle est déjà assez sur les nerfs comme ça, d'après lui.

— Je peux rester ici, intervint Sarawi, si... »

Astrid le coupa :

« C'est moi et moi seule qui décide qui reste et qui y va, compris ? »

L'homme fit un pas en arrière.

« Bien, bien, inutile de le prendre sur ce ton, je... »

Elle lui imposa le silence d'un geste et regarda successivement ses cinq élèves, hésitante.

« Nakiméra, Yunhua : vous irez... seules. »

Les deux filles se lancèrent un regard étonné.

« Sans vous ? demanda Yunhua.

— Oui. S'il y en a une dont le physique risque de faire mauvaise impression, c'est moi. Vous, vous n'avez que quelques années de plus que cette gamine, elle sera en confiance. Vous emploierez la même stratégie qu'avec le grand-père. Nakiméra : tu détendras l'ambiance, mais sans insister. Il faut que cette enfant reste parfaitement consciente de ce qu'elle fait et surtout de ce qu'elle dit.

— Et Charo ne vient pas ?

— Non. Le grand-père a raison, moins vous serez, plus l'enfant sera calme. Et puis, c'est une gamine effrayée, je doute qu'elle mente et si elle le fait, je pense que tu t'en rendras compte. »

Elle se tourna vers Charo.

« De toute façon, je vais avoir besoin de toi d'ici pas longtemps. »

Comme Tokayashi et son fils s'éloignaient avec ses deux élèves, elle retint Yunhua :

« Dis à M. Tokayashi père que je voudrais qu'il reste une minute. »

En entendant la demande, le vieux Japonais fronça les sourcils, mais ne broncha pas. Il lâcha un ordre à son fils qui emmena Yunhua et Nakiméra vers la chambre de sa fille.

Dès qu'ils eurent disparu, Astrid retira de son sac la grande feuille de papier arrachée au tableau de la salle informatique de Pharmacop. Elle la déplia devant elle. Aussitôt Tokayashi poussa une exclamation en japonais.

« Kamel, dit Astrid, je suppose que ce monsieur doit parler anglais. Dans sa branche, ça me paraît indispensable. Demandez-lui donc ce que lui inspire ce dessin. »

Sarawi n'eut pas le loisir de traduire. Tokayashi, l'air soudain énervé, pointait l'index sur Astrid tout en vociférant en anglais.

« Qu'est-ce qu'il a à s'énerver comme ça, d'un seul coup ?

— Je n'arrive pas à tout comprendre, il parle trop vite et avec un accent japonais absolument affreux. Mais... euh... grosso modo, la pièce qui est représentée sur ce dessin est un endroit stratégique pour leur entreprise. On y conserve les données sur les derniers produits à l'étude. Personne n'est censé y entrer, à part ceux qui y travaillent. »

Tokayashi vociféra un nouveau chapelet de paroles.

« Il exige de savoir qui a fait ce dessin et... »

La femme éluda la question d'un revers de main.

« On discutera de ça plus tard. Si ça peut le rassurer, personne dans mon équipe ne fait d'espionnage industriel. Par contre, j'aimerais beaucoup savoir qui est le monsieur qui est dessiné sur cette feuille. »

Un peu gêné, son collègue se tourna vers Hironori Tokayashi et, bafouillant légèrement, traduisit. Le vieux Japonais se raidit, l'expression de son visage devint encore plus dure qu'à l'ordinaire. On le sentait prêt à exploser. Astrid, peu impressionnée, coupa court :

« Rappelez-lui donc pourquoi nous sommes là. Les enfants disparus, son entreprise qui risque de ne jamais s'en remettre et aussi la menace qui plane sur sa petite-fille. Il verra que sa fameuse pièce et les secrets qu'elle recèle n'ont qu'une importance très relative. »

L'homme regarda sa collègue, l'air suppliant.

« Euh... il faudrait peut-être...

— Vous perdez du temps. Rappelez-vous : nous n'avons que jusqu'à l'aube, après... Je dois savoir qui est l'homme représenté sur le dessin de Liliana. Et vite ! »

Sarawi se tourna vers Tokayashi et, d'une voix qu'il voulait assurée, transmit la demande de sa collègue. Il dut se montrer convaincant car le visage de son interlocuteur, une nouvelle fois, changea. Ce fut sur un ton plus doux qu'il répondit. Aussitôt, le visage de Kamel Sarawi s'illumina d'un grand sourire.

« Il s'appelle Shigeru Hironishi ! s'exclama-t-il. C'est le responsable de la salle des ordinateurs. »

Astrid se tourna vers Charo. D'un battement de paupières, la jeune Colombienne la rassura : Hironori Tokayashi ne cherchait pas à les tromper.

« Et il habite où, ce monsieur ? »

Tokayashi ne laissa pas à Sarawi le temps de traduire. Du doigt, il pointa le plancher sous ses pieds tout en prononçant quelques mots en anglais. Sans attendre, il prit la direction de la porte.

« Il faut le suivre, lança Sarawi. Hironishi habite quelques étages en dessous. Il va nous y emmener.

— I... ici ? s'étonna sa collègue. Dans cet immeuble ?

— Oui. Ça n'a rien d'étonnant. Les grandes entreprises comme Pharmacop louent souvent des appartements dans un même immeuble pour leurs cadres supérieurs. Comme ça, ils habitent à proximité de leur travail. Le patron les a sous la main. »

Quelques minutes plus tard, Tokayashi sonnait à la porte d'un appartement, trois étages plus bas. L'homme qui vint ouvrir, le visage encore marqué par le sommeil, était la réplique vivante du dessin de Liliana. En apercevant son patron, il écarquilla les yeux. Son regard se porta alors sur les autres membres du groupe. Il eut un instant d'incertitude, puis l'expression de son visage changea.

Astrid comprit immédiatement que l'homme avait peur.

« Kamel, dit-elle, je compte sur vous pour la traduction. Nous avons certainement beaucoup de choses à apprendre de ce monsieur. »

Chapitre 58

Février 2001

Shigeru Hironishi était le responsable de « Fort Knox * » à Pharmacop, c'était ainsi qu'on surnommait la salle informatique où étaient archivées les données les plus sensibles de l'entreprise.

Cette pièce était en effet un petit bunker à l'intérieur des bureaux de Pharmacop. A double titre. D'abord parce que l'on ne pouvait y accéder qu'après être passé par un sas de sécurité contrôlant les empreintes digitales et nécessitant l'utilisation d'un code, puis par une porte ouvrant avec un badge magnétique. Ensuite, parce que, sur le plan informatique, la pièce était totalement isolée du réseau extérieur. Les données étaient entrées soit à la main, soit, lorsque cela était indispensable, par l'intermédiaire de CD qui passaient au préalable une série de contrôles rigoureux destinés à en vérifier l'innocuité.

Car le plus grand danger que l'on craignait à « Fort Knox » – avant même l'espionnage industriel –, c'était le virus informatique. La hantise de Shigeru Hironishi. Si un tel virus réussissait à franchir les barrages érigés par la sécurité informatique, ce serait une catastrophe. Et Hironishi en serait responsable.

Il y pensait sans cesse. Il en rêvait la nuit.

---

* Zone militaire réputée inviolable abritant la principale réserve d'or des Etats-Unis.

Et il n'était pas le seul. Tout le monde à Pharmacop y pensait plus ou moins. L'entreprise, comme toutes les entreprises modernes, était tellement dépendante de son système informatique qu'une infection par un virus l'aurait mise dans une situation critique.

Il y avait déjà eu plusieurs alertes et les virus dispersés sur le réseau par des « vandales informatiques » étaient de plus en plus sournois, de plus en plus puissants. Un seul d'entre eux pouvait paralyser tout un réseau.

A Osaka, ville en pleine expansion industrielle, plusieurs entreprises avaient déjà subi de telles attaques. Les pertes avaient été considérables. La psychose était générale. Pour se rassurer, Shigeru Hironishi se répétait sans cesse que dans le cas de « Fort Knox » une telle éventualité était hautement improbable. Une salle dont les ordinateurs n'étaient pas reliés au réseau externe ne pouvait être infectée.

En toute logique, c'était impossible. Mais un soir, la logique fut prise en défaut.

*

Il était près de vingt-deux heures. Comme tous les soirs, Hironishi était resté tard pour tout vérifier et éteindre lui-même chaque ordinateur de la pièce. Il n'aurait laissé à personne le soin de s'acquitter de cette tâche.

Alors qu'il s'apprêtait à désactiver le premier appareil, l'impensable s'était produit.

L'écran afficha un message :

ALERTE ! VIRUS DÉTECTÉ

Hironishi n'eut qu'une seconde d'hésitation ; sa main se saisit de la prise électrique de l'ordinateur et l'arracha d'un geste brusque. L'écran s'éteignit.

L'homme poussa un soupir de soulagement en baissant la tête. D'une main, il s'appuya sur la table et de l'autre essuya son front devenu soudain moite de sueur.

Puis il releva les yeux… et crut que son cœur aller s'arrêter de battre. Tous les ordinateurs, à présent, affichaient le même message.

Il se précipita sur la machine la plus proche, mais trop tard. Avant qu'il ait pu faire un geste, l'écran était devenu gris. Dans la seconde, l'appareil situé sur la table suivante subit le même sort, puis le suivant, et le suivant encore. Le phénomène se propagea immédiatement à toutes les autres rangées, comme des lignes de dominos s'écroulant en série. En quelques instants, tous les appareils de la pièce affichèrent le même aspect grisâtre, légèrement grésillant, ni allumés, ni totalement éteints.

« Fort Knox » était devenu un cimetière informatique et Hironishi se retrouvait seul dans une pièce remplie d'ordinateurs moribonds.

Le choc fut si violent qu'il ne garda aucun souvenir de ce qu'il fit par la suite.

Quand il se réveilla, le lendemain matin, il était sur son lit, encore tout habillé et la tête enserrée dans un étau de douleur comme il n'en avait jamais connu, même après ses plus mémorables beuveries d'étudiant.

Le réveil affichait dix heures.

Tant bien que mal, il força son corps engourdi à se lever, à se déshabiller et à l'emmener dans la salle de bains où une douche brûlante lui permit de retrouver l'essentiel de ses esprits. Sans prendre le temps d'avaler quoi que ce soit – il en aurait d'ailleurs été incapable –, il se précipita jusqu'au siège de Pharmacop. Il n'avait jamais été aussi en retard de toute sa vie.

Ce fut au pied du building que la réalité le rattrapa. La vue du bâtiment fit brusquement resurgir en lui le souvenir de la catastrophe de la veille. Sur le coup, il faillit faire demi-tour et s'enfuir à toutes jambes, mais un sursaut d'orgueil le retint et, la démarche hésitante et le corps tremblant, il se força à continuer son chemin.

En entrant dans le hall de l'immeuble, il était certain d'être interpellé par les gros bras de la sécurité et emmené séance tenante vers le bureau du P-DG. Ses collègues étaient déjà arrivés depuis une bonne heure et tout le monde devait être au courant du désastre.

Pourtant, malgré ses craintes, rien ne se produisit. Les gardes le saluèrent comme à leur habitude et le laissèrent continuer son chemin jusqu'à l'ascenseur. Les collègues qu'il y rencontra lui adressèrent un salut poli. Personne ne fit la moindre allusion à un quelconque problème. Même son arrivée tardive ne souleva aucun commentaire.

Arrivé à son étage, il parcourut les couloirs, passa les contrôles de sécurité et se retrouva devant la porte de « Fort Knox » sans encombre. Il prit alors conscience qu'il tremblait de la tête aux pieds. De l'autre côté de la porte, à l'intérieur de la pièce, ses collègues et toute la hiérarchie de Pharmacop l'attendaient certainement. Si personne ne lui avait fait la moindre remarque jusqu'à présent, c'était sans doute parce que l'on avait imposé le silence à tous les membres de son service. Des fuites auraient gravement nui à l'image de la société.

Ce sursis touchait à sa fin. En tant que responsable, il allait devoir rendre des comptes.

Il poussa la porte.

A son entrée, des dizaines de regards se levèrent. Il resta une seconde sur le seuil, immobile, prêt au pire. Mais les yeux se détournèrent aussitôt de lui. A Pharmacop, les employés n'avaient pas l'habitude d'afficher ouvertement leur étonnement quand un supérieur arrivait en retard à son poste. Tout le monde reprit son travail... devant des ordinateurs en parfait état de marche.

Hironishi mit quelques instants à comprendre et à accepter ce qu'il voyait. D'un pas hésitant, il pénétra dans la pièce et s'approcha de la première rangée de tables. D'un regard en coin, aussi discrètement que possible, il contrôla l'aspect des écrans. Aucun ne semblait avoir le moindre problème. Il poursuivit son inspection. Les autres rangées d'ordinateurs n'affichaient pas plus d'anomalies que la première. Quelques appareils étaient encore en veille,

Hironishi les alluma les uns après les autres : tous fonctionnaient parfaitement.

Il refit le tour de la salle d'un pas précipité, inspectant à nouveau chaque ordinateur. Autour de lui, les employés tentaient de cacher leur trouble face à cette attitude étrange et si inhabituelle chez un homme connu pour son professionnalisme et son sérieux.

Finalement, il dut se rendre à l'évidence. Tout était parfaitement en ordre. Un vertige le prit et il dut s'appuyer sur l'une des tables pour ne pas perdre l'équilibre. Sa respiration s'accéléra. Il se sentit soudain oppressé.

« Excusez-moi », bredouilla-t-il à l'adresse de ses subordonnées.

Et il quitta la pièce. Il descendit jusqu'au rez-de-chaussée, traversa le hall et sortit sur l'esplanade. Là, enfin, l'air parut retrouver le chemin de ses poumons. Il inspira longuement et resta quelques instants plié en deux, les mains en appui sur les genoux, respirant comme un sportif après une épreuve d'endurance.

« Alors ? »

La voix lui fit relever brusquement la tête.

« Alors ? »

L'homme se tenait debout devant lui, légèrement de profil, un sourire béat aux lèvres. Etait-ce parce que Hironishi était courbé en deux ? Il lui parut immense. Il se redressa et constata que l'inconnu était effectivement très grand. Grand et maigre. Avec un accoutrement qui le faisait ressembler à un épouvantail. Une veste et un pantalon de toile trop larges, mais trop courts, qui laissaient apparaître mollets et avant-bras et en accentuaient encore la maigreur. Et puis un chapeau, un truc informe, au bord gondolé qui maintenait son visage dans l'ombre.

« Alors ? répéta l'homme pour la troisième fois sans se départir de son sourire.

— Alors, quoi ? répliqua Hironishi.

— Eh bien, mes cent pièces d'or ?

— Vos cent pièces d'... ? »

Un déclic se produisit dans l'esprit d'Hironishi. Le visage, l'accoutrement d'épouvantail, les cent pièces d'or : des souvenirs de la nuit resurgirent brusquement.

Il se revit. Où était-ce ? Il y avait une odeur écœurante de bière et de saké mélangés. D'où venait-elle ? De lui. Il était assis à une table, au fond d'une salle, dans un bar, probablement au centre-ville. Oui, c'était cela. Il venait de quitter le gratte-ciel de Pharmacop. Quitter ! Il venait de s'enfuir ! Le ventre noué, l'esprit en déroute, il avait parcouru la moitié des rues de la ville pour finir par échouer dans ce bouge où il s'était empressé de commander en double et en triple tout ce qu'il fallait pour noyer sa détresse.

Peine perdue : l'alcool n'avait réussi qu'à le rendre apathique et nauséeux, mais le souvenir de la catastrophe était toujours là.

C'est alors que l'homme s'était installé à sa table.

Le même qui se tenait à présent devant lui.

« Qu'est-ce que vous voulez ? Qu'est-ce que c'est que cette histoire de cent pièces d'or ? »

Le sourire disparut du visage de l'inconnu.

« Vous... vous m'aviez promis... ! »

Il bafouillait, incapable de finir sa phrase. Mais cela n'avait pas d'importance, car Hironishi fixait à présent sur lui des yeux écarquillés. Il venait d'apercevoir un détail qui lui avait échappé jusqu'alors. Tout en parlant, l'inconnu s'était légèrement déplacé et se tenait à présent totalement de face, dévoilant ce qu'il tenait dans sa main droite et qui se dérobait jusqu'à présent au regard de son interlocuteur.

Un étui à violon.

La vue de l'objet fit déferler dans l'esprit d'Hironishi une nouvelle vague de souvenirs.

Il était avec l'inconnu. Dans « Fort Knox ». Comment était-ce possible ? Oui, il se souvenait : dans le bar, l'homme s'était assis à sa table et avait posé son étui à violon au milieu des verres vides.

« Je peux vous aider », avait-il dit.

Que s'était-il passé ensuite ? Il ne l'avait quand même pas emmené avec lui jusque dans les locaux de Pharmacop ? Jusqu'à « Fort Knox » ? Il aurait fallu qu'il l'aide à passer en fraude pour ne pas être aperçu des gardiens, et puis, ensuite, à travers les sas de sécurité.

Il n'avait pas pu faire cela.

Et pourtant.

« Vous ne vous souvenez pas ? » insista l'homme au costume d'épouvantail.

Hironishi se redressa de toute sa hauteur. Même comme cela, l'inconnu le dépassait d'une bonne tête.

« Je ne vois pas de quoi vous voulez parler », répliqua-t-il.

Il avait mis dans sa voix toute la hargne et tout le mépris dont il était capable. Pourtant, au même moment, il revivait en pensée une scène de la nuit précédente, et il sut que l'inconnu avait raison.

L'homme dans la salle de Fort Knox, son violon calé sous son menton, son archet glissant sur les cordes et la musique qui envahissait l'air. Une musique étrange... hypnotisante... magique...

... et tous les ordinateurs qui reprenaient vie.

« Vous n'avez rien à faire ici. Cessez de m'importuner ou j'appelle la sécurité. Allez donc mendier ailleurs. »

En face de lui, l'homme au violon se raidit. Un instant, droit comme un I sur cette esplanade, il ressembla plus que jamais à un épouvantail faisant fuir les passants qui le contournaient en lui jetant des regards soupçonneux.

« Vous n'avez pas le droit ! s'exclama-t-il. Vous m'aviez promis ces cent pièces d'or. Nous étions d'accord. C'était le prix pour que je guérisse vos...

— Taisez-vous ! » cracha Hironishi en avançant d'un air menaçant.

L'homme recula, manqua de trébucher et se rattrapa de justesse.

« D'ac... d'accord », dit-il.

Il resta un instant immobile, le regard perdu.

« D'accord », répéta-t-il en murmurant pour lui-même.

Il tourna le dos, fit un pas, s'arrêta, hésita et se retourna finalement vers Hironishi.

« Je vous ai aidé. Toute peine mérite salaire. Il faudra en payer le prix. »

Sans laisser le temps à Hironishi de répliquer, il s'éloigna. Au bout d'une dizaine de mètres, il se retourna à nouveau.

« Tant que la lune brillera, je vous attendrai... »

Le klaxon d'un conducteur impatient couvrit la fin de sa phrase. Hironishi était sur le point de le poursuivre pour lui faire répéter ses derniers mots. Mais il se ravisa. Après tout, quel besoin avait-il de savoir ? Ce n'était qu'un fou. Il retourna à son travail.

Au cours de la nuit suivante, dix-sept enfants disparurent.

Chapitre 59

Février 2001

En remontant de chez Shigeru Hironishi, ils trouvèrent Yunhua et Nakiméra dans l'entrée de l'appartement du fils Tokayashi.

« C'est une drôle d'histoire, commença Yunhua.

— Je m'en doute, répondit Astrid.

— Je vous raconte tout maintenant ?

— Ça ne sera peut-être pas utile. Dis-moi déjà si la petite-fille de M. Tokayashi peut marcher. »

La jeune Chinoise regarda sa tutrice avec surprise et admiration.

« Co... comment vous savez ça ?

— Ça n'a pas d'importance. Alors, c'est bien ce que je pensais, elle ne peut pas marcher ?

— Oui, un accident de voiture, il y a deux ans. Depuis, elle est hémiplégique. Elle ne se déplace qu'en fauteuil roulant. »

Astrid se tourna vers son collègue.

« On nous aurait dit tout ça depuis le début, ça nous aurait fait gagner du temps. »

L'homme garda le silence.

« Bon, reprit Astrid, ça ne sert à rien de se lamenter. Je crois que je connais la suite. Arrête-moi si je me trompe, Yunhua : le soir de la disparition des gamins, la petite Tokayashi s'est réveillée en pleine nuit en entendant un bruit. Un bruit que, seule, elle pouvait entendre et qui n'a pas réveillé ses parents. C'était une musique, du violon ; un air particulier qui lui a brusquement donné envie de se lever et de partir. »

Yunhua approuva de la tête.

« Vers où ? demanda Astrid.

— Elle a dit qu'elle voulait traverser le mur. Elle a soudain eu l'impression que c'était possible et que ça l'emmènerait...

— ... vers un endroit magique où tous les enfants sont heureux.

— Oui, c'est cela.

— Mais, bien sûr, elle n'a pas pu quitter son lit.

— Elle a essayé. Elle avait terriblement envie d'aller là où la musique l'appelait. Elle a voulu atteindre son fauteuil roulant, mais elle n'a réussi qu'à tomber et n'a pas pu se relever. Elle a bien essayé de ramper, mais le temps qu'elle atteigne le mur qui était de l'autre côté du lit, la musique avait cessé. Elle dit qu'elle a hurlé de déception et de rage. C'est ce qui a réveillé ses parents.

— Qui n'ont rien compris et ont cru que leur fille avait fait un mauvais rêve. »

Astrid se tourna vers Hironori Tokayashi et son fils, en les regardant sans un mot. Si le père n'avait rien compris ce soir-là, il avait par contre dû faire le lien par la suite avec ce qui était arrivé aux dix-sept autres enfants. Il en avait à coup sûr parlé au grand-père. Et celui-ci avait préféré garder le secret. Peut-être pour protéger sa petite-fille, peut-être pour ne pas passer pour un fou. En tout cas, il avait placé ses intérêts et ceux de sa famille avant la sécurité de dix-sept enfants.

La voix de Sarawi la fit revenir au présent :

« Qu'est-ce qu'on fait maintenant ? »

La femme leva les yeux vers son collègue.

« On va là où l'homme au violon a donné rendez-vous à Hironishi.

— Où ça ? Hironishi nous a expliqué qu'il...

— Je sais, il n'a pas entendu ce que l'autre lui a crié. Mais ce n'est pas important, on sait quand même où ça se trouve. »

Elle sortit à nouveau de son sac le dessin où Yunhua jouait du violon.

« Pour trouver le bonhomme, il suffit de trouver son violon. Et grâce à M. Tokayashi, on sait où il est. »

Chapitre 60

Février 2001

Le joueur de violon n'avait pas tout de suite compris ce qui se passait. Quand il avait entendu les pas arriver à travers les jardins du château, il avait eu une bouffée d'espoir. L'homme de Pharmacop lui apportait enfin son dû !

Mais ce n'était pas lui qui était apparu.

Elles étaient six. Une femme laide et cinq jeunes filles, toutes différentes. Une seule semblait japonaise, en tout cas asiatique. Immédiatement, il avait pressenti un danger et avait saisi son étui à violon ; avec lui, il pouvait se défendre. Le groupe avait eu alors une attitude étrange : elles s'étaient toutes plaqué les mains sur les oreilles. Toutes sauf une.

Ensuite... il ne se souvenait plus.

Il s'était soudain retrouvé par terre, groggy. Comme il cherchait à se relever, l'Asiatique s'était approchée de lui.

« Où sont les enfants ? avait-elle demandé en japonais.

— C'est inutile ! avait-il crié. Il fallait me payer mon dû. Je suis le seul à pouvoir les faire revenir. »

La jeune fille n'avait pas paru impressionnée. Elle avait levé la tête. L'homme avait suivi son regard : elle fixait son étui à violon, tombé à terre à quelques mètres.

« C'est inutile, avait-il répété, il n'y a que moi...

— Non, l'avait-elle interrompu, plus maintenant. »

Elle s'était approchée de l'étui, l'avait ouvert et sorti le violon et l'archet. Incrédule, l'homme l'avait vue poser l'instrument sur son épaule, le caler sous son menton et commencer à jouer.

Jamais jusqu'à ce moment il n'avait réalisé combien sa musique était belle.

Chapitre 61

Extrait du journal d'Astrid Sappa

Les enfants sont tous revenus. Les parents les ont retrouvés dans leurs lits, endormis, comme si rien ne s'était passé. Demain – ou plutôt ce matin car l'aube est proche maintenant –, à leur réveil, ils croiront avoir fait un rêve.

La légende s'est répétée, comme autrefois, mais la conclusion a été plus heureuse.

A la fin du XIIIe *siècle, en Allemagne, plus d'une centaine d'enfants de la ville de Hamelin ont disparu. Certains historiens ont émis l'hypothèse qu'ils s'étaient enrôlés dans ce que l'on a appelé « la Croisade des enfants » et étaient partis vers la Terre sainte. Une légende est née alors : celle du Joueur de Flûte.*

Dans l'Organisation, nous savons que c'est la légende qui est vraie. Le Joueur de Flûte était une Aberration.

A cette époque, Hamelin était infestée par les rats. Un jour, un homme, un inconnu, se présenta au bourgmestre de la ville et lui proposa de le débarrasser des rats en échange d'une forte somme d'argent. Le bourgmestre, qui ne croyait pas qu'un tel miracle fût possible, accepta, plus pour se débarrasser de l'importun que par espoir de voir sa ville réellement désinfestée. Pourtant l'homme avait un réel pouvoir. Jouant de la flûte, il parcourut les rues de Hamelin, attirant dans son sillage tous les rats qu'il emmena jusqu'à la rivière voisine où ils se noyèrent.

L'inconnu revint alors voir le bourgmestre pour réclamer son salaire. Mais celui-ci se moqua de lui et le fit jeter hors de la ville.

Dans la nuit qui suivit, la musique de la flûte magique se fit entendre à nouveau. Cette fois, ce furent les enfants de la ville qui la suivirent. Elle les emmena vers la montagne où ils disparurent à jamais. Seul un petit garçon boiteux qui n'avait pas réussi à accompagner les autres fut retrouvé au matin, pleurant et se lamentant de n'avoir pu suivre la musique vers ce monde magique où tous les enfants étaient heureux.

Dès que Kamel Sarawi m'a parlé de la disparition inexplicable d'un groupe d'enfants, j'ai tout de suite pensé à cette histoire. Si le témoignage d'Hironishi avait été connu ou si Tokayashi n'avait pas tenté de protéger sa petite-fille, j'aurais tout de suite compris. Il suffisait de remplacer Hamelin par Pharmacop, les rats par des virus informatiques et la flûte par un violon.

Hélas, ces gens ont préféré protéger leurs intérêts. Et puis, ils ont eu peur et, surtout, ils n'ont rien compris. On peut à peine leur en vouloir.

Maintenant, tout est rentré dans l'ordre et je dois aller me coucher. Dans quelques heures, il me faudra me lever et emmener le Joueur de Violon faire un voyage. Sarawi aurait préféré que je le ramène tout de suite « chez lui », mais je suis trop fatiguée. Ça attendra mon réveil.

Chapitre 62

Février 2001

Si Astrid Sappa avait pu lire l'avenir, elle n'aurait pas remis à plus tard son « voyage » avec le Joueur de Violon.

Car à quelques chambres de la sienne, peu de temps après qu'elle eut trouvé le sommeil, un drame allait se jouer qui transformerait irréversiblement son destin et celui de son équipe.

Leïla fut la première à être réveillée par les coups frappés à sa porte. Comme d'habitude, dans le lit d'à côté, Yunhua, profondément endormie, réagit à peine. La jeune Arabe se leva en maugréant. La nuit avait été bien occupée et elles méritaient toutes un bon sommeil, et même une grasse matinée. Si c'était Astrid qui venait encore leur demander de jouer les petits soldats, elle serait mal reçue.

Elle ouvrit la porte d'un geste brusque, prête à envoyer sur les roses l'importun, quel qu'il fût.

L'Aberration était debout sur le seuil.

Sans son violon, mais toujours avec son accoutrement d'épouvantail, elle la fixait d'un regard halluciné. L'adolescente recula d'un pas. Instinctivement, elle chercha du regard un objet, une machine dont elle aurait pu se servir comme d'une arme, mais en vain. Qu'aurait-elle pu utiliser pour se défendre ? Les lampes ? La télévision ? Le téléphone ? Elle se sentit soudain ridicule, avec son pouvoir inutile contre un homme pourtant désarmé.

Celui-ci fit un pas à l'intérieur de la chambre. La jeune fille hurla. Au fond de la pièce, Yunhua se redressa brusquement sur son lit.

Alors, repoussant Leïla, l'Aberration se rua sur la Chinoise. Avant que celle-ci n'ait pu esquisser un geste, il l'attrapa par les épaules et, la secouant brutalement, lui hurla au visage un chapelet de paroles en japonais.

Au même moment, le bruit d'une cavalcade parvint du couloir. Une voix cria quelque chose en anglais.

L'Aberration tourna la tête dans la direction du cri, hésita, puis il souleva un peu plus Yunhua, colla presque son visage au sien, éructa une dernière fois les mêmes paroles en japonais et la lâcha. Il se rua hors de la pièce.

Leïla le vit disparaître dans le couloir, aussitôt poursuivi par trois hommes parmi lesquels elle reconnut Sarawi. Malgré le choc qui la secouait encore, elle s'avança et passa la tête par l'encadrement de la porte. Ce qu'elle vit la glaça. La silhouette d'épouvantail courait vers l'extrémité du couloir, droit sur une fenêtre en vitrail qui donnait sur la rue. Sans l'ombre d'une hésitation, alors qu'un des hommes de Sarawi était sur le point de le rejoindre, il plongea à travers la vitre.

Il y eut un long cri. Puis un choc sourd. Par réflexe, Leïla rentra la tête dans les épaules en fermant les yeux. On était au cinquième étage.

Rapidement, plusieurs portes s'ouvrirent. Des clients de l'hôtel, réveillés par le bruit, sortirent de leurs chambres. Un brouhaha emplit aussitôt le couloir. L'un des hommes de Sarawi - un Japonais - s'empressa de rassurer les clients, mais les gens étaient inquiets, voulaient savoir. Il fallut un long moment avant que le couloir se vide.

Dès que l'étage eut retrouvé son calme, Sarawi envoya ses deux collègues rejoindre le rez-de-chaussée et régler les problèmes avec la police dont les sirènes se faisaient entendre dans la rue.

« Qu'est-ce qui s'est passé ? » demanda Astrid.

Elle était en peignoir. Le bruit l'avait tirée du lit.

« C'était l'Aberration..., commença Leïla.

— L'Aberration ?

— Le Joueur de Violon.

— Mais... »

Elle se tourna vers son collègue. Celui-ci baissa les yeux.

« Oui, je sais, on en avait la garde jusqu'à ce que vous l'emmeniez. »

Il leva les bras au ciel.

« Je ne sais pas ce qui s'est passé ! Il a échappé à notre surveillance et...

— ... et il est venu ici, poursuivit Leïla, dans notre chambre.

— Il a essayé de vous faire du mal ?

— Non... enfin, je... »

Elle lança un regard à Yunhua qui, toute pâle, se tenait à présent à ses côtés.

« Il t'a fait quelque chose, à part te crier dessus ? »

La jeune Chinoise secoua la tête, le regard perdu dans le vague.

« Mais alors, demanda Astrid, qu'est-ce qu'il voulait ? »

Yunhua la fixa sans dire un mot. Elle tremblait. Sa tutrice s'approcha et voulut lui prendre la main. L'adolescente la retira brusquement et recula d'un pas. Son visage se crispa, son regard devint dur.

« Il a dit... »

Sa voix était sourde, hargneuse.

« Il a dit : VOUS ÊTES COMME MOI. »

Un silence glacé envahit le couloir.

« VOUS ÊTES COMME MOI, reprit-elle, le souffle court, ET MON SORT SERA UN JOUR LE VÔTRE. »

Nouveau silence. Les regards se cherchaient. Les regards s'évitaient.

« Allons ! s'écria soudain Sarawi avec un rire forcé. Il a dit n'importe quoi ! Il voulait se venger, vous faire peur, c'est tout. Tout ça n'a aucun sens, c'était juste... »

L'homme s'arrêta au milieu de sa phrase. Astrid dardait sur lui un regard de colère.

Lentement, il se retourna.

Derrière lui, Charo se tenait immobile, raide et pâle comme quelqu'un qui vient d'apprendre sa propre mort.

Chapitre 63

Février 2001

Dans la salle d'embarquement, Astrid attendait, assise, seule. Les cinq filles s'étaient regroupées ensemble, le plus loin possible d'elle.

Elle n'arrivait pas à croire ce qui était arrivé. Comment allait-elle faire à présent ?

Un employé de l'aéroport s'approcha d'elle, la tirant de ses pensées. Il la salua en lui tendant un téléphone cellulaire. Elle fronça les sourcils, saisit néanmoins l'appareil. A moins que l'homme ne parle le français, ce qui était hautement improbable, il était inutile qu'elle demande la moindre explication.

Le téléphone était en communication, elle le porta à l'oreille.

« Allô ?

— Astrid ? »

La voix de Kamel Sarawi.

« Je suis dans l'aéroport, mais on ne me laisse pas vous rejoindre dans la salle d'embarquement. C'est pour ça que je vous ai fait parvenir ce téléphone.

— Et quelles sont les nouvelles ?

— Le Joueur de Violon est mort, annonça-t-il. Il n'a jamais repris conscience. »

La femme soupira en se passant la main dans les cheveux.

« Donc, aucune chance de savoir qui l'a aidé à s'échapper ?

— Non. Mais peut-être qu'il l'a fait sans...

— Allons, cessez de faire l'autruche ! Il y a forcément quelqu'un qui l'a aidé. »

Voyant qu'à l'autre bout de la pièce les cinq filles tournaient la tête vers elle, elle baissa la voix.

« Sinon, comment savait-il qu'il était une Aberration ? Comment savait-il pour les filles ? Comment savait-il que seule Yunhua pouvait le comprendre ? Et comment savait-il dans quelle chambre la trouver ? »

Au bout du fil, un lourd silence répondit.

« Oui, finit par murmurer la voix de Sarawi, vous avez sans doute raison.

— Et vous savez de qui il s'agit, n'est-ce pas ?

— De... de votre Aberration 2000 ?

— Pas de MON Aberration. Cela nous concerne tous. C'est l'Organisation qui est en danger. IL nous connaît. IL nous observe. IL veut notre peau. IL a déjà failli avoir celle de Yunhua, en Pologne, souvenez-vous. Vous n'avez pas voulu me croire à l'époque. Maintenant, il n'y a plus de doute. Cette fois, IL a utilisé une bien meilleure stratégie : diviser pour mieux régner. Mon équipe est disloquée... je... je ne sais pas si j'arriverai à recoller les morceaux... et...

— D'accord, d'accord, admettons. A présent, je dois rejoindre mes hommes. Il me reste un certain nombre de choses à régler avec les autorités. Nous nous reparlerons à mon retour en France.

— Bien.

— Et... je voulais vous dire...

— Oui ?

— Je... je suis désolé de ma gaffe avec votre élève, la... la Colombienne, Charo. »

Au souvenir de ce qui était arrivé dans le couloir de l'hôtel, Astrid sentit monter en elle une bouffée de rancœur à l'égard de son collègue. Son premier élan fut de répondre par une réplique glacée, mais le ton de Sarawi était sincère.

Et puis, pour une fois, il appelait l'une des filles par son prénom.

Un peu tard, peut-être.

« Ça devait arriver, finit-elle par dire, même en vivant vingt-quatre heures sur vingt-quatre avec elle, il m'arrive encore d'oublier de faire attention en sa présence. »

A l'autre bout de la ligne, il y eut un silence gêné.

« Oui... bien... Au fait : gardez le téléphone que je vous ai fait parvenir. Irène Barsamian vous contactera à ce numéro dès votre arrivée à Paris. A bientôt. »

L'homme raccrocha aussitôt. Astrid resta quelques secondes le téléphone dans les mains, un peu troublée. Il y avait eu dans la dernière phrase de Sarawi et dans sa manière de mettre fin brutalement à leur conversation quelque chose qui la dérangeait.

La voix de l'hôtesse dans les haut-parleurs, annonçant le début de l'embarquement, ne lui laissa pas le temps de s'appesantir sur cette étrange impression.

Chapitre 64

Février 2001

Leïla. Yunhua. Charo. Nakiméra. Liliana.

Quatre heures que l'avion avait décollé, aucune n'avait fermé l'œil, aucune n'avait desserré les dents. Leur tutrice était assise à l'autre extrémité de la rangée, ayant demandé à changer la place de sa réservation pour être installée loin du groupe. Elle savait que toute promiscuité avec ses élèves était à éviter jusqu'à la fin du voyage.

Entre les filles, un accord tacite s'était établi depuis l'incident de l'hôtel : on n'en parlait pas. En conséquence, on ne parlait de rien. Pas un mot ou presque n'avait été prononcé depuis ce moment fatidique où Sarawi avait dit les phrases que Charo n'avait pu entendre. Chaque fille, depuis lors, gardait le silence, comme si la moindre parole, le moindre son, pouvait déclencher une catastrophe. Même les regards se fuyaient.

Liliana fut celle qui rompit le pacte.

Depuis le début du voyage, elle était nerveuse, ne cessant de se tortiller sur son siège, se rongeant les ongles et remettant sans cesse en place une mèche rebelle derrière son oreille.

Brusquement, elle se pencha en avant et ramena son sac de voyage sur ses genoux. Elle resta une seconde à hésiter, ferma les yeux et respira longuement. Puis elle sembla plonger dans son sac pour en retirer un morceau de papier.

Elle se redressa, se retourna à genoux sur son siège et tendit la feuille à Charo, assise sur la rangée de derrière. Autour d'elles, les trois autres se figèrent. Nakiméra, surtout, qui savait ce que représentait le dessin, ouvrit la bouche pour protester, mais se retint au dernier moment.

Charo sembla d'abord ne pas comprendre. Ses yeux sombres fixèrent les yeux clairs de son amie sans que son corps n'esquisse le moindre geste. Liliana tendit un peu plus le bras, la feuille se rapprocha du visage de la Colombienne qui par réflexe se recula en s'enfonçant dans son fauteuil. Puis, lentement, sa main se souleva, ses doigts vinrent effleurer le papier pour finir par le saisir, délicatement, comme une rose dont on craint les épines.

Elle le déplia. Autour d'elle quatre respirations s'arrêtèrent. Les dessins apparurent, les replongeant toutes les cinq plusieurs années auparavant, le jour où Astrid Sappa les avait recueillies.

Le jour.

Charo comprit d'un regard. Elle posa son doigt sur la première image, pointant la silhouette d'Astrid qu'elle suivit de dessin en dessin jusqu'à la dernière case. Elle leva l'autre main et, dans le langage des signes, expliqua :

« *Même veste, même chemise, même pantalon, mêmes chaussures, même coiffure.* »

Puis, sans attendre, elle plaça son doigt sur la silhouette de Yunhua et la suivit à son tour du premier au dernier dessin.

« *Mêmes vêtements, même coiffure.* »

Ensuite, ce fut le tour de Leïla, puis de Nakiméra. Elle n'alla pas plus loin. Elle leva son visage vers ses camarades.

« *Elle est venue nous chercher dans cinq endroits du monde, distants chaque fois de plusieurs milliers de kilomètres. Quel avion, quel bateau, quel train, quel véhicule a-t-elle utilisés pour passer de l'un à l'autre ?* »

Elle s'adressa à Yunhua :

« *Toi qui étais la première à la rejoindre, tu t'en souviens ?* »

La Chinoise ne répondit pas. Charo se tourna vers Leïla.

« *Et toi ?* »

Leïla secoua la tête.

« *Moi, de la Colombie à la Roumanie, je n'ai aucun souvenir. Même chose ensuite jusqu'à ce qu'on arrive au Chalet.* »

Elle souleva le dessin et l'agita devant elle.

« *Tout cela s'est déroulé en un jour... même pas, en quelques heures. Sans transition, sans logique.* »

Son bras retomba.

« Comme dans un rêve », dit-elle à haute voix.

Liliana, qui venait de lire sur sa bouche, se mordit la lèvre. Ses yeux se gonflèrent de larmes.

« *Alors,* firent ses mains, *le Joueur de Violon a dit la vérité. On est comme lui.*

— *Oui, en tout cas, on vient du même endroit.* »

Charo avait à peine répondu que, brusquement, l'avion se mit à tanguer. Un murmure inquiet s'éleva aussitôt des rangées de fauteuils.

La Colombienne ne mit qu'une seconde à comprendre. Un bref regard par-dessus son fauteuil confirma ses craintes. Derrière elle, tassée au fond de son siège, le regard fixe, les mains crispées sur ses accoudoirs, Leïla était comme en transe. Charo se précipita. A genoux devant sa camarade, elle posa les mains sur les siennes.

« Leïla, c'est toi ? C'est toi qui fais ça ? »

N'obtenant aucune réponse, Charo se tourna vers Nakiméra. En voyant le visage baigné de larmes de l'Africaine, elle sut qu'elle ne pouvait espérer d'aide de sa part. L'avion tanguait de plus en plus.

« Leïla, dit-elle en posant ses mains sur les joues de son amie, tu m'entends ? »

Les lèvres de la Palestinienne se mirent à trembler. Un murmure indistinct s'en échappa. Charo se pencha pour comprendre.

« Des... monstres. Nous sommes... des... monstres.

— Non ! Nous ne sommes pas des monstres. Regarde-moi, tu sais que je ne peux pas te mentir. Nous sommes... ce que nous sommes, mais pas des monstres. »

Yunhua, assise sur le siège côté hublot, intervint à son tour :

« Mais si tu précipites cet appareil au sol avec tous ses occupants, alors tu seras un monstre. Ce n'est pas ce que tu veux, n'est-ce pas ? »

Elle prit à son tour le visage de son amie dans ses mains et doucement, comme pour un enfant qu'on console, se mit à lui parler en arabe. Lentement, l'avion se stabilisa. Quand tout fut revenu à la normale, Charo se redressa. Elle aperçut alors Astrid, debout à quelques mètres d'elle.

« Tout va bien, dit l'adolescente. On n'a pas besoin de votre aide. »

Sans chercher à discuter, la femme repartit à sa place.

Dans les haut-parleurs, la voix du pilote, mal assurée, annonça que l'avion venait de quitter une zone de turbulences imprévue et s'excusa auprès des passagers.

« Il faut que j'aille aux toilettes », dit Yunhua en se levant.

Charo lui emboîta le pas.

« Moi aussi », dit-elle.

D'un signe de tête, elle fit comprendre à Nakiméra de garder un œil sur Leïla. Quand elles furent assez loin pour ne plus risquer d'être entendues, elle posa la main sur l'épaule de Yunhua :

« Quand tu lui as parlé en arabe, qu'est-ce que tu lui as dit pour réussir à la calmer ? »

La Chinoise se retourna. Pour une fois, elle ne cherchait pas à faire la fière. C'est d'une voix pleine de tristesse qu'elle répondit :

« Je lui ai dit les mensonges que tu ne pouvais pas lui dire. Je lui ai dit que ce n'était pas grave, qu'il ne fallait pas s'en faire, que tout irait bien. »

Chapitre 65

Février 2001

La fin du voyage se déroula sans autre incident. Ce fut quand même avec soulagement qu'Astrid mit le pied sur la terre ferme. C'était la première fois que le pouvoir d'une de ses élèves lui échappait à ce point. La première fois qu'il menaçait leurs vies. Celui qui avait libéré le Joueur de Violon avait bien manœuvré.

Il n'y avait rien de pire pour une Aberration que de comprendre ce qu'elle était. Cette révélation avait poussé le Joueur de Violon au suicide. Leïla avait bien failli suivre le même chemin.

En tentant d'intervenir, lors de l'incident dans l'avion, Astrid avait aperçu le dessin de Liliana. Elle avait compris. Le passé était un tabou pour les Aberrations. Tout simplement parce qu'elles n'en avaient pas. Elles « naissaient » lors de leur arrivée sur terre. A partir de cet instant, leur esprit vivait dans le présent et l'avenir, rien n'existait avant. Le simple fait d'y penser leur causait un malaise tel qu'elles refusaient de l'évoquer.

Sauf si quelqu'un les y poussait et que le don d'une Liliana se combinait à celui d'une Charo pour forcer la vérité à éclater.

« Drrrrrrrrr… Drrrrrrr… »

Astrid mit une seconde à comprendre. Le téléphone de Sarawi. Elle décrocha.

« Astrid ? C'est Irène Barsamian. Inutile de parler si vous craignez que vos protégées n'entendent. Mais écoutez-moi bien. J'ai appris pour l'incident du Japon. Nous en avons discuté avec les autres membres de la direction, il est évident que, dans ces conditions, nous devons mettre fin au Projet Alpha.

— Quoi ? Mais...

— Ne m'interrompez pas. Cette fois-ci, je vous ordonne d'obéir. Le danger est trop grand, et vous le savez mieux que personne. Surtout maintenant.

— Comment ça ?

— Il y avait un homme à nous dans l'avion. Après ce qui était arrivé à Osaka, nous avons jugé indispensable de faire surveiller votre équipe par une personne moins impliquée... plus objective. Et nous avons visiblement bien fait. Il nous a rapporté l'incident des "turbulences".

— Mais c'était juste...

— Non ! Ce n'était pas "juste". Trois cents passagers ont failli trouver la mort dans cette histoire et nous aurions été responsables. Prendre le risque que quelque chose de semblable se reproduise serait criminel. Vous m'entendez ? Criminel ! »

Astrid n'avait rien à répondre. Elle regarda le téléphone comme si un monstre était caché à l'intérieur.

« Astrid ? reprit la voix d'Irène Barsamian. Vous m'écoutez ? »

En tremblant, la femme rapprocha l'appareil de son oreille.

« Oui, je vous entends, murmura-t-elle.

— Bien. Vous savez ce qu'il vous reste à faire ? »

Silence.

« Vous savez ce qu'il vous reste à faire ? insista la voix de son interlocutrice.

— Oui, je sais.

— Une voiture a été réservée à votre nom à l'agence de location de l'aéroport. Un monospace. Très confortable. Le voyage est long jusqu'à votre chalet, elles finiront bien par s'endormir.

– J'ai compris, coupa Astrid sèchement, inutile d'insister. »

Mais Irène Barsamian ne se laissa pas impressionner :

« J'insiste pourtant. Les choses doivent être parfaitement claires. Les cinq filles, sans exception, doivent retourner d'où elles viennent. »

Chapitre 66

Février 2001

A l'autre bout de la terre, Kamel Sarawi ne décolérait pas. Depuis plus d'une heure, il fouillait coins et recoins de la pièce où avait été séquestré le Joueur de Violon dans l'espoir de trouver un quelconque indice. C'était la troisième fois qu'il recommençait la même fouille depuis la veille, toujours sans succès.

La seule chose qu'il possédait jusqu'à présent, c'étaient des empreintes de pieds. La pluie qui était tombée durant les derniers jours avait eu cet avantage : les chaussures laissaient des marques. Parmi celles relevées dans la pièce et le couloir, une série n'appartenait ni à l'Aberration, ni aux hommes chargés de sa surveillance. Les services de l'Organisation s'acharnaient depuis plus de vingt-quatre heures sur ce maigre indice, mais il ne fallait pas se faire d'illusions. On ne remonterait pas jusqu'au coupable avec ça.

Avec un juron de rage, Sarawi abandonna ses recherches. Tout cela était inutile. C'était avant qu'il aurait dû faire attention. Il s'était fait avoir comme un bleu.

D'après ce qu'il avait pu reconstituer des événements, tout s'était déroulé avec une simplicité affligeante. Deux hommes avaient été désignés pour surveiller l'Aberration. L'un restait en faction à la porte de sa cellule, l'autre se tenait à l'extérieur. On avait choisi un vieux bâtiment désaffecté, à la lisière de la ville, afin de ne pas attirer l'attention de la population.

Il secoua la tête : deux hommes, c'était trop peu. Ç'avait été sa première erreur. Mais comment aurait-il pu prévoir ? L'Aberration ne présentait aucun danger particulier - on lui avait supprimé son violon - et la détention ne devait durer qu'une douzaine d'heures au maximum. Pas de quoi monopoliser toute une escouade.

Mais c'était de l'extérieur que le danger était venu. L'agresseur avait attendu jusqu'aux premières lueurs de l'aube, quand la lumière réapparaît enfin et que l'obscurité cesse de donner à chaque bruit, chaque ombre, un aspect inquiétant. A cet instant, la tension se relâche, la vigilance aussi.

Sa deuxième erreur avait été de confier la surveillance à des hommes qui avaient été tenus en éveil toute la nuit. Le garde placé à l'extérieur avait sans doute somnolé quelques instants. Le contact d'une lame sur sa gorge lui avait fait reprendre ses esprits. L'agresseur était dans son dos, plaqué contre lui. Il avait tendu devant ses yeux, de sa main libre, un morceau de papier où l'on pouvait lire :

« APPELLE TON COLLÈGUE ET DIS-LUI DE DESCENDRE. »

Une hésitation : la pression de la lame sur sa jugulaire s'était accentuée. Il avait obéi. Ensuite : le trou noir.

Le récit du second gardien renforçait ce témoignage. En recevant l'ordre de descendre, il avait hésité, demandé confirmation, mais aucune réponse ne lui était parvenue. Il était alors sorti et avait découvert son collègue allongé au sol, inanimé. Son premier réflexe avait été de s'agenouiller pour vérifier s'il était toujours en vie. C'est à ce moment-là que l'agresseur l'avait assommé à son tour.

A leur réveil, le Joueur de Violon avait disparu.

Lamentable.

Et Kamel Sarawi était le seul responsable. Mais, encore une fois, comment aurait-il pu prévoir que l'Aberration bénéficierait d'une complicité extérieure ? C'était absurde. Qui pouvait avoir intérêt à commettre un tel acte ?

Ou alors... Ou alors, Astrid Sappa avait raison. Son Aberration 2000 existait bien, et c'était elle qui avait tout orchestré.

Non ! Non, pas question de se mettre à croire à ces âneries. Astrid avait peut-être réussi à se convaincre elle-même, mais lui ne tomberait pas dans le piège. Cette histoire n'avait qu'un seul but : permettre à sa collègue de conserver son équipe. Elle devait voir les choses en face : l'« Effet 2000 » tant redouté n'était qu'un pétard mouillé. Certes, il y avait eu ces derniers temps quelques événements suspects, dont l'évasion du Joueur de Violon, mais on trouverait certainement une explication à tout cela. Ce n'était qu'une question de temps. Inutile d'avoir recours à des moyens particuliers comme ces cinq... choses.

Il avait toujours été contre ce projet. Faire entrer des Aberrations dans les rangs de l'Organisation, quelle idée ! Même à l'époque où la « Menace 2000 » pouvait être encore prise au sérieux, il avait toujours pensé que les forces traditionnelles de l'Organisation étaient suffisantes pour régler le problème. On ne l'avait pas écouté. Et maintenant, on était obligé de se débarrasser de tout ça en catastrophe.

Certes, il était lui-même un peu responsable de cette situation. Il s'en voulait encore de sa bévue dans le couloir de l'hôtel. Mais Astrid l'avait admis elle-même : avec sa fameuse Charo, il fallait s'attendre à ce qu'un jour ou l'autre, la vérité éclate. Et après tout, c'était sans doute mieux ainsi.

Quand Irène Barsamian lui avait téléphoné pour le tenir au courant de ce qu'elle appelait pudiquement l'« incident de l'avion », il s'était fait violence pour ne pas lui répliquer : « Je vous l'avais bien dit ! »

Enfin... à présent, le problème devait être réglé.

Bizarrement, ça ne lui faisait pas autant plaisir qu'il l'aurait cru. C'est vrai que ces cinq adolescentes avaient fait du bon boulot et...

... et il n'allait pas se laisser aller au sentimentalisme comme Astrid Sappa.

Un bruit le tira soudain de ses pensées. On montait l'escalier. Il sortit son arme, il ne se ferait pas surprendre comme ses hommes. Mais ce fut justement l'un d'eux qui apparut sur le palier.

« Ah, chef ! Je savais que vous seriez ici. J'ai des nouvelles.

— Quoi donc ?

— C'est à propos des empreintes de pas qu'on a trouvées ici.

— On sait à qui elles appartiennent ? »

L'homme fit la grimace.

« Non, hélas, on n'en est pas là. Mais elles ont quelque chose de très particulier. On ne s'en est pas rendu compte tout de suite parce qu'on s'était focalisé sur le dessin de la semelle et que...

— D'accord, d'accord. Epargne-moi toute l'histoire, la fin me suffira.

— OK. Pour faire court : les deux pieds sont identiques.

— ???

— Je veux dire qu'il n'y a pas de différence entre le pied droit et le pied gauche. Comme si le gars avait deux pieds droit... ou deux pieds gauches. Ou plutôt deux pieds identiques, ni gauches ni droits. Des... des pieds qui... qui n'existent pas en fait.

— Tu veux dire que...

— ... que ce ne sont pas des pieds humains. Le Joueur de Violon a été libéré par une autre Aberration. »

Kamel Sarawi resta sans voix. Les mots « Aberration 2000 » résonnaient dans sa tête avec, en surimpression, le visage d'Astrid Sappa dont les lèvres articulaient en silence : « Je vous l'avais bien dit ! »

Chapitre 67

Février 2001

« Aberration 2000 ! »

Il aimait bien ce surnom. Il lui donnait une sorte d'identité, le faisait exister. Mieux que l'expression « Effet 2000 » qu'ils avaient employée au début et qui le reléguait au rang de simple phénomène.

« Aberration 2000 », ça sonnait bien ! Ce nom entrerait dans l'Histoire.

A condition de ne pas refaire d'erreurs grossières, comme prendre le même avion qu'Astrid Sappa et son équipe juste après avoir tout fait pour que les filles comprennent qui elles étaient.

Quand l'appareil avait commencé à s'agiter et qu'il avait aperçu, à quelques places de la sienne, la petite Arabe agrippée à son fauteuil, le corps raide et les phalanges devenues blanches sous l'effet de la crispation, il avait ressenti à la fois la plus grande peur de sa vie et une véritable haine envers lui-même.

Quel crétin ! Comment n'avait-il pas prévu ? Avoir intrigué avec autant de finesse et se débrouiller pour que sa première grande victoire soit la cause de sa perte ; que sa carrière s'arrête, avant même d'avoir commencé, dans un crash.

Bravo !

Bizarrement, sa première pensée, quand il avait cru sa dernière heure arrivée, avait été de se demander si l'on identifierait son corps parmi les restes des passagers, au milieu des débris fumants de l'appareil. Si l'Organisation comprendrait, ou bien si le maquillage qu'il avait pris soin d'utiliser suffirait à camoufler son identité post mortem comme il l'avait fait pendant le voyage.

Mais la fille s'était calmée, le pilote avait repris le contrôle de son appareil et la question avait perdu tout intérêt.

A présent, il fallait penser à l'avenir. D'après ce qu'il avait piraté des conversations téléphoniques de l'Organisation, les filles Sappa auraient bientôt disparu, ou plutôt, elles seraient de retour dans l'Espace Rêve.

Où il n'aurait plus qu'à aller les récupérer. Avec ce que les humains leur avaient fait subir, il ne devrait pas avoir trop de mal à les convaincre de travailler pour lui.

Chapitre 68

Février 2001

Ils l'attendaient à quelques kilomètres du Chalet : une voiture avec quatre hommes. Astrid reconnut immédiatement le style des hommes de l'Organisation.

A son arrivée, celui qui devait être le chef se plaça au bord de la route et lui fit signe de se garer sur le bas-côté. Il s'approcha alors de sa portière. Elle baissa sa vitre.

« Veuillez emprunter ce petit sentier, dit-il sans même se présenter, nous vous suivons. »

Elle obtempéra. Le sentier disparaissait rapidement sous les arbres. Au bout d'une dizaine de mètres, elle comprit. Ce n'était pas quatre hommes que l'Organisation lui avait envoyés, mais plus d'une vingtaine. Ils étaient là, leurs voitures disposées en demi-cercle obstruant le chemin. Astrid jeta un coup d'œil dans son rétroviseur. Le dernier véhicule était juste derrière elle, lui coupant toute retraite. Seul le conducteur était à l'intérieur, les trois autres marchaient de part et d'autre de la voiture. Même à pied, elle n'aurait pu fuir.

Elle s'arrêta et descendit. Au premier regard, elle nota que chaque homme portait un bouchon de plastique jaune à l'oreille droite et une oreillette à la gauche. Aucun n'avait d'arme mécanique. Peut-être des couteaux camouflés dans les manches de leurs costumes sombres. Sans doute étaient-ils tous des experts en arts martiaux. L'Organisation avait tout prévu.

Sans prononcer une parole, trois des hommes s'approchèrent de sa voiture, ouvrirent les portes et le hayon arrière et commencèrent à fouiller sans ménagement, renversant les bagages sur le sol. L'un d'eux se coucha même par terre pour inspecter sous le véhicule.

Après quelques minutes de ce petit ballet, Astrid commença à s'énerver. Elle s'approcha du chef.

« Bon, vous voyez qu'elles ne sont plus là ! Vous n'allez pas fouiller aussi les chambres à air ? »

L'homme la fixa à travers ses lunettes noires.

« Elles se sont endormies à peine un quart d'heure après le début du voyage, insista-t-elle. Elles étaient crevées, elles n'avaient pas fermé l'œil de tout le vol. Rien d'étonnant, avec ce qu'elles venaient d'apprendre. »

Face à elle, l'homme en costume sombre n'eut aucune réaction. Astrid, elle, avait besoin de parler.

« En une demi-heure, tout était fini. Ça fait plusieurs heures que je roule seule dans mon véhicule. Qu'est-ce que vous espérez trouver ? »

L'homme retira ses lunettes.

« Nos supérieurs nous ont demandé de tout vérifier. »

Il désigna les bagages en vrac sur le sol.

« Pourquoi avez-vous gardé ça ?

— Parce que ce sont des objets inanimés et, qui plus est, d'origine terrienne. Impossible de les emporter dans l'Espace Rêve. Seuls les vêtements qu'elles portaient sur elles pouvaient les suivre. Je n'allais pas tout bazarder sur le bord de la route. D'ailleurs, vous serez gentil de demander à vos hommes de les remettre dans mon coffre. Sauf si l'Organisation tient à les récupérer, j'en ferai cadeau à des œuvres charitables. »

Sur un ordre bref de leur chef, les hommes de l'Organisation cessèrent leur fouille et rangèrent les valises dans le monospace.

« Je peux m'en aller maintenant ? demanda Astrid. Je voudrais rentrer chez moi. »

Son interlocuteur hocha la tête.

« Vous allez rentrer chez vous... mais on va vous suivre. »

La femme fronça les sourcils.

« Qu'… ? » commença-t-elle.

Elle se ravisa et, serrant les poings, retourna à son véhicule.

« Et je monte avec vous ! » ajouta l'homme dans son dos.

Il ne leur fallut que quelques minutes pour rejoindre le Chalet, devant lequel attendait une voiture. La fine silhouette d'Irène Barsamian sortit du véhicule à l'instant où le monospace s'engageait sur l'allée du garage.

Les deux femmes ne prirent pas la peine de se saluer.

« Attendez-moi ici, dit Irène à ses hommes, Mme Sappa et moi allons à l'intérieur pour parler. »

Dès qu'elles furent dans le bureau d'Astrid, la grande femme brune referma la porte derrière elle.

« Vous avez peur qu'on nous entende du dehors ? » ironisa sa collègue.

Irène Barsamian haussa les épaules.

« On ne sait jamais, dit-elle en prenant un siège. Je vous connais, et je crains que le ton ne monte d'ici quelques instants. Si je dois me faire injurier, je préfère que mes hommes l'ignorent. »

Un bref silence suivit ces paroles. Assise derrière son bureau, Astrid tentait de paraître calme, mais une fois de plus le tremblement de sa lèvre supérieure la trahissait.

Irène se pencha vers elle.

« Où sont-elles ? » demanda-t-elle d'un ton glacial.

Astrid ne put réprimer un sursaut. Elle ouvrit la bouche pour répondre.

« Inutile de me mentir, la coupa sa supérieure, vous avez mis trois heures de plus que la normale pour faire le trajet. Trois heures ! Ce ne sont pas les embouteillages, il n'y en avait pas. Et trois heures pour boire un café, ça ferait beaucoup. Alors je répète ma question : où sont-elles ? »

La question resta sans réponse.

« Bon… dans ce cas, nous allons attendre le retour du reste de mes hommes. Je les ai envoyés au refuge. Vous savez, celui où vous emmeniez parfois vos protégées, au début de leur séjour ici. Pour leur entraînement, comme vous disiez à l'époque. »

Astrid Sappa blêmit. Irène Barsamian le remarqua et grimaça un sourire.

« C'était donc bien ça. Heureusement que le souvenir m'en est revenu, sinon... »

La femme se leva brusquement.

« C'est inadmissible ! Je peux comprendre qu'on prenne certaines libertés avec le règlement, surtout lorsqu'on travaille sur le terrain comme vous, mais là : NON ! C'était un ordre et vous deviez l'exécuter comme... comme nous nous l'avions prévu dès le début. Le Projet Alpha n'a été accepté qu'à cette condition. »

Tassée sur son fauteuil, Astrid releva légèrement le menton.

« Je n'ai pas désobéi, dit-elle d'une voix lasse.

— Ah bon ? Et comment expliquez-vous que... ?

— Je n'explique pas.

— Vous... ? ! ? »

Irène Barsamian se figea, incrédule, puis retourna se rasseoir. Comme si elle n'attendait que ce geste, Astrid se leva et se dirigea vers la bibliothèque.

« Ce que j'ai dit au chef de vos hommes tout à l'heure était vrai, du moins en partie. Les cinq filles se sont endormies très vite après notre départ de l'aéroport. J'ai décidé d'agir immédiatement. »

Elle extirpa un livre des étagères et se tourna vers Irène.

« Ça a été une décision douloureuse, vous savez. C'est pour cela que je n'ai pas voulu attendre. »

Elle retourna derrière son bureau et posa le livre devant elle.

« Seulement voilà, dit-elle en s'asseyant, ça n'a pas marché.

— Comment ça ?

— Ça n'a pas marché, c'est tout. Je me suis retrouvée dans l'Espace Rêve... seule. Les filles n'étaient pas avec moi. »

Irène Barsamian la regarda d'un air sceptique.

« Vous ne me croyez pas, bien sûr. Pourtant, je vous assure que c'est bien ce qui s'est passé. Trois fois j'ai recommencé. Chaque fois, quand je suis revenue, elles étaient dans la voiture, toujours endormies, mais toujours là. »

Elle ouvrit le livre posé devant elle au niveau d'un signet.

« J'ai un début d'explication, dit-elle. Vous connaissez ce bouquin ? Il a été publié par l'Organisation pour la formation de ses cadres. Il s'intitule : *Les Aberrations : Connaissances actuelles.*

— Je connais, c'est vieux.

— Oui, mais toujours d'actualité. Laissez-moi vous lire un passage : *Bien que présentant, en apparence, tous les organes de l'espèce qu'elles imitent – lorsque celle-ci existe –, les Aberrations ne possèdent pas une physiologie terrestre. Cela est un avantage certain pour ceux qui les combattent car cette particularité interdit à toute Aberration de se reproduire. Mais c'est aussi un inconvénient, car l'organisme d'une Aberration ne peut interagir avec un être vivant de notre monde et est, de ce fait, insensible à toute forme de contamination, que ce soit par un parasite, une bactérie ou un virus. On ne peut donc espérer détruire une Aberration par la maladie. Si une Aberration apparaissait dans une zone d'épidémie...* »

Astrid interrompit sa lecture.

« Et cætera, et cætera, acheva-t-elle.

— Et alors ? » demanda Irène Barsamian, surprise.

Son interlocutrice referma son livre d'un geste sec.

« Alors... alors, le mois dernier, juste avant que vous nous envoyiez au Japon, Yunhua et Liliana sont tombées malades : la grippe. »

Irène Barsamian se raidit.

« J'ai eu confirmation par un docteur.

— Vous avez fait examiner ces... ces filles par un médecin ? Vous êtes folle !

— J'ai fait appel à une vieille connaissance : le Dr Delnois. »

Irène Barsamian eut une moue de mépris, mais sembla soulagée.

« Vous vous êtes bien gardée de me tenir au courant de ce problème.

— Je sais. J'ai moi-même été très surprise. J'ai préféré attendre que...

— Que quoi ?

— Je... je ne sais pas trop.

— Eh bien moi, je sais. A force de vivre avec ces gamines, vous vous êtes attachée à elles. Vous vous sentez à présent obligée de les protéger. Face à cette histoire de grippe, vous avez réalisé que les filles étaient en train de changer. Vous avez craint que l'Organisation ne décide de prendre les choses en main. Ça vous a fait peur pour vos petites protégées et vous avez décidé de ne rien dire. Ou alors... »

La femme prit le temps d'une pause.

« Ou alors, tout cela est pure invention pour nous faire croire à l'impossible : que ces cinq filles sont devenues humaines. Comme cela, il n'y a plus aucune raison de les renvoyer d'où elles viennent. Et malgré le respect que j'ai pour vous, c'est l'hypothèse qui me paraît le plus probable. »

On frappa à la porte. Irène se leva de son siège.

« On va sans doute avoir la réponse bientôt. Entrez ! »

L'homme qui ouvrit la porte était en tenue paramilitaire. En le voyant, Astrid sentit son cœur s'accélérer.

« Alors ? » dit Irène.

L'homme répondit par une grimace gênée. Il sortit d'une de ses poches une feuille pliée en quatre et la tendit à sa supérieure.

« On a trouvé ça sur la table du refuge. »

Irène Barsamian prit la feuille, la déplia et resta un long moment à la contempler, tête baissée.

Intriguée, Astrid vint se glisser discrètement derrière elle. Ce qu'elle vit par-dessus son épaule lui arracha un sourire. Le dessin montrait la troupe de l'Organisation encerclant le refuge. Liliana - ce ne pouvait être qu'elle - avait déjoué l'attaque.

Irène Barsamian se retourna d'un bloc vers Astrid, le visage dur.

« Ce n'est que partie remise. Nous finirons par les retrouver. »

Au même moment, des pas lourds résonnèrent dans l'escalier. Le chef des hommes en noir apparut, l'air soucieux, un téléphone portable à la main.

« Madame Barsamian, un appel pour vous. Code prioritaire. »

Irène saisit l'appareil fébrilement. Le code prioritaire n'était utilisé qu'en cas d'urgence absolue.

Elle porta le téléphone à son oreille et aussitôt son visage changea. D'abord incrédule, il exprima une colère froide. D'un geste agressif, elle appuya sur la touche « Haut-parleur ».

« C'est pour vous aussi, Astrid. »

Celle-ci sursauta en entendant la voix de Charo surgir de l'appareil.

« *Vous nous avez ratées, madame Barsamian. Et si vos hommes vous ont rapporté le dessin de Liliana, vous savez pourquoi. Vous savez aussi que je ne peux pas mentir, alors écoutez-moi bien. LAISSEZ-NOUS TRANQUILLES. Si vous nous oubliez, nous disparaîtrons et vous n'entendrez plus parler de nous. Sinon... vous avez sans doute remarqué que nous avons utilisé le code prioritaire ultra-secret de votre Organisation. Ce n'est qu'un petit exemple de ce que peut faire Leïla. Tout votre système de communication et tout votre système informatique pourraient avoir de sérieux problèmes si vous décidiez de continuer à nous poursuivre. Au cas où vous penseriez que je peux quand même vous mentir, téléphonez donc à vos bureaux à Paris, vous aurez confirmation.* »

La communication s'interrompit.

Chapitre 69

Février 2001

Le garçon était dans sa chambre, assis devant son ordinateur, jouant à son jeu vidéo favori. Depuis une heure déjà, il tentait d'y trouver un dérivatif à son vague à l'âme. Mais ça ne marchait pas.

S'il avait pu, il se serait étendu sur son lit, les écouteurs d'un baladeur collés à ses oreilles, pour se remplir la tête d'une musique cacophonique qui lui aurait peut-être permis de faire le vide dans son esprit.

Mais ce n'était pas possible. Sébastien était sourd.

Soudain, l'écran de son ordinateur se brouilla. Il ne manquait plus que ça !

Enervé, l'adolescent se mit à taper sur le bord de l'appareil. Sans succès. Le jeu ne fonctionnait plus. A sa place, un fond d'écran uniformément blanc apparut, puis le début d'un message.

Bonsoir, Sébastien.

Le garçon se recula. Qu'est-ce que c'était, ce délire ? Le message se poursuivit :

Je sais qu'il est tard et qu'il fait nuit, mais peux-tu me rejoindre dehors ? J'ai des choses à te dire. Je t'attends en bas de ta rue.

Le cœur de Sébastien bondit. Sans réfléchir, il se leva et attrapa son blouson. Quelques instants plus tard, il ouvrait avec la plus grande discrétion la porte d'entrée et se faufilait à l'extérieur en priant pour que ses parents ne l'entendent pas sortir.

Il n'avait toujours rien compris à ce qui venait de se passer avec son ordinateur, mais il s'en fichait. Le message était signé d'un prénom qui valait toutes les explications.

Charo.

Elle l'attendait, comme prévu, en bas de sa rue. En voyant sa silhouette sous le réverbère, il sentit à nouveau son cœur s'emballer. Même emmitouflée dans son anorak, battant la semelle et recroquevillée sur elle-même pour tenter d'échapper au froid mordant, il la trouvait merveilleuse. Ce sentiment, il l'avait ressenti le premier jour où ils s'étaient « parlé » – en langage de signes – sous le préau du lycée, et depuis, ça n'avait fait que s'amplifier. De son côté, malgré leur amitié, elle était toujours restée un peu distante. Peut-être ne voulait-elle pas s'attacher à un garçon handicapé, un sourd. A cause de cela, il ne lui avait jamais avoué ce qu'il éprouvait pour elle.

Et puis, quelques jours auparavant, elle et ses sœurs avaient cessé de venir en cours. Une rumeur avait circulé : elles étaient parties, elles avaient déménagé.

Depuis, il ne dormait plus.

Il était si heureux de la revoir que, sans réfléchir, il la prit dans ses bras. Ils restèrent ainsi un long moment, serrés l'un contre l'autre, immobiles. Puis, doucement, elle s'écarta de lui. Les mains de Sébastien s'agitèrent avec enthousiasme.

« *Je suis tellement content que tu sois revenue.* »

Charo secoua la tête.

« *Je ne suis pas revenue... je vais partir.* »

Le visage du garçon prit une expression effarée.

« *Où ? Pourquoi ?*

— *Je ne peux pas t'expliquer. C'est trop compliqué. Je voulais juste te revoir avant de partir... et te dire...* »

Elle s'interrompit un instant.

« *Je voulais que tu saches... que tu comptes beaucoup pour moi. Je ne t'oublierai pas.*

— *Mais bien sûr qu'on ne s'oubliera pas. Même si tu pars, même si c'est loin, on pourra s'écrire. On n'est pas obligés...* »

Elle lui saisit les mains, comme on pose un doigt sur les lèvres de quelqu'un pour le faire taire. Des larmes commençaient à perler au coin de ses yeux.

« *Non. Je ne pourrai pas t'écrire, ni te téléphoner, ce serait trop risqué. Mais peut-être... un jour... dans longtemps.* »

Elle prit son visage dans ses mains et posa un rapide baiser sur ses lèvres. A présent, elle pleurait.

« *Ne m'oublie pas.* »

Elle s'enfuit. Elle ne s'arrêta que lorsque la maison de Sébastien fut loin derrière elle et qu'elle se fut assurée que le garçon ne l'avait pas suivie. Alors, elle sécha ses larmes d'un revers de manche et poursuivit en marchant jusqu'à l'endroit où l'attendait Leïla.

« Alors ?

— Ça a marché. Merci pour le message sur l'ordinateur.

— De rien. On y va maintenant, les autres vont s'impatienter. »

Les deux filles s'éloignèrent. Au bout de quelques pas, Leïla s'arrêta.

« Au fait, dit-elle, j'ai pas eu le temps de te demander... mais... ce qu'Astrid nous a raconté sur le bord de la route avant de nous dire d'aller au refuge. Est-ce que...

— ... c'était vrai ? Oui. J'ai tout entendu... chaque mot. »

Chapitre 70

Mars 2001

La femme appuya sur la sonnette. Quelques instants plus tard, la porte s'ouvrit sur un petit homme rond, d'une soixantaine d'années, à la calvitie bien avancée.

« Astrid Sappa, je suppose. »

La voix, un peu aiguë, surprenait, compte tenu de la corpulence, mais le ton était amical.

« Vous supposez bien, monsieur Ezelstein.

— Entrez donc. »

L'appartement était petit et peu lumineux. Un appartement de vieux célibataire comme elle l'avait imaginé.

« Vous excuserez le désordre, chère madame, mais la femme de ménage ne passe qu'une fois par semaine. »

Astrid le rassura par une banalité. Les qualités d'homme d'intérieur de Joseph Ezelstein étaient le cadet de ses soucis. L'homme l'invita à prendre place sur le canapé du salon tout en s'asseyant sur un fauteuil. Sans même lui proposer le moindre rafraîchissement, il entama la conversation :

« Alors, qu'est-ce qui me vaut le plaisir de votre visite ? Etant donné le chemin que vous avez parcouru, il doit s'agir de quelque chose d'important. »

Elle approuva de la tête.

« Oui... euh... effectivement... je... »

L'homme l'interrompit :

« Je sens que vous avez du mal à entrer dans le vif du sujet, et je crois savoir pourquoi. Je vais donc vous simplifier les choses. Est-ce que votre démarche n'aurait pas un rapport avec un certain Projet Alpha ? »

Astrid écarquilla les yeux. L'homme sourit.

« Ne faites pas cette tête-là. Vous savez : il n'y a que les grands pontes de l'Organisation pour croire qu'une telle information puisse rester longtemps secrète. Et puis je vais vous dire : depuis que je suis à la retraite, mon plus grand plaisir, c'est de rendre visite à mes anciens collègues pour me tenir au courant des rumeurs. On en apprend, des choses, dans les couloirs des bureaux ! Si vous saviez ! »

Elle sourit à son tour, gênée.

« Tenez ! reprit l'homme. Je vais encore vous simplifier la tâche. Je raconterai l'histoire à votre place et vous compléterez quand j'aurai des lacunes. »

Il se redressa un peu dans son fauteuil.

« Nous savons tous – même si l'Organisation ne fait pas beaucoup de publicité autour de ça – qu'il existe dans ses rangs certaines personnes capables de ramener chez elles les Aberrations. Or, une de ces personnes, une femme, aurait découvert qu'elle avait la capacité non seulement de ramener dans l'Espace Rêve ce qui lui appartient, mais aussi d'en rapporter certains objets. »

Joseph Ezelstein pencha la tête d'un air entendu.

« Ce qui manque à mes informations, c'est : comment cette femme a compris qu'elle pouvait le faire alors que tout le monde pensait cela impossible ? »

Astrid sentit que son tour était venu de parler.

« J'ai longtemps pensé que c'était effectivement impossible. Si le rêve dans lequel je raccompagnais une Aberration se déroulait sous une pluie battante, mes habits ne restaient jamais trempés une fois de retour dans la réalité. Si un insecte se posait sur mon épaule, il avait disparu quand je reprenais conscience dans ma voiture. Les semelles de mes chaussures ne gardaient jamais la moindre trace des sols que j'avais foulés dans l'Espace Rêve. Mais un jour, un incident a modifié mes certitudes. »

Elle s'interrompit, rassemblant ses souvenirs.

« Le rêve, reprit-elle, se déroulait dans l'avenue d'une grande ville, probablement américaine. Alors que je m'apprêtais à repartir, un homme m'a interpellée en anglais en me tendant un prospectus. Je ne comprends quasiment rien à l'anglais. J'ai juste saisi le papier en remerciant d'un sourire... Quand je suis rentrée chez moi, la feuille était toujours dans ma main. »

Un silence suivit cette révélation. Adossé à son siège, les mains jointes devant sa bouche, Joseph Ezelstein réfléchissait.

« Un papier rapporté de l'Espace Rêve, c'est intéressant. Mais nous sommes encore loin de ce que je crois savoir du Projet Alpha. Qu'avez-vous fait ensuite ?

— Juste après, il ne s'est pas passé grand-chose. J'ai mis un certain temps à comprendre. Finalement, la seule explication que j'ai trouvée a été que, contrairement à toutes mes expériences précédentes, j'avais, cette fois-là, saisi volontairement un objet avant de revenir dans le monde réel. Lors de mon excursion suivante dans l'Espace Rêve, j'ai tenté à nouveau l'expérience en ramassant un caillou. Ça a marché. A partir de là, je me suis amusée à collectionner différents objets glanés au cours de mes missions.

— Et vous en avez parlé à l'Organisation ?

— Pas tout de suite. Après tout, des pierres et des papiers, il n'y avait pas de quoi en faire toute une histoire.

— Et les êtres vivants ?

— Après un certain temps, j'ai commencé à rapporter des fleurs.

— Pas d'animaux ? »

Astrid hésita.

« Madame Sappa, insista Ezelstein, je crois savoir pourquoi vous êtes venue me voir. En échange des renseignements que je vais vous donner, je n'attends de vous que quelques menues confidences qui ne sont, pour l'essentiel, que secret de Polichinelle à l'intérieur de l'Organisation. Alors...

— D'accord. J'ai aussi rapporté quelques bestioles.

— Comme ?

— Un ou deux insectes d'abord. Puis une sorte de souris... à six pattes. Et finalement un poisson rouge... phosphorescent.

— Un poisson ? Pêché ?

— Bien sûr que non.

— Acheté, alors ? Avec quel genre d'argent ? »

Astrid se renfrogna.

« Je... je... »

Joseph Ezelstein prit un air faussement offusqué.

« L'auriez-vous volé ? »

Elle fixa son interlocuteur.

« Ce n'est pas de ça que je suis venue parler.

— Non, bien sûr. C'est du Projet Alpha. »

La femme leva les yeux au ciel.

« D'accord : le Projet Alpha. A l'approche de l'an 2000, dès 1995-1996 en fait, il est devenu évident que les fantasmes collectifs liés à cette date commençaient à créer des Aberrations de plus en plus nombreuses et, surtout, de plus en plus inquiétantes. Il fallait faire quelque chose. Comme peu de temps auparavant j'avais parlé à Irène Barsamian de mes... capacités nouvelles, l'idée lui est venue de les utiliser pour... pour renforcer les forces vives de l'Organisation.

— Et comment avez-vous fait ?

— Ça a pris un peu de temps. D'abord pour convaincre l'ensemble des dirigeants de l'Organisation d'accepter le projet. Ensuite, pour influencer l'inconscient collectif des populations dans différentes parties du monde. L'Organisation a organisé des campagnes d'images subliminales dans les médias en vue de créer des "rêves positifs", comme les ont appelés nos techniciens. Le but était d'amener les gens à rêver, non pas aux dangers du nouveau millénaire, mais à ce qui pourrait les protéger contre ces dangers. D'éventuels sauveurs. Des héros.

— Et ça a marché ?

— En partie. Suite à ces campagnes, j'ai pu constater que l'Espace Rêve subissait des modifications. Il se structurait en quelque sorte. Les rêves fusionnaient, devenaient moins nombreux, moins chaotiques. Nous avons continué nos campagnes d'orientation et puis, finalement, lorsque j'ai senti que ça pouvait marcher, je suis allée les chercher.

— Qui ça ?

— Les fameux sauveurs dont nous avions provoqué l'apparition. »

Elle eut un petit rire nerveux.

« En fait, je pense que mes supérieurs avaient imaginé des sortes de surhommes avec des pouvoirs fabuleux comme on en voit dans les bandes dessinées. Lorsque je suis revenue avec cinq adolescentes, dont une sourde, ils n'ont pas été ravis. Mais moi, j'étais sûre d'avoir tiré la bonne carte. Et la suite a montré que j'avais raison. »

Elle se tut. Son hôte la regardait d'un air satisfait.

« C'est bien ce dont j'avais entendu parler. Et je suis d'accord avec vous. Si le quart de ce qu'on m'a dit sur votre équipe est vrai, votre Projet Alpha a été un succès. (Il se pencha brusquement en avant.) Mais alors, quel est votre problème ? »

Astrid soutint son regard un instant puis, avec un soupir, se leva et se dirigea vers la fenêtre.

« J'ai un tas de problèmes, dit-elle en contemplant le soleil couchant. Si votre réseau de renseignements est aussi bon que vous semblez le prétendre, vous ne tarderez pas à en entendre parler. Vous ne pouvez sûrement pas m'aider à les résoudre tous, mais vous pouvez peut-être m'aider à comprendre l'un d'eux. (Elle se retourna.) Parlez-moi du Syndrome de Pinocchio. »

L'homme leva les bras au ciel.

« Oh ! Mais c'est un sujet tabou dans l'Organisation. C'est à cause de cela qu'on m'a mis en retraite anticipée, vous savez. Vous allez vous attirer des ennuis si vous y faites allusion.

— Je prends le risque. Au point où j'en suis. »

Son interlocuteur fit la grimace.

« Vous en êtes sûre ?

— Oui. Et cette fois, c'est vous qui avez du mal à entrer dans le vif du sujet. Alors nous allons inverser les rôles.

C'est MOI qui vais raconter l'histoire et c'est VOUS qui remplirez les blancs. (Elle alla se rasseoir.) Il y a plus de dix ans maintenant, alors que vous travailliez dans la Première Ligne, vous avez affirmé que les Aberrations pouvaient devenir humaines. Enfin... "humaines" n'est pas le mot juste puisque vous parliez plutôt des Aberrations de type animal, disons qu'elles pouvaient devenir des animaux RÉELS.

— Exact.

— Vous avez appelé ce phénomène le Syndrome de Pinocchio, par allusion à l'histoire de ce pantin de bois qui devient un vrai petit garçon. Vous avez même fait circuler un mémo expliquant votre hypothèse.

— Qui n'a pas été appréciée à sa juste valeur.

— Et pour cause, puisque vous y affirmiez avoir élevé chez vous des Aberrations, ce qui est strictement interdit par le règlement de l'Organisation.

— Tout le monde prend des libertés avec le règlement. Vous-même l'avez déjà fait, non ?

— Je l'admets.

— Et mes résultats valaient bien cette petite entorse.

— Vous voulez parler de ces rongeurs que vous aviez récupérés, élevés et qui auraient fini par se reproduire ?

— Oui.

— Hélas, vous n'avez jamais réussi à présenter de preuves de ce que vous avanciez. »

Le visage de Joseph Ezelstein se durcit.

« Bien sûr, puisque la première portée est morte. La mère n'a pas réussi à les allaiter. Peut-être parce qu'elle n'était pas nourrie correctement. Vous savez, le régime alimentaire d'une Aberration, ce n'est pas... vous me comprenez ? Ensuite, j'ai essayé de recommencer, mais le couple de rongeurs est mort de maladie avant de pouvoir se reproduire à nouveau.

— De maladie ? Vous savez que les Aberrations ne peuvent être malades sur terre ? »

L'homme haussa les épaules d'un air de dédain.

« Bien sûr que je le sais. C'est d'ailleurs bien pour ça que j'étais persuadé que ces Aberrations avaient changé de nature. Elles n'étaient plus stériles ET elles pouvaient être malades. Malheureusement, je n'avais plus de preuves.

— Pourquoi n'avez-vous pas attendu d'en avoir d'autres pour en parler ?

— Vous savez quelle est la probabilité de découvrir un couple d'Aberrations de la même espèce ? Quasiment nulle. Elles sont toutes différentes. J'avais eu un coup de chance, je savais que ça ne se reproduirait pas. L'Organisation, elle, sur l'ensemble de la planète, pouvait espérer tomber à nouveau sur un cas semblable et refaire l'expérience.

— Mais d'après ce que je sais, ç'a effectivement été fait. Plusieurs fois. Et sans aucun résultat. Ni reproduction, ni maladies. »

Ce fut au tour d'Ezelstein de se lever. Il se plaça devant Astrid, les mains sur les hanches. Son sourire ironique était revenu.

« Si vous pensez que je suis un illuminé, pourquoi êtes-vous ici ? »

Elle leva les yeux vers lui.

« Parce que je pense avoir assisté à la démonstration éclatante que le Syndrome de Pinocchio existe. Y compris pour les Aberrations humaines. »

Un lourd silence accueillit cette déclaration.

« Venez avec moi », dit finalement Ezelstein.

Sans attendre, il sortit de la pièce. Il conduisit son invitée jusqu'au bout du couloir où il s'arrêta devant une porte.

« Ce que je vais vous montrer doit rester confidentiel », dit-il en sortant une clef de sa poche.

Il ouvrit la porte, découvrant un large cagibi aménagé. Plusieurs cages étaient disposées sur des étagères.

« Il y a l'air conditionné, commenta l'homme, une aération pour renouveler l'air, et la lumière artificielle est branchée sur un horodateur pour reproduire un cycle jour-nuit aussi naturel que possible. (Sa voix résonnait de passion et de fierté.) Je me suis inspiré des plans d'animaleries des plus grands laboratoires de recherche. En plus petit, bien sûr, et dans la limite de mon budget. »

Il attrapa l'une des cages. Elle était recouverte d'une grille porte-biberon. Il la posa au sol et, s'accroupissant, en souleva le couvercle.

Astrid se pencha à son tour. Sur la litière, une sorte de grosse souris sans poils, mais arborant une crête d'écailles sur le dos, la fixait de ses yeux rouges. Ezelstein la caressa du bout de l'index.

« Alors ma belle, plus très active, hein ? Normal, à ton âge. (Il reposa le couvercle et remis la cage à sa place.) C'est le spécimen le plus âgé de la colonie. Il a plus de trois ans. Ses parents, le couple fondateur, sont morts l'année dernière à quelques semaines d'intervalle. Je pense que celui-ci ne tardera pas à les rejoindre, hélas.

— Le couple fondateur ? Vous venez de me dire qu'il n'y avait quasiment aucune chance de retrouver un couple d'Aberrations de la même espèce.

— Oui, quasiment. Mais j'ai gardé beaucoup d'amis parmi mes anciens collègues de la Première Ligne. Contrairement à mes supérieurs, ils m'appréciaient beaucoup. (Il saisit une deuxième cage.) Je ne sais pas trop pourquoi je vous montre tout ça. J'espère que vous serez discrète. Si l'Organisation l'apprenait, elle n'apprécierait pas.

— Je m'en doute. »

La deuxième cage contenait un couple de la même espèce. Dans un coin, couchée au centre d'un nid rudimentaire creusé dans la litière, la mère allaitait une demi-douzaine de petits à la peau rose, agglutinés à son flanc.

« Vous voyez, les Aberrations peuvent devenir fertiles après un certain temps passé dans notre réalité. Le Syndrome de Pinocchio n'est pas une invention de ma part.

— Vous êtes sûr qu'il s'agit d'Aberrations et pas d'une espèce de rongeurs inconnue ? »

L'homme ricana.

« J'ai fait partie de la Première Ligne. Nous sommes formés pour ne pas donner l'alerte chaque fois que nous trouvons une espèce un peu rare ou non répertoriée. Le collègue qui m'a apporté le couple originel n'était pas un débutant et il a fait toutes les vérifications nécessaires. »

La cage retourna sur son étagère.

« Et en plus, ajouta l'homme, ces animaux faisaient partie des signes précurseurs liés à une Aberration que vous avez bien connue : le Serveur de Café, vous vous souvenez ?

— Oh oui. Je ne risque pas de l'oublier.

— Dans ce cas, vous savez qu'ils ont été découverts dans la banlieue de Toronto, une région où les scientifiques n'auraient pas manqué de repérer cette espèce, si elle avait été naturelle. »

L'homme fit signe à son invitée de sortir du cagibi.

« Il est temps de laisser mes petits protégés tranquilles. Ils sont fragiles et n'ont pas l'habitude des visites. »

Il referma la porte. Derrière lui, Astrid, pensive, attendait.

« Et pourquoi, dit-elle soudain, aucun des chercheurs de l'Organisation n'a-t-il réussi à reproduire vos résultats ?

— Ah, ça, c'est une bonne question. Je me la suis posée moi-même plus d'une fois toutes ces années. Et je n'ai trouvé qu'une explication : l'amour.

— Pardon ?

— L'amour, madame Sappa. Ceux qui, à l'Organisation, ont tenté les mêmes expériences que moi l'ont fait avec beaucoup de rigueur scientifique, mais sans aucun amour. Moi, je n'ai jamais considéré ces petits animaux comme de simples sujets d'expérience. Je les aime, et c'est pour cela qu'ils sont devenus des êtres vivants à part entière. »

Astrid ne put retenir un petit rire ironique.

« C'est une explication un peu simple, non ?

— Simple ? On peut dire beaucoup de choses de l'amour, mais certainement pas qu'il est simple.

— Bon, d'accord. Mais avouez que comme théorie scientifique...

— Scientifique ! Mais enfin, de quoi parlons-nous ? Réfléchissez ! Quelle est la raison d'être de l'Organisation ? Sur quoi travaillez-vous depuis que vous en faites partie ? Avec quoi vous coltinez-vous dans chacune de vos missions ? Contre quoi vous battez-vous ? La science ? Non ! Le RÊVE !

— ...

— Et le rêve n'est pas affaire de scientifiques. L'Organisation en emploie des dizaines, peut-être des centaines. Tout comme elle emploie des enquêteurs, des cadres administratifs, des troupes de choc et d'autres catégories de personnel qualifié. Le problème c'est qu'il lui manque la seule catégorie qui s'y connaisse vraiment en rêve : les poètes. »

Joseph Ezelstein s'interrompit soudain, réalisant que sa voix prenait des intonations agressives.

« C'est pour cela que, bien que j'aie maintenant les preuves de ce que j'avançais il y a une dizaine d'années, je ne rendrai pas mes résultats publics. Ça ne servirait à rien. »

Silence.

« Bon, conclut-il sur un ton plus posé, je crois vous avoir donné tous les renseignements dont je disposais.

— Oui, je vous remercie. Il est temps que je rentre à présent. J'ai un long trajet à accomplir jusque chez moi. Et il fait déjà nuit.

— Je vous demanderai d'être discrète sur ce que vous avez vu.

— Bien sûr. »

L'homme raccompagna son invitée jusqu'à la porte.

« Au fait, dit-il alors qu'elle s'apprêtait à partir, le problème avec le Syndrome de Pinocchio, ça concerne vos cinq... recrues, n'est-ce pas ?

— Oui.

— Vous pensez qu'elles sont devenues humaines ?

— C'est... c'est fort possible. Mais à présent, je n'aurai jamais la réponse. Elles ont disparu. »

Ezelstein secoua la tête.

« Alors, vous n'avez pas écouté ce que j'ai dit. Si vous voulez savoir si ces cinq filles sont devenues humaines, il vous suffit de répondre à une seule question. Une question à laquelle vous avez forcément la réponse. »

L'homme se pencha et murmura :

« Les avez-vous aimées ? »

Chapitre 71

Mai 2001

La sonnerie retentit, tirant Astrid de son sommeil. Malgré l'obscurité, il ne lui fallut que quelques secondes pour trouver l'appareil. Depuis trois mois, depuis que les filles avaient disparu de sa vie, son portable ne la quittait plus, de jour comme de nuit.

Sans même allumer la lumière, le cœur battant, elle enclencha la communication.

« Allô ? Astrid ? »

La déception faillit lui faire lâcher le téléphone. Ce n'était pas la voix espérée.

« Oui, Kamel, dit-elle en allumant sa lampe de chevet.

— Je suis sur la route, je viens vous chercher. »

Elle jeta un coup d'œil à son réveil : quatre heures.

« Vous... vous venez me chercher ? A cette heure ?

— Oui. Je sais. »

La voix fit une pause. La tension se devinait derrière ce silence.

« Il y a urgence, reprit Sarawi, la situation est inquiétante. Je ne peux pas vous en dire plus pour l'instant. Je serai chez vous dans moins de deux heures. Préparez-vous et préparez vos bagages, je vous emmène en Allemagne. A tout à l'heure. »

La communication fut coupée avant qu'Astrid ait pu répliquer. Elle reposa l'appareil sur sa table de nuit, se laissa retomber sur son oreiller et demeura immobile, fixant le plafond. Quelques mois plus tôt, après un tel appel, elle aurait bondi hors du lit et serait allée réveiller sans attendre les...

Mais il n'y avait plus personne à réveiller dans les chambres voisines. Il n'y avait plus, dans ce chalet, que le silence, à peine troublé par sa respiration qui s'était inutilement accélérée en entendant la sonnerie du téléphone.

Qu'avait-elle espéré ? Qu'elles l'appelleraient ? Pourquoi l'auraient-elles fait ? Elles n'avaient pas besoin d'elle. Avec leurs dons, elles avaient fait plier l'Organisation, l'obligeant à cesser toute recherche. Qui était capable de cela pouvait se débrouiller seul.

Elles n'avaient pas besoin d'Astrid Sappa. Personne n'avait besoin d'elle.

Elle finit par se redresser, resta un long moment assise au bord du lit à ne penser à rien, puis se leva et se dirigea vers la salle de bains. La douche dura bien plus que nécessaire. Cela aussi était nouveau. Avant, elle devait faire sa toilette en un temps record, pour laisser la place aux cinq... Leurs affaires encombraient encore les meubles de la salle de bains. Un jour, il faudrait qu'elle s'en débarrasse.

Elle se traîna jusqu'à la cuisine, y prit un petit déjeuner interminable qu'elle n'acheva pas. Elle n'avait plus goût à rien depuis un certain temps. Et puis, tous les meubles étaient remplis d'objets qui lui rappelaient trop le temps d'avant. Le réfrigérateur contenait encore leurs yaourts favoris, périmés à présent. Dans le placard, il y avait les cinq bols qu'elles s'étaient attribués individuellement, peu de temps après leur arrivée et dont elles n'avaient jamais changé en... en combien de temps, au fait ? Pendant combien de temps avaient-elles partagé sa vie ?

Elle fit mentalement le calcul. Trois ans. Pas tout à fait. C'était peu et c'était énorme.

Elle alla laver son bol et ses couverts dans l'évier, revint débarrasser la table, puis remonta à l'étage pour se préparer et faire ses bagages. Quand elle eut fini, elle jeta un coup d'œil à son réveil. Il lui restait au moins une demi-heure avant l'arrivée de son collègue.

Sans trop savoir pourquoi, elle se rendit à son bureau. Là, elle ouvrit le dernier tiroir du secrétaire et en sortit une grande enveloppe. Elle s'installa à son bureau. Pendant quelques secondes, elle hésita. Cela allait encore raviver ses souvenirs et sa douleur.

Elle ouvrit l'enveloppe et en retira une liasse de papiers : les dessins de Liliana. Depuis le début, elle les avait tous conservés. Même celui fait au Japon sur la grande feuille du tableau qu'elle gardait bien pliée. Même le tout dernier qui leur avait permis d'échapper aux hommes de l'Organisation et qu'elle avait réussi à soustraire à Irène Barsamian.

Elle les avait classés par ordre chronologique. Le premier avait été fait sur une feuille de carnet et montrait l'arrivée du monospace au Chalet. Le tout début de leur histoire commune. Il y avait aussi, regroupés par un trombone, ceux de leur première enquête : l'affaire Sirman.

Et puis, celui-là. Elle contempla avec un sourire ému les boules de Loto. A l'époque, elle n'avait même pas vérifié si c'était bien la combinaison gagnante. Etait-ce nécessaire ? Et puis, cette nouvelle désobéissance de Yunhua l'avait mise dans une telle colère qu'elle n'y avait pas pensé. Elle se souvenait encore parfaitement des paroles qu'elle avait prononcées pour leur faire comprendre où ce genre de désobéissance pouvait les entraîner :

« L'Organisation ne prendra aucun risque. Encore une ânerie de cet acabit et vous disparaissez de la surface de ce monde. »

Elle avait parfaitement choisi ses mots. Si elle avait dit « ... on vous fera supprimer » ou « ... vous êtes mortes », Charo n'aurait pas entendu. Mais « ... vous disparaissez de la surface de ce monde », c'était la vérité : le retour à l'Espace Rêve.

Elle feuilleta rapidement la liasse et s'arrêta soudain sur une image. C'était elle, de dos, dans l'encadrement de la porte d'entrée. En arrière-plan, légèrement éclairés par la lune, se dessinaient les sapins qui bordaient le Chalet. Cela datait de... du printemps 2000, cette nuit où elle s'était réveillée en sursaut avec ce sentiment oppressant qu'une menace planait sur sa demeure. L'angoisse l'avait poussée jusqu'au dehors... où elle n'avait trouvé que la douceur d'une nuit de juin. La menace, sans doute, n'avait été que dans sa tête.

Pourtant, confrontée de nouveau à ce dessin, elle sentait qu'il y avait plus à y voir que son simple portrait. Elle le scruta un long moment.

Et soudain, elle sut. Cette nuit-là, si Liliana s'était réveillée, prise par l'envie irrépressible de dessiner, ce n'était pas sans raison. A cette époque, elle avait déjà appris à maîtriser son don. Il ne l'aurait pas sortie de son sommeil pour un événement sans importance. Elle aurait dû y penser. Le dessin prouvait que son angoisse d'alors n'avait pas été qu'un simple fantasme. Cette nuit-là, comme elle en avait eu l'intuition, quelqu'un, au-dehors, l'observait.

La sonnerie de son portable l'empêcha de pousser plus loin son raisonnement.

« Allô ? C'est Kamel. Je suis presque arrivé. Attendez-moi devant chez vous avec vos bagages, nous repartons immédiatement. »

Elle confirma d'une parole et coupa la communication. Elle hésita un moment devant le dessin. Finalement, elle le prit avec elle et, retournant à sa chambre, le glissa dans son sac. Elle descendit ensuite avec son unique valise et, comme convenu, attendit au seuil de sa demeure. La BMW ne tarda pas à apparaître. Quand Sarawi descendit de sa voiture, Astrid fronça les sourcils. Même dans la pénombre, on devinait la pâleur de son visage. Il s'empara sans un mot de la valise de sa collègue et la déposa dans le coffre.

« C'est moi qui vais conduire », dit-elle.

Il la fixa, ahuri.

« Quoi ?

— Je dis que c'est moi qui vais conduire la voiture. Passez-moi les clefs.

— Personne ne conduit ma BM.

— Aujourd'hui, si. Vous n'êtes pas en état de conduire. Si vous pouviez vous voir, vous comprendriez ce que je veux dire.

— J'ai réussi à venir jusqu'ici, je réussirai...

— Vous me laissez conduire ou je ne viens pas ! »

Les deux collègues se regardèrent un instant. Puis l'homme plongea sa main dans sa poche et en retira une clef qu'il tendit à bout de bras.

« Vous ferez attention, la première passe mal. »

Astrid acquiesça du menton et saisit la clef en baissant la tête, dissimulant son trouble. Pour qu'il cède - et si facilement -, la situation devait être catastrophique.

Le début du voyage se déroula sans qu'un mot soit prononcé. Après quelques minutes, Astrid se résolut à rompre le silence :

« Alors ? » lâcha-t-elle.

La première réponse de son compagnon fut un profond soupir.

« C'est terrible », finit-il par articuler d'une voix enrouée. (Il se frotta les yeux.) Ça a commencé, il y a cinq jours. Signes avant-coureurs importants dans la région de Heidelberg. Un endroit très vallonné, avec beaucoup de forêts. Avant qu'on ait pu réagir, une famille de touristes avait disparu sans laisser de trace... à part leur voiture, retrouvée au bord de la route, dans la forêt justement. Aucun signe de lutte.

— On est sûr que l'Aberration est responsable ?

— Dans ce genre d'affaire, on n'est jamais sûr de rien au début. Mais deux jours plus tard, un couple - encore des touristes - a disparu à son tour, dans les mêmes circonstances. Là, l'Organisation a décidé d'envoyer plusieurs équipes soutenir nos collègues allemands sur le terrain. Elles avaient comme consigne de patrouiller dans la zone et de ratisser large. Tout ce qui pouvait paraître suspect devait être consigné jusqu'à ce qu'on découvre ce qui se passait.

— Et ?

— Et... une des équipes a disparu. »

L'homme baissa la tête, murmurant quelque chose qu'Astrid ne parvint pas à saisir.

« Pardon ? Je n'ai pas entendu votre dernière phrase. »

Il releva le menton.

« Je disais... je disais que l'équipe comportait quatre hommes et que... le petit Duprey devait en faire partie.

— Duprey ? Qu'est-ce qu'il faisait là-bas ? »

Sarawi eut un geste d'agacement.

« Il était là-bas parce que... parce que, depuis que le Projet Alpha a tourné court, il n'avait plus rien à faire au lycée Victor-Hugo. On pensait le laisser à ce poste jusqu'à la fin de l'année scolaire pour ne pas trop attirer l'attention, mais il tournait en rond. Il ne cessait de demander une nouvelle affectation. Lorsque l'affaire de Heidelberg a démarré, il s'est porté volontaire. On a fini par accepter. On a trouvé un prétexte pour qu'il quitte son poste de surveillant général et... et on l'a envoyé là-bas. Heureusement, au dernier moment, les équipes ont été modifiées. Enfin... heureusement pour lui... pas pour les autres. »

Un nouveau silence envahit l'habitacle. Astrid ne chercha pas à l'interrompre. Elle avait compris. La disparition d'un enquêteur, à plus forte raison d'une équipe entière, était toujours une épreuve. Mais là, c'était différent. Sarawi était le supérieur hiérarchique direct de Justin Duprey. Lorsqu'il disait « ON l'a envoyé là-bas », il fallait entendre : « JE l'ai envoyé là-bas » ; un gamin qui ne devait pas avoir beaucoup plus de vingt-cinq ans.

« C'est arrivé quand ? demanda-t-elle.

— Cette nuit, un peu avant minuit. Quelques heures avant que je vous appelle.

— Et comment sait-on que c'est arrivé à cette heure-là ?

— Ils devaient contacter le QG toutes les demi-heures. C'est ce qu'ils ont fait vers vingt-trois heures trente. Ensuite, d'après le signal de la balise de leur véhicule, on sait qu'ils se sont arrêtés sur le bord d'une route. Et puis après : plus rien. A minuit dix, leurs collègues ont essayé de les contacter : impossible. Une autre équipe est partie. (Silence.) Quand elle est arrivée au point d'où la balise émettait... il y avait bien la voiture, mais personne dedans, personne autour. » (Il se prit le visage dans les mains.) Je vous dois des excuses, Astrid. »

Surprise, la femme tourna un instant la tête.

« Pardon ?

— Je dis que je vous dois des excuses. C'est vous qui aviez raison.

— A quel sujet ?

— A propos de... vous savez... cette... cette Aberration 2000, comme vous l'appelez. Elle existe. En tout cas, il y a bien une Aberration qui connaît notre existence. Et c'est elle qui nous traque à présent.

— Vous pensez que cette affaire en Allemagne, c'est elle ?

— Oui. La manière dont l'équipe s'est fait piéger comme si... comme si...

— Comme si on les attendait.

— Oui. Après l'histoire en Pologne, j'aurais dû vous écouter, mais je n'y croyais pas. J'ai commencé à avoir des doutes au Japon, d'autant plus que... Nous avons fait une enquête sur la manière dont le Joueur de Violon s'est évadé.

— Et alors ?

— Quelqu'un l'a effectivement aidé à s'enfuir. Ce complice a laissé derrière lui des empreintes de pied particulières, des empreintes qui ne semblaient pas humaines. Notre Aberration 2000 a une légère particularité physique : deux pieds parfaitement identiques. »

Les mains d'Astrid Sappa se crispèrent sur son volant.

« Vous auriez dû m'en parler.

— Sans doute, mais à ce moment-là, il y avait ce problème avec votre équipe. J'étais au Japon, vous en France. Et ensuite... j'en ai parlé à mes supérieurs.

— Mais pas à moi ?

— Non. Ils m'ont interdit de le faire. Ils n'étaient toujours pas convaincus. Et puis... et puis il y avait eu cette histoire avec les filles. Le fait que vous ayez désobéi aux ordres, que vous ne les ayez pas ramenées dans l'Espace Rêve...

– Je n'ai pas désobéi ! J'ai essayé, mais ça n'a pas marché. C'était impossible, les filles...

– D'accord, d'accord. Mais pour l'Organisation, c'était une désobéissance caractérisée. Vous avez été mise à l'écart. Vous vous en êtes sans doute rendu compte ? »

Astrid fit la moue.

« Oui... Non... je n'y ai pas fait attention. De toute façon, depuis que les filles ont disparu... »

Elle se tut.

« Oui, je comprends, murmura Sarawi.

– L'Organisation a donc décidé que la situation était suffisamment grave pour mettre fin à ma quarantaine, c'est cela ? »

L'homme secoua la tête.

« Non. L'Organisation n'a rien décidé du tout. C'est moi qui ai pris l'initiative de vous contacter.

– Et qu'est-ce qui me vaut cet honneur ?

– Si c'est bien l'Aberration 2000, vous êtes le mieux placée pour la traquer. La seule, en fait, puisque les autres refusent encore d'y croire. (Il se redressa sur son siège.) ELLE nous attend. Vous et moi, nous le savons, et c'est notre force. Les autres veulent s'attaquer à cette cochonnerie comme s'il s'agissait d'une Aberration classique. Ils vont à la catastrophe.

– Et vous proposez quelle stratégie ?

– Je ne sais pas. J'avais espéré que vous auriez une idée.

– Moi ? Sur une affaire que je connais depuis un quart d'heure ? Vous plaisantez ? »

Son collègue haussa les épaules, sans répondre, l'air gêné.

« Qu'est-ce que vous espériez ? insista Astrid.

– Je... je ne sais pas... peut-être que... »

La conductrice braqua brusquement sur la droite, s'engageant sur une aire de repos. Une dizaine de mètres plus loin, elle s'arrêta brutalement.

« Dites-moi (elle s'était tournée vers Sarawi et le fixait d'un regard flamboyant de colère), vous n'avez quand même pas espéré que... ? »

La phrase resta bloquée dans sa gorge. Face à elle, son collègue demeura muet.

« Mon pauvre ami ! Qu'est-ce que vous vous êtes imaginé ? Que j'allais claquer des doigts et qu'elles reviendraient nous donner un coup de main ? Mais vous n'avez rien compris. ELLES NE REVIENDRONT JAMAIS. Nous les avons trahies. Et moi, je les ai trahies plus que tous les autres. Elles avaient confiance en moi et je les ai utilisées. J'ai même accepté de les ramener... »

Elle se mordit la lèvre, ses yeux lui piquaient.

« Quand j'ai été chercher Charo dans l'Espace Rêve, elle m'a obligée à lui dire en espagnol : JE NE TE VEUX AUCUN MAL. Je l'ai fait et elle a entendu. Elle a entendu parce que je pensais vraiment que je ne leur causerais aucun tort. Je devais les ramener sur terre. Elles nous aidaient en échange d'une vie plus agréable et puis... elles retournaient d'où elles étaient venues. C'étaient des Aberrations ; retourner dans l'Espace Rêve aurait effacé les souvenirs de leur vie terrienne. Elles n'auraient eu aucun regret, aucune souffrance en reprenant leur existence d'avant. Mais ça ne s'est pas passé comme prévu... »

La femme s'arrêta brusquement. Lasse, elle posa son front sur le volant et ferma les yeux. Sarawi attendit un moment, indécis. Finalement, il détacha sa ceinture de sécurité.

« Je sors. J'ai besoin de fumer. »

Elle ne releva même pas la tête.

Quand il revint, quelques minutes plus tard, elle n'avait toujours pas bougé.

« Bien, dit-il en s'asseyant, j'ai eu tort, je le reconnais. C'était une idée stupide, mais... il fallait bien que je tente ma chance. »

Astrid se redressa, toujours silencieuse.

« Vous... vous acceptez quand même de m'aider ? J'ai besoin de votre aide. Il faut qu'on l'arrête. Je ne veux pas que d'autres collègues subissent le même sort.

– Vous avez peur pour le petit Justin, n'est-ce pas ? Vous vous sentez responsable de lui. »

Il inclina la tête. Elle tourna la clef de contact, remettant le moteur en route.

« Ça, je comprends », dit-elle.

Chapitre 72

Mai 2001

Ils arrivèrent à Heidelberg en fin de matinée. Kamel Sarawi alla directement au QG de l'Organisation, un petit immeuble près du centre-ville. Ce fut Justin Duprey qui les accueillit.

« Je suis si content de vous voir, madame Sappa !... et vous aussi, monsieur Sarawi. »

Son supérieur lui grimaça un sourire et se dirigea vers le coffre.

« Attendez, dit Astrid. Inutile de descendre mes affaires. Je préfère aller à l'hôtel.

— A l'hôtel ? mais il y a toute la place qu'il faut ici.

— Peut-être, mais je préfère être seule. J'en ai besoin pour réfléchir. »

Son collègue ne chercha pas à discuter. Un hôtel se trouvait à quelques rues de distance, il l'y emmena, accompagné du jeune Duprey.

« Vous êtes sûre que c'est ce que vous voulez ? lui demanda-t-il après l'avoir accompagnée dans sa chambre où Justin déposa ses bagages. Etre seule n'est pas forcément la meilleure idée.

— C'est juste pour quelques heures. J'ai besoin de calme pour... quelque chose. »

Elle ouvrit son sac et en sortit le dessin de Liliana. En quelques phrases, elle expliqua à ses collègues en quoi il était important.

« Je veux prendre le temps de l'étudier en détail. Il y a peut-être là quelque chose qui nous mettra sur la piste de l'Aberration 2000.

— Mais... et notre affaire ?

— Notre affaire, si vous avez vu juste, *c'est* l'Aberration 2000. »

Sarawi fit la moue. A côté de lui, Justin Duprey avait l'air surpris. Elle reprit :

« Vous expliquerez à ce jeune homme de quoi il retourne. (Elle pointa Justin du doigt.) Et vous, quand M. Sarawi vous aura mis au courant, vous resterez discret. L'Organisation n'a pas besoin de tout savoir. De toute façon, on ne nous écouterait pas. (Elle jeta le dessin sur son lit.) Je viendrai vous voir au QG après le déjeuner. A ce moment-là, nous discuterons avec toute l'équipe pour mettre au point un plan d'action. D'accord ? »

Sarawi acquiesça et prit congé, suivi de Justin Duprey. Restée seule, Astrid commença à déballer ses affaires. A intervalles réguliers, elle se penchait sur le dessin déplié sur le lit. Mais elle eut beau l'observer sous tous les angles, il ne lui livra aucun secret. Elle finit par le prendre à pleines mains et, s'asseyant sur son lit, décida de l'étudier de près.

Elle dut rapidement renoncer. Ses yeux la piquaient et se fermaient tout seuls. Elle s'allongea sur son lit. La nuit avait été trop courte et le voyage épuisant. Elle ferma les paupières.

La faim la réveilla. Quelle heure était-il ? Trois heures ! Elle avait dit à son collègue qu'elle le rejoindrait juste après le déjeuner. Il fallait qu'elle se lève.

Elle sentit soudain un étrange contact sous sa joue. Elle se redressa sur un coude. C'était le dessin de Liliana. Elle avait dormi le visage appuyé dessus. Elle s'apprêtait à se redresser complètement mais, alors que sa tête n'était encore qu'à quelques centimètres de la feuille, son regard accrocha un détail.

Elle se pencha. La seconde suivante, elle était à genoux devant sa valise, fouillant frénétiquement dans la poche extérieure. Elle finit par en retirer ce qu'elle cherchait : une loupe. Armée de cet instrument, elle reprit l'étude du dessin. Elle s'y attarda plusieurs minutes comme s'il lui fallait tout ce temps pour accepter ce qu'elle venait de découvrir.

Soudain, elle se décida. Ramassant son sac, elle y fourra pêle-mêle le dessin et la loupe, et quitta la chambre. Arrivée dans la rue, elle prit sans hésiter la direction du QG de l'Organisation. Le chemin n'était pas très long, ça lui prendrait une dizaine de minutes à pied. Elle n'avait pas la patience d'attendre. Plongeant la main au fond de son sac, elle en retira son portable. Il était coupé et affichait quelques messages en attente. Sans chercher à les écouter, elle composa le numéro de Kamel Sarawi.

Plusieurs sonneries retentirent sans que personne réponde. De plus en plus nerveuse, elle poursuivit son chemin, l'appareil vissé à son oreille.

Finalement, on décrocha. Elle ne laissa même pas à son collègue la possibilité de dire « Allô ».

« J'arrive. Je suis en route pour le QG.

— Ah ! On vous attend depuis au moins une heure, vous savez ? J'ai essayé de vous contacter mais...

— Oui, désolée, je me suis endormie et mon portable était éteint, je ne sais pas pourquoi. Ce qui importe, c'est que j'ai enfin découvert ce qu'il y avait dans le dessin de Liliana.

— Quoi ?

— Oui... (Elle s'interrompit une seconde, jeta un coup d'œil pour vérifier qu'elle pouvait traverser la rue. Le feu était rouge, elle s'engagea sur la chaussée.) Je disais que j'ai découvert un petit détail qui... »

A cet instant, un crachotis dans l'écouteur lui coupa la parole. Immédiatement, une voix reprit, mais ce n'était plus celle de Kamel.

« Allô ! Astrid ? »

La voix de Leïla ! De stupeur, la femme se figea au milieu de la chaussée.

« Qu... quoi ? bredouilla-t-elle.

— ASTRID, cria la voix, NE SORTEZ PAS DE CHEZ VOUS !

— Mais, je... je ne suis pas chez moi.

— NE RESTEZ PAS DEHORS ! FAITES ATTENTION ! VOUS... »

Elle n'entendit pas la fin de la phrase. Un crissement de pneus lui fit tourner la tête. Elle n'eut que le temps de voir la voiture se ruer sur elle.

Puis plus rien.

Chapitre 73

Mai 2001

Le crépuscule était arrivé. L'hôpital était calme. Le corps d'Astrid Sappa, inerte, reposait sur le lit, relié à une perfusion et à une série d'appareils clignotants. Assis sur un fauteuil au fond de la chambre, Sarawi tentait de résister au sommeil.

Il regarda sa montre : presque neuf heures. Il n'avait voulu laisser à personne le soin de veiller sa collègue. Il avait eu tort. C'était sa deuxième nuit de veille et, malgré le repos qu'il avait pris pendant la journée, il sentait déjà sa résistance diminuer. Mais il tiendrait le coup. Demain, il laisserait peut-être cette charge à quelqu'un d'autre. Cette nuit, il assumerait son rôle jusqu'au bout.

Un léger bruit lui fit tendre l'oreille. Dans le couloir, deux infirmières discutaient à voix feutrée. L'une d'elles émit un petit rire. Sans trop savoir pourquoi, il sourit en l'entendant. Ses sombres pensées lui semblèrent d'un coup plus lointaines. Le rire se répéta. Cette fois, l'homme rit à son tour, d'un rire bref mais franc.

« *C'est un peu idiot*, ne put-il s'empêcher de penser, *pourquoi est-ce... ?* »

Le rire reprit. Et ce n'était déjà plus un rire. C'était comme un chant. Un chant heureux qui inondait son âme et chassait ses soucis à des kilomètres. Quand la porte s'ouvrit, il était calme, serein... et sans défense.

Il vit, sans pouvoir réagir, cinq ombres se glisser dans la pièce. Sitôt que la porte fut refermée, l'ampoule au plafond se mit à diffuser une lumière ténue. Pourtant, il en était sûr, personne n'avait touché à l'interrupteur.

« C'est bon, Leïla. Ça sera suffisant, pas la peine d'attirer l'attention des infirmières. »

C'était la Chinoise – la grande avec la natte – qui avait parlé. A côté d'elle se tenait la Colombienne. Elles ne lui accordèrent guère plus qu'un bref regard et se tournèrent aussitôt vers le lit d'Astrid. Il sembla à Sarawi entendre quelqu'un pleurer.

Nakiméra alla s'asseoir au bord du lit et prit la main inerte de la blessée. Aussitôt, le chant reprit, différent, plus doux encore que le premier. L'homme vit les quatre autres filles porter les mains à leurs oreilles, mais il n'eut pas le réflexe d'en faire autant. D'ailleurs, il n'en avait pas envie. En quelques secondes, il se sentit de nouveau transporté... ailleurs, loin de tout.

Quand le chant cessa, une immense sensation de regret l'envahit. Elle ne dura qu'une seconde. Rapidement, il recouvra ses esprits. Les filles discutaient entre elles, en langage des signes, l'ignorant totalement. Il eut un geste vers l'arme pendue à sa ceinture, mais, à cet instant, Leïla lui lança un regard. Il interrompit son geste. Les autres, à leur tour, se tournèrent vers lui. Yunhua s'approcha. Leurs questions se télescopèrent :

« Comment est-ce arrivé ? »

« Qu'est-ce que vous faites là ? »

La Chinoise sortit de sa poche une feuille qu'elle colla sous les yeux de l'homme. Le dessin représentait Astrid, renversée par la voiture, projetée en l'air. On distinguait même la plaque d'immatriculation du véhicule.

« Liliana a dessiné ça, peu de temps avant que ça arrive. On a essayé de contacter Astrid, mais on ne savait pas où elle se trouvait et son portable n'était pas branché. »

Kamel Sarawi désigna Leïla d'un geste.

« Je croyais qu'elle faisait ce qu'elle voulait avec les téléphones ?

— *Elle,* comme vous dites, n'agit sur les machines qu'à une certaine distance. Là où on était, elle ne pouvait intervenir que par l'intermédiaire du réseau, il fallait pour cela que l'appareil soit branché. Ça a fini par marcher, mais... trop tard. (La voix de la jeune fille se cassa.) On n'a pas pu éviter l'accident. »

Sarawi se leva.

« Ce n'était pas un accident, dit-il, c'était volontaire. »

Face à lui, le groupe eut un mouvement collectif de raidissement. Charo fit immédiatement quelques signes à Liliana. L'homme comprit qu'elle lui traduisait ses dernières paroles.

« Comment pouvez-vous en être sûr ? demanda Nakiméra.

— D'après les témoins, la voiture a démarré alors qu'Astrid était sur le passage piéton et que le feu était rouge. Le conducteur a accéléré sans lui laisser aucune chance. Et ensuite, il s'est enfui. (Il pointa un doigt sur le dessin.) Quelqu'un a relevé le numéro d'immatriculation, le même que sur ce dessin. On a immédiatement fait des recherches : voiture volée. (Il rendit le papier à Yunhua.) C'était un meurtre. »

Charo intervint :

« Une tentative de meurtre, vous voulez dire ? »

Il secoua la tête.

« Les... les médecins disent qu'il n'y a aucune chance qu'elle sorte de son coma. D'après eux... c'est une question de jours. (Il fixa Nakiméra.) Vous avez essayé de la soigner, là, tout de suite ? Qu'est-ce que vous en pensez ? »

La jeune Ougandaise ne prononça aucune parole, la réponse était dans l'expression de son visage. Sarawi sortit à son tour une feuille de sa poche et la tendit à Yunhua.

« C'est un autre dessin de Liliana. Astrid l'avait sur elle au moment de l'acci... enfin, quand elle a été renversée. Elle me disait au téléphone qu'elle avait enfin découvert qui était l'Aberration 2000 et que c'était ce dessin qui le lui avait appris. »

Charo prit le dessin des mains de Yunhua.

« L'Aberration 2000 ? Quel rapport avec tout ça ? »

L'homme se rassit, l'air las. En quelques minutes, il résuma les événements des derniers jours.

« Voilà pourquoi, conclut-il, je suis convaincu que c'est l'Aberration 2000 qui est responsable de ces disparitions et aussi (il indiqua le lit) de ce qui est arrivé. »

Charo vint se planter devant lui et reposa le dessin sur ses genoux.

« En tout cas, une chose est sûre. ELLE a déjà eu plusieurs de vos collègues. Justin a failli faire partie des premières victimes. Maintenant, c'est Astrid. L'Aberration 2000 ne va pas s'arrêter là. Les prochains sur la liste, c'est vous et nous. Il faut qu'on prenne l'initiative. »

Sarawi leva les yeux vers la jeune fille, mi-étonné, mi-irrité.

« Vous avez un plan, peut-être ? »

Une nouvelle feuille sortit de la poche de Charo : un nouveau dessin.

« On va commencer par là », dit-elle en le lui tendant.

Le dessin représentait une route, en pleine forêt : un carrefour.

« Comme vous le voyez, dit Charo, on distingue parfaitement les panneaux indicateurs. On a les différentes directions et le nom des routes. Avec ça et un bon plan de la région, on ne devrait pas avoir de mal à trouver l'endroit. »

Il hocha la tête.

« Effectivement. Et quand voulez-vous y aller ?

— Demain. Cette nuit, on a besoin de dormir.

— Et vous comptez dormir où ? »

La jeune fille haussa les épaules. Derrière elle, ses camarades en firent autant. Au même instant, on frappa discrètement à la porte. Avant que quiconque ait pu réagir, celle-ci s'ouvrit.

« Justin ! »

Le cri s'était échappé de la bouche de Nakiméra. Sarawi la fixa d'un air furieux.

« Un peu de silence, on est dans un hôpital.

— Ex... excusez-moi », rougit l'adolescente.

Justin Duprey, lui, était figé.

« B... bonjour. »

Son supérieur se leva.

« Vous tombez bien, Duprey, dit-il comme si la situation était parfaitement normale. On a besoin de loger ces cinq jeunes personnes sans que l'Organisation soit au courant, bien sûr. Vous qui êtes dans le coin depuis plusieurs jours, vous n'auriez pas une petite idée ? »

Le jeune homme le regarda d'un air vague.

« Eh bien, Duprey, réveillez-vous ! S'il vous en faut si peu pour vous faire perdre vos moyens, on n'est pas sortis de l'auberge.

— Euh... oui, monsieur. »

Justin Duprey semblait toujours un peu perdu. Son regard tomba sur le dessin que Kamel tenait à la main. Il leva les yeux vers son supérieur d'un air interrogateur.

« Ça, c'est un nouveau dessin de mademoiselle. Ça va nous permettre de savoir où commencer les recherches demain matin. Pour l'heure, j'aimerais que vous trouviez un hôtel pour loger cinq personnes. »

Justin sembla enfin sortir de sa torpeur.

« Oui, dit-il avec un grand sourire, je crois que j'ai ce qu'il faut. »

Chapitre 74

Mai 2001

Justin arrêta la BMW au stop. Le carrefour était exactement comme sur le dessin de Liliana.

« *A la feuille près* », pensa Justin en contemplant les arbres.

« Pourquoi vous nous avez amenées là ? demanda Charo assise à sa droite. On va pas commencer les recherches maintenant, en pleine nuit ? »

Justin alluma le plafonnier et se tourna vers la Colombienne.

« Si vous regardez bien le dessin de votre camarade, dit-il, vous verrez qu'il ne représente pas uniquement un carrefour. »

Charo sortit la feuille de sa poche et se pencha sur le paysage représenté.

« Vous voyez, là, insista Justin en pointant son index sur le papier. On voit le coin d'un bâtiment. C'est celui qu'on aperçoit là-bas. »

Son doigt quitta la feuille pour indiquer, à travers le pare-brise, un point au loin. Les cinq filles se penchèrent dans un ensemble parfait. Malgré l'éclairage des réverbères, elles avaient du mal à voir.

« Alors, dit Nakiméra, vous pensez que Liliana a dessiné ça parce que c'était là qu'on allait dormir cette nuit, et pas parce que c'est l'endroit où on doit commencer les recherches ? »

Justin écarta les bras en signe d'ignorance.

« En tout cas, c'est le dessin qui m'a donné l'idée de vous amener ici. J'ai tout de suite reconnu l'hôtel. »

Charo fronça les sourcils.

« Et pourquoi vous l'avez pas dit à M. Sarawi, alors ? »

Le jeune homme fit une petite grimace.

« Euh... depuis son arrivée, il s'est montré très... très protecteur. Je n'ai plus le droit de faire grand-chose. Je pense que c'est à cause de la disparition de l'équipe dont je devais faire partie. Depuis ce qui est arrivé à Mme Sappa, c'est encore pire. S'il avait su que je vous emmenais en dehors de la ville, dans la forêt qui plus est, il n'aurait sûrement pas accepté. (Il se tourna vers Charo.) Vous préférez qu'on rentre en ville ?

— Ah, non ! fit la voix de Yunhua dans son dos. On y va. Je veux descendre de cette bagnole. BM ou pas BM, quand on est quatre à l'arrière, c'est pas le même confort qu'un monospace. »

Liliana, Nakiméra et Leïla approuvèrent. Justin lança un regard interrogateur à Charo. La jeune fille hésita.

« Bon, d'accord », finit-elle par dire.

Justin enclencha la première et démarra. En quelques secondes, ils furent devant l'hôtel. Tous les volets étaient fermés, mais on voyait de la lumière sourdre à travers ceux du rez-de-chaussée, et une petite veilleuse éclairait la pancarte « Hôtel ».

« Perdus comme ça au milieu de la forêt, ils ne doivent pas avoir beaucoup de clients, fit remarquer Yunhua en descendant de la voiture.

— Oh, fit Justin, il y a pas mal de touristes qui passent par-là, vous savez. Et puis comme ça, on a une chance qu'il leur reste encore de la place pour nous tous.

— Parce que vous restez avec nous ? demanda Nakiméra.

— Bien sûr. Je ne vais pas vous laisser seules, même dans un hôtel. Bon, assez discuté, allons voir. »

Ils entrèrent un à un dans l'hôtel. L'entrée était vide.

« Justin, vous êtes sûr qu'il y a quelqu'un ? demanda Charo.

— Oui, je pense, mais... »

Face à lui, la jeune Colombienne se frottait le front en faisant la grimace.

« Ça ne va pas ? » s'inquiéta-t-il.

Elle la rassura d'un petit geste de la main.

« C'est rien, je suis juste un peu barbouillée. Ça doit être la voiture... et la fatigue aussi, peut-être.

— Bon, asseyez-vous dans un des fauteuils. Je vais essayer de trouver la personne de l'accueil. »

Il s'approcha du guichet. Au même moment, la porte du fond s'ouvrit et une jeune femme blonde apparut.

« Yunhua, s'il vous plaît », dit-il en se retournant.

La jeune fille comprit et s'approcha pour faire la traduction. En quelques minutes, tout fut réglé.

« C'est bon, dit Justin en revenant vers les quatre autres. Il restait largement assez de chambres pour nous loger tous. En plus, la jeune femme nous demande si nous voulons dîner. Ça vous dit ? »

Charo, avachie dans son fauteuil, secoua la tête.

« Pas pour moi, je ne me sens vraiment pas bien. Je préfère aller me coucher tout de suite.

— On va t'accompagner, comme ça on verra nos chambres, et après, on redescendra pour manger.

— Très bien, dit Justin, je vais aller garer la voiture un peu mieux et j'en profiterai pour apporter vos affaires.

— Vous voulez qu'on vienne avec vous ? demanda Nakiméra.

— Pas la peine, vous n'avez vraiment pas pris grand-chose, je pourrai me débrouiller seul. Il faut aussi que je contacte M. Sarawi. »

Il se dirigea vers la porte. La main sur la poignée, il se ravisa.

« Au fait, vous avez des portables ? »

Les filles se regardèrent, surprises.

« Euh.. oui, dit Yunhua, Charo et moi on en a un.

— Passez-les-moi, s'il vous plaît. »

Il prit les deux appareils qu'on lui tendait, regarda l'écran en tapotant sur le clavier.

« Bien, ils captent le réseau jusqu'ici.

— Vous pensez qu'on en aura besoin ?

— Je voulais vérifier si M. Sarawi pouvait vous contacter quand il voulait. »

Il remarqua alors que Charo ne semblait pas aller mieux.

« Emmenez votre copine dans sa chambre, il faut qu'elle se repose. Je reviens tout de suite. »

Il sortit.

Chapitre 75

Mai 2001

Kamel Sarawi n'arrivait pas à trouver le sommeil. Pourtant, à l'hôpital, incapable de garder les yeux ouverts, il s'était résolu à quitter la chambre d'Astrid pour revenir dormir dans la sienne, au QG de l'Organisation.

Et depuis qu'il s'était glissé entre les draps d'un vrai lit, impossible de s'endormir. Les images et les pensées s'entrechoquaient sous son crâne. Il ne cessait de se reprocher ce qui était arrivé à sa collègue.

Finalement, il se leva pour aller boire un verre d'eau dans le cabinet de toilette. Dans son énervement, il ne prit pas la peine d'allumer la lumière. Mal lui en prit. Au troisième pas, il trébucha contre un objet.

Une flopée de jurons s'échappa de sa bouche, qui ne s'arrêta que lorsqu'il eut trouvé l'interrupteur. La lumière envahit la pièce. Il regarda instinctivement par-dessus son épaule pour voir ce qui avait failli le faire tomber.

Son cœur se serra, c'était le sac d'Astrid. Il l'avait récupéré après l'accident. A part le dessin de Liliana qu'il connaissait déjà, il n'y avait rien trouvé d'intéressant. A présent, la plupart des affaires étaient étalées sur le sol. Il fit un geste rageur et peu élégant de la main, signifiant que les objets attendraient avant d'être ramassés. Pourtant, quand il revint quelques secondes plus tard, après avoir bu son verre d'eau, un sentiment de culpabilité le prit.

C'étaient les affaires d'Astrid. Il n'y avait plus rien à faire pour elle ; au moins pouvait-il s'occuper correctement de ce qui lui appartenait.

Il s'accroupit et commença à rassembler les objets. Sa main resta suspendue au-dessus d'une loupe. Elle lui sembla incongrue au milieu du reste des affaires. Il n'y avait, à part elle, qu'un portefeuille, un gilet, des gants, quelques papiers et stylos. Pourquoi une loupe ?

Kamel Sarawi saisit l'objet, se leva et se dirigea vers la chaise où reposaient ses habits. De la poche de sa veste, il retira le dessin de Liliana. Celui où Astrid avait dit avoir trouvé un détail crucial.

Un détail. Un détail sur un dessin, ça se cherchait avec une loupe.

Chapitre 76

Mai 2001

A une dizaine de kilomètres de là, presque au même moment, Charo se réveillait, le front en nage, le ventre noué.

Elle s'assit au bord de son lit, resta un instant la tête entre les mains, puis finit par se lever, en silence, pour ne pas déranger Leïla et Yunhua avec qui elle partageait la chambre. Dans la salle de bains, elle fit couler un peu d'eau froide et s'en aspergea le visage.

Mais qu'est-ce qu'elle avait pu attraper ? Elle ne s'était jamais sentie aussi mal. Pourtant... Pourtant, la sensation qu'elle éprouvait ne lui était pas inconnue. Cette crispation au ventre, cette boule dans la gorge et la sueur qui lui montait au front, ce n'était pas quelque chose de nouveau. Elle se regarda dans le miroir.

« Qu'est-ce qui t'arrive, ma vieille ? » demanda-t-elle en souriant à son reflet.

Et, contre toute attente, elle reçut la réponse. Elle en resta un instant figée de stupeur. La seconde suivante, elle était dans la chambre, secouant ses deux camarades.

« Qu'est-ce que... ? » bredouilla Yunhua.

Charo lui posa un doigt sur la bouche.

« Chut, murmura-t-elle, il faut se lever. On doit partir d'ici. »

Les deux autres, mal réveillées, la regardèrent en plissant les yeux.

« Je sais pourquoi je ne me sens pas bien depuis tout à l'heure. C'est pas la voiture. D'ailleurs, quand on roulait, ça allait parfaitement. Ça a commencé quand on est entrés dans l'hôtel.

— Et alors ?

— Alors, ce n'est pas un simple mal de mer, ni une indigestion. Je ressens exactement la même chose que lorsque je mens en utilisant le langage des signes. »

Yunhua haussa les sourcils, incrédule.

« Mais si, poursuivit Charo. Réfléchis : c'est le mensonge qui me met dans cet état. Et si ça me fait la même chose maintenant, c'est que nous sommes entourées par le mensonge. C'est un piège ! »

Leïla se leva, sans hésiter.

« Fais ce qu'elle dit, Yunhua. »

Elles s'habillèrent en hâte et passèrent aussitôt dans la chambre voisine réveiller Liliana et Nakiméra. Elles eurent la surprise de les trouver déjà levées.

« *On allait justement venir vous voir,* fit la jeune sourde.

— *Liliana pense qu'il se passe quelque chose d'anormal ici,* ajouta Nakiméra.

— *Ah, toi aussi !* fit Yunhua. *Qu'est-ce qui se passe encore ?*

— *J'ai pas envie de dessiner.*

— *Quoi ?*

— *J'ai pas envie de dessiner. C'est pas normal. Même si j'ai appris à me retenir pour ne pas le faire n'importe quand et pour n'importe quoi, l'envie est toujours présente en moi. Alors que ce soir : rien.*

— *Et depuis combien de temps, tu te sens comme ça ?* » intervint Charo.

La Roumaine hésita. Sa camarade insista.

« *Est-ce que c'est depuis qu'on est dans cet hôtel ?*

— *C'est possible. Oui, tu as raison.* »

La Colombienne grimaça.

« *Ça s'aggrave, il faut qu'on file. On passe chercher Justin et on dégage.* »

Elles sortirent en groupe dans le couloir, jetant des coups d'œil incessants dans toutes les directions, cherchant d'où le danger aller surgir. Pour rejoindre la chambre de Justin Duprey, elles devaient passer devant l'escalier. De la lumière venait du rez-de-chaussée. Doucement, Yunhua s'avança et jeta un coup d'œil vers le bas des marches.

Ce qu'elle vit la cloua de stupeur.

Assis dans les fauteuils de l'entrée, Justin Duprey et la jeune femme blonde qui les avait accueillis, totalement immobiles l'un comme l'autre, semblaient attendre un événement inconnu en fixant la pendule murale. Un tapotement sur son épaule fit se retourner la jeune fille. C'était Leïla.

« Ton portable.

— Eh ben, quoi ?

— Quelqu'un cherche à te contacter. »

Yunhua sortit l'appareil de sa poche. Il n'était pas branché. Pourtant elle ne se souvenait pas l'avoir mis en veille. Sans réfléchir, elle l'activa. Aussitôt, la sonnerie retentit.

A l'étage du dessous, Justin et la jeune femme blonde relevèrent la tête.

Chapitre 77

Mai 2001

La voiture de l'Organisation filait à tombeau ouvert à travers la forêt.

Assis à la place du passager avant, Kamel Sarawi tentait vainement de contacter le portable de Yunhua. Il l'avait déjà fait des dizaines de fois et, toujours, était tombé sur la boîte vocale. Il aurait dû s'en douter, le téléphone d'Astrid aussi avait été mis en veille juste avant son accident.

Maintenant, il savait par qui. Le dessin de Liliana le lui avait appris. Mais c'était peut-être déjà trop tard. Comme ç'avait été trop tard pour Astrid. Il s'était fait piéger. Les cinq filles allaient y perdre la vie et il ne pouvait rien faire.

Quand, la loupe à la main, dans sa chambre d'hôtel, il avait enfin compris, il avait aussitôt essayé de contacter les filles. Impossible. A la réception de l'hôtel où il les croyait descendues, on lui avait confirmé ce qu'il redoutait déjà. Les filles n'y avaient jamais mis les pieds.

Alors, il avait repensé au dessin. Heureusement, sa mémoire avait retenu les pancartes du carrefour qui y était représenté. Ses collègues locaux savaient comment s'y rendre. Ils étaient en chemin.

« Combien de temps encore ? »

Le chauffeur eut un geste vague.

« Dix minutes, un quart d'heure, pas plus.

— C'est encore trop. Accélérez ! »

Sarawi recomposa le numéro de Yunhua. Une nouvelle fois, la sonnerie retentit, une fois, deux fois, trois fois sans que personne décroche. Après la quatrième sonnerie, il aurait encore droit au message de la boîte vocale.

Il allait raccrocher quand le miracle espéré se produisit. La voix de Yunhua retentit dans l'écouteur.

« Allô.

— Yunhua ! hurla-t-il sans retenue. Où que vous soyez, fichez le camp. Prévenez vos copines et fichez le camp ! JUSTIN DUPREY EST L'ABERRATION 2000, IL VOUS A PIÉGÉES ! Vous m'entendez ? IL VOUS A PIÉ... »

La voix de Yunhua l'interrompit :

« Je sais. »

Chapitre 78

Mai 2001

Justin avait gravi les marches, montant jusqu'au palier sans lâcher les filles du regard. Ce n'était plus le jeune homme timide qui courbait la tête devant son supérieur hiérarchique et s'excusait à tout bout de champ. Se tenant bien droit, il semblait d'un coup plus grand, plus vieux aussi, par l'assurance qu'il affichait.

Ce n'était plus non plus le même sourire. Celui qui ornait ses lèvres était méprisant et cruel.

« Alors comme ça, dit-il, vous avez fini par vous rendre compte que j'avais désactivé vos portables. »

En le voyant s'approcher, les filles reculèrent instinctivement d'un pas.

« C'est vous, lança Yunhua, c'est vous l'Aberration 2000 !

— C'est M. Sarawi qui vient de vous l'apprendre au téléphone, je suppose. (Il regarda sa montre.) Mais je doute qu'il arrive à temps. »

Nakiméra s'avança.

« Laissez-nous sortir. »

L'homme s'écarta, leur laissant le passage.

« Mais bien sûr, ma petite Naki. Pourquoi vous en empêcherais-je ? Et même si je le voulais, pourrais-je résister à ton rire ravageur ? »

Les filles, méfiantes, passèrent une à une devant le jeune homme et descendirent l'escalier. Arrivées dans l'entrée, elles regardèrent avec inquiétude la jeune femme blonde. Celle-ci resta debout à côté de son fauteuil, sans faire un geste.

Les cinq se précipitèrent sur la porte. Fermée.

« Leïla, tu peux faire quelque chose ?

— Inutile ! cria Justin tout en redescendant l'escalier. Personne ne peut ouvrir cette porte. »

Les filles le regardèrent.

« Il dit la vérité, confirma Charo d'une voix étranglée.

— Bien sûr que je dis la vérité !

— Mon Dieu », murmura la Colombienne en s'affalant dans un fauteuil.

Yunhua se pencha sur elle.

« Qu'est-ce qui se passe ? Qu'est-ce qui t'arrive ? Pourquoi on ne peut pas sortir ? »

Charo redressa péniblement la tête. Son visage était blanc. Elle respirait avec difficulté.

« Ici... c'est le mensonge, dit-elle dans un souffle.

— Bien sûr, s'énerva Yunhua, tu nous l'as dit tout à l'heure. Il nous a tendu un piège ! »

Charo secoua la tête.

« Non, non, ce n'est pas que ça. Le piège... c'est... C'EST L'HÔTEL ! »

Elle fit un geste large du bras.

« Tout... tout ça... ce n'est qu'un mensonge. »

Les filles regardèrent autour d'elles sans comprendre. Liliana, qui n'avait saisi qu'une partie des paroles de Charo, agita ses mains pour qu'on lui explique.

Charo se leva dans un effort qui lui arracha une grimace.

« *L'hôtel n'est pas vrai,* expliqua-t-elle avec les mains. *C'est pour ça que je m'y sens si mal. L'HÔTEL EST L'ABERRATION QUE NOUS CHERCHIONS.* »

A cet instant, Justin et la jeune femme blonde regardèrent à nouveau la pendule. Elle affichait vingt-trois heures cinquante.

« *Mais qu'est-ce qu'ils attendent ?* » fit Liliana.

A la surprise de toutes, la voix de Justin Duprey retentit de nouveau :

« Je ne comprends rien au langage des signes, jeunes filles. Mais je vois que vous vous demandez pourquoi la propriétaire de ce charmant endroit et moi-même sommes si intéressés par le temps qui passe. (Il eut un sourire mauvais.) Je crois que je peux à présent vous le dire. En entrant avec moi dans cet endroit, vous vous êtes embarquées pour un voyage sans retour. Ce bâtiment n'est pas de notre monde. Il apparaît au crépuscule, lorsque l'obscurité se fait et que les voyageurs égarés commencent à s'inquiéter d'un refuge pour la nuit. Ils y entrent... et à partir de ce moment-là, leur sort est scellé. Ils ne pourront plus ressortir. »

Charo s'écroula sur le fauteuil.

« Alors, le dessin de Liliana avait pour but de nous prévenir du danger ?

— Exactement ! Avouez que j'ai finement retourné la situation. (Il se pencha en avant, cherchant le regard de la Colombienne.) Le plus dur a été d'utiliser les bonnes paroles pour vous attirer dans ce piège, sans jamais mentir en ta présence. Ma tâche a été plus facile avec l'autre équipe de l'Organisation. Ils ont été un peu surpris de me voir, les attendant au bord de la route, alors que je n'étais pas censé être de service cette nuit-là. Mais avec eux, quelques petits mensonges bien troussés ont suffi pour les attirer dans ce charmant hôtel. »

A cet instant, un crachotis se fit entendre, émanant du portable de Yunhua.

« Ah ! s'exclama Justin. Je crois que M. Sarawi désire vous dire un mot. Il a entendu notre conversation à travers votre appareil resté en ligne. Il désire sans doute vous faire ses adieux. (Le jeune homme tourna la tête vers la pendule.) Dépêchez-vous, il ne vous reste que cinq minutes. A minuit, nous retournons dans l'Espace Rêve. Seules les Aberrations peuvent supporter un tel voyage, or, je crains que, comme Astrid Sappa le pensait, vous soyez devenues trop humaines pour y survivre. Votre avenir me paraît compromis. »

Justin Duprey, l'Aberration 2000, partit d'un rire victorieux.

C'est alors que Charo se redressa pour la seconde fois. Elle attrapa Liliana par la manche et tenta de lui dire quelque chose par signes, mais ses mains tremblaient trop.

« Traduis pour moi », demanda-t-elle à Yunhua.

Elle se plaça devant Liliana.

« Je sais pourquoi tu n'as pas envie de dessiner. »

Elle reprit son souffle.

« C'est parce que ici, il n'y a pas d'avenir. »

Elle sentit autour d'elle la tension que ses paroles venaient de créer. Justin Duprey avait abandonné son petit sourire supérieur et méprisant. A côté de lui, la propriétaire de l'hôtel, qui ne devait rien comprendre à leur conversation en français, avait l'air soudain anxieuse. Les quatre autres attendaient la suite.

« Sors ton carnet, ordonna-t-elle, celui que tu as toujours sur toi. »

Liliana plongea sa main dans sa poche revolver. Charo lui tendit son stylo.

« Maintenant, dit-elle en détachant bien chaque syllabe, des-si-ne-nous-un-a-ve-nir. »

Liliana la regarda, les yeux écarquillés. Duprey fut le premier à comprendre.

« Non ! » cria-t-il en s'avançant, les poings serrés.

Il n'eut pas le temps de franchir la distance qui le séparait de Liliana. Sur un geste de Nakiméra, les quatre autres filles plaquèrent leurs mains sur leurs oreilles.

L'éclat de rire de l'Ougandaise faucha l'homme et la femme blonde, les envoyant rouler au sol.

Charo ne leur accorda pas même un regard. Obligeant ses mains à ne pas trembler, elle força Liliana à s'asseoir à terre, le carnet posé devant elle.

« *Vite !* » lança-t-elle.

Elle jeta un coup d'œil à l'horloge. Il ne restait que deux minutes.

« *Dessine-nous un avenir*, répéta-t-elle.

— *Mais je ne peux pas.*

— *Si, tu peux ! Tes dessins* SONT *l'avenir, jusque dans ses moindres détails. Dessine cette porte ouverte, dessine-nous en train de la franchir et je suis sûre que cet avenir sera le nôtre.* »

Liliana se pencha sur son carnet. Le stylo qu'elle tenait à la main tremblait.

La grande aiguille de la pendule frémit et avança d'un cran.

Minuit moins une.

Chapitre 79

Mai 2001

A travers son téléphone, Kamel Sarawi avait suivi toute la scène. Même le rire de Nakiméra lui était venu aux oreilles, heureusement rendu inoffensif par la transformation électronique.

D'un seul coup, un bruit sec craqua dans l'écouteur. Le portable de Yunhua avait dû tomber à terre. Mais la communication n'avait pas été coupée.

Un hurlement jaillit de l'appareil.

L'homme regarda sa montre : minuit.

Ils croisèrent le carrefour attendu. Cent mètres plus loin, une lumière intense jaillit vers le ciel. Quand ils arrivèrent sur place, ils ne trouvèrent qu'une aire de parking en terre nue. Une lampe torche à la main, Sarawi se précipita. Le rayon de sa lampe balaya le sol. Le fond du terrain était noirci sur une surface en rectangle, de la taille d'un petit immeuble.

« Qu'est-ce qui s'est passé, d'après vous ? demanda un de ses collègues dans son dos.

— L'hôtel a disparu.

— A minuit. Elles n'ont donc pas réussi. »

Sarawi fit encore quelques pas en avant. La lumière de sa torche accrocha un petit objet clair qui frémissait sur le sol. Il s'en saisit et revint vers son collègue.

« Elles ont réussi », dit-il en lui tendant la feuille de calepin.

On y voyait cinq adolescentes, se ruant à l'extérieur d'un hôtel par une porte ouverte. Derrière elles, l'homme de l'Organisation reconnut la silhouette de Justin Duprey tentant de se relever. Le dessin était d'une telle précision que, malgré ses dimensions réduites, on distinguait parfaitement l'expression de rage sur le visage de l'homme.

« C'est lui qui a hurlé, dit Sarawi en posant la pointe de son index sur le visage de Duprey.

— Et les cinq autres ? »

Il se tourna ves la forêt.

« Quelque part par-là. Elles ont préféré ne pas nous attendre, je suppose. »

Son téléphone sonna.

« Allô ? »

Le visage de l'homme s'assombrit, ses traits s'affaissèrent tandis qu'il murmurait quelques mots d'une voix nouée. Il raccrocha et resta un instant silencieux. Devant le regard interrogateur de son collègue, il finit par reprendre la parole.

« Astrid Sappa est morte, dit-il en baissant la tête. Un peu avant minuit, sa tension et son rythme cardiaque se sont accélérés. Ça a duré quelques minutes et puis tout est retombé. Les médecins ont dit qu'elle a souri dans son coma. Elle avait l'air heureuse... et puis ça a été fini.

— Alors elle est morte juste après minuit ?

— Oui.

— Vous croyez qu'elle a senti que... que... ?

— Que les filles avaient gagné et qu'elle pouvait partir tranquille ? (Il haussa les épaules.) Avec les Aberrations, j'ai appris à être prêt à tout. Avec Astrid Sappa, j'ai appris à n'être surpris de rien. (Il rangea le dessin de Liliana dans sa poche.) Allez, on rentre. »

Chapitre 80

Mai 2001

Tous les hauts dirigeants de l'Organisation étaient présents. Malgré leurs emplois du temps surchargés, aucun n'avait voulu se faire représenter pour cette réunion. Et aucun n'avait manqué le moindre mot du discours de Kamel Sarawi qui, à présent, prenait fin.

« Nous devons certes rester vigilants, cependant je suis très optimiste. Depuis plus de deux mois, nous n'avons relevé aucune manifestation pouvant être attribuée aux Aberrations répertoriées sous les noms de code "Hôtel" et "Aberration 2000". Tout porte à croire que ces deux Aberrations ont été détruites en même temps. Le fait que l'équipe du Projet Alpha ait réussi à s'enfuir, dans les circonstances que je viens de vous décrire, en est sans doute la cause. Mon hypothèse est que l'"Hôtel" ne pouvait retourner dans l'Espace Rêve alors que sa porte principale était ouverte et qu'il restait, de ce fait, relié à notre monde par une ouverture. Le transfert, dans ces conditions, était impossible et a provoqué sa destruction. J'en veux pour preuve deux indices particuliers. D'abord les traces de brûlures aux dimensions de la base du bâtiment découvertes sur place. De telles marques n'ont été signalées dans aucun des autres cas de disparitions que l'on a pu attribuer à l'"Hôtel". L'autre point est le hurlement que j'ai entendu par l'intermédiaire de mon portable, à minuit pile, c'est-à-dire au moment où l'Aberration devait retourner dans l'Espace Rêve. La voix était une voix d'homme, donc celle de Justin Duprey. Si vous l'aviez entendu comme moi, vous seriez convaincus qu'il s'agissait d'un cri d'agonie. »

L'orateur s'accorda une pause. Il en profita pour rassembler les quelques feuilles disposées sur la table devant lui et les remettre dans la pochette en carton prévue à cet effet.

« Voilà, conclut-il. Comme je l'ai dit, il nous faut rester vigilants, mais pour moi, ce dossier est clos. »

Un silence suivit cette dernière déclaration. Après quelques secondes, l'homme placé au centre de la rangée des auditeurs, et qui semblait en être l'autorité principale, intervint :

« Votre rapport est très clair, monsieur Sarawi. Cependant, il manque une précision fondamentale à mes yeux : comment ce Justin Duprey, que vous avez surnommé Aberration 2000, a-t-il pu s'introduire dans notre Organisation et devenir votre adjoint sans que personne s'en inquiète ? »

Kamel se racla la gorge. Il ne lui avait pas échappé que, sous la question, se cachait une critique, et non des moindres. Pour la direction de l'Organisation, il était celui qui avait introduit le loup dans la bergerie.

« Avant de répondre à cette question, dit-il, j'aimerais rappeler un fait essentiel : une Aberration est un rêve – ou un cauchemar – devenu réalité. Pour celui qui rêve, tout est normal. Tout événement nouveau, même le plus improbable, apparaît évident pour le rêveur. De même, une Aberration s'intègre naturellement dans l'existence de ceux qui l'ont engendrée par leurs désirs ou par leurs craintes. »

Sarawi s'arrêta un instant pour boire une gorgée d'eau.

« Nous avons pensé, reprit-il, que l'an 2000 engendrerait une Aberration particulière due aux fantasmes collectifs provoqués par cette date dans l'ensemble de la population mondiale. Nous n'avions pas tort, mais nous avons oublié un point important : les premiers à craindre cette apparition, car les seuls à pouvoir la prévoir, c'était nous, les membres de l'Organisation. Et plus particulièrement les personnes impliquées dans le Projet Alpha. »

Un murmure se répandit dans la rangée des auditeurs.

« Que voulez-vous dire exactement par là, monsieur Sarawi ?

— Tout simplement que l'Aberration 2000 était avant tout *NOTRE* création. Certes, elle se nourrissait à de nombreuses sources, mais au final, c'est nous qui l'avons engendrée. (Il laissa passer un silence, puis reprit :) L'Aberration 2000 était notre Aberration. De ce fait, elle n'a eu aucun mal à trouver sa place dans notre vie. Lorsque Justin Duprey s'est présenté à mon bureau pour devenir mon assistant, cela m'est apparu tout à fait naturel, comme à tous mes collègues d'ailleurs. Personne n'a pensé à vérifier ses antécédents. D'ailleurs, cela aurait été inutile ; les Aberrations de ce type apparaissent accompagnées de toutes les traces administratives nécessaires à leur authentification.

— Vous considérez donc n'avoir aucune responsabilité dans cette affaire ? »

Avant que Sarawi ait eu le temps de répondre, Irène Barsamian, installée à l'extrémité de la rangée, prit la parole.

« Permettez-moi de répondre moi-même à cette question. Si M. Sarawi a quelque chose à se reprocher en ce qui concerne l'Aberration 2000, alors beaucoup de gens sont dans ce cas, à commencer par moi. A aucun moment je n'ai soupçonné Justin Duprey d'être autre chose que ce qu'il prétendait être. J'ai même fait partie de ceux qui ont conseillé qu'il soit chargé de la surveillance de l'équipe du Projet Alpha. De plus, reconnaissons à M. Sarawi le mérite d'avoir découvert la supercherie. »

L'homme placé au centre de la rangée approuva en hochant la tête.

« Ah oui, ce fameux dessin. Vous n'avez d'ailleurs pas beaucoup insisté sur ce point dans votre rapport et j'avoue ne pas en avoir très bien saisi les détails. »

Sarawi ne pu s'empêcher de sourire.

« C'est parce que vous n'avez jamais rencontré Justin Duprey, sinon l'explication vous paraîtrait évidente. La vérité m'a été révélée par un dessin de Liliana, dont vous connaissez tous les capacités. Elle l'avait réalisé une nuit, alors qu'Astrid Sappa avait eu le pressentiment que son chalet était surveillé par une présence hostile. Le dessin, à première vue, ne représentait rien d'autre qu'Astrid, au seuil de sa maison, regardant au-dehors. Cependant, en l'observant à l'aide d'une loupe, on pouvait y voir un détail significatif. En arrière-plan, au milieu des arbres qui la dissimulaient en grande partie, on pouvait deviner une silhouette humaine. Son visage n'était pas identifiable, mais on distinguait parfaitement le bas du corps : les chaussures et le pantalon. »

Il but une gorgée d'eau.

« L'Aberration 2000 présentait la particularité d'avoir des pieds parfaitement symétriques. Je suppose que les chaussures qu'il avait dans l'Espace Rêve auraient trahi cette particularité. Il a donc dû en changer, mais la plupart des chaussures humaines devaient le faire trop souffrir pour qu'il puisse les supporter longtemps. Il était donc obligé de porter des baskets. »

L'homme fouilla dans son dossier et en retira une photo.

« Comme vous le voyez sur ce document, ces chaussures ne s'accordaient pas avec le reste de l'habillement de Duprey, d'une facture beaucoup plus classique. La précision des dessins de la jeune Liliana est telle que ce détail, bien que réduit à une taille minuscule, était parfaitement reconnaissable. »

L'homme s'interrompit un instant et baissa la tête. Ce fut d'une voix plus tendue qu'il reprit :

« Astrid Sappa avait fait la même découverte avant moi. Hélas, elle m'avait auparavant expliqué l'importance de ce dessin devant Duprey. Il a sans doute compris le risque que cela représentait et a décidé... d'agir. »

Les derniers mots avaient été prononcés d'une voix cassée. Le président de l'assemblée reprit :

« Je crois qu'il n'y a pas grand-chose à ajouter concernant cette affaire. Par contre, nous devons tirer certaines leçons de l'ensemble de cette expérience. »

L'homme se leva.

« Sur le plan pratique, le Projet Alpha a été sans conteste une réussite. L'équipe d'Astrid Sappa a permis la neutralisation de plusieurs Aberrations particulièrement dangereuses. Sur ce plan, nous n'avons rien à regretter. »

Le président se mit à fixer intensément Kamel Sarawi.

« Nous avons cependant pu constater les limites humaines d'une telle approche. Loin de moi l'idée d'accabler une morte, mais l'attachement évident qu'Astrid Sappa avait développé pour son équipe l'a poussée à une désobéissance inadmissible. Vous-même, monsieur Sarawi, lors de l'affaire de Heidelberg, avez par deux fois agi sans avertir l'Organisation. La première en demandant l'aide d'Astrid Sappa, la seconde en ne prévenant pas vos collègues du retour de l'équipe du Projet Alpha. »

Kamel Sarawi soutint le regard de son supérieur sans rien dire. Le président poursuivit :

« Je laisserai à vos supérieurs directs le soin de juger votre cas et d'appliquer, s'ils le pensent nécessaire, les sanctions appropriées. Ce qui m'importe actuellement, c'est qu'il est évident qu'on ne peut recruter au sein de l'Organisation des Aberrations, même et surtout d'apparence humaine, pour nous seconder dans notre travail. Cela entraîne des situations ingérables. Le Projet Alpha est à ce sujet exemplaire : il a conduit l'Organisation à libérer dans la nature cinq Aberrations, alors que paradoxalement notre vocation est tout le contraire. »

Kamel Sarawi leva légèrement la main et entrouvrit la bouche pour parler.

« Je sais ce que vous allez dire, monsieur Sarawi, coupa le président. Ces cinq Aberrations ne sont pas hostiles. Elles sont parfaitement adaptées à notre monde et peuvent y évoluer sans créer de problèmes. Et même, selon feu Astrid Sappa, elles seraient devenues humaines. J'accepte les deux premières remarques. Par contre, je n'ai jamais cru à la fumeuse théorie du Syndrome de Pinocchio. Mon avis n'a pas changé sur ce sujet. »

Le bras de Sarawi retomba le long de son corps. Il n'insista pas. Le président se tourna vers Irène Barsamian.

« Toute la direction de l'Organisation se joint à moi pour vous dire combien nous regrettons la mort d'Astrid Sappa. Malgré son caractère réputé difficile, nous savons que c'était une collaboratrice plus que précieuse. Le Projet Alpha, qui était en grande partie son idée, a été, je le répète, une réussite technique exceptionnelle. Cependant... »

L'homme laissa passer un silence.

« ... il n'y aura pas de Projet Bêta. A l'avenir, l'Organisation ne comptera que sur ses ressources humaines et technologiques. »

Irène Barsamian inclina la tête en signe d'acceptation.

« La séance est levée. »

Epilogue

Six ans plus tard

A travers les vitres de son établissement, le patron du café regardait la neige tomber tout en essuyant ses verres. C'était l'heure creuse, une seule table était occupée.

Le patron ne put s'empêcher de jeter un coup d'œil à la dérobée. Il fallait bien admettre que, si les clients étaient rares, la qualité compensait largement la quantité : quatre superbes jeunes filles d'une vingtaine d'année discutaient à la table du fond.

Enfin... « discutaient » n'était peut-être pas le terme exact. Seules leurs mains s'agitaient.

« *J'y crois toujours pas !* disait Yunhua. *Que son Sébastien l'ait attendue pendant tout ce temps, sans savoir où elle était, sans quasiment aucune nouvelle à part un petit e-mail de temps en temps. Et puis, au bout de quatre ans, ils se retrouvent et ça marche !*

— *C'est beau,* dit Nakiméra.

— *Oui, si on veut. Je trouve ça quand même un peu...*

— *C'est parce que tu es jalouse,* l'interrompit Liliana.

— *Et pourquoi ?* »

Les trois autres éclatèrent de rire.

« *Parce que, avec ton sale caractère, les mecs s'enfuient au bout de trois jours.*

— *Tu peux parler, toi...* »

Leïla l'interrompit d'une tape sur l'épaule.

« *La voilà.* »

Quatre paires d'yeux se dirigèrent vers la porte d'entrée qui venait de s'ouvrir en laissant le passage à Charo. Elle se dirigea vers le groupe. Les quatre autres se levèrent d'un seul mouvement pour l'accueillir, et restèrent figées sans prononcer un mot.

Les mains de Liliana furent les premières à s'agiter.

« *Alors ?* »

Le visage de Charo s'éclaira d'un grand sourire.

« *C'est bon.* »

Le hurlement de joie fit sursauter le patron du bar. Intrigué, il s'approcha de la table.

« Mademoiselle prendra quelque chose ? »

Yunhua répondit à sa place.

« Champagne ! Pour cinq. »

Elle se tourna vers la Colombienne.

« T'en boiras qu'une gorgée. »

Comme le patron hésitait, elle précisa :

« Notre copine va avoir un bébé. Elle n'a plus le droit de boire d'alcool, mais on peut quand même pas fêter ça au jus d'orange.

— Tout à fait d'accord », approuva l'homme en retournant vers son bar.

Dans son dos, il crut entendre l'une des filles murmurer dans un sanglot de joie :

« Humaines... c'est sûr, maintenant, nous sommes humaines. »

L'homme fronça les sourcils. Qu'avait-elle voulu dire ?

Composition et mise en page

NORD COMPO
multimédia

Achevé d'imprimer sur les presses de

BUSSIÈRE
GROUPE CPI

à Saint-Amand-Montrond (Cher)
en septembre 2007

Loi n° 49-956 du 16 juillet 1949 sur les publications destinées à la jeunesse

N° d'édition : 14202. — N° d'impression : 073030/1.
Dépôt légal : septembre 2007.

Imprimé en France